GRAMMAIRE

DE L'ENSEIGNEMENT

SECONDAIRE SPÉCIAL

AVEC DE NOMBREUX EXERCICES

PAR E. SOMMER

Agrégé des classes supérieures, docteur ès lettres
Auteur de la *Méthode uniforme pour l'enseignement des langues*

DEUXIÈME ÉDITION

PARIS

LIBRAIRIE DE L. HACHETTE ET Cie

BOULEVARD SAINT-GERMAIN, N° 77

1868

X

GRAMMAIRE

DE L'ENSEIGNEMENT

SECONDAIRE SPÉCIAL

IMPRIMERIE GÉNÉRALE DE CH. LAHURE

Rue de Fleurus, 9, à Paris

GRAMMAIRE

DE L'ENSEIGNEMENT

SECONDAIRE SPÉCIAL

AVEC DE NOMBREUX EXERCICES

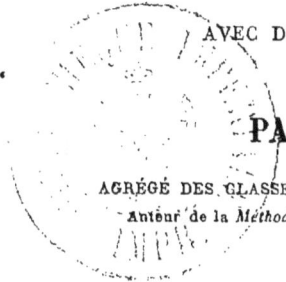

PAR E. SOMMER

AGRÉGÉ DES CLASSES SUPÉRIEURES, DOCTEUR ÈS LETTRES

Auteur de la *Méthode uniforme pour l'enseignement des langues*

OUVRAGE EXTRAIT DU COURS DE GRAMMAIRE FRANÇAISE

dont l'introduction dans les écoles est autorisée
par M. le Ministre de l'instruction publique

DEUXIÈME ÉDITION

PARIS

LIBRAIRIE DE L. HACHETTE ET Cie

BOULEVARD SAINT-GERMAIN, N° 77

1868

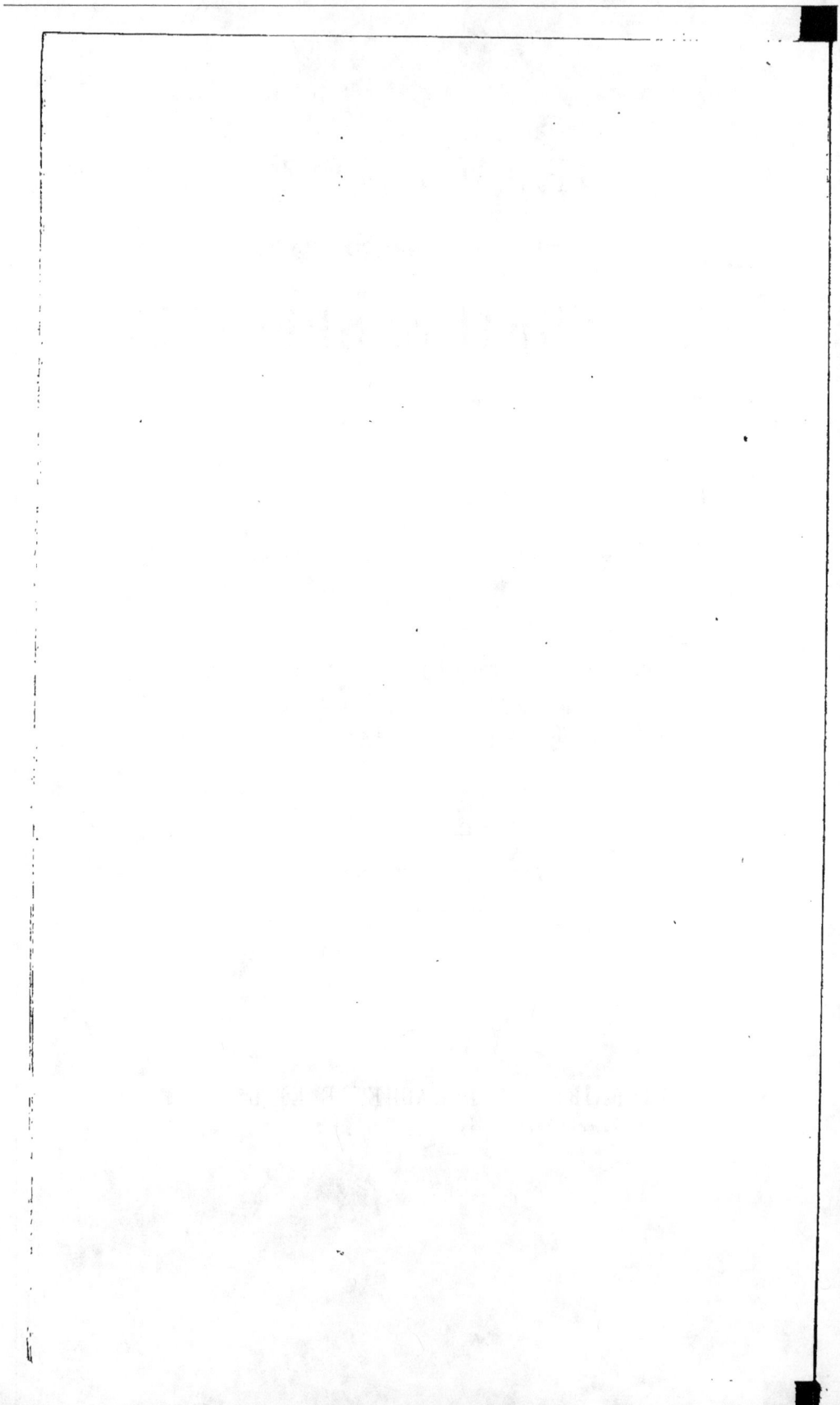

PRÉFACE.

DE LA PREMIÈRE ÉDITION (OCTOBRE 1865).

Cette nouvelle grammaire a, comme son titre l'indique, une destination toute particulière. Elle répond aux besoins de l'enseignement spécial constitué par une loi récente. Aussi n'est-ce pas une reproduction pure et simple du *Cours complet de grammaire française* que j'ai déjà publié. Pour me conformer aux programmes, j'ai retranché d'une part et ajouté de l'autre.

Les élèves qui sont appelés à suivre les classes de l'enseignement secondaire spécial, doivent justifier, pour y être admis, d'une instruction primaire suffisante. Il devenait donc inutile de reproduire ici ce qui est par trop élémentaire, comme la prononciation des lettres, la distinction des trois sortes d'*e*, etc. J'ai élagué ces détails et d'autres analogues, qui n'auraient fait que surcharger ce livre. Mais je n'ai pas craint d'ajouter quelques renseignements nouveaux sur les parties les plus délicates, ni de reproduire tout ce qui, dans mon *Cours complet*, se rapporte aux règles du participe et à l'analyse logique.

J'ai classé à part (et je me suis en cela conformé aux prescriptions des programmes officiels) tout ce qui forme les idiotismes français ou gallicismes. Beaucoup de ces locutions avaient dû être notées soit dans les éléments, soit dans la syntaxe; je les ai réunies (pp. 288-306), en ayant soin de renvoyer aux divers paragraphes où il en avait déjà été question.

Les exercices, que j'ai joints au texte de la grammaire, roulent sur les points réellement difficiles et sortent du genre ordinaire; ce sont presque toujours des morceaux suivis, sur des sujets très-variés, et ils ont été rédigés ou choisis de façon à intéresser les jeunes gens auxquels ils s'adressent. On peut les utiliser de diverses manières, soit en les indiquant, surtout dans la première année, comme texte de devoirs écrits, soit en les faisant lire de vive voix en classe et en interrogeant l'élève sur les diverses règles qui s'y rapportent, soit enfin en faisant analyser par écrit seulement les formes sur lesquelles il est possible d'hésiter ou de se tromper. Je dois ces exercices à l'un de mes meilleurs amis, M. Ad. Bouillet, l'habile interprète d'Eschyle, qui a bien voulu mettre au service de l'amitié, dans un travail si ingrat, son goût excellent et son expérience de l'enseignement.

Ces explications étaient nécessaires pour faire voir que cette grammaire a été vraiment composée en vue de l'enseignement spécial. Elle peut présenter encore un autre avantage. Quoique rédigée et publiée d'une manière tout à fait indépendante, elle se rattache cependant, par une communauté de principes, à la *Méthode uniforme* que j'ai publiée, et par conséquent elle peut mieux qu'une autre grammaire préparer les élèves à l'étude des diverses langues étrangères et la leur faciliter.

É. SOMMER.

GRAMMAIRE

DE L'ENSEIGNEMENT

SECONDAIRE SPÉCIAL.

PREMIÈRE PARTIE.

ÉLEMENTS DU LANGAGE.

1. La grammaire est la science des règles du langage. Le langage exprime la pensée par le moyen des mots.

2. Il y a neuf espèces de mots ou *parties du discours*, savoir : le *nom*, l'*article*, l'*adjectif*, le *pronom*, le *verbe*, l'*adverbe*, la *préposition*, la *conjonction*, l'*interjection*.

3. De ces neuf espèces de mots, les cinq premières, savoir : le nom, l'article, l'adjectif, le pronom et le verbe, sont *variables*, c'est-à-dire peuvent changer de terminaison. Les quatre autres sont *invariables*, c'est-à-dire n'en changent jamais.

CHAPITRE PREMIER.

DU NOM.

4. Le *nom* est un mot qui sert à nommer une personne ou une chose.

5. Il y a deux sortes de noms : le *nom propre* et le *nom commun*.

Le *nom propre* est celui qui n'appartient qu'à une seule
personne ou à une seule chose, comme *Pierre, Paul, Paris,
la Seine.*

Le *nom commun* est celui qui appartient également à
toutes les personnes ou à toutes les choses de même espèce,
comme *homme, femme, livre, table**

DU GENRE DANS LES NOMS.

6. Le *genre* est la distinction que l'on fait entre les êtres
mâles ou femelles.

7. On distingue dans les noms deux genres : le *masculin* et le *féminin.*

Le genre *masculin* est celui qui convient aux hommes
et aux animaux mâles, comme *le père, le fils, le lion.*

Le genre *féminin* est celui qui convient aux femmes et
aux animaux femelles, comme *la mère, la fille, la lionne.*

Mais l'usage a donné le genre masculin ou féminin à
des noms de choses qui ne sont ni mâles ni femelles :
ainsi *le soleil, le livre,* sont du genre masculin ; *la lune, la
table,* sont du genre féminin **.

FORMATION DU FÉMININ DANS LES NOMS.

8. Il y a des noms masculins dont se forment des noms
féminins correspondants, savoir :

1° Les noms de certains animaux. Exemples : *lion* fait
au féminin *lionne, chien* fait *chienne, ours* fait *ourse, chat*
fait *chatte, loup* fait *louve,* etc.

2° Les noms de certaines professions. Exemples : *bou-
langer, boulangère ; jardinier, jardinière,* etc.

---

* Le nom propre appartient quelquefois à plusieurs personnes, comme
Pierre, Paul, mais jamais à toutes.

** L'usage a donné capricieusement le genre masculin ou féminin, non-
seulement aux noms des objets inanimés, mais même quelquefois à des noms
d'animaux. Ainsi *éléphant, pigeon,* sont toujours du genre masculin ; *girafe,
perdrix,* sont toujours du genre féminin.

Quand on veut désigner le sexe d'un animal dont le nom n'a qu'un genre,
on dit *un éléphant femelle, une girafe mâle,* etc.

3° Les noms de certaines places ou dignités. Exemples. *président, présidente; marquis, marquise,* etc.

9. Ainsi les noms féminins se forment ordinairement en ajoutant un *e* muet au masculin, et, dans certains cas, en modifiant la consonne finale, comme dans *loup, louve,* plus souvent en la redoublant, comme dans les noms terminés en *on* ou en *en.* Exemples : *baron, baronne; chrétien, chrétienne,* etc.

Cependant plusieurs noms de dignité ont le féminin en *esse.* Exemples : *prince, princesse; duc, duchesse,* etc.

Plusieurs noms terminés au masculin par un *e* muet font également le féminin en *esse.* Exemples : *âne* fait *ânesse; nègre, négresse; maître, maîtresse; traître, traîtresse; pauvre, pauvresse; borgne, borgnesse*[*]; *tigre, tigresse; prophète, prophétesse.*

10. Les noms en *eau* font le féminin en *elle.* Exemples : *tourtereau, tourterelle,* etc.

11. Les noms en *eur* font ordinairement le féminin en *euse.* Exemples : *parleur, parleuse; blanchisseur, blanchisseuse,* etc.

Cependant un certain nombre de noms en *eur* font le féminin en *rice.* Exemples : *acteur, actrice; ambassadeur, ambassadrice; bienfaiteur, bienfaitrice; débiteur, débitrice; instituteur, institutrice; lecteur, lectrice; protecteur, protectrice; tuteur, tutrice,* etc.

Quelques noms en *eur* font le féminin en *eresse.* Exemples : *pécheur* (celui qui commet des péchés), *pécheresse; devineur* ou *devin, devineresse.* De même en termes de droit *demandeur* fait *demanderesse; défendeur, défenderesse; vendeur, venderesse.*

Gouverneur fait au féminin *gouvernante; serviteur* fait *servante.*

Chanteur fait au féminin *chanteuse;* mais, si l'on parle

---

[*] Mais lorsque *pauvre* et *borgne* sont adjectifs, ils ne changent pas au féminin. Ainsi l'on dit : *une pauvre femme, une femme borgne.*

d'une femme qui fait profession de l'art du chant ou qui est très-habile dans cet art, on dit *cantatrice*. — *Chasseur* fait au féminin *chasseuse;* mais en poésie et dans le style élevé on dit *chasseresse* *.

12. Les noms en *eur* qui désignent des professions presque exclusivement exercées par des hommes manquent ordinairement de féminin; tels sont *auteur, littérateur, professeur*, etc. Il en est de même de plusieurs autres noms qui ne sont pas terminés en *eur*, comme *poëte, géomètre*, etc.

Si l'on veut appliquer à une femme un nom de profession qui n'a pas de féminin, on dira, en se servant du nom masculin, *une femme poëte, une femme auteur*, etc.

Les noms *témoin, juge, amateur, partisan*, s'emploient au masculin, lors même qu'il s'agit d'une femme.

Les noms *sentinelle* et *vedette* s'emploient au féminin, quoique appliqués à des hommes.

IRRÉGULARITÉS DANS LE GENRE DES NOMS.

13. Il y a des noms qui changent de genre en changeant de signification.

Aide est féminin quand il signifie secours, assistance : *avec l'aide divine*. Mais *aide*, signifiant celui ou celle qui aide, est masculin si on l'applique à un homme, féminin si on l'applique à une femme : *un aide de camp, une aide cuisinière*.

Aigle, nom d'oiseau, est masculin : *un grand aigle, un aigle femelle*. Mais *aigle* signifiant enseigne, drapeau, est toujours féminin : *les aigles romaines*.

Amour, signifiant affection, tendresse, est masculin au singulier et féminin au pluriel : *un vif amour, d'éternelles amours*. Il n'a qu'un genre, le genre masculin, lorsqu'on

---

* Un certain nombre de noms ne suivent aucune des règles précédentes. Ainsi *abbé* fait au féminin *abbesse; héros* fait *héroïne; roi* fait *reine; dindon* fait *dinde*, etc.

parle de petites divinités mythologiques : *un petit amour, de petits amours.*

Automne est des deux genres, mais plus souvent masculin : *un bel automne.*

Chose est toujours féminin ; cependant il est considéré comme masculin dans *quelque chose* signifiant une certaine chose : *quelque chose m'a été dit ;* et dans *autre chose* (sans article) : *autre chose est arrivé.*

Couleur est toujours féminin ; cependant il est quelquefois précédé de l'article masculin dans les locutions *le couleur de feu, le couleur de rose,* etc., c'est-à-dire ce qui a la couleur du feu, de la rose.

Couple, marquant simplement le nombre *deux,* est féminin : *une couple d'œufs, une couple de chapons.* Quand il désigne l'union de deux personnes, il est masculin : *voilà un beau couple.*

Délice est masculin, mais rare, au singulier : *un délice ;* il est féminin et très-usité au pluriel : *délices infinies.*

Enfant est masculin en parlant d'un garçon : *un bel enfant, un enfant gracieux,* et féminin en parlant d'une fille : *une belle enfant, une enfant gracieuse.* Quand on ne veut désigner que l'âge et non le sexe, il est toujours masculin : *voilà de beaux enfants.*

Enseigne est féminin ; mais il devient masculin quand il désigne un grade militaire : *un enseigne de vaisseau.*

Espace est masculin dans tous les sens, excepté en termes d'imprimerie, où l'on dit *une espace fine, une espace forte.*

Exemple est toujours masculin, bien que quelques-uns continuent à le faire féminin en parlant d'un modèle d'écriture.

Foudre, quand on parle du feu du ciel, est féminin : *la foudre est tombée.* Quand on parle du trait enflammé lancé par un dieu, il est masculin : *lancer un foudre.* Au figuré, il est toujours masculin : *un foudre de guerre ; les foudres vengeurs de son éloquence.*

Garde est masculin en parlant d'un homme, féminin en

parlant d'une femme : *un garde champêtre, une garde d'enfants.* Mais il est féminin quand il signifie une troupe de gens qui gardent, ou l'action de garder : *la garde nationale, faire bonne garde.*

Gent est féminin : *la gent moutonnière;* mais au pluriel *gens* est masculin : *les gens soupçonneux.* Néanmoins, dans certains cas on le fait féminin : *les vieilles gens, les bonnes gens.*

Hymne est généralement masculin : *un hymne pieux.* Quand on parle des hymnes qui se chantent à l'église, il est féminin : *les anciennes hymnes de l'Église.*

Œuvre est généralement féminin : *une bonne œuvre, de saintes œuvres.* Il est quelquefois masculin quand il désigne un très-grand ouvrage : *le grand œuvre de la création,* ou la collection des ouvrages d'un artiste : *l'œuvre entier de ce peintre, de ce musicien;* ou encore quand il désigne les différentes compositions d'un musicien : *le premier, le second œuvre de Mozart.* On dit aussi en termes d'alchimie : *travailler au grand œuvre.*

Orge est féminin ; mais il devient masculin dans les expressions *orge perlé, orge mondé.*

Orgue est masculin au singulier et féminin au pluriel, quand ce pluriel est employé pour le singulier, c'est-à-dire ne désigne qu'un seul instrument : *un bel orgue, de belles orgues.*

Pâque, qui s'écrit aussi *Pâques,* est masculin au singulier et féminin au pluriel : *à Pâque* ou *à Pâques prochain; faire de bonnes Pâques.* Il est féminin, même au singulier, quand il signifie la fête des Juifs : *célébrer la Pâque.*

Pendule est masculin en termes de physique : *les oscillations du pendule.* Il est féminin quand il a le sens d'horloge : *la pendule du salon.*

Période est féminin quand il marque un nombre déterminé d'années ; il est également féminin comme terme d'astronomie, de grammaire, de médecine : *la période du moyen âge ; une période harmonieuse ; la dernière période d'une maladie.* Il est masculin lorsqu'il exprime un espace de temps indéterminé, ou bien le plus haut point auquel puisse atteindre une chose : *dans le dernier période de la vie ; porter l'éloquence à son plus haut période.*

GENRE DES NOMS COMPOSÉS.

14. Les noms *composés* sont ceux qui sont formés de deux parties distinctes jointes ensemble par un trait d'union, comme *après-midi, contre-temps, serre-tête*, etc.

Quelquefois, entre les deux parties d'un nom composé, il se trouve une préposition, comme dans *tête-à-tête, chef-d'œuvre*, etc.

15. Les noms composés qui sont formés de deux noms, prennent le genre du premier nom : le *laurier-rose*, la *fête-Dieu.*

Les noms composés qui sont formés d'un nom et d'un adjectif, prennent le genre du nom : un *arc-boutant*, une *basse-cour.*

Les noms composés qui sont formés d'un verbe et d'un nom sont tous masculins : un *porte-voix*, un *couvre-chef.* Cependant *perce-neige* et *perce-pierre* ou *passe-pierre* sont féminins.

DU NOMBRE DANS LES NOMS.

16. Le *nombre* est la distinction que l'on fait entre une chose seule ou plusieurs choses réunies.

17. On distingue dans les noms deux nombres : le *singulier* et le *pluriel.*

Le nombre *singulier* est celui qui désigne une seule personne ou une seule chose, comme *l'homme, la femme, le livre, la table.*

Le nombre *pluriel* est celui qui désigne plusieurs personnes ou plusieurs choses, comme *les hommes, les femmes, les livres, les tables.*

18. Il y a des noms qui n'ont pas de pluriel, comme *le bétail, la faim, la soif, la sagesse*, etc.; d'autres qui n'ont

pas de singulier, comme *les bestiaux, les ténèbres, es funérailles, les pleurs, les mœurs,* etc.

19. Les noms qui n'ont pas de pluriel sont, en général, les noms de vices, de vertus, de métaux, de couleurs, etc., comme l'*avarice,* la *paresse,* la *clémence,* la *docilité,* l'*or*,* le *cuivre,* le *blanc,* le *bleu,* etc. Les noms des arts et des sciences, ceux des âges de la vie, comme la *musique,* l'*astronomie,* la *jeunesse,* la *vieillesse,* manquent également de pluriel.

FORMATION DU PLURIEL.

20. RÈGLE GÉNÉRALE. Pour former le pluriel des noms, on ajoute une *s* au singulier : *l'homme, les hommes; la femme, les femmes,* etc.

21. PREMIÈRE EXCEPTION. Les noms terminés au singulier par *s, x, z,* ne changent pas au pluriel : *le fils, les fils; la voix, les voix; le nez, les nez.*

22. DEUXIÈME EXCEPTION. Les noms terminés au singulier par *au* ou par *eu,* prennent *x* au pluriel : *le bateau, les bateaux; le feu, les feux.*

Il en est de même des sept noms suivants terminés par *ou : bijou, caillou, chou, genou, hibou, joujou, pou,* qui font *bijoux, cailloux,* etc. Les autres noms en *ou* suivent la règle générale et prennent une *s* au pluriel : *les clous, les verrous, les sous, les trous.*

23. TROISIÈME EXCEPTION. La plupart des noms terminés au singulier par *al* font leur pluriel en *aux : le mal, les maux; le cheval, les chevaux.* Excepté *régal* et quelques autres, qui suivent la règle générale : *les bals, les régals, les chacals,* etc.

Quelques noms en *ail* font aussi leur pluriel en *aux,*

---

* Cependant le pluriel est usité pour désigner les différentes couleurs qu'on peut donner à l'or : *une boîte de deux ors,* et les nuances d'une même couleur: *les blancs, les bleus.* On dit *les fers* (le commerce du fer), *les cuivres* (instruments de musique en cuivre).

comme *le travail, les travaux; le bail, les baux; le soupirail, les soupiraux.* Les autres suivent la règle générale.

Le mot *ail* fait *aulx* avec une *l*[*].

Aïeul fait *aïeux* dans le sens d'ancêtres; *ciel* fait *cieux*; *œil* fait *yeux*.

IRRÉGULARITÉS DANS LE PLURIEL DES NOMS.

24. Quelques noms prennent au pluriel deux formes différentes, selon le sens qu'ils expriment.

Ciel fait *cieux* au pluriel. Mais il fait *ciels* en termes de peinture : *Cet artiste excelle à peindre les ciels*, et dans les expressions *ciels de lit, ciels de carrière.* On dirait aussi : *L'Italie est sous un des plus beaux ciels de l'Europe.*

OEil fait *yeux* au pluriel. Mais il fait *œils* dans le composé *œil-de-bœuf* (sorte de lucarne ronde) et dans certains termes de botanique et de minéralogie : des *œils-de-Christ*, des *œils-de-serpent.*

Travail fait *travaux* au pluriel. Mais il fait *travails*, lorsqu'on parle d'une sorte de machine de bois où l'on attache les chevaux pour les ferrer. On dit aussi en termes de bureaux : *Cet employé a présenté à son chef plusieurs travails.*

Aïeul fait *aïeuls* lorsqu'on veut désigner le grand-père paternel et le grand-père maternel; il fait *aïeux* dans le sens d'*ancêtres.*

25. Les noms étrangers qui ne sont pas devenus français, bien qu'ils soient entrés dans l'usage ordinaire de la langue, ne prennent point d's au pluriel, comme des *Alleluia,* des *Te Deum,* des *Pater* et des *Ave.*

Mais ceux qui sont devenus français, s'écrivent au pluriel avec une *s*, comme des *opéras,* des *pianos,* des *bravos,* des *alinéas,* des *panoramas,* et même des *apartés.*

26. Les noms formés de deux ou plusieurs mots étran-

---

[*] Cependant le pluriel *ails* est aussi en usage, surtout en termes de botanique.

gers, comme *auto-da-fé*, *post-scriptum*, *ex-voto*, *fac-simile*, *in-octavo*, *in-pace*, *mezzo-termine*, *vade-mecum*, etc., ne prennent pas le signe du pluriel.

Certains noms étrangers qui, dans les langues d'où ils sont tirés, ont une forme particulière pour le pluriel, conservent cette forme en français : des *carbonari*, des *dilettanti*, des *lazzaroni*, des *soprani*, des *condottieri*, parce que nous disons au singulier, comme les Italiens, un *carbonaro*, un *dilettante*, un *lazzarone*, un *soprano*, un *condottiere*. Cependant on dit aussi des *dilettantes*, des *lazzarones*. — On écrit au pluriel, sans *s*, des *maxima* (terme d'économie politique), des *minima* (terme de mathématiques), des *errata*, parce qu'on dit au singulier, comme en latin, un *maximum*, un *minimum*, un *erratum*.

27. Les mots invariables de leur nature, quand par hasard on les emploie au pluriel, ne prennent pas d'*s*, comme les *si*, les *car*, les *oui*, les *non*, les *pourquoi*, etc.

PLURIEL DES NOMS COMPOSÉS.

28. Quand le nom composé est formé de deux parties variables (c'est-à-dire de deux noms, ou d'un nom et d'un adjectif), se rapportant l'une à l'autre, elles prennent toutes deux au pluriel la marque de ce nombre. Exemples : *Un chou-fleur, des choux-fleurs; un chef-lieu, des chefs-lieux; une basse-taille, des basses-tailles.*

Quand le nom composé est formé de deux parties variables, ne se rapportant pas l'une à l'autre, mais unies seulement par une préposition, la première partie, c'est-à-dire celle qui précède la préposition, prend seule la marque du pluriel. Exemples : *Un arc-en-ciel, des arcs-en-ciel*[*]; *un chef-d'œuvre, des chefs-d'œuvre.*

Quelquefois la préposition est sous-entendue. Exem-

---

[*] Mais l's ne se fait pas entendre; on prononce *arkanciel*, au pluriel comme au singulier.

ples : La *fête-Dieu* (c'est-à-dire la fête de Dieu), des *fêtes-Dieu*; un *hôtel-Dieu* (c'est-à-dire un hôtel de Dieu), des *hôtels-Dieu*.

29. Quand le nom composé est formé d'une partie variable et d'une partie invariable (préposition ou adverbe), la partie variable, placée ordinairement la dernière, prend seule au pluriel la marque de ce nombre. Exemples : *Un arrière-goût, des arrière-goûts; un sous-préfet, des sous-préfets.*

30. Quand le nom composé est formé d'un verbe et d'un nom, les deux parties restent invariables. Exemples: *Un garde-feu, des garde-feu; un tire-bouchon, des tire-bouchon.*

Seulement il faut observer que souvent, à cause du sens, même au singulier, le nom porte la marque du pluriel. Exemples : *Un porte-mouchettes, des porte-mouchettes; un couvre-pieds, des couvre-pieds*.

31. Quand le nom composé est formé de deux parties invariables, il ne change pas au pluriel. Exemples : *Un passe-partout, des passe-partout; un ouï-dire, des ouï-dire.*

Il en est de même quand le nom composé n'est que l'abrégé d'une phrase faite, où le pluriel ne peut trouver place. Exemples :

Un coq-à-l'âne (discours où l'on passe du coq à l'âne, c'est-à-dire discours sans suite), des coq-à-l'âne.

Un pied-à-terre (lieu où l'on peut mettre le pied à terre), des pied-à-terre.

Un pot-au-feu (ce qu'il faut dans un ménage pour mettre le pot au feu), des pot-au-feu.

Un tête-à-tête (entretien qu'on a tête à tête, c'est-à-dire sans témoins), des tête-à-tête.

---

* Dans les noms composés, *garde* est considéré comme un nom, et par conséquent il est variable, lorsqu'il se dit des personnes; mais il est considéré comme un verbe, et par conséquent il est invariable, lorsqu'il se dit des choses. Ainsi l'on écrira : *Un garde-chasse, des gardes-chasses.* Mais on écrira : *un garde-manger, des garde-manger.*

32. L'usage a supprimé le trait d'union dans quelques noms composés, qui doivent dès lors être considérés comme des mots simples, et qui prennent au pluriel la marque de ce nombre. Exemples :

Un portemanteau,	des portemanteaux.
Un marchepied,	des marchepieds.
Un portecrayon,	des portecrayons.
Un pourboire,	des pourboires.

On considère également comme mots simples tous les noms composés dont la première partie a subi quelque altération. Exemples :

Un chevau-léger (sorte de cavalier),	des chevau-légers.
Une grand'mère,	des grand'mères.
Une grand'messe,	des grand'messes.

Cependant il y a deux noms composés que l'usage a réunis en un seul mot, mais dont les deux parties reçoivent le signe du pluriel. Ce sont *bonhomme* et *gentilhomme*, qui font au pluriel *bonshommes* et *gentilshommes*.

PLURIEL DES NOMS PROPRES.

33. Les noms propres du nombre singulier ne changent pas de forme quand on les emploie au pluriel. Exemples : *Les deux frères Corneille; les deux Racine, père et fils; les Corneille et les Racine ont illustré la scène française.*

Cependant, quand les noms propres sont employés pour désigner, non pas les personnages eux-mêmes, mais ceux qui leur ressemblent, ils reçoivent le signe du pluriel. Exemples : *Les Césars et les Alexandres,* c'est-à-dire les grands conquérants; *les Virgiles et les Racines,* c'est-à-dire les grands poëtes *.

---

* On écrit aussi, avec la marque du pluriel, *les Bourbons, les Condés, les Stuarts,* etc., c'est-à-dire la famille des Bourbons, des Condés, des Stuarts. Enfin les noms propres d'imprimeurs, de peintres, de graveurs, etc., prennent aussi le signe du pluriel, quand ils sont employés pour désigner tout un genre de livres, de tableaux, de gravures, etc. Ainsi on écrira des *Elzévirs* (des éditions des Elzévir), des *Raphaëls* (des tableaux de Raphaël), etc.

1ᵉʳ Exercice.

Formez le pluriel des noms laissés au singulier et qui sont écrits en italique.

Que la terre est petite à qui la voit des *ciel!* — Les chevaux, rendus furieux par les piqûres de cette nuée de mouches, s'échappèrent des *travail* auxquels ils étaient attachés. — Il fait entrer dans toutes les conversations ses *aïeul* paternel et maternel. — L'école hollandaise avec ses *ciel* gris n'en a pas moins su tirer de la lumière un admirable parti. — Qui sert bien son pays n'a pas besoin d'*aïeul.* — A combien d'hommes est-il donné de goûter en repos le fruit de leurs *travail?* — Nos bibliothèques possèdent une collection curieuse de *fac-simile.* — Au moyen âge, les armées des princes italiens se composaient de *condottiere* toujours prêts à se vendre au plus offrant, et qui avaient grand soin de se ménager entre eux. — Il faut des machines aux *opéra;* et le propre de ce spectacle est de tenir les esprits, les yeux et les oreilles dans un égal enchantement. — Il n'y a pas longtemps que les *concerto* de Beethoven sont devenus populaires en France. — Nous avons souvent chanté des *Te Deum* que bien des mères traduisaient en *De profundis.* — Souvent, dans es *opéra*, ce sont moins les morceaux d'ensemble, malgré le mérite de leur composition, que les *solo*, les *duo* et les *trio* qui excitent les applaudissements du parterre. — Des *ciel* de ces carrières pendaient d'admirables stalactites.

2ᵉ Exercice.

Faites le même travail que sur l'exercice précédent.

Tous les matins, les ministres soumettaient leurs *travail* à Louis XIV. — Ce n'est pas sous les *ciel* de lit les plus riches que nous goûtons le sommeil le plus calme. — Dans les lettres, les *post-scriptum* sont quelquefois la partie la plus importante. — Souvent des millions d'hommes ne sont que des *zéro* qui donnent de la valeur à des unités. — Il n'y a pas eu de société politique plus célèbre que celle des *carbonaro.* — Que de musiciens de génie ont eu le malheur de dé plaire aux *dilettante* de leur siècle! — Rien n'est plus honorable pour la mémoire de Pélisson que les *factum* qu'il écrivit en faveur de l'infortuné Fouquet. — Des milliers de personnes lisent annuellement des *in-quarto*, des *in-folio*, et n'en sont pas plus instruites. — Aucune église ne renferme plus d'*ex-voto* que l'église Notre-Dame des Victoires, à Paris. — Ce serait une statistique curieuse que celle des *piano* et des *harmonium*, qui chaque jour massacrent les grands maîtres pour l'édification des *dilettante* de salon. — L'Espagne est la terre classique des *auto-da-fé*, des *san-benito* et des *in-pace.* — Combien de *contralto* et de *soprano* de salon sont venus, comme des papillons, brûler leurs ailes à la rampe des théâtres! — Nous fatiguons le ciel à force de *placet*. — Il y a longtemps que la science économique a condamné tous les *maximum* et toutes les entraves apportées à la liberté commerciale.

3° Exercice.

Modifiez, s'il y a lieu, les noms propres écrits au singulier et en italique.

Les *Turenne*, les *Condé*, les *Créqui*, par quelle voie sont-ils montés à ce dernier point de gloire et de réputation, au delà duquel il est défendu de prétendre ? — Si c'est ce qu'il y a d'humble et de simple dans la religion qui les rebute, ils sont à la vérité des esprits forts, et plus forts que tant de grands hommes si éclairés, si élevés, et néanmoins si fidèles, que les *Léon*, les *Basile*, les *Jérôme*, les *Augustin*. — Sous le règne de Charles IX et de Henri III, l'autorité royale était complétement effacée par la puissance des *Guise*. — Il est à regretter que tant de *Poussin* aient quitté la France. — O hommes de lettres, souvenez-vous du temps où les *la Fontaine*, les *Boileau*, les *Racine*, les *Molière* vivaient entre eux ! — Les trois derniers *Henri* qui ont régné en France ont eu une fin tragique. — Ç'aurait été une entreprise assez hardie que de parler du mépris de la gloire du temps des *Scipion* et des *Gracque*. — Nous avons comparé les variantes de tous les *Télémaque* que possède la bibliothèque impériale. — Les *Murillo* ont été vendus à des prix considérables ; les *Carrache* et les *Dominiquin* étaient peu recherchés. — Les deux *Caton* ont constamment attaqué les vices de leurs contemporains. — Les noms des rois des Mèdes et de Babylone sont aussi familiers à Hermagoras qu'à nous ceux des *Valois* et des *Bourbon*.

4° Exercice.

Formez le pluriel des noms laissés au singulier et écrits en italique.

L'ARCHITECTURE GOTHIQUE.

L'architecture gothique, qui a régné durant tout le moyen âge, a laissé sur le sol de la France de nombreux *chef-d'œuvre*. La plupart de nos *chef-lieu* de département possèdent quelques-unes de ces merveilles de l'art Ce sont tantôt des églises, tantôt des palais, tantôt des hôtels de ville, tantôt des *hôtel-Dieu*. Ce qui frappe dans tous ces monuments, c'est la profusion des ornements qui couvrent tout l'édifice, depuis les *rez-de-chaussée* jusqu'au sommet. Même es parties perdues dans une *demi-lumière*, ou cachées tout à fait aux regards, sont travaillées avec le même soin et décorées avec autant de richesse que celles qui doivent frapper tous les regards. Il n'y a pas de *plate-forme*, pas de *garde-fou*, quelque perdus qu'ils soient dans la masse, qui n'aient été décorés de sculptures ; pas de fenêtres, ni même d'*œil-de-bœuf*, qui ne soient garnis de ces brillants vitraux à travers lesquels pénètre une douce lumière chargée de mille *arc-en-ciel*. Que dire de ces *bas-relirf* qui couvrent ordinairement les *portail*, et qui feront encore l'admiration de nos *arrière-neveu* par leur naïveté, souvent pleine de grandeur, saisissable même dans les *fac-simile* que nous en **a** donnés la gravure?

CHAPITRE DEUXIÈME.

DE L'ARTICLE.

34. *L'article* est un mot qui se met devant un nom, pour marquer que ce nom s'applique à un objet déterminé ou indéterminé.

35. Il y a deux articles : l'article défini *le*, et l'article indéfini *un*.

L'article défini marque que le nom s'applique à un objet déterminé, comme *le père, la mère*.

L'article indéfini marque que le nom s'applique à un objet indéterminé, comme *un père, une mère*.

36. L'article a les deux genres et les deux nombres : *le* pour le masculin, *la* pour le féminin, *les* pour le pluriel des deux genres ; *un* pour le masculin, *une* pour le féminin, *des* pour le pluriel des deux genres. Il s'accorde avec le nom en genre et en nombre, c'est-à-dire qu'on le met au masculin ou au féminin, au singulier ou au pluriel, comme le nom qu'il accompagne : *le père, les pères; la mère, les mères; un livre, des livres; une table, des tables.*

ARTICLE DÉFINI.

37. L'article défini au singulier masculin et féminin, *le*, *la*, perd sa voyelle finale et la remplace par une apostrophe devant un nom qui commence par une voyelle ou par une *h* muette : *l'enfant* pour *le enfant; l'histoire* pour *la histoire.*

Mais si l'*h* est aspirée, l'article reste entier, **comme dans** *le héros, la haine.*

38. L'article défini, à cause du nom qu'il accompagne, est souvent précédé des prépositions *de* ou *à*. Ainsi l'on dit :

L'homme,	La femme,
de l'homme,	de la femme,
à l'homme.	à la femme.

Mais au singulier, devant un nom masculin commençant par une consonne ou par une *h* aspirée, l'article se combine avec les prépositions *de* ou *à* de la manière suivante : *de le* se change en *du*; *à le* se change en *au*. Ainsi l'on dit :

Le père,	Le héros,
du père,	du héros,
au père.	au héros.

Au pluriel, devant tous les noms, *de les* se change en *des*; *à les* se change en *aux*. Ainsi l'on dit :

Les pères,	Les héros,	Les femmes,
des pères,	des héros,	des femmes,
aux pères.	aux héros.	aux femmes.

ARTICLE INDÉFINI.

39. L'article indéfini pluriel *des* est une abréviation pour *de les*. *Des hommes*, signifie quelques-uns des hommes; *des femmes*, signifie quelques-unes des femmes, et l'on dit :

Des hommes,	Des femmes,
à des hommes.	à des femmes.

40. Devant les noms de choses qui ne se comptent pas, au lieu d'article indéfini on emploie au masculin *du* (pour *de le*), au féminin *de la*. Ainsi l'on dit : *du vin, de la viande*, c'est-à-dire une certaine quantité de vin, une certaine quantité de viande.

CHAPITRE TROISIÈME.

DE L'ADJECTIF.

41. L'*adjectif* est un mot que l'on ajoute au nom pour qualifier une personne ou une chose, comme *grand, beau, bon*.

L'adjectif s'accorde en genre et en nombre avec le nom auquel il se rapporte.

FORMATION DU PLURIEL DANS LES ADJECTIFS.

42. Le pluriel des adjectifs se forme comme celui des noms.

Cependant les adjectifs qui sont terminés au singulier par *eu* et par *ou* prennent tous au pluriel une *s* et jamais un *x*. Exemples : *des yeux bleus, des hommes fous*.

43. Les adjectifs masculins en *al* font pour la plupart le pluriel en *aux* : *égal, égaux; national, nationaux*.

Cependant quelques adjectifs en *al* de deux syllabes, comme *naval, fatal, final, frugal*, prennent simplement une *s* au pluriel : *Des combats navals; des événements fatals; des sons finals*.

Les adjectifs en *al* de plus de deux syllabes font presque tous le pluriel en *aux*, comme *déloyal, déloyaux; impartial, impartiaux; social, sociaux*, etc. Un petit nombre cependant, comme *glacial, initial, théâtral*, font plutôt le pluriel en *als* *.

FORMATION DU FÉMININ DANS LES ADJECTIFS.

44. RÈGLE GÉNÉRALE. Pour former le féminin des adjectifs, on ajoute un *e* muet au masculin : *prudent, prudente; saint, sainte; poli, polie; sensé, sensée*.

---

* Quelques-uns de ces adjectifs sont peu usités ou même ne le sont pas du out au pluriel masculin; l'usage et l'oreille sont en cela les seuls guides. Au reste, sur l'emploi de ce pluriel masculin des adjectifs en *al*, on ne saurait être trop réservé. N'employez ces adjectifs qu'au pluriel féminin.

Cette addition d'un *e* muet a quelquefois pour conséquence une modification dans l'orthographe de l'adjectif. Ainsi *fier*, *secret*, qui font au féminin *fière*, *secrète*, prennent un accent grave sans lequel ce féminin ne pourrait se prononcer. Pour la même raison, *aigu*, *exigu*, *ambigu*, s'écrivent au féminin *aiguë*, *exiguë*, *ambiguë*, avec un tréma sur l'*e*.

45. Première exception. Les adjectifs terminés au masculin par un *e* muet ne changent pas au féminin : *sage*, *sage*; *facile*, *facile*; *raisonnable*, *raisonnable*.

46. Deuxième exception. Les adjectifs en *el*, *eil*, *en*, *on*, et la plupart des adjectifs en *et* ou en *ot*, doublent au féminin la consonne finale : *cruel*, *cruelle*; *pareil*, *pareille*; *ancien*, *ancienne*; *bon*, *bonne*; *muet*, *muette*; *sot*, *sotte*.

Cependant quelques adjectifs en *et*, savoir : *complet*, *incomplet*, *concret*, *discret*, *indiscret*, *secret*, *inquiet*, *replet*, font leur féminin par un seul *t*, en prenant l'accent grave : *complète*, *discrète*, etc. *Dévot* fait *dévote*, également par un seul *t*.

47. Les adjectifs terminés par une *s*, tantôt forment leur féminin régulièrement : *mauvais*, *mauvaise*; *soumis*, *soumise*; et tantôt doublent leur consonne finale : *gras*, *grasse*; *gros*, *grosse*; *épais*, *épaisse*.

48. Troisième exception. Les adjectifs terminés au masculin par un *x* font leur féminin en *se* : *heureux*, *heureuse*; *glorieux*, *glorieuse*; *jaloux*, *jalouse*. — Cependant *doux* fait *douce*; *roux* fait *rousse*; *faux* fait *fausse*.

49. Les adjectifs terminés en *f* font leur féminin en *ve*, comme *neuf*, *neuve*; *bref*, *brève*; *plaintif*, *plaintive*.

Blanc, *franc*, *sec*, *frais*, font *blanche*, *franche*, *sèche*, *fraîche*. — *Gentil* fait *gentille*. — *Malin* et *bénin* font *maligne*, *bénigne*. — *Tiers* fait *tierce*.

Public, *caduc*, *turc*, font *publique*, *caduque*, *turque*; *grec* fait *grecque* (en conservant le *c*) ; *long* fait *longue*.

50. QUATRIÈME EXCEPTION. Les adjectifs en *eur* font leur féminin en *euse* : *trompeur, trompeuse; moqueur, moqueuse.*

Cependant *enchanteur* fait *enchanteresse; vengeur, vengeresse.*

Vainqueur n'a point de féminin.

Meilleur, majeur, mineur, supérieur, inférieur, et autres adjectifs terminés en *eur,* qui marquent la comparaison ou la position, ajoutent simplement un *e* au féminin : *meilleur, meilleure; supérieur, supérieure,* etc.

51. CINQUIÈME EXCEPTION. *Beau* et *nouveau* font au féminin *belle* et *nouvelle,* parce qu'on dit au masculin *bel* et *nouvel,* devant une voyelle ou devant une *h* muette : *bel oiseau, bel homme, nouvel an, nouvel honneur.* — *Jumeau* fait *jumelle.*

De même, *vieux* fait *vieille,* parce qu'on dit au masculin *vieil ami, vieil habit.*

Fou fait *folle, mou* fait *molle,* parce qu'on dit au masculin *fol espoir, mol édredon.*

52. Le féminin de quelques adjectifs prend irrégulièrement un *t* devant l'*e* final. Ainsi *favori* fait *favorite; coi* fait *coite,* presque inusité.

Quelques adjectifs n'ont pas de féminin, par exemple, *fat, dispos, châtain, aquilin, grognon,* et l'adjectif composé *premier-né.*

ADJECTIFS EMPLOYÉS COMME DES NOMS.

53. On emploie souvent les adjectifs comme des noms, pour désigner les personnes, en sous-entendant le mot *homme* ou *femme.* Exemples : *Le juste,* c'est-à-dire l'homme juste ; *une savante,* c'est-à-dire une femme savante ; *les précieuses ridicules,* nom que l'on a donné autrefois à des femmes ridicules par leurs prétentions.

En parlant de choses, on emploie l'adjectif masculin précédé de l'article défini, qui signifie alors *ce qui est.*

Exemples : *le beau*, c'est-à-dire ce qui est beau ; *le juste et l'injuste*, c'est-à-dire ce qui est juste et ce qui est injuste*.

DEGRÉS DE SIGNIFICATION OU DE COMPARAISON DANS LES ADJECTIFS.

54. On distingue dans les adjectifs trois *degrés de signification*, qui sont le *positif*, le *comparatif* et le *superlatif*. Les deux derniers s'appellent aussi *degrés de comparaison*.

55. Le *positif* n'est autre chose que l'adjectif exprimant simplement la qualité, comme *beau*, *belle*.

56. Le *comparatif* est l'adjectif exprimant la qualité avec une idée de comparaison.

Il y a trois sortes de comparatif : le *comparatif de supériorité*, le *comparatif d'infériorité* et le *comparatif d'égalité*.

57. Le *comparatif de supériorité* s'exprime par le mot *plus* placé devant le positif, comme dans *plus beau*, *plus belle*.

Il y a trois adjectifs qui forment leur comparatif de supériorité sans ajouter *plus* : ainsi *bon* fait *meilleur*, au lieu de *plus bon* ; *mauvais* fait *pire*, au lieu de *plus mauvais* ; *petit* fait *moindre*, au lieu de *plus petit*.

On dit cependant aussi *plus mauvais*, *plus petit*, mais on ne dit jamais *plus bon*.

58. Le *comparatif d'infériorité* s'exprime par le mot *moins* placé devant le positif, comme dans *moins beau*, *moins belle*, *moins bon*.

59. Le *comparatif d'égalité* s'exprime par le mot *aussi* placé devant le positif, comme dans *aussi beau*, *aussi belle*, *aussi bon*.

---

* Il ne faut pas confondre cet emploi de l'adjectif avec celui où un nom déjà exprimé est sous-entendu. Exemples : *Les bonnes actions et les mauvaises*, c'est-à-dire les mauvaises actions ; *il affiche de beaux sentiments, mais il n'en a que de vils*, c'est-à-dire il n'a que des sentiments vils.

60. Le *superlatif* est l'adjectif exprimant la qualité au plus haut degré ou à un très-haut degré.

Il y a deux sortes de superlatif : le *superlatif relatif* et le *superlatif absolu.*

61. Le *superlatif relatif* exprime. la qualité au plus haut ou au moindre degré par comparaison avec d'autres objets semblables. Il se forme en ajoutant l'article défini devant le comparatif de supériorité, comme *le plus beau, la plus belle, le meilleur,* ou devant le comparatif d'infériorité, comme *le moins beau, la moins belle, le pire, le moindre.*

62. Le *superlatif absolu* exprime la qualité dans un très-haut degré, sans rapport avec d'autres objets. Il se forme en plaçant la particule *très* devant le positif, comme *très-beau, très-belle, très-bon* *.

63. Il y a quelques adjectifs qui expriment le superlatif sans le secours d'autres mots, comme *excellent,* qui signifie *très-bon* ou *le meilleur; minime,* qui signifie *très-petit* ou *le plus petit.* On dit encore *illustrissime, révérendissime,* pour *très-illustre, très-révérend.*

64. Les mots *plus, moins, aussi, le moins, le plus,* etc. qui servent à exprimer le comparatif et le superlatif, doivent se répéter avant chaque adjectif. Exemples : *L'âne est plus humble, plus patient, plus tranquille que le cheval; cette vue est très-belle et très-étendue; c'est l'homme le plus honnête, le plus juste que l'on puisse trouver.* Ne dites donc pas : *Il est moins grand et fort que vous;* il faut dire : *Il est moins grand et moins fort que vous.*

---

* Le superlatif absolu se forme aussi en plaçant devant le positif l'un des adverbes *fort, bien, extrêmement, infiniment,* etc. : *fort beau, bien aimable, extrêmement grand,* etc.

5ᵉ **Exercice.**

Formez le pluriel des noms laissés au singulier et qui sont écrits en italique
de plus, faites accorder les articles et les adjectifs laissés invariables.

Avant Jacquard, *le machine* à tisser chargées de *corde*, de *pé-
dale*, etc., obligeaient les *tisserand* à s'adjoindre des *compagnon
servant*. Le métier à la Jacquard permit *au tisserand* de suffire
seuls au rouage et leur épargna des *travail pénible* ou *insalubre.*
Lyon, patrie de cet homme éminent et utile, lui a élevé une
statue.

LES VACANCES DE PAQUES.

Pâques était enfin venu tout brillant de fleurs, de verdure et de
soleil. Par *un bel* après-midi de printemps, *un couple* de camarades jeunes, expansifs, allègres, montait lestement le revers méridional du Jura, sans s'apercevoir du poids de leurs *portemanteau*
hissés sur *leur* épaules. Un troisième les rejoignit. A les voir ainsi,
le nez au vent, marcher insouciants, on devinait sans effort trois
étourneau de *le* gent *écolier*. Le plus âgé, en effet, n'avait pas dix-
huit ans. Les *bon* gens des montagnes, en les regardant passer, les
saluaient de leur plus sympathique sourire et riaient de leurs *singulier couvre-chef*; car nos pédestres voyageurs avaient cru devoir,
pour leurs trois ou quatre jours de courses, s'affubler de *chapeau*
de paille vieux de deux saisons, et, par l'effet de fréquentes averses
essuyées pendant le dernier automne, devenus tout à fait semblables
à la coiffure traditionnelle de Robinson. D'énormes *bâton* leur servaient *d'appuie-main*, et au besoin, du moins ils le croyaient
naïvement ainsi, leur seraient de précieuses armes défensives dans
les rencontres *fâcheuse* de la route, même contre les fantastiques
loup-garou du soir. Déjà l'un d'eux, comme ils traversaient une
lande déserte, avait d'un air formidable brandi son *chasse-mouche*,
ainsi qu'il appelait plaisamment son bâton, à la vue de deux *chien-
loup* se rendant de conserve à la fruiterie voisine, où ils avaient le
lit et le couvert.

Avec les quelques *sou* économisés sur leur modeste pension heb-
domadaire pendant la longue saison de l'hiver, ils se promettaient
un monde de jouissances, des aventures inouïes, des délices *fabu-
leux*. Passaient-ils près d'un précipice, leur œil plongeait auda-
cieusement par-dessus les *garde-fou* au plus profond de l'abîme.
Rencontraient-ils des *garde* champêtre ou des *garde-chasse*, ils marchaient d'un pas relevé comme des gens *indépendant* qui n'ont pas
à compter avec l'autorité. Une fois, en voyant *un couple* d'aigles,
un aigle mâle et *un aigle femelle*, aller à la chasse et planer au
plus haut des airs, le plus sérieux des trois avait gravement
arrêté ses camarades, pour délibérer sur ce que pouvaient être ces

oiseau exotiques. La veille, au pied de la montagne, dans les plaines qui leur étaient familières, ils ne se fussent pas souciés d'une apparition trop fréquente en ces contrées pour attirer l'attention.

6ᵉ Exercice.

Faites le même travail que sur l'exercice précédent.

LES VACANCES DE PAQUES (SUITE).

Les propos les plus *incohérent* se croisaient, se mêlaient, s'enchevêtraient, *véritable coq-à-l'âne* où rien ne répondait à rien. Les arguments pédantesques, *arrière-goût* des exercices du semestre écoulé, se heurtaient aux *lazzi* les plus *fou;* une observation *magistral* était interrompue par une gambade, *un* période savamment *combiné* se terminait par un calembour: Le respect emphatique du professeur se mariait sans effort aux bravades contre la discipline et ses foudres *vengeur.* « C'est drôle, dit tout à coup l'un d'entre eux qui venait de se jucher sur un talus, je me fais l'effet d'une statue de Jupiter Olympien; voyez *ma foudre.* » Il montrait son bâton. Et comme les *quolibet* pleuvaient sur sa tête, il reprit : « Ah! vous riez! Eh bien gare *au foudre, il* va éclater, car je vous le dis, ce n'est pas *un* simple *foudre* de théâtre et d'apparat, et *mon* foudre est *un* foudre. » Tout triomphant de son inintelligible galimatias, il glissa de son piédestal comme une flèche et se remit en route.

7ᵉ Exercice.

Faites le même travail que sur les exercices précédents.

LES VACANCES DE PAQUES (SUITE).

Cependant la nuit se faisait peu à peu, et le soir était venu avec ses bruits vagues, ses *demi-teinte, avant-coureur* des ténèbres où l'œil se perd, ses incertitudes et ses angoisses *naturel.* La fatigue d'ailleurs avait diminué l'intarissable verve, et les trois piétons marchaient avec plus de réserve, serrés instinctivement les uns contre les autres. Les *ouï-dire*, tous les contes *sinistre* voltigeaient autour de leur imagination, sans que ni l'un ni l'autre osât dire tout haut ce qui le préoccupait tout bas. « Certes, hasarda pourtant l'un d'eux en s'efforçant de prendre le dessus, si nos *grand'mère* voyaient comme il fait noir ici, elles n'auraient jamais fini de nous plaindre et de nous recommander à tous les saints! » La boutade passa sans éveiller de réponse. Un instant après, un second qui se croyait l'une des plus belles *basse-taille* de la pension, essaya de filer quelques notes pour se donner une contenance. Mais le silence continuait autour de lui. « Une idée, reprit enfin le plus vieux des trois; si nous prenions nos *porte-crayon*, et si nous couchions nos impressions par écrit ? — Oui, mais il nous faudrait pour cela au moins la chandelle du Petit-Poucet, dit un autre. — Et de solides *abat-vent* pour la garder éclairée, ajouta le troisième. — Allons, allons, mieux vaudrait pour nos estomacs le plus maigre des *pot-au-feu* et le plus mal garni des *garde-manger*, s'écria le premier qui avait parlé d'abord. — Mais ici, rien que des tas de *caillou* à la file des uns des autres, pas le plus modeste des *pied-à-terre* où reposer sa pauvre tête et secouer la poussière du chemin. — Sommes-nous des *lazzarone* ou des *dilettante* de carrefour pour dormir à la belle étoile ?— Mercure, dieu des voyageurs, je rêve de *ciel de lit*, de rideaux, de *couvre-pied*, de couvertures, de festins, de *régal*, de feu flambant et de pieds appuyés à de somptueux *garde-feu*; conduis-nous dans quelque hôtellerie, et je te ferai en retour *un* des plus *beaux* hymnes que ta *divin* oreille ait *entendu* (plur.), et ces trois bâtons, nous les consacrerons, comme des *ex-voto*, au pied de ton autel. »

8ᵉ Exercice.

Faites le même travail que sur les exercices précédents.

LES VACANCES DE PAQUES (SUITE).

En disant ces mots, les trois écoliers arrivaient au haut d'une côte. Ce furent alors des *bravo* à perte d'haleine, des cris *éperdu*. Ils venaient d'apercevoir les lumières d'un petit hameau, que le pli du terrain leur avait jusque-là dérobé. Ils se dirigèrent vers la maison la plus *rapproché*. A chaque pas leur pied se heurtait à quelque roc invisible dans la nuit, à un objet traînant à terre. « Quels *marchepied!* dit l'un des trois qui avait failli tomber. — Moi, reprit le second, je passe par-dessus tout, pourvu que je trouve ici chez notre hôte bien-aimé des *cure-dent* et des *porte-mouchette*, car je ne sais pas dîner sans confortable.— Et moi, ajouta le troisième, je ne demande que des *tire-bouchon* agiles et bien affûtés; je meurs de soif. » Ils étaient enfin arrivés près de la porte.

Avant d'entrer, ils se mirent à considérer la chambre qui était par bonheur bien éclairée. « C'est un *garde-meuble* princier, dit l'un d'eux. — Dis donc un musée. — Tiens, regarde ces *Raphaël*, ces *Titien*, le long de la muraille. — Je les appellerais, moi, des *Pellerin*; et je ne m'y trompe pas, ce sont des *chef-d'œuvre* d'É-pinal. — En tous cas, notre hôte est lettré. Voici les deux *Racine*, Jean et Louis, puis les deux *Corneille*, Pierre et Thomas, plus loin les deux *Sénèque*; nous trouverons encore sans aucun doute, des *Virgile*, des *Homère*, des *Montesquieu*, des *Voltaire*, etc., etc. — Allons donc, reprit le troisième, notre hôte est un guerrier Voyez là-bas ces *César*, ces *Alexandre*, des *Napoléon*, des *Condé*, des *Charlemagne*. — Oui, c'est Mahomet III en personne sur un magnifique cheval blanc. » Là-dessus ils se décidèrent à entrer.

CHAPITRE QUATRIÈME.

DU PRONOM.

65. Le *pronom* est un mot qui tient la place du nom.

66. Il y a cinq classes de pronoms : les pronoms *personnels*, les pronoms *démonstratifs*, les pronoms *relatifs*, les pronoms *interrogatifs* et les pronoms *indéfinis*.

I. — PRONOMS PERSONNELS.

67. Les *pronoms personnels* sont ceux qui désignent la personne.

Il y a trois personnes : la première est celle qui parle ; la deuxième est celle à qui l'on parle ; la troisième est celle de qui l'on parle.

PRONOM DE LA PREMIÈRE PERSONNE.

68. Il n'y a qu'un pronom de la première personne. Il est le même pour le masculin et pour le féminin.

SINGULIER.	PLURIEL.
Je *ou* moi.	Nous.
Me (*pour* moi, à moi).	

PRONOM DE LA DEUXIÈME PERSONNE.

69. Il n'y a qu'un pronom de la deuxième personne. Il est le même pour le masculin et pour le féminin.

SINGULIER.	PLURIEL.
Tu *ou* toi.	Vous.
Te (*pour* toi, à toi).	

En parlant à une seule personne, on emploie, par politesse, *vous* au lieu de *tu* ou de *toi*.

PRONOMS DE LA TROISIÈME PERSONNE.

70. Il y a deux pronoms de la troisième personne : le pronom *direct* et le pronom *réfléchi*.

Le *pronom direct* désigne simplement la personne dont on parle, comme les mots *il, elle, les, leur,* dans ces expressions : *il va, elle vient, suivons-les, répondez-leur.*

Le *pronom réfléchi* exprime un retour que fait sur soi-même la personne dont on parle, comme le mot *soi* dans ces expressions : *n'aimer que soi, ne penser qu'à soi.*

PRONOM DIRECT DE LA TROISIÈME PERSONNE.

71. Il n'y a qu'un pronom direct de la troisième personne. Il change de forme pour chaque genre et pour chaque nombre.

SINGULIER.

MASCULIN.	FÉMININ.
Il *ou* lui.	Elle.
Le (*pour* lui).	La (*pour* elle).
Lui (*pour* à lui).	Lui (*pour* à elle).

PLURIEL.

Ils *ou* eux.	Elles.
Les (*pour* eux).	Les (*pour* elles).
Leur (*pour* à eux).	Leur (*pour* à elles).

PRONOM RÉFLÉCHI DE LA TROISIÈME PERSONNE.

72. Il n'y a qu'un pronom réfléchi de la troisième personne. Il est le même pour les deux genres et pour les deux nombres.

SINGULIER ET PLURIEL.

Soi.
Se (*pour* soi, à soi).

73. Les pronoms directs des trois personnes peuvent se transformer en pronoms réfléchis, à l'aide de l'adjectif *même*, qu'on joint par un trait d'union à certaines formes de ces pronoms, comme quand on dit : *moi-même, nous-mêmes; toi-même, vous-mêmes lui-même, elle-même,*

eux-mêmes, elles-mêmes. Ces formes sont les seules qui puissent se combiner ainsi avec l'adjectif *même*.

L'adjectif *même* se joint aussi à la forme *soi* du pronom réfléchi de la troisième personne : *soi-même*, qui ne sert alors que pour le singulier ; au pluriel il faudrait dire *eux-mêmes, elles-mêmes.*

74. Le pronom direct *lui, elle*, s'emploie pour le pronom réfléchi *soi*, toutes les fois qu'il se rapporte à une personne déterminée. Exemples : *Il ne pense qu'à lui; elle rapporte tout à elle.*

Mais on emploie *soi*, quand la personne est indéterminée. Exemples : *Chacun pense à soi; rapporter tout à soi.*

On emploie aussi *soi* avec les noms de choses. Exemple : *Les maux que la guerre traîne après soi.*

75. Le mot *en*, qui est un adverbe, s'emploie quelquefois pour *de lui, d'elle, d'eux, d'elles*, surtout en parlant des choses inanimées. Exemple : *J'ai lu ce livre ou ces livres, j'en suis content*, c'est-à-dire *je suis content de ce livre, de ces livres.*

76. Le mot *y*, qui est aussi un adverbe, s'emploie quelquefois pour *à lui, à elle, à eux, à elles*, en parlant des choses inanimées. Exemples : *Le mal est grave, il faut y remédier*, c'est-à-dire *remédier au mal; ces raisons sont bonnes, je m'y rends*, c'est-à-dire *je me rends à ces raisons.*

II. — PRONOMS DÉMONSTRATIFS.

77. Les *pronoms démonstratifs* sont ceux qui indiquent un objet, comme s'ils le montraient.

Il y a deux pronoms démonstratifs : *celui*, en parlant des personnes ou des choses; *ce*, en parlant des choses. Mais le plus souvent on y joint le mot *ci* ou le mot *là* : *celui-ci, celui-là, ceci, cela.* Les mots *ci* et *là* sont des adverbes.

78. Le pronom démonstratif *celui* a les deux genres et les deux nombres.

SINGULIER.

MASCULIN.	FÉMININ.
Celui, celui-ci, celui-là.	Celle, celle-ci, celle-là.

PLURIEL.

Ceux, ceux-ci, ceux-là.	Celles, celles-ci, celles-là.

79. Le pronom démonstratif *ce*, ou plus souvent *ceci*, *cela*, signifie *cette chose*; il ne s'emploie qu'au masculin et au singulier.

80. L'adverbe *ci*, joint à un pronom démonstratif, indique ce qui est présent ou voisin; l'adverbe *là* indique ce qui est absent ou éloigné. Exemples : *Celui-ci est plus près de moi que celui-là; je préfère ceci à cela.*

81. Le pronom *celui* ne s'emploie sans l'adverbe *ci* ou l'adverbe *là* que devant la préposition *de : celui de mon père, celui d'hier;* ou devant le pronom relatif : *celui qui vous aime.*

Le pronom *ce* ne s'emploie sans l'adverbe *ci* ou l'adverbe *là* que devant le verbe *être*, comme *c'est beau*, *ce serait honteux*, ou devant le pronom relatif. Exemples : *Ce qui vous plaît*, *ce dont vous êtes charmé*, *ce que vous désirez* *.

III. — PRONOM RELATIF.

82. Le *pronom relatif* est celui qui, se rapportant à un nom précédemment exprimé, sert à unir deux membres de phrase.

Ainsi quand je dis : *l'homme qui est venu reviendra*, le pronom *qui* se rapporte au nom *homme*, et il sert à unir les deux membres de phrase *l'homme est venu*, *l'homme reviendra*.

Le nom auquel se rapporte le pronom relatif s'appelle *antécédent*.

---

* **Et** encore dans les expressions *ce semble*, *ce dit-il.*

83. Il n'y a qu'un seul pronom relatif proprement dit : c'est le pronom *qui* sous ses diverses formes, *qui*, *que*, *dont* (pour *de qui*). Il sert pour les deux genres et les deux nombres *.

84. Le pronom relatif a souvent pour antécédent un autre pronom : *moi qui*, *vous qui*, *celui qui*, *celui que*, *celui dont*.

85. Le pronom *qui*, sous ses trois formes *qui*, *dont* et *que*, doit toujours suivre immédiatement son antécédent. On ne peut pas dire : *J'ai perdu un frère dans cette bataille que j'aimais beaucoup*. Il faut dire : *J'ai perdu dans cette bataille un frère que j'aimais beaucoup*.

86. La forme *qui* précédée d'une préposition ne s'emploie qu'en parlant des personnes ou des choses personnifiées. Exemples : *Celui à qui je parle* ou *de qui je parle*. *Rochers à qui je me plains*. En parlant des choses, après les prépositions, on emploie *lequel*, *laquelle*. Exemples : *La cause pour laquelle* (et non pas *pour qui*) *je combats*. *Des forces auxquelles* (et non pas *à qui*) *on ne peut résister*.

87. En parlant des choses, après une préposition, on emploie aussi le mot *quoi*, qui est considéré alors comme pronom relatif. Exemple : *Ce sont choses à quoi* (pour *auxquelles*) *vous ne prenez pas garde*.

88. Le pronom relatif, sous la forme *qui*, s'emploie quelquefois seul pour *celui qui*, *tout homme qui*, comme quand on dit : *Qui veut la fin, veut les moyens*, c'est-à-dire *celui qui veut la fin*.

---

* Il ne faut pas confondre le pronom *que* avec l'adverbe *que* (signifiant *combien*) ni avec la conjonction *que*. Pour reconnaître si le mot *que* est pronom, on le tourne par *lequel*, *laquelle*. Exemple : *L'homme que j'ai vu*, tournez *lequel j'ai vu*. Mais dans ces phrases : *Que vous êtes bon* (c'est-à-dire combien vous êtes bon)! et : *Je vois que vous riez*, le mot *que* ne peut pas se tourner par *lequel*; dans la première phrase c'est un adverbe, et dans la seconde une conjonction.

89. On emploie aussi le pronom relatif indéfini *qui-conque*, pour signifier *tout homme qui*. On dirait, par exemple : *Quiconque veut la fin, veut les moyens.* Ce pronom a seulement le singulier.

IV. — PRONOMS INTERROGATIFS.

90. Les *pronoms interrogatifs* sont ceux qui servent à interroger.

Il y a deux pronoms interrogatifs : *qui*, pour les personnes; *quoi* ou *que*, pour les choses.

91. Le pronom interrogatif *qui?* n'a pas de pluriel; il sert pour les deux genres : *qui? de qui? à qui?*

92. Le pronom interrogatif *quoi* ou *que?* n'a pas de pluriel. Il est toujours masculin.

Le pronom interrogatif *que* est quelquefois employé pour *à quoi, de quoi, en quoi.* Exemples : *Que sert-il de gémir* (pour *à quoi* ou *de quoi sert-il*)? *Que m'importe cela* (pour *en quoi m'importe*)?

V. — PRONOMS INDÉFINIS.

93. Les *pronoms indéfinis* sont ceux qui désignent une personne ou une chose d'une manière indéterminée.

Ils sont au nombre de sept :

Quelqu'un.	Personne.
Chacun.	Rien.
On *ou* l'on.	Tout.
Autrui.	

94. Le pronom indéfini *quelqu'un* a les deux genres et les deux nombres : *quelqu'un, quelqu'une; quelques-uns, quelques-unes.*

Le pronom indéfini *chacun* a aussi les deux genres : *chacun, chacune*, mais il ne s'emploie qu'au singulier.

95. Les autres pronoms indéfinis sont tous du genre masculin, et s'emploient sans article, excepté *on*, qui s'écrit quelquefois *l'on*.

96. *On* prend surtout l'article après les petits mots
et, ou, où, ni, que, si, mais, car, pour ne pas choquer
l'oreille; mais cela n'a pas lieu quand le mot suivant
commence par une *l.* Ainsi ne dites pas : *Que l'on lise ce
livre et l'on l'admirera.* Il faut dire : *Qu'on lise et on,* etc.

Au commencement des phrases *on* est préférable à *l'on,*
parce que l'article ici n'est pas exigé par l'oreille.

On et *l'on* sont masculins de leur nature. Néanmoins
quand le nom ou l'adjectif qui se rapporte à *on* ne peut
raisonnablement se mettre au singulier masculin, on le
met au féminin ou au pluriel. Exemple : *On est femme
et l'on se croit belle; on peut être rivaux et rester amis.*

On peut aussi représenter chacune des trois personnes.
On est belle peut signifier suivant l'intention de la personne qui parle ; *je suis belle, tu es belle, elle est belle.*

97. *Personne* est naturellement féminin : *une belle personne.* Mais employé comme pronom indéfini, il est masculin. Exemple : *Personne n'est venu.*

98. Les pronoms indéfinis *quelqu'un, rien, personne,*
ne peuvent être immédiatement suivis d'un adjectif; ils
doivent en être séparés par la préposition *de.* Exemple :
S'il y a quelqu'un de malade; rien de bon.

99. Les pronoms *rien, personne,* lorsqu'ils ne répondent pas à une question, ne sont pas toujours négatifs.
Pour qu'ils soient négatifs, il faut qu'ils soient accompagnés d'une négation. Exemple : *Personne ne le croit*
(c'est-à-dire aucune personne ne le croit); *rien ne l'émeut*
(c'est-à-dire aucune chose ne l'émeut). Lorsque *personne*
et *rien* ne sont pas accompagnés d'une négation, ils sont
employés comme indéterminés, et cela a lieu surtout dans
les phrases interrogatives et après *si.* Exemples : *A-t-on
vu personne agir de la sorte* (c'est-à-dire quelque personne)?
Est-il rien (pour est-il quelque chose) *de plus parfait ?*

100. Certaines alliances de mots, notamment *quelque
chose* (§ 13) et *tout le monde,* peuvent être considérées
comme des pronoms indéfinis.

Quelque chose, employé comme pronom indéfini, est masculin. Exemple : *Quelque chose m'est arrivé*. Mais si *quelque* est séparé de *chose* par un adjectif, le féminin reparaît. Exemple : *Quelque bonne chose*.

Quelque chose ne peut être immédiatement suivi d'un adjectif; il doit en être séparé par la préposition *de*. Exemple : *Quelque chose de bon ou de beau*.

ADJECTIFS PRONOMINAUX.

101. Les *adjectifs pronominaux* sont ceux qui se forment des pronoms ou qui s'y rapportent par leur signification.

Les adjectifs pronominaux se partagent en cinq classes qui correspondent aux cinq classes de pronoms.

I. — ADJECTIFS PERSONNELS OU POSSESSIFS.

102. Les *adjectifs personnels* ou *possessifs* sont ceux qui correspondent aux pronoms personnels.

Il y en a pour les trois personnes, et pour les deux nombres de chaque personne.

Ils se partagent en deux ordres.

103. Les adjectifs possessifs du premier ordre sont ceux qui s'emploient sans article, comme *mon, ton, son*, dans *mon père, ta mère, son ami*. Ils sont au nombre de six :

SINGULIER.	PLURIEL.
Mon, *fém.* ma.	Mes.
Notre.	Nos.
Ton, *fém.* ta.	Tes.
Votre.	Vos.
Son, *fém.* sa.	Ses.
Leur.	Leurs.

104. Les adjectifs possessifs du premier ordre conservent la forme masculine devant les noms féminins qui commencent par une voyelle ou une *h* muette : *mon âme,*

ton habitude, son humeur. Mais il n'en est pas de même devant une *h* aspirée : *ma harpe, sa hache,* etc.

105. Les adjectifs possessifs du second ordre sont ceux qui s'emploient avec un article, comme *le mien, le tien.* Ils sont, comme les adjectifs possessifs du premier ordre, au nombre de six :

SINGULIER.	PLURIEL.
Le mien, la mienne.	Les miens, les miennes.
Le nôtre, la nôtre.	Les nôtres.
Le tien, la tienne.	Les tiens, les tiennes.
Le vôtre, la vôtre.	Les vôtres.
Le sien, la sienne.	Les siens, les siennes.
Le leur, la leur.	Les leurs.

106. Quand les adjectifs possessifs du second ordre sont précédés de l'article défini, le nom n'est jamais exprimé. Exemple : *Ce n'est pas votre avis, c'est le mien,* c'est-à-dire, *c'est mon avis.*

Quand ils sont précédés de l'article indéfini, le nom est toujours exprimé. Exemple : *Un mien parent,* c'est-à-dire, *un de mes parents.*

107. Les adjectifs possessifs du second ordre s'emploient d'une manière absolue, c'est-à-dire sans se rapporter à aucun nom exprimé ou sous-entendu, au singulier masculin, avec l'article défini, pour désigner ce qui est la propriété de chacun : *Je me contente du mien* (c'est-à-dire de ce qui m'appartient); et au pluriel masculin, pour signifier les parents, les alliés, les amis : *Il ne peut vivre loin des siens.*

Ils s'emploient quelquefois aussi, sans article, au lieu de *à moi, à nous,* etc. : *Ce livre est à moi* ou *est mien.*

108. Dans les adjectifs possessifs du second ordre, *le nôtre* et *le vôtre* sont marqués de l'accent circonflexe et font au pluriel *les nôtres, les vôtres;* ils se distinguent ainsi des adjectifs possessifs du premier ordre, *notre,* pluriel, *nos; votre,* pluriel, *vos.*

109. Il ne faut pas confondre l'adjectif possessif *leur,*

pluriel *leurs*, avec le pronom personnel *leur* (pour *à eux*,
à elles), qui ne prend jamais d's. Exemple : *Leurs enfants
leur ont désobéi*.

II. — ADJECTIFS DÉMONSTRATIFS.

110. Les *adjectifs démonstratifs* sont ceux qui correspondent aux pronoms démonstratifs.

Il n'y a, à proprement parler, qu'un adjectif démonstratif : *ce*, féminin *cette*, pluriel *ces* pour les deux genres.
Il se place devant les noms absolument comme un article :
ce jardin, cette maison, ces champs.

Le masculin *ce* se change en *cet* devant une voyelle ou
devant une *h* muette : *cet ami, cet homme*.

111. On ajoute souvent à l'adjectif démonstratif l'adverbe *ci* ou l'adverbe *là*, que l'on place toujours après le
nom : *ce jardin-ci, cette maison-là*.

L'adverbe *ci*, joint à l'adjectif démonstratif, indique ce
qui est présent ou voisin ; l'adverbe *là* indique ce qui est
absent ou éloigné. Exemple : *Je préfère cette maison-ci a
ce palais-là*.

III. — ADJECTIFS RELATIFS.

112. Les *adjectifs relatifs* sont ceux qui correspondent
aux pronoms relatifs.

Il n'y a, à proprement parler, qu'un adjectif relatif : *lequel, laquelle*. Il se reconnaît comme adjectif parce
qu'il peut être suivi d'un nom, et qu'on peut dire *lequel
homme, laquelle chose*.

Mais ordinairement le nom se sous-entend, parce qu'il
a déjà été exprimé. Exemple : *J'ai rencontré un homme,
lequel m'a dit*, c'est-à-dire *lequel homme m'a dit*.

113. L'adjectif *lequel* est composé de l'article défini *le* et
de l'adjectif *quel*, réunis par l'usage en un seul mot, mais
qui tous deux restent variables :

SINGULIER.	PLURIEL.
Lequel, laquelle.	Lesquels, lesquelles.
Duquel, de laquelle.	Desquels, desquelles.
Auquel, à laquelle.	Auxquels, auxquelles.

114. L'adverbe relatif *où* peut s'employer pour *auquel*, *à laquelle*, *auxquels*, *auxquelles*, lorsqu'il s'agit d'un lieu, ou d'une chose comparable à un lieu où l'on est, où l'on va. Exemples : *Le but où je tends* (pour *auquel je tends*); *la force où vous mettez votre confiance* (pour *à laquelle* ou *dans laquelle*).

De même l'adverbe relatif *d'où* peut s'employer pour *duquel*, *de laquelle*, *desquels*, *desquelles*, quand il s'agit d'un lieu, ou d'une chose comparable à un lieu d'où l'on sort, d'où l'on est tiré. Exemples : *La ville d'où je viens; le péril d'où l'on vous a tiré.*

IV. — ADJECTIFS INTERROGATIFS.

115. Les *adjectifs interrogatifs* sont ceux qui correspondent aux pronoms interrogatifs.

Il n'y a, à proprement parler, qu'un adjectif interrogatif : *quel, quelle ?*

116. L'adjectif interrogatif n'est pas ordinairement précédé de l'article : *quel homme ? quelle femme ? quels enfants ?*

Cependant il prend l'article défini quand le nom est sous-entendu, et alors il s'unit avec l'article en un seul mot dont les deux parties restent variables, comme pour l'adjectif relatif. Exemples : *J'ai rencontré un de vos amis. Lequel? — J'ai reçu une lettre d'une de vos parentes. De laquelle?*

Il prend aussi l'article quand il est suivi de la préposition *de*. Exemples : *Lequel de ces hommes ? laquelle des deux?*

117. On emploie aussi l'adjectif interrogatif *quel*, sans article, dans les phrases où il est suivi du verbe *être*, lors même que le nom est sous-entendu. Ainsi on dira également bien : *Quel homme est-ce ?* et : *Quel est-il?*

V. — ADJECTIFS INDÉFINIS.

118. Les *adjectifs indéfinis* sont ceux qui correspondent aux pronoms indéfinis.

119. L'adjectif indéfini *quelque* répond au pronom indéfini *quelqu'un*, et l'adjectif indéfini *chaque* répond au pronom indéfini *chacun*.

L'adjectif *quelque*, pluriel *quelques*, sert pour les deux genres : *quelque homme, quelque personne, quelques affaires*. L'adjectif *chaque* ne s'emploie qu'au singulier : *chaque homme, chaque personne*.

120. Il faut bien se garder de confondre *chaque* et *chacun*. L'adjectif *chaque* doit toujours être suivi d'un nom. Ainsi ne dites pas : *Ces objets coûtent cinq francs chaque*. Il faut dire : *Ces objets coûtent cinq francs chacun*.

Il faut se garder aussi d'employer l'adjectif *chaque* avec un nom au pluriel. Ainsi ne dites pas : *Chaque deux jours*. Il faut dire : *Tous les deux jours*.

121. Au pronom relatif indéfini *quiconque* répond l'adjectif indéfini *quelconque*, qui sert pour les deux genres et a les deux nombres : *Un homme quelconque, une personne quelconque, des affaires quelconques*.

122. Les autres adjectifs indéfinis sont :

Aucun.	Seul.
Nul.	Tel.
Tout.	Certain.
Maint.	Même.
Plusieurs.	Autre.

123. La plupart de ces adjectifs ne prennent pas l'article : *aucun homme, tout homme*. *Tel* et *certain* ne prennent que l'article indéfini : *un tel langage, une certaine aventure*.

124. Quelques-uns de ces adjectifs sont irréguliers ou incomplets dans leurs formes :

Tout fait au pluriel masculin *tous*, sans *t*.

Plusieurs n'a point de singulier et ne prend point d'*e* au féminin.

Aucun, *nul*, ne s'emploient pas au pluriel, si ce n'est devant les noms dont le singulier est inusité ou peu usité, comme *aucuns matériaux, nulles entraves.*

125. *Aucun* s'emploie quelquefois au pluriel, comme pronom indéfini, mais seulement dans le style badin. Exemple : *Aucuns* (c'est-à-dire quelques-uns) *le croiront;* et même, mais plus rarement encore, avec la préposition *de : D'aucuns l'ont dit.*

L'adjectif indéfini *aucun*, lorsqu'il ne répond pas à une question, n'est pas toujours négatif. Pour qu'il soit négatif, il faut qu'il soit accompagné d'une négation. Exemple : *Je ne connais aucun homme qui soit parfaitement heureux.* Lorsque *aucun* n'est pas accompagné d'une négation, il est employé comme indéterminé, et cela a lieu surtout dans les phrases interrogatives et après *si.* Exemples : *Est-il aucun de vous* (c'est-à-dire quelqu'un de vous) *qui le sache? S'il en est aucun* (c'est-à-dire s'il en est quelqu'un).

Au contraire, l'adjectif *nul* et l'adverbe *nullement* qui en est formé sont toujours négatifs, parce qu'ils contiennent la négation *ne.* Exemples : *Nul homme ne le sait. Je ne le connais nullement.*

Nul, adjectif indéfini, s'emploie quelquefois comme pronom indéfini. Exemple : *Nul* (c'est-à-dire nul homme) *n'est content de sa fortune.*

126. L'adjectif indéfini *tout* s'emploie absolument au pluriel masculin pour signifier *tous les hommes, tout le monde.* Exemple : *Tous le croient.*

Tout, au singulier, lorsqu'il n'est pas suivi de l'article, signifie *un quelconque.* Exemple : *Tout homme est sujet à l'erreur* (c'est-à-dire un homme quelconque, les hommes sans exception). Lorsqu'il est suivi de l'article, il signifie *entier, complet.* Exemples : *Tout le jardin est cultivé* (c'est-à-dire le jardin entier). *Nous avons vu passer toute une compagnie* (c'est-à-dire une compagnie entière, complète).

127. *Autre*, adjectif indéfini, s'emploie quelquefois comme pronom indéfini, mais il se fait alors précéder de l'article *un* ou de l'adjectif *tout*. Exemples : *Un autre que moi vous le dira; tout autre que vous s'y tromperait.*

ADJECTIFS NUMÉRAUX.

128. Les *adjectifs numéraux* sont ceux qui servent à compter.

Il y en a trois sortes : les *adjectifs cardinaux*, les *adjectifs ordinaux* et les *adjectifs multiplicatifs*.

129. Les *adjectifs cardinaux* sont ceux qui indiquent simplement le nombre, comme *un, deux, trois, quatre, cent, mille*.

130. Les adjectifs cardinaux, excepté *un, une*, sont invariables dans leur forme.

Ils servent également pour le masculin et pour le féminin : *deux hommes, deux femmes, cent hommes, cent femmes.*

Quoique joints à des noms pluriels, ils ne prennent point la marque du pluriel. Cependant *vingt* et *cent*, précédés d'un autre adjectif numéral qui les multiplie, prennent une *s*, quand ils ne sont pas immédiatement suivis d'un autre nombre : *quatre-vingts, six cents, quatre-vingts hommes, six cents francs*. Autrement, ils s'écrivent sans *s* : *quatre-vingt-dix hommes, six cent vingt francs.* Ils s'écrivent encore sans *s* lorsque *cent* veut dire *centième*, et lorsque *quatre-vingt* veut dire *quatre-vingtième* : *le numéro quatre-vingt, l'an dix-huit cent.*

131. Les *adjectifs ordinaux* sont ceux qui indiquent le rang ou la place, comme *premier, second, troisième, quatrième*, etc.

Ils ont les deux genres et les deux nombres, et se

forment des adjectifs cardinaux, comme *troisième* se forme de *trois*, *dixième* de *dix*, *centième* de *cent*, etc.

Mais *premier* et *second* ne se forment d'aucun adjectif cardinal.

Au lieu de *second* on dit aussi *deuxième*.

132. Les adjectifs ordinaux se forment des adjectifs cardinaux en changeant en *ième* l'*e* muet de ceux qui ont cette terminaison, comme *quatrième* de *quatre*, *onzième* de *onze*, et en ajoutant simplement *ième* à ceux qui finissent par une consonne, comme *sixième* de *six*, *septième* de *sept*, etc.

133. Les *adjectifs multiplicatifs* sont ceux qui indiquent la multiplication des objets, comme *double*, *triple*, *quadruple*, *décuple*, etc. Ils ont les deux genres et les deux nombres.

134. L'adjectif numéral *mille* est invariable. Exemple : *Cent mille hommes*. Mais *mille*, mesure de mille pas, est un nom variable. Exemple : *Ce cheval fait tant de milles par heure.*

Dans les dates, pour indiquer le millésime ou nombre d'années, *mille* s'écrit *mil*, quand il est suivi d'un autre nombre. Exemples : *L'an mil vingt, l'an mil six cent, l'an mil huit cent soixante*. Mais cela n'a lieu que dans les dates; ainsi l'on devra écrire : *Cet empire a duré mille huit cent trente ans.*

Si, dans une date, *mille* n'était pas suivi d'un autre nombre, il conserverait sa forme naturelle. Exemple : *On croyait que le monde devait finir en l'an mille.*

De même, dans une date, si *mille* était précédé d'un autre nombre, il conserverait sa forme naturelle. Exemple : *L'an deux mille quatre cent avant Jésus-Christ.*

135. Les noms des mille, des centaines, des dizaines et des unités se suivent sans aucune liaison. Exemple : *Deux mille quatre cent vingt-quatre*. Cependant, devant *un* à la fin des nombres, l'usage est d'ajouter l'adverbe

conjonctif *et* : *vingt et un*, *trente et un*, *mille et un*. Excepté après *quatre-vingts* et *cent*, qui n'admettent point l'adverbe : on dit *quatre-vingt-un*, *cent un*, *deux cent un*, etc.

Il en est de même dans les adjectifs ordinaux, *vingt et unième*, *mille et unième;* mais on dit *cent unième*, *deux cent unième*, etc. .

136. Les mots *millier*, *million*, *milliard* ne sont pas des adjectifs; ce sont des noms comme *dizaine*, *centaine;* aussi se font-ils suivre de la préposition *de*. Exemples: *Un millier de soldats ; cent millions d'hommes ; un milliard de francs*, ou simplement *un milliard*.

137. Les adjectifs cardinaux s'emploient au lieu des adjectifs ordinaux pour désigner les jours du mois : *le deux mai*, *le trois juin* (c'est-à-dire le deuxième jour de mai, le troisième jour de juin); *nous partirons le cinq et nous reviendrons le dix*; mais on dit toujours avec l'adjectif ordinal *le premier mai*, *le premier juin* (c'est-à-dire le premier jour de mai, le premier jour de juin).

9ᵉ Exercice.

Remplacez ou modifiez convenablement les pronoms, les adjectifs possessifs et indéfinis, écrits en italique. — Mettez au pluriel, quand il y aura lieu, le mot *mille* laissé en italique ; de plus, écrivez en toutes lettres les adjectifs numéraux laissés en chiffres et employez toujours le nombre *mille* pour indiquer les dates.

Nous *toi* voyons. *Tu* regardez la maison. Votre sœur emporte le livre pour *lui* lire. Ils se sont livrés eux-*même*. L'homme *que* était malade est rétabli. *Qui* voulez-vous de moi? C'est *mon* campagne. J'ai payé ces poires dix centimes *chaque*.

Sous Charles V, il n'y avait à la bibliothèque du roi que 900 volumes ; présentement elle en possède plus de 300 000, sans compter 70 000 manuscrits. — On a *mille* remèdes pour adoucir le malheur de l'honnête homme, on n'en trouve pas un pour alléger celui du méchant. — Ce fut en l'an 1700 qu'un prince français monta sur le trône d'Espagne, et en 1701 que commença la guerre de succession, dans laquelle la France et l'Espagne luttèrent seules contre l'Europe coalisée. — On appelle pierres milliaires les pierres destinées à marquer les *mille*.

CHAPITRE CINQUIÈME.

DU VERBE.

138. Le *verbe* est un mot qui affirme l'existence d'une personne ou d'une chose, ce qu'elle fait ou ce qu'elle éprouve.

139. On appelle *sujet* du verbe le nom ou pronom auquel le verbe se rapporte.

140. Le verbe a trois *personnes*, qui répondent aux trois pronoms personnels : ainsi, *je lis* est à la première personne, *tu lis* est à la deuxième personne, *il lit* est à la troisième personne.

141. Le verbe a deux nombres pour chaque personne : ainsi *je lis* est au singulier de la première personne ; *vous lisez* est au pluriel de la deuxième personne ; *ils lisent* est au pluriel de la troisième personne.

142. Le verbe a, en outre, des temps et des modes.

143. Les *temps* sont différentes formes du verbe employées pour exprimer l'époque où se fait la chose dont on parle. Ainsi, *je lis* exprime que l'action se fait dans le temps présent ; *j'ai lu* exprime qu'elle s'est faite dans un temps passé ; *je lirai* exprime qu'elle se fera dans un temps futur ou à venir.

144. Les *modes* sont différentes formes du verbe employées pour affirmer plus ou moins la chose dont on parle. Ainsi, *je lis* affirme que je fais l'action de lire ; *que je lise* n'affirme pas précisément la chose, il la suppose seulement.

Chaque mode renferme un ou plusieurs temps

145. *Conjuguer* un verbe, c'est le faire passer successivement par tous ses modes, temps, nombres et personnes.

DU RADICAL ET DE LA TERMINAISON.

146. Dans les verbes, on distingue le *radical* et la *terminaison*.

Le *radical* est, dans les mots non composés, la partie qui précède la terminaison; en général, il reste invariable.

La *terminaison* est la partie qui vient après le radical, et qui, en général, est variable.

Ainsi, *aimer* fait tantôt *aime*, tantôt *aimons*, *aimez*, etc. Les lettres *aim*, qui restent invariables, sont le radical; les lettres *er*, *e*, *ons*, *ez*, etc., sont les terminaisons. Il suffit donc, pour connaître le radical d'un verbe, de prendre les lettres qui précèdent la terminaison de l'infinitif.

DIVISION DES VERBES.

147. Les verbes se divisent en deux grandes classes : les *verbes actifs* et les *verbes neutres*.

148. Le verbe *actif* est celui qui peut être suivi immédiatement des mots *quelqu'un* ou *quelque chose* sans le secours d'une préposition. Ainsi l'on dit *aimer quelqu'un* ou *quelque chose*, *récompenser quelqu'un*, *recevoir quelque chose* : les verbes *aimer*, *récompenser*, *recevoir*, sont des verbes *actifs* *.

149. Le verbe *neutre* est celui qui ne peut pas être suivi des mots *quelqu'un* ou *quelque chose* sans le secours d'une préposition. Ainsi l'on ne dit pas *jouir quelque chose*, *nuire quelqu'un*; il faut dire avec une préposition *jouir de quelque chose*, *nuire à quelqu'un* : les verbes *jouir* et *nuire* sont des verbes *neutres*.

150. Parmi les verbes neutres, il y en a qui expriment un état plutôt qu'une action, comme *exister*, *languir*,

---

* On dit bien *dormir deux heures*, *marcher tout le jour*; mais il y a alors une préposition sous-entendue : *dormir pendant deux heures*, *marcher durant tout le jour*.

dormir. Ces verbes ne peuvent pas être suivis des mots *quelqu'un, quelque chose*, même avec une préposition *.

DES VOIX.

151. Les *voix* sont différentes formes du verbe employées pour marquer si le sujet fait l'action ou s'il la reçoit.

152. On distingue dans les verbes trois voix : la *voix active*, la *voix passive* et la *voix réfléchie*.

La *voix active* est celle qui exprime une action exercée par le sujet, comme *je frappe*.

La *voix passive* est celle qui exprime une action exercée sur le sujet, comme *je suis frappé*.

La *voix réfléchie* est celle qui exprime une action exercée par le sujet sur lui-même, comme *je me frappe*.

VERBES AUXILIAIRES.

153. Les *verbes auxiliaires* sont ceux qui servent à conjuguer les autres verbes.

Il y a deux verbes auxiliaires : *avoir* et *être*.

154. Le verbe *avoir* n'est auxiliaire que lorsqu'il est accompagné du participe passé d'un autre verbe : *j'ai lu, j'avais fini*. Hors ce cas, il est actif, comme lorsqu'on dit : *J'ai une maison, j'avais un ami*.

Le verbe *être* n'est auxiliaire que lorsqu'il est accompagné du participe passé d'un autre verbe : *je suis admiré, j'ai été blâmé*. Hors ce cas, il est neutre, comme lorsqu'on dit : *Je suis heureux, il aurait été riche*.

---

* On dit bien *languir dans son lit, dormir de fatigue;* mais la préposition, alors, n'a aucun rapport avec le verbe; elle est employée pour marquer le lieu ou la cause ou toute autre circonstance. — On appelle quelquefois les verbes actifs *verbes transitifs directs;* quant aux verbes neutres, ceux qui marquent une action se nomment *transitifs indirects,* et ceux qui n'expriment qu'un état, *intransitifs*.

155. CONJUGAISON DU **VERBE** AUXILIAIRE **AVOIR.**

INDICATIF.

PRÉSENT.

J'ai.
Tu as.
Il *ou* elle a.
Nous avons.
Vous avez.
Ils *ou* elles ont.

PARFAIT.

J'ai eu.
Tu as eu.
Il *ou* elle a eu.
Nous avons eu.
Vous avez eu.
Ils *ou* elles ont eu.

IMPARFAIT.

J'avais.
Tu avais.
Il *ou* elle avait.
Nous avions.
Vous aviez.
Ils *ou* elles avaient.

PLUS-QUE-PARFAIT.

J'avais eu.
Tu avais eu.
Il *ou* elle avait eu.
Nous avions eu.
Vous aviez eu.
Ils *ou* elles avaient eu.

PRÉTÉRIT.

J'eus.
Tu eus.
Il *ou* elle eut.
Nous eûmes.
Vous eûtes.
Ils *ou* elles eurent.

PRÉTÉRIT ANTÉRIEUR.

J'eus eu.
Tu eus eu.
Il *ou* elle eut eu.
Nous eûmes eu.
Vous eûtes eu.
Ils *ou* elles eurent eu.

FUTUR.

J'aurai.
Tu auras.
Il *ou* elle aura.
Nous aurons.
Vous aurez.
Ils *ou* elles auront.

FUTUR ANTÉRIEUR.

J'aurai eu.
Tu auras eu.
Il *ou* elle aura eu.
Nous aurons eu.
Vous aurez eu.
Ils *ou* elles auront eu.

CONDITIONNEL.

J'aurais.
Tu aurais.
Il *ou* elle aurait.
Nous aurions.
Vous auriez.
Ils *ou* elles auraient.

CONDITIONNEL ANTÉRIEUR.

J'aurais eu.
Tu aurais eu.
Il *ou* elle aurait eu.
Nous aurions eu.
Vous auriez eu.
Ils *ou* elles auraient eu.

IMPÉRATIF.

PRÉSENT.	PARFAIT.
. . . . . .	. . . . . .
Aie.	Aie eu.
. . . . . .	. . . . . .
Ayons.	Ayons eu.
Ayez.	Ayez eu.
. . . . . .	. . . . . .

SUBJONCTIF.

PRÉSENT.	PARFAIT.
Que j'aie.	Que j'aie eu.
Que tu aies.	Que tu aies eu.
Qu'il *ou* qu'elle ait.	Qu'il *ou* qu'elle ait eu.
Que nous ayons.	Que nous ayons eu.
Que vous ayez.	Que vous ayez eu.
Qu'ils *ou* qu'elles aient.	Qu'ils *ou* qu'elles aient eu.

IMPARFAIT.	PLUS-QUE-PARFAIT.
Que j'eusse.	Que j'eusse eu.
Que tu eusses.	Que tu eusses eu.
Qu'il *ou* qu'elle eût.	Qu'il *ou* qu'elle eût eu.
Que nous eussions.	Que nous eussions eu.
Que vous eussiez.	Que vous eussiez eu.
Qu'ils *ou* qu'elles eussent.	Qu'ils *ou* qu'elles eussent eu.

INFINITIF.

PRÉSENT.	PARFAIT.
Avoir.	Avoir eu.

PARTICIPE.

PRÉSENT.	PARFAIT.
Ayant.	Ayant eu.

PARTICIPE PASSÉ INVARIABLE.

Eu.

PARTICIPE PASSÉ VARIABLE.

Eu, *fém.* eue.

156. CONJUGAISON DU VERBE AUXILIAIRE ÊTRE.

INDICATIF.

PRÉSENT.

Je suis.
Tu es.
Il *ou* elle est.
Nous sommes.
Vous êtes.
Ils *ou* elles sont.

PARFAIT.

J'ai été.
Tu as été.
Il *ou* elle a été.
Nous avons été.
Vous avez été.
Ils *ou* elles ont été.

IMPARFAIT.

J'étais.
Tu étais.
Il *ou* elle était.
Nous étions.
Vous étiez.
Ils *ou* elles étaient.

PLUS-QUE-PARFAIT.

J'avais été.
Tu avais été.
Il *ou* elle avait été.
Nous avions été.
Vous aviez été.
Ils *ou* elles avaient été.

PRÉTÉRIT.

Je fus.
Tu fus.
Il *ou* elle fut.
Nous fûmes.
Vous fûtes.
Ils *ou* elles furent.

PRÉTÉRIT ANTÉRIEUR.

J'eus été.
Tu eus été.
Il *ou* elle eut été.
Nous eûmes été.
Vous eûtes été.
Ils *ou* elles eurent été.

FUTUR.

Je serai.
Tu seras.
Il *ou* elle sera.
Nous serons.
Vous serez.
Ils *ou* elles seront.

FUTUR ANTÉRIEUR.

J'aurai été.
Tu auras été.
Il *ou* elle aura été.
Nous aurons été.
Vous aurez été.
Ils *ou* elles auront été.

CONDITIONNEL.

Je serais.
Tu serais.
Il *ou* elle serait.
Nous serions.
Vous seriez.
Ils *ou* elles seraient.

CONDITIONNEL ANTÉRIEUR.

J'aurais été.
Tu aurais été.
Il *ou* elle aurait été.
Nous aurions été.
Vous auriez été.
Ils *ou* elles auraient été.

IMPÉRATIF.

PRÉSENT.	PARFAIT.
. . . .	. . . .
Sois.	Aie été.
. . . .	. . . .
Soyons.	Ayons été.
Soyez.	Ayez été.
. . . .	. . . .

SUBJONCTIF.

PRÉSENT.	PARFAIT.
Que je sois.	Que j'aie été.
Que tu sois.	Que tu aies été.
Qu'il *ou* qu'elle soit.	Qu'il *ou* qu'elle ait été.
Que nous soyons.	Que nous ayons été.
Que vous soyez.	Que vous ayez été.
Qu'ils *ou* qu'elles soient.	Qu'ils *ou* qu'elles aient été.

IMPARFAIT.	PLUS-QUE-PARFAIT.
Que je fusse.	Que j'eusse été.
Que tu fusses.	Que tu eusses été.
Qu'il *ou* qu'elle fût.	Qu'il *ou* qu'elle eût été.
Que nous fussions.	Que nous eussions été.
Que vous fussiez.	Que vous eussiez été.
Qu'ils *ou* qu'elles fussent.	Qu'ils *ou* qu'elles eussent été

INFINITIF.

PRÉSENT.	PARFAIT.
Être.	Avoir été.

PARTICIPE.

PRÉSENT.	PARFAIT.
Étant.	Ayant été.

PARTICIPE PASSÉ INVARIABLE.
Été.

OBSERVATIONS GÉNÉRALES SUR LA CONJUGAISON DES VERBES.

DES MODES.

157. Les modes sont au nombre de cinq : l'*indicatif*, l'*impératif*, le *subjonctif*, l'*infinitif* et le *participe*.

L'*indicatif* est le mode qui affirme une chose, comme *j'ai, je suis*.

L'*impératif* est le mode qui commande une chose, comme *ayez, soyez*.

Le *subjonctif* est le mode qui suppose une chose sans l'affirmer, comme *que j'aie, que je sois*.

L'*infinitif* est le mode qui présente le verbe sous forme de nom, comme *avoir, être*.

Le *participe* est le mode qui présente le verbe sous forme d'adjectif, comme *ayant, étant,* et, par conséquent, il peut se joindre aux mots *personne* ou *chose,* comme *cette personne ayant, cette chose étant.*

DES TEMPS.

158. Les temps sont au nombre de **dix**, et se partagent entre trois époques principales, qui sont le présent, le passé et le futur.

Le *présent* est seul, et n'a point d'autre temps qui s'y rattache.

Au *passé* se rattachent l'imparfait, le parfait, le plus-que-parfait, le prétérit et le prétérit antérieur.

Au *futur* se rattachent le futur simple et le futur antérieur, le conditionnel simple et le conditionnel antérieur.

159. Le *présent* marque que la chose est ou se fait au moment où l'on parle, comme *je lis*.

Le *passé* marque que la chose a été faite, comme *j'ai lu*.

Le *futur* marque que la chose sera ou se fera, comme *je lirai*.

160. Le présent s'emploie aussi pour marquer que la

chose est ou se fait d'une manière habituelle. Exemple : *Il aime la vertu.*

Quelquefois le présent s'emploie au lieu du futur : *Ne vous en allez pas encore, il arrive* (au lieu de *il arrivera*) *dans un moment.* Il s'emploie encore au lieu du futur, dans certains cas, après *si* : *S'il recommence, il sera puni.*

Le présent s'emploie au lieu d'un temps passé, lorsqu'on veut donner de la vivacité au récit, et en quelque sorte le rendre présent. Ainsi, au lieu de dire : *Alexandre soumit les Grecs, passa en Asie, défit Darius,* etc., on dira : *Alexandre soumet les Grecs, passe en Asie, défait Darius,* etc.

161. L'*imparfait* marque que la chose était ou se faisait en même temps qu'une autre : *Il écrivait lorsque j'entrai.* Il marque aussi une action habituelle, mais dans un temps passé : *La France et l'Angleterre étaient continuellement en guerre.*

162. Le *prétérit* marque que la chose s'est faite à une époque déterminée qui est complétement passée : *J'écrivis hier toute la matinée.*

163. Le *parfait* marque que la chose s'est faite dans un temps passé, déterminé ou indéterminé : *J'ai écrit ce matin; il a récité sa leçon.* Ainsi le parfait peut s'employer pour le prétérit, et l'on dira également bien : *Je l'ai connu,* ou *je le connus autrefois.* Mais le prétérit ne peut jamais s'employer pour le parfait.

Le parfait s'emploie quelquefois, dans le style familier, pour le futur antérieur : *Attendez, j'ai fini* (au lieu de *j'aurai fini*) *dans un clin d'œil.*

164. Le *prétérit antérieur* marque que la chose s'est faite immédiatement avant une autre qui a eu lieu dans un temps passé : *Quand j'eus écrit ma lettre, je sortis.*

165. Le *plus-que-parfait* marque que la chose s'est faite, immédiatement ou non, avant une autre, qui a eu lieu dans un temps passé : *J'avais écrit ma lettre quand vous êtes entré.*

166. Le *futur simple* marque simplement que la chose sera ou se fera : *J'écrirai demain.*

Le *futur antérieur* marque que la chose sera ou se fera avant une autre : *Dès que j'aurai écrit mon devoir, j'étudierai ma leçon.* — Le futur antérieur s'emploie quelquefois pour le parfait, lorsqu'on veut être moins affirmatif. Ainsi l'on dira : *Vous aurez mal compris*, au lieu de *vous avez mal compris.*

167. Le *conditionnel simple* marque que la chose se ferait, moyennant une certaine condition : *Je sortirais si je pourrais.* — Le conditionnel, dans certaines phrases, s'emploie au lieu du présent : *Je désirerais vous parler* (au lieu de *je désire vous parler*).

Le *conditionnel antérieur* marque que la chose se serait faite, moyennant une certaine condition : *J'aurais étudié, si j'avais pu.*

168. L'*indicatif* seul a les dix temps.

L'*impératif* a deux temps : le présent et le parfait ; mais ce dernier, qui n'est presque jamais employé, doit être évité.

Le *subjonctif* a quatre temps : le présent, l'imparfait, le parfait, le plus-que-parfait.

L'*infinitif* a deux temps : le présent, le parfait.

Le *participe* a deux temps : le présent, le parfait.

169. Les temps, pour la voix active, se partagent encore en deux classes : les *temps simples* et les *temps composés* *.

170. Les *temps simples* sont ceux qui se conjuguent sans

---

* Ou bien encore les temps *définis* et les temps *accomplis*, distinction qui ne convient pas seulement à la voix active, mais aux trois voix. Il faut remarquer, en effet, que parmi les temps, les uns (et ce sont à la voix active les temps simples) présentent l'action comme *se faisant* à une époque *définie* ou déterminée, soit dans le présent, soit dans le passé, soit dans l'avenir; les autres (et ce sont à la voix active les temps composés) présentent l'action comme déjà faite ou *accomplie*, soit dans le présent, soit dans le passé, soit dans l'avenir. — On remarquera, en outre, que les temps composés sont formés d'un temps de l'auxiliaire, qui est le même que celui du temps simple correspondant, et du participe passé : *j'aime* (présent), *j'ai* (présent) *aimé.*

auxiliaire, comme *j'aime, j'aimais, j'aimai, j'aimerai, j'aimerais*. Ils sont au nombre de cinq : le présent, l'imparfait, le prétérit, le futur, le conditionnel.

171. Les temps *composés* sont ceux qui se conjuguent avec un auxiliaire, comme *j'ai aimé, j'avais aimé, j'eus aimé, j'aurai aimé, j'aurais aimé*. Chacun de ces temps correspond à un temps simple, et ils sont ainsi au nombre de cinq : le parfait correspond au présent ; le plus-que-parfait, à l'imparfait ; le prétérit antérieur, au prétérit ; le futur antérieur, au futur ; le conditionnel antérieur, au conditionnel.

TEMPS SIMPLES.	TEMPS COMPOSÉS.
Présent.	Parfait.
Imparfait.	Plus-que-parfait.
Prétérit.	Prétérit antérieur.
Futur.	Futur antérieur.
Conditionnel.	Conditionnel antérieur.

DES PERSONNES ET DES NOMBRES.

172. Tous les temps ont, en général, les trois personnes et les deux nombres.

Cependant l'impératif n'a que la deuxième personne du singulier : *aie, sois*; et les deux premières personnes du pluriel : *ayons, soyons; ayez, soyez*.

173. Les temps de l'infinitif et du participe n'ont ni personnes ni nombres ; c'est pourquoi ces deux modes s'appellent *modes impersonnels*. Les autres modes, au contraire, sont *personnels*.

174. Les nombres et les personnes sont indiqués non-seulement par les terminaisons des verbes, mais encore par les pronoms qui les accompagnent. L'impératif seul se conjugue sans pronom, son sujet (*toi, nous* ou *vous*) restant sous-entendu : *aie, sois; ayons, soyons; ayez, soyez*.

REMARQUES SUR LE SUBJONCTIF.

175. Le subjonctif se conjugue ordinairement avec le mot *que*, pour indiquer qu'il n'affirme rien par lui-même, mais qu'il dépend toujours d'un autre verbe, comme : *il faut que vous ayez ; je veux que vous soyez.*

Ce mot *que* s'appelle *conjonction.*

176. Le plus-que-parfait du subjonctif s'emploie souvent sans *que*, pour remplacer le conditionnel antérieur ; ainsi l'on dit indifféremment :

CONDITIONNEL ANTÉRIEUR.

J'aurais été *ou* j'eusse été.
Tu aurais été *ou* tu eusses été.
Il aurait été *ou* il eût été.
Nous aurions été *ou* nous eussions été.
Vous auriez été *ou* vous eussiez été.
Ils auraient été *ou* ils eussent été.

I. — VERBES ACTIFS.

177. Les verbes actifs sont les seuls qui aient les trois voix, active, passive et réfléchie.

CONJUGAISON DE LA VOIX ACTIVE.

178. Il y a pour la voix active quatre *conjugaisons*, que l'on distingue par la terminaison du présent de l'infinitif.

La première conjugaison a l'infinitif terminé en *er*, comme *aimer.*

La deuxième conjugaison a l'infinitif terminé en *ir*, comme *finir.*

La troisième conjugaison a l'infinitif terminé en *oir*, comme *recevoir.*

La quatrième conjugaison a l'infinitif terminé en *re*, comme *rendre.*

179. PREMIÈRE CONJUGAISON. — VERBE AIMER.

INDICATIF.

PRÉSENT.

J'aime.
Tu aimes.
Il aime.
Nous aimons.
Vous aimez.
Ils aiment.

PARFAIT.

J'ai aimé.
Tu as aimé.
Il a aimé.
Nous avons aimé.
Vous avez aimé.
Ils ont aimé.

IMPARFAIT.

J'aimais.
Tu aimais.
Il aimait.
Nous aimions.
Vous aimiez.
Ils aimaient.

PLUS-QUE-PARFAIT.

J'avais aimé.
Tu avais aimé.
Il avait aimé.
Nous avions aimé.
Vous aviez aimé.
Ils avaient aimé.

PRÉTÉRIT.

J'aimai.
Tu aimas.
Il aima.
Nous aimâmes.
Vous aimâtes.
Ils aimèrent.

PRÉTÉRIT ANTÉRIEUR

J'eus aimé.
Tu eus aimé.
Il eut aimé.
Nous eûmes aimé.
Vous eûtes aimé.
Ils eurent aimé.

FUTUR.

J'aimerai.
Tu aimeras.
Il aimera.
Nous aimerons.
Vous aimerez.
Ils aimeront.

FUTUR ANTÉRIEUR.

J'aurai aimé.
Tu auras aimé.
Il aura aimé.
Nous aurons aimé.
Vous aurez aimé.
Ils auront aimé.

CONDITIONNEL.

J'aimerais.
Tu aimerais.
Il aimerait.
Nous aimerions.
Vous aimeriez.
Ils aimeraient.

CONDITIONNEL ANTÉRIEUR.

J'aurais *ou* j'eusse aimé.
Tu aurais *ou* tu eusses aimé.
Il aurait *ou* il eût aimé.
Nous aurions *ou* nous eussions aimé.
Vous auriez *ou* vous eussiez aimé.
Ils auraient *ou* ils eussent aimé.

DU VERBE.

IMPÉRATIF.

PRÉSENT.   PARFAIT.

. . . .
Aime.   Aie aimé.
. . . .
Aimons.   Ayons aimé.
Aimez.   Ayez aimé.
. . . .

SUBJONCTIF.

PRÉSENT.   PARFAIT.

Que j'aime.   Que j'aie aimé.
Que tu aimes.   Que tu aies aimé.
Qu'il aime.   Qu'il ait aimé.
Que nous aimions.   Que nous ayons aimé.
Que vous aimiez.   Que vous ayez aimé.
Qu'ils aiment.   Qu'ils aient aimé.

IMPARFAIT.   PLUS-QUE-PARFAIT.

Que j'aimasse.   Que j'eusse aimé.
Que tu aimasses.   Que tu eusses aimé.
Qu'il aimât.   Qu'il eût aimé.
Que nous aimassions.   Que nous eussions aimé.
Que vous aimassiez.   Que vous eussiez aimé.
Qu'ils aimassent.   Qu'ils eussent aimé.

INFINITIF.

PRÉSENT.   PARFAIT.

Aimer.   Avoir aimé.

PARTICIPE.

PRÉSENT.   PARFAIT.

Aimant.   Ayant aimé.

PARTICIPE PASSÉ INVARIABLE.
Aimé.

PARTICIPE PASSÉ VARIABLE
Aimé, *fém.* aimée.

180. DEUXIÈME CONJUGAISON. — VERBE FINIR.

INDICATIF.

PRÉSENT.	PARFAIT.
Je finis.	J'ai fini.
Tu finis.	Tu as fini.
Il finit.	Il a fini.
Nous finissons.	Nous avons fini.
Vous finissez.	Vous avez fini.
Ils finissent.	Ils ont fini.

IMPARFAIT.	PLUS-QUE-PARFAIT.
Je finissais.	J'avais fini.
Tu finissais.	Tu avais fini.
Il finissait.	Il avait fini.
Nous finissions.	Nous avions fini.
Vous finissiez.	Vous aviez fini.
Ils finissaient.	Ils avaient fini.

PRÉTÉRIT.	PRÉTÉRIT ANTÉRIEUR.
Je finis.	J'eus fini.
Tu finis.	Tu eus fini.
Il finit.	Il eut fini.
Nous finîmes.	Nous eûmes fini.
Vous finîtes.	Vous eûtes fini.
Ils finirent.	Ils eurent fini.

FUTUR.	FUTUR ANTÉRIEU
Je finirai.	J'aurai fini.
Tu finiras.	Tu auras fini.
Il finira.	Il aura fini.
Nous finirons.	Nous aurons fini.
Vous finirez.	Vous aurez fini.
Ils finiront.	Ils auront fini.

CONDITIONNEL.	CONDITIONNEL ANTÉRIEUR
Je finirais.	J'aurais *ou* j'eusse fini.
Tu finirais.	Tu aurais *ou* tu eusses fini.
Il finirait.	Il aurait *ou* il eût fini.
Nous finirions.	Nous aurions *ou* nous eussions fini.
Vous finiriez.	Vous auriez *ou* vous eussiez fini.
Ils finiraient.	Ils auraient *ou* ils eussent fini.

IMPÉRATIF.

PRÉSENT.	PARFAIT.
. . . .	. . . .
Finis.	Aie fini.
. . . .	. . . .
Finissons.	Ayons fini.
Finissez.	Ayez fini.
. . . .	. . . .

SUBJONCTIF.

PRÉSENT.	PARFAIT.
Que je finisse.	Que j'aie fini.
Que tu finisses.	Que tu aies fini.
Qu'il finisse.	Qu'il ait fini.
Que nous finissions.	Que nous ayons fini.
Que vous finissiez.	Que vous ayez fini.
Qu'ils finissent.	Qu'ils aient fini.

IMPARFAIT.	PLUS-QUE-PARFAIT.
Que je finisse.	Que j'eusse fini.
Que tu finisses.	Que tu eusses fini.
Qu'il finît.	Qu'il eût fini.
Que nous finissions.	Que nous eussions fini.
Que vous finissiez.	Que vous eussiez fini.
Qu'ils finissent.	Qu'ils eussent fini.

INFINITIF.

PRÉSENT.	PARFAIT.
Finir.	Avoir fini.

PARTICIPE.

PRÉSENT.	PARFAIT.
Finissant.	Ayant fini.

PARTICIPE PASSÉ INVARIABLE

Fini.

PARTICIPE PASSÉ VARIABLE.

Fini, *fém.* finie.

181. TROISIÈME CONJUGAISON. — VERBE RECEVOIR.

INDICATIF.

PRÉSENT.

Je reçois.
Tu reçois.
Il reçoit.
Nous recevons.
Vous recevez.
Ils reçoivent.

PARFAIT.

J'ai reçu.
Tu as reçu.
Il a reçu.
Nous avons reçu.
Vous avez reçu.
Ils ont reçu.

IMPARFAIT.

Je recevais.
Tu recevais.
Il recevait.
Nous recevions.
Vous receviez.
Ils recevaient.

PLUS-QUE-PARFAIT

J'avais reçu.
Tu avais reçu.
Il avait reçu.
Nous avions reçu.
Vous aviez reçu.
Ils avaient reçu.

PRÉTÉRIT.

Je reçus.
Tu reçus.
Il reçut.
Nous reçûmes.
Vous reçûtes.
Ils reçurent.

PRÉTÉRIT ANTÉRIEUR.

J'eus reçu.
Tu eus reçu.
Il eut reçu.
Nous eûmes reçu.
Vous eûtes reçu.
Ils eurent reçu.

FUTUR.

Je recevrai.
Tu recevras.
Il recevra.
Nous recevrons.
Vous recevrez.
Ils recevront.

FUTUR ANTÉRIEUR

J'aurai reçu.
Tu auras reçu.
Il aura reçu.
Nous aurons reçu.
Vous aurez reçu.
Ils auront reçu.

CONDITIONNEL.

Je recevrais.
Tu recevrais.
Il recevrait.
Nous recevrions.
Vous recevriez.
Ils recevraient.

CONDITIONNEL ANTÉRIEUR.

J'aurais *ou* j'eusse reçu.
Tu aurais *ou* tu eusses reçu.
Il aurait *ou* il eût reçu.
Nous aurions *ou* nous eussions reçu.
Vous auriez *ou* vous eussiez reçu.
Ils auraient *ou* ils eussent reçu.

IMPÉRATIF.

PRÉSENT.	PARFAIT.
. . . .	. . . .
Reçois.	Aie reçu.
. . . .	. . . .
Recevons.	Ayons reçu.
Recevez.	Ayez reçu.
. . . .	. . . .

SUBJONCTIF.

PRÉSENT.	PARFAIT.
Que je reçoive.	Que j'aie reçu.
Que tu reçoives.	Que tu aies reçu.
Qu'il reçoive.	Qu'il ait reçu.
Que nous recevions.	Que nous ayons reçu.
Que vous receviez.	Que vous ayez reçu.
Qu'ils reçoivent.	Qu'ils aient reçu.

IMPARFAIT.	PLUS-QUE-PARFAIT.
Que je reçusse.	Que j'eusse reçu.
Que tu reçusses.	Que tu eusses reçu.
Qu'il reçût.	Qu'il eût reçu.
Que nous reçussions.	Que nous eussions reçu.
Que vous reçussiez.	Que vous eussiez reçu.
Qu'ils reçussent.	Qu'ils eussent reçu.

INFINITIF.

PRÉSENT.	PARFAIT.
Recevoir.	Avoir reçu.

PARTICIPE.

PRÉSENT.	PARFAIT.
Recevant.	Ayant reçu.

PARTICIPE PASSÉ INVARIABLE.

Reçu.

PARTICIPE PASSÉ VARIABLE.

Reçu, *fém.* reçue.

182. QUATRIÈME CONJUGAISON. — VERBE RENDRE.

INDICATIF.

PRÉSENT.

Je rends.
Tu rends.
Il rend.
Nous rendons.
Vous rendez.
Ils rendent.

PARFAIT.

J'ai rendu.
Tu as rendu.
Il a rendu.
Nous avons rendu.
Vous avez rendu.
Ils ont rendu.

IMPARFAIT.

Je rendais.
Tu rendais.
Il rendait.
Nous rendions.
Vous rendiez.
Ils rendaient.

PLUS-QUE-PARFAIT.

J'avais rendu.
Tu avais rendu.
Il avait rendu.
Nous avions rendu.
Vous aviez rendu.
Ils avaient rendu.

PRÉTÉRIT.

Je rendis.
Tu rendis.
Il rendit.
Nous rendîmes.
Vous rendîtes.
Ils rendirent.

PRÉTÉRIT ANTÉRIEUR.

J'eus rendu.
Tu eus rendu.
Il eut rendu.
Nous eûmes rendu.
Vous eûtes rendu.
Ils eurent rendu.

FUTUR.

Je rendrai.
Tu rendras.
Il rendra.
Nous rendrons
Vous rendrez.
Ils rendront.

FUTUR ANTÉRIEUR.

J'aurai rendu.
Tu auras rendu.
Il aura rendu.
Nous aurons rendu.
Vous aurez rendu.
Ils auront rendu.

CONDITIONNEL.

Je rendrais.
Tu rendrais.
Il rendrait.
Nous rendrions.
Vous rendriez.
Ils rendraient.

CONDITIONNEL ANTÉRIEUR.

J'aurais *ou* j'eusse rendu.
Tu aurais *ou* tu eusses rendu.
Il aurait *ou* il eût rendu.
Nous aurions *ou* nous eussions rendu.
Vous auriez *ou* vous eussiez rendu.
Ils auraient *ou* ils eussent rendu.

IMPÉRATIF.

PRÉSENT.	PARFAIT.
. . . .	. . . .
Rends.	Aie rendu.
. . . .	. . . .
Rendons.	Ayons rendu.
Rendez.	Ayez rendu.
. . . .	. . . .

SUBJONCTIF.

PRÉSENT.	PARFAIT.
Que je rende.	Que j'aie rendu.
Que tu rendes.	Que tu aies rendu.
Qu'il rende.	Qu'il ait rendu.
Que nous rendions.	Que nous ayons rendu.
Que vous rendiez.	Que vous ayez rendu.
Qu'ils rendent.	Qu'ils aient rendu.

IMPARFAIT.	PLUS-QUE-PARFAIT.
Que je rendisse.	Que j'eusse rendu.
Que tu rendisses.	Que tu eusses rendu.
Qu'il rendît.	Qu'il eût rendu.
Que nous rendissions.	Que nous eussions rendu.
Que vous rendissiez.	Que vous eussiez rendu.
Qu'ils rendissent.	Qu'ils eussent rendu.

INFINITIF.

PRÉSENT.	PARFAIT.
Rendre.	Avoir rendu.

PARTICIPE.

PRÉSENT.	PARFAIT.
Rendant.	Ayant rendu.

PARTICIPE PASSÉ INVARIABLE.

Rendu.

PARTICIPE PASSÉ VARIABLE.

Rendu, *fém.* rendue.

OBSERVATIONS SUR LA CONJUGAISON DE LA VOIX ACTIVE.

FORMATION DES TEMPS.

183. Les *temps primitifs* d'un verbe sont ceux qui servent à former les autres temps.

Les *temps dérivés* sont ceux qui sont formés des temps primitifs.

184. Il y a cinq temps primitifs : le *présent de l'infinitif*, le *présent de l'indicatif*, le *prétérit*, le *participe présent* et le *participe passé*.

Voici donc les temps primitifs des quatre conjugaisons :

Aimer, j'aime, j'aimai, aimant, aimé.
Finir, je finis, je finis, finissant, fini.
Recevoir, je reçois, je reçus, recevant, reçu.
Rendre, je rends, je rendis, rendant, rendu.

185. Du présent de l'infinitif se forment le futur et le conditionnel, en ajoutant *ai* et *ais* pour les deux premières conjugaisons : *aimer, j'aimerai, j'aimerais; finir, je finirai, je finirais;* et pour les deux autres en changeant *oir* ou *re* en *rai* et en *rais : recevoir, je recevrai, je recevrais; rendre, je rendrai, je rendrais.*

186. Du présent de l'indicatif se forme le présent de l'impératif, par la simple suppression du pronom dans les personnes correspondantes : *tu finis*, impératif *finis; nous finissons*, impératif *finissons; vous finissez*, impératif *finissez*. Seulement la première conjugaison retranche l'*s* à la deuxième personne du singulier : *tu aimes*, impératif *aime*, sans *s*.

Cette règle ne souffre que trois exceptions, qui sont les suivantes : *tu as*, impératif *aie; tu sais*, impératif *sache; tu es*, impératif *sois*.

187. Du prétérit se forme l'imparfait du subjonctif, en changeant *ai* en *asse* pour la première conjugaison : *j'aimai, que j'aimasse;* et en ajoutant *se* pour les trois dernières : *je finis, que je finisse; je reçus, que je reçusse; je rendis, que je rendisse.*

188. Du participe présent se forment :

1° Les trois personnes du pluriel du présent de l'indicatif : *aimant, nous aimons, vous aimez, ils aiment; finissant, nous finissons, vous finissez, ils finissent; rendant, nous rendons, vous rendez, ils rendent.* Toutefois dans la troisième conjugaison la dernière personne du pluriel prend la terminaison *oivent : recevant, nous recevons, vous recevez, ils reçoivent.*

2° L'imparfait de l'indicatif : *aimant, j'aimais; finissant, je finissais; recevant, je recevais; rendant, je rendais.*

3° Le présent du subjonctif : *aimant, que j'aime; finissant, que je finisse; rendant, que je rende.* Toutefois la troisième conjugaison fait le subjonctif en *oive : recevant, que je reçoive;* mais les deux premières personnes du pluriel sont régulières : *recevant, que nous recevions, que vous receviez.*

189. Du participe passé se forment tous les temps composés. Il suffit pour cela d'ajouter ce participe à un temps du verbe *avoir,* comme *j'ai aimé, j'avais fini, j'eus reçu, j'aurai rendu, j'aurais rendu.*

OBSERVATIONS SUR L'ORTHOGRAPHE GÉNÉRALE DES VERBES.

190. Les terminaisons des trois personnes du singulier en *e, es, e,* sont communes à tous les verbes de la première conjugaison, et à quelques-uns de la deuxième, comme *je cueille, j'ouvre, je souffre.* Elles sont générales pour toutes les conjugaisons au présent du subjonctif : excepté *que je sois, que tu sois, qu'il soit,* subjonctif du verbe *être,* et *qu'il ait,* troisième personne du subjonctif du verbe *avoir.*

191. La première personne du singulier du présent de l'indicatif, quand elle n'est pas terminée par un *e* muet,

l'est toujours par une *s* : excepté *je peux, je veux, je vaux,* et leurs composés, qui s'écrivent par un *x*.

La deuxième personne du singulier, à tous les temps et à tous les modes de toutes les conjugaisons, est terminée par une *s* : excepté *tu peux, tu veux, tu vaux,* et leurs composés, qui s'écrivent par un *x*; excepté encore l'impératif de la première conjugaison et des verbes qui ont le présent de l'indicatif en *e* muet : *cueille, ouvre, souffre.* Encore cette *s* reparaît-elle devant *y* et *en* : *penses-y, cueilles-en, donnes-en,* etc.

La troisième personne du singulier, à tous les temps et à tous les modes de toutes les conjugaisons, est terminée par l'une des trois lettres *e, a* ou *t*, comme *il aime, il aima, il aimait.* Seulement le *t* se change en *d* dans les verbes en *dre* qui gardent cette dernière lettre au présent de l'indicatif, comme *prendre, je prends, il prend; perdre, je perds, il perd.* On écrit aussi *il vainc, il convainc,* sans *t*.

192. La première personne du pluriel est toujours en *ons*, sans exception.

La deuxième personne du pluriel est toujours en *ez*, excepté dans *vous êtes, vous dites, vous faites,* et dans les prétérits, qui tous ont la terminaison *tes*, précédée d'une voyelle longue avec l'accent circonflexe : *vous aimâtes, vous finîtes, vous lûtes,* etc.

La troisième personne du pluriel est toujours en *ent*, excepté dans *ils ont, ils sont, ils vont, ils font,* et dans les futurs, *ils aimeront, ils finiront,* etc.

193. La troisième personne du singulier de l'imparfait du subjonctif ressemble toujours à la même personne du prétérit de l'indicatif, augmentée seulement d'un accent circonflexe : *il finit, qu'il finît; il lut, qu'il lût,* etc., excepté dans la première conjugaison, qui n'a point de *t* au prétérit de l'indicatif et qui en prend un à l'imparfait du subjonctif : *il aima, qu'il aimât.*

194. Les futurs et les conditionnels de tous les verbes se conjuguent sur un même modèle et sont toujours

formés de l'infinitif; c'est pourquoi ils ne prennent un *e* devant l'*r* qu'à la première conjugaison. Ainsi l'on écrit *j'aimerai* avec un *e*; mais il faut écrire *je rendrai, je recevrai* (et non pas *je renderai, je receverai*).

En dehors de la première conjugaison, *cueillir* et ses composés prennent seuls un *e* devant l'*r* : *je cueillerai, je recueillerai*, etc.

ORTHOGRAPHE DES VERBES DE LA PREMIÈRE CONJUGAISON.

195. Les verbes de la première conjugaison terminés en *cer* et en *ger* adoucissent leur consonne devant les voyelles *a* et *o*, pour qu'elle ne change pas de son. Le *c* s'adoucit par l'addition d'une cédille. Ainsi les verbes *annoncer, avancer, effacer*, font *j'annonçai, il avança, nous effaçons*. Le *g* s'adoucit par l'addition d'un *e*. Ainsi les verbes *manger, plonger, ranger*, font *je mangeai, il plongea, nous rangeons*.

196. Les verbes qui ont un *e* muet à l'avant-dernière syllabe de l'infinitif, le changent en *è* ouvert, lorsqu'il est suivi d'une syllabe qui renferme un autre *e* muet. Ainsi les verbes *achever, mener, élever*, font *j'achève, il mène, nous élèverons*.

Devant une *l* ou un *t*, l'*e* muet devenu ouvert ne prend pas d'accent, mais on redouble la consonne. Ainsi les verbes *appeler, jeter, renouveler*, font *j'appelle, il jette, nous renouvellerons*.

Cependant quelques verbes en *eler* et en *eter*, au lieu de redoubler la consonne, prennent un accent grave sur l'*e*. Ce sont :

Acheter.	Déceler.	Harceler.
Becqueter.	Décolleter.	Marteler.
Bourreler.	Écarteler.	Modeler.
Celer.	Étiqueter.	Peler.
Craqueter.	Geler.	Racheter.

197. Les verbes qui ont un *é* fermé à l'avant-dernière syllabe de l'infinitif, le changent en *è* ouvert devant les terminaisons du présent de l'indicatif, de l'impératif et du présent du subjonctif, qui renferment un *e* muet. Ainsi

les verbes *révéler, compléter*, font *je révèle, révèle, que tu complètes*. Mais au futur et au conditionnel on écrira, en conservant l'*é* fermé : *je révélerai, je révélerais ; je compléterai, je compléterais*.

Cependant les verbes en *éger* conservent partout leur *é* fermé : *j'abrége, tu protéges*, etc.

198. Les verbes terminés en *oyer* et en *uyer* par un *y* changent cet *y* en *i* devant un *e* muet. Ainsi, les verbes *nettoyer, appuyer*, font *je nettoie, il appuie*.

Au contraire, les verbes en *ayer* et en *eyer* conservent leur *y* : *je payerai, qu'il essaye, il grasseye* *.

199. Dans tous les verbes en *yer* de la première conjugaison, et dans les verbes des autres conjugaisons qui ont le participe présent en *yant*, comme *croire, voir, fuir*, qui font *croyant, voyant, fuyant*, il faut remarquer que l'*y* se fait suivre d'un *i* à la première et à la deuxième personne du pluriel de l'imparfait de l'indicatif et du présent du subjonctif. Ainsi les verbes *employer, payer*, font *nous employions, vous employiez, que nous payions, que vous payiez ;* les verbes *croire, voir, fuir*, font *nous croyions, vous voyiez, que vous fuyiez*.

Aux mêmes personnes de ces deux temps, les verbes en *ier* de la première conjugaison, et les verbes des autres conjugaisons qui ont le participe présent en *iant*, comme *rire*, qui fait *riant*, redoublent l'*i*. Ainsi les verbes *étudier, crier, rire*, font *nous étudiions, vous étudiiez, que nous riions, que vous riiez*.

200. Les verbes en *uer*, comme *suer, tuer*, prennent un tréma sur l'*i*, à la première et à la deuxième personne du pluriel de l'imparfait de l'indicatif et du présent du subjonctif : *nous tuïons, que vous suïez*, afin que l'on ne prononce pas *ui*, comme dans *je suis*.

Le verbe *arguer* prend de plus un tréma sur l'*e* muet

---

* Cependant beaucoup de personnes écrivent et prononcent *je paierai, qu'il essaie*.

de la terminaison : *j'arguë*, *qu'il arguë*, afin que l'on ne prononce pas la dernière syllabe comme celle du nom *orgue*.

201. Les verbes en *éer*, comme *créer*, *agréer*, etc., ont deux *e*, l'un fermé et l'autre muet, à toutes les personnes dont la terminaison commence par un *e* muet, comme *je crée*, *j'agréerai*. Le participe passé variable, au féminin, a trois *e*, dont deux *é* fermés suivis d'un *e* muet : *créée*, *agréée*.

ORTHOGRAPHE DES VERBES DE LA TROISIÈME CONJUGAISON.

202. Les verbes de la troisième conjugaison terminés en *cevoir*, comme *recevoir*, *apercevoir*, adoucissent la consonne *c* devant les voyelles *o* et *u*, pour qu'elle ne change pas de son. Cet adoucissement se fait par l'addition d'une cédille ; *il reçut*, *que j'aperçoive*.

Les trois verbes *devoir*, *redevoir* et *mouvoir*, prennent un accent circonflexe au participe passé, mais seulement au masculin singulier : *dû*, *redû*, *mû*. Il n'en est pas de même des composés de *mouvoir* : ainsi l'on écrit sans accent *ému*, *promu*.

ORTHOGRAPHE DES VERBES DE LA QUATRIÈME CONJUGAISON.

203. Les verbes de la quatrième conjugaison terminés en *indre* et en *soudre*, perdent leur *d* aux deux premières personnes du présent de l'indicatif : *je plains*, *tu plains*; *j'absous*, *tu absous*, et ils le changent en *t* à la troisième personne : *il plaint*, *il absout*.

Les verbes de la quatrième conjugaison qui à l'infinitif n'ont pas un *d* devant la terminaison *re*, et ceux terminés en *aindre*, *eindre*, *oindre*, prennent un *t* à la troisième personne du singulier du présent de l'indicatif : *faire*, *il fait*; *boire*, *il boit*; *craindre*, *il craint*, etc.

204. Les verbes en *aître* et en *oître*, et le verbe *plaire*, prennent un accent circonflexe sur l'*i* quand il est suivi d'un *t* : *il paraît*, *il croîtra*, *il plaît*. Le participe passé de *croître* prend aussi l'accent circonflexe : *Cet arbre a crû en peu de temps*.

CONJUGAISON DES PASSÉS DOUBLES.

205. Dans les verbes de toutes les conjugaisons, outre les temps composés ordinaires, on emploie encore quelquefois des temps doublement composés, qu'on appelle aussi *passés doubles*.

Les *passés doubles* sont formés du participe passé joint à un temps composé du verbe *avoir*.

MODÈLE DE LA CONJUGAISON DES PASSÉS DOUBLES.

INDICATIF.

PARFAIT.	PLUS-QUE-PARFAIT.
J'ai eu fini.	J'avais eu fini.
Tu as eu fini.	Tu avais eu fini.
Il a eu fini.	Il avait eu fini.
Nous avons eu fini.	Nous avions eu fini.
Vous avez eu fini.	Vous aviez eu fini.
Ils ont eu fini.	Ils avaient eu fini.

CONDITIONNEL ANTÉRIEUR.

J'aurais eu *ou* j'eusse eu fini.
Tu aurais eu *ou* tu eusses eu fini.
Il aurait eu *ou* il eût eu fini.
Nous aurions eu *ou* nous eussions eu fini.
Vous auriez eu *ou* vous eussiez eu fini.
Ils auraient eu *ou* ils eussent eu fini.

SUBJONCTIF.

PARFAIT.	PLUS-QUE-PARFAIT.
Que j'aie eu fini.	Que j'eusse eu fini.
Que tu aies eu fini.	Que tu eusses eu fini.
Qu'il ait eu fini.	Qu'il eût eu fini.
Que nous ayons eu fini.	Que nous eussions eu fini.
Que vous ayez eu fini.	Que vous eussiez eu fini.
Qu'ils aient eu fini.	Qu'ils eussent eu fini.

INFINITIF.

PARFAIT DOUBLE.

Avoir eu fini.

PARTICIPE.

PARFAIT DOUBLE.

Ayant eu fini.

206. Les passés doubles s'emploient pour désigner une chose entièrement finie avant une autre.

On n'emploie pas le prétérit double, *j'eus eu fini*, et le plus-que-parfait double du subjonctif, *que j'eusse eu fini*, est peu usité, parce que ces temps seraient trop durs à prononcer. On les remplace par les temps composés simples.

CONJUGAISON DU FUTUR PROBABLE.

207. Le *futur probable*, usité dans tous les verbes, n'est autre chose que le présent de l'infinitif conjugué avec le verbe *devoir*, pour exprimer qu'une chose doit probablement s'accomplir.

Ainsi *je dois partir*, signifie *je suis dans l'intention* ou *au moment de partir, je partirai probablement*, ou simplement *je partirai*.

MODÈLE DE LA CONJUGAISON DU FUTUR PROBABLE.

INDICATIF.

PRÉSENT.	PARFAIT.
Je dois partir.	J'ai dû partir.
Tu dois partir.	Tu as dû partir.
Il doit partir, etc.	Il a dû partir, etc.

IMPARFAIT.	PLUS-QUE-PARFAIT.
Je devais partir.	J'avais dû partir.
Tu devais partir, etc.	Tu avais dû partir, etc.

SUBJONCTIF.

PRÉSENT.	PARFAIT.
Que je doive partir.	Que j'aie dû partir.
Que tu doives partir, etc.	Que tu aies dû partir, etc.

IMPARFAIT.	PLUS-QUE-PARFAIT.
Que je dusse partir.	Que j'eusse dû partir.
Que tu dusses partir, etc.	Que tu eusses dû partir, etc.

INFINITIF.

PRÉSENT.	PARFAIT.
Devoir partir.	Avoir dû partir.

PARTICIPE.

PRÉSENT.	PARFAIT.
Devant partir.	Ayant dû partir.

Le futur probable n'existe point à l'impératif, parce que ce mode ne peut pas avoir de futur.

Le futur probable s'emploie souvent pour remplacer le futur simple. Il remplace dans tous les verbes le futur qui manque à l'infinitif et au participe : *devoir aimer, devoir finir ; devant aimer, devant finir.*

CONJUGAISON DU FUTUR PROCHAIN.

208. Le *futur prochain*, usité dans tous les verbes, n'est autre chose que l'infinitif conjugué avec le verbe *aller*, pour indiquer qu'une chose va prochainement s'accomplir.

Ainsi *je vais partir* signifie *je partirai prochainement, bientôt, tout à l'heure.*

MODÈLE DE LA CONJUGAISON DU FUTUR PROCHAIN.

INDICATIF.

PRÉSENT.	IMPARFAIT.
Je vais partir.	J'allais partir.
Tu vas partir.	Tu allais partir.
Il va partir, etc.	Il allait partir, etc.

SUBJONCTIF.

PRÉSENT.	IMPARFAIT.
Que j'aille partir.	Que j'allasse partir.
Que tu ailles partir.	Que tu allasses partir.
Qu'il aille partir, etc.	Qu'il allât partir, etc.

PARTICIPE.

PRÉSENT.

Allant partir.

Le futur prochain n'existe point à l'impératif, parce que ce mode ne peut pas avoir de futur.

Il ne s'emploie qu'au présent et à l'imparfait, et n'a point de temps composés.

CONJUGAISON INTERROGATIVE.

209. Tous les verbes peuvent se conjuguer interrogativement par la transposition du pronom après le verbe.

MODÈLE DE LA CONJUGAISON INTERROGATIVE.

INDICATIF.

PRÉSENT.

Aimé-je ?
Aimes-tu ?
Aime-t-il ? *ou* aime-t-elle ?
Aimons-nous ?
Aimez-vous ?
Aiment-ils ? *ou* aiment-elles ?

PARFAIT.

Ai-je aimé ?
As-tu aimé ?
A-t-il aimé ? *ou* a-t-elle aimé ?
Avons-nous aimé ?
Avez-vous aimé ?
Ont-ils aimé ? *ou* ont-elles aimé ?

IMPARFAIT.

Aimais-je ?
Aimais-tu ?
Aimait-il ?
Aimions-nous ?
Aimiez-vous ?
Aimaient-ils ?

PLUS-QUE-PARFAIT.

Avais-je aimé ?
Avais-tu aimé ?
Avait-il aimé ?
Avions-nous aimé ?
Aviez-vous aimé ?
Avaient-ils aimé ?

PRÉTÉRIT.

Aimai-je ?
Aimas-tu ?
Aima-t-il ?
Aimâmes-nous ?
Aimâtes-vous ?
Aimèrent-ils ?

PRÉTÉRIT ANTÉRIEUR.

(Inusité.)

FUTUR.

Aimerai-je ?
Aimeras-tu ?
Aimera-t-il ?
Aimerons-nous ?
Aimerez-vous ?
Aimeront-ils ?

FUTUR ANTÉRIEUR.

Aurai-je aimé ?
Auras-tu aimé ?
Aura-t-il aimé ?
Aurons-nous aimé ?
Aurez-vous aimé ?
Auront-ils aimé ?

CONDITIONNEL.

Aimerais-je ?
Aimerais-tu ?
Aimerait-il ?
Aimerions-nous ?
Aimeriez-vous ?
Aimeraient-ils ?

CONDITIONNEL ANTÉRIEUR.

Aurais-je aimé ?
Aurais-tu aimé ?
Aurait-il aimé ?
Aurions-nous aimé ?
Auriez-vous aimé ?
Auraient-ils aimé ?

210. Cette conjugaison n'est usitée qu'à l'indicatif, parce qu'on ne peut interroger qu'à ce mode.

Cependant, dans les exclamations, on emploie quelquefois le présent du subjonctif, par exemple dans le verbe *pouvoir*.

SUBJONCTIF.

PRÉSENT

Puissé-je!
Puisses-tu!
Puisse-t-il! *ou* puisse-t-elle!
Puissions-nous!
Puissiez-vous!
Puissent-ils! *ou* puissent-elles!

211. Dans les suppositions on emploie, au lieu du conditionnel, l'imparfait du subjonctif à la troisième personne du singulier et aux trois personnes du pluriel.

SUBJONCTIF.

IMPARFAIT.

. . . .
. . . .
Aimât-il *ou* aimât-elle.
Aimassions-nous.
Aimassiez-vous.
Aimassent-ils *ou* aimassent-elles.

212. Les verbes auxiliaires *avoir* et *être*, et le verbe *devoir*, ont l'imparfait du subjonctif en entier :

Eussé-je.	Fussé-je.	Dussé-je.
Eusses-tu.	Fusses-tu.	Dusses-tu.
Eût-il.	Fût-il.	Dût-il.
Eussions-nous.	Fussions-nous.	Dussions-nous.
Eussiez-vous.	Fussiez-vous.	Dussiez-vous.
Eussent-ils.	Fussent-ils.	Dussent-ils.

C'est pourquoi tous les verbes ont en entier le plus-que-parfait du subjonctif :

Eussé-je aimé.
Eusses-tu aimé.
Eût-il aimé.
Eussions-nous aimé.
Eussiez-vous aimé.
Eussent-ils aimé.

213. Dans la conjugaison interrogative, il y a trois choses à remarquer :

1° L'accent aigu placé sur l'*e* muet avant le pronom *je*, pour ne pas avoir de suite deux syllabes muettes : *aimé-je, puissé-je*, etc.

2° Le *t*, qu'on appelle *euphonique* (c'est-à-dire qui adoucit le son), intercalé entre l'*e* muet et le pronom *il* ou *elle : aime-t-il, puisse-t-elle*. Il est clair que ce *t* doit disparaître, quand le verbe finit lui-même par un *t*, comme dans *aimait-il, aimât-il, eût-il aimé*, etc.

3° Le *t*, également euphonique, entre l'*a* final et le pronom *il* ou *elle : aima-t-il? aimera-t-elle? a-t-il aimé?* — Il ne faut pas confondre le prétérit *aima-t-il?* avec l'imparfait du subjonctif *aimât-il?*

214. Les règles de la conjugaison interrogative s'appliquent également au pronom indéfini *on* rejeté après le verbe : *aime-t-on? aimait-on? aimera-t-on? va-t-on? dût-on aller; fût-on allé.*

215. Dans les temps composés de la conjugaison interrogative, le pronom se place toujours après la partie qui se conjugue, c'est-à-dire après le verbe auxiliaire : *ai-je aimé? avez-vous fini? est-on allé? s'en ira-t-on?*

Le pronom se joint au verbe par un trait d'union, et le *t* euphonique se joint à l'un et à l'autre par deux traits d'union[*]

CONJUGAISON NÉGATIVE.

216. Tous les verbes peuvent se conjuguer négativement, à tous les temps et à tous les modes, à l'aide des mots *ne.... pas, ne.... point.*

Pour les temps simples, on place le mot *ne* entre le pronom et le verbe, et le mot *pas* ou *point* après le verbe : *je n'aime pas, je n'aimais point*, etc. Pour les temps com-

---

[*] Dans la conjugaison interrogative, on évite les formes qui seraient trop dures pour l'oreille. Ainsi l'on ne dira pas : *sers je? rends-je?* mais on dira : *est-ce que je sers? est-ce que je rends?*

posés, on place le mot *ne* entre le pronom et l'auxiliaire, et le mot *pas* ou *point* entre l'auxiliaire et le participe passé du verbe que l'on conjugue.

Ainsi l'on dira à l'indicatif :

PRÉSENT.	PARFAIT.
Je n'aime pas *ou* je n'aime point.	Je n'ai pas *ou* je n'ai point aimé.
Tu n'aimes pas.	Tu n'as pas aimé.
Il n'aime pas.	Il n'a pas aimé.
Nous n'aimons pas.	Nous n'avons pas aimé.
Vous n'aimez pas.	Vous n'avez pas aimé.
Ils n'aiment pas.	Ils n'ont pas aimé.

IMPARFAIT.	PLUS-QUE-PARFAIT.
Je n'aimais pas.	Je n'avais pas aimé.
Tu n'aimais pas.	Tu n'avais pas aimé.
Il n'aimait pas.	Il n'avait pas aimé.
Nous n'aimions pas.	Nous n'avions pas aimé.
Vous n'aimiez pas.	Vous n'aviez pas aimé.
Ils n'aimaient pas.	Ils n'avaient pas aimé.

217. Les verbes négatifs peuvent aussi se conjuguer interrogativement, à l'indicatif. Ainsi l'on dira :

PRÉSENT.	PARFAIT.
N'aimé-je pas ? *ou* n'aimé-je point ?	N'ai-je pas aimé ?
N'aimes-tu pas ?	N'as-tu pas aimé ?
N'aime-t-il pas ?	N'a-t-il pas aimé ?
N'aimons-nous pas ?	N'avons-nous pas aimé ?
N'aimez-vous pas ?	N'avez-vous pas aimé ?
N'aiment-ils pas ?	N'ont-ils pas aimé ?

IMPARFAIT.	PLUS-QUE-PARFAIT.
N'aimais-je pas ?	N'avais-je pas aimé ?
N'aimais-tu pas ?	N'avais-tu pas aimé ?
N'aimait-il pas ?	N'avait-il pas aimé ?
N'aimions-nous pas ?	N'avions-nous pas aimé ?
N'aimiez-vous pas ?	N'aviez-vous pas aimé ?
N'aimaient-ils pas ?	N'avaient-ils pas aimé ?

218. Dans cette conjugaison à la fois interrogative et négative, aux temps simples, le pronom sujet se transporte après le verbe, comme dans la conjugaison interrogative, et précède la seconde négation ; aux temps composés, le pronom et la seconde négation se placent entre l'auxiliaire et le participe.

Les négations *ne.... pas, ne.... point*, se placent donc exactement comme dans la conjugaison simplement négative : *Je n'aime point ; n'aimé-je point? Je n'ai pas aimé ; n'ai-je pas aimé?*

10ᵉ Exercice.

Rangez dans une colonne les verbes affirmatifs conjugués interrogativement, et dans une autre colonne les verbes négatifs conjugués interrogativement.

S'avisa-t-on jamais d'une chose pareille?
Et peut-on démentir cent indices pressants?
Rêvé-je? Est-ce que je sommeille?
Ai-je l'esprit troublé par des transports puissants?
Mon maître Amphitryon ne m'a-t-il pas commis
A venir en ces lieux vers Alcmène sa femme?
Ne lui dois-je pas faire, en lui vantant sa flamme,
Un récit de ses faits contre les ennemis?
Ne suis-je pas du port arrivé tout à l'heure?
Ne tiens-je pas une lanterne en main?

CONJUGAISON DE LA VOIX PASSIVE.

219. Il n'y a qu'une seule conjugaison pour la voix passive.

Pour conjuguer un verbe passif, il suffit de joindre le participe passé variable à tous les modes, temps, nombres et personnes de l'auxiliaire *être*, en ayant soin de faire accorder le participe avec le sujet du verbe.

Le participe passé variable forme son féminin et son pluriel d'après les mêmes règles que les adjectifs : *Aimé,* féminin *aimée* ; au pluriel, *aimés,* féminin *aimées. Fini,* féminin *finie* ; au pluriel, *finis,* féminin *finies,* etc.

Ainsi l'on dira :

AU MASCULIN.	AU FÉMININ.
Je suis aimé.	Je suis aimée.
Tu es aimé.	Tu es aimée.
Il est aimé.	Elle est aimée.
Nous sommes aimés.	Nous sommes aimées.
Vous êtes aimés.	Vous êtes aimées.
Ils sont aimés.	Elles sont aimées.

CONJUGAISON DU VERBE PASSIF ÊTRE AIMÉ.

INDICATIF.

PRÉSENT.

Je suis aimé.
Tu es aimé.
Il est aimé.
Nous sommes aimés.
Vous êtes aimés.
Ils sont aimés.

PARFAIT.

J'ai été aimé.
Tu as été aimé.
Il a été aimé.
Nous avons été aimés.
Vous avez été aimés.
Ils ont été aimés.

IMPARFAIT.

J'étais aimé.
Tu étais aimé.
Il était aimé.
Nous étions aimés.
Vous étiez aimés.
Ils étaient aimés.

PLUS-QUE-PARFAIT.

J'avais été aimé.
Tu avais été aimé.
Il avait été aimé.
Nous avions été aimés.
Vous aviez été aimés.
Ils avaient été aimés.

PRÉTÉRIT.

Je fus aimé.
Tu fus aimé.
Il fut aimé.
Nous fûmes aimés.
Vous fûtes aimés.
Ils furent aimés.

PRÉTÉRIT ANTÉRIEUR.

J'eus été aimé.
Tu eus été aimé.
Il eut été aimé.
Nous eûmes été aimés.
Vous eûtes été aimés.
Ils eurent été aimés.

FUTUR.

Je serai aimé.
Tu seras aimé.
Il sera aimé.
Nous serons aimés.
Vous serez aimés.
Ils seront aimés.

FUTUR ANTÉRIEUR.

J'aurai été aimé.
Tu auras été aimé.
Il aura été aimé.
Nous aurons été aimés.
Vous aurez été aimés.
Ils auront été aimés.

CONDITIONNEL.

Je serais aimé.
Tu serais aimé.
Il serait aimé.
Nous serions aimés.
Vous seriez aimés.
Ils seraient aimés.

CONDITIONNEL ANTÉRIEUR.

J'aurais été aimé.
Tu aurais été aimé.
Il aurait été aimé.
Nous aurions été aimés.
Vous auriez été aimés.
Ils auraient été aimés.

IMPÉRATIF.

PRÉSENT.	PARFAIT.
··········	············
Sois aimé.	Aie été aimé.
··········	············
Soyons aimés.	Ayons été aimés.
Soyez aimés.	Ayez été aimés.
··········	·············

SUBJONCTIF.

PRÉSENT.	PARFAIT.
Que je sois aimé.	Que j'aie été aimé.
Que tu sois aimé.	Que tu aies été aimé.
Qu'il soit aimé.	Qu'il ait été aimé.
Que nous soyons aimés.	Que nous ayons été aimés.
Que vous soyez aimés.	Que vous ayez été aimés.
Qu'ils soient aimés.	Qu'ils aient été aimés.

IMPARFAIT.	PLUS-QUE-PARFAIT.
Que je fusse aimé.	Que j'eusse été aimé.
Que tu fusses aimé.	Que tu eusses été aimé.
Qu'il fût aimé.	Qu'il eût été aimé.
Que nous fussions aimés.	Que nous eussions été aimés.
Que vous fussiez aimés.	Que vous eussiez été aimés.
Qu'ils fussent aimés.	Qu'ils eussent été aimés.

INFINITIF.

PRÉSENT.	PARFAIT.
Être aimé.	Avoir été aimé.

PARTICIPE.

PRÉSENT.	PARFAIT.
Étant aimé.	Ayant été aimé.

PARTICIPE PASSÉ VARIABLE.

Aimé, *fém.* aimée.

OBSERVATIONS SUR LA CONJUGAISON DE LA VOIX PASSIVE.

220. Au présent et au parfait du participe, le verbe auxiliaire se sous-entend souvent, et ces deux temps se confondent alors avec le participe passé simple. Ainsi, au lieu de *étant aimé, ayant été aimé*, on peut dire simplement *aimé*; par exemple : *Un homme aimé de Dieu, une fille aimée de sa mère.*

221. Le participe passé variable forme son féminin et son pluriel d'après les mêmes règles que les adjectifs : *Aimé*, féminin *aimée ;* au pluriel, *aimés*, féminin *aimées. Fini*, féminin *finie ;* au pluriel, *finis*, féminin *finies*, etc.

222. Les verbes passifs peuvent, comme les verbes actifs, se conjuguer interrogativement à l'indicatif. Ainsi l'on dira :

PRÉSENT.	PARFAIT.
Suis-je aimé?	Ai-je été aimé?
Es-tu aimé?	As-tu été aimé?
Est-il aimé?	A-t-il été aimé?
Sommes-nous aimés?	Avons-nous été aimés?
Êtes-vous aimés?	Avez-vous été aimés?
Sont-ils aimés?	Ont-ils été aimés?

IMPARFAIT.	PLUS-QUE-PARFAIT.
Étais-je aimé?	Avais-je été aimé?
Étais-tu aimé?	Avais-tu été aimé?
Était-il aimé?	Avait-il été aimé?
Étions-nous aimés?	Avions-nous été aimés?
Étiez-vous aimés?	Aviez-vous été aimés?
Étaient-ils aimés?	Avaient-ils été aimés?

Ils peuvent encore se conjuguer négativement, à tous les modes. Ainsi l'on dira :

PRÉSENT.	PARFAIT.
Je ne suis pas aimé.	Je n'ai pas été aimé.
Tu n'es pas aimé.	Tu n'as pas été aimé.
Il n'est pas aimé.	Il n'a pas été aimé.
Nous ne sommes pas aimés.	Nous n'avons pas été aimés.
Vous n'êtes pas aimés.	Vous n'avez pas été aimés.
Ils ne sont pas aimés.	Ils n'ont pas été aimés.

Enfin ils peuvent se conjuguer à la fois interrogativement et négativement à l'indicatif. Ainsi l'on dira :

PRÉSENT.	PARFAIT.
Ne suis-je pas aimé?	N'ai-je pas été aimé?
N'es-tu pas aimé?	N'as-tu pas été aimé?
N'est-il pas aimé?	N'a-t-il pas été aimé?
Ne sommes-nous pas aimés?	N'avons-nous pas été aimés?
N'êtes-vous pas aimés?	N'avez-vous pas été aimés?
Ne sont-ils pas aimés?	N'ont-ils pas été aimés?

CONJUGAISON DE LA VOIX RÉFLÉCHIE.

223. La *voix réfléchie* se forme de la voix active par le redoublement du pronom. Ainsi *j'aime* fait à la voix réfléchie *je m'aime; je nourris, je me nourris; j'aperçois, je m'aperçois; j'interromps, je m'interromps.*

Dans quelques verbes la forme active est inusitée; ils ne s'emploient que sous la forme réfléchie, comme *je me repens, il s'empresse.* Ces verbes se nomment *verbes pronominaux.*

224. Les verbes pronominaux les plus usités sont les suivants :

S'absenter.	S'emparer.	Se méfier.
S'abstenir.	S'empresser.	Se méprendre.
S'adonner.	S'enfuir.	Se moquer.
Se blottir.	S'enquérir.	Se parjurer.
Se cabrer.	S'entremettre.	Se récrier.
Se démener.	S'envoler.	Se réfugier.
Se désister.	S'évader.	Se repentir.
S'écouler.	S'évanouir.	Se ressouvenir.
S'écrier.	S'extasier.	Se soucier.
S'écrouler.	S'immiscer.	Se souvenir.
S'efforcer.	S'ingénier.	

225. Les verbes réfléchis, sauf le redoublement du pronom et l'emploi de l'auxiliaire *être* au lieu de l'auxiliaire *avoir*, se conjuguent sur les modèles des quatre conjugaisons actives.

Comme dans les verbes passifs, le participe s'accorde toujours avec le sujet.

Ainsi l'on dira :

AU MASCULIN.	AU FÉMININ.
Je me suis reposé.	Je me suis reposée.
Tu t'es reposé.	Tu t'es reposée.
Il s'est reposé.	Elle s'est reposée.
Nous nous sommes reposés.	Nous nous sommes reposées.
Vous vous êtes reposés.	Vous vous êtes reposées.
Ils se sont reposés.	Elles se sont reposées.

CONJUGAISON DU VERBE RÉFLÉCHI SE REPOSER.

INDICATIF.

PRÉSENT.	PARFAIT.
Je me repose.	Je me suis reposé.
Tu te reposes.	Tu t'es reposé.
Il se repose.	Il s'est reposé.
Nous nous reposons.	Nous nous sommes reposés.
Vous vous reposez.	Vous vous êtes reposés.
Ils se reposent.	Ils se sont reposés.

IMPARFAIT.	PLUS-QUE-PARFAIT.
Je me reposais.	Je m'étais reposé.
Tu te reposais.	Tu t'étais reposé.
Il se reposait.	Il s'était reposé.
Nous nous reposions.	Nous nous étions reposés.
Vous vous reposiez.	Vous vous étiez reposés.
Ils se reposaient.	Ils s'étaient reposés.

PRÉTÉRIT.	PRÉTÉRIT ANTÉRIEUR.
Je me reposai.	Je me fus reposé.
Tu te reposas.	Tu te fus reposé.
Il se reposa.	Il se fut reposé.
Nous nous reposâmes.	Nous nous fûmes reposés.
Vous vous reposâtes.	Vous vous fûtes reposés.
Ils se reposèrent.	Ils se furent reposés.

FUTUR.	FUTUR ANTÉRIEUR.
Je me reposerai.	Je me serai reposé.
Tu te reposeras.	Tu te seras reposé.
Il se reposera.	Il se sera reposé.
Nous nous reposerons.	Nous nous serons reposés.
Vous vous reposerez.	Vous vous serez reposés.
Ils se reposeront.	Ils se seront reposés.

CONDITIONNEL.	CONDITIONNEL ANTÉRIEUR.
Je me reposerais.	Je me serais reposé.
Tu te reposerais.	Tu te serais reposé.
Il se reposerait.	Il se serait reposé.
Nous nous reposerions.	Nous nous serions reposés.
Vous vous reposeriez.	Vous vous seriez reposés.
Ils se reposeraient.	Ils se seraient reposés.

IMPÉRATIF.

PRÉSENT.	PARFAIT.
. . . .	
Repose-toi.	
. . . .	(Inusité.)
Reposons-nous.	
Reposez-vous.	
. . . .	

SUBJONCTIF.

PRÉSENT.	PARFAIT.
Que je me repose.	Que je me sois reposé.
Que tu te reposes.	Que tu te sois reposé.
Qu'il se repose.	Qu'il se soit reposé.
Que nous nous reposions.	Que nous nous soyons reposés.
Que vous vous reposiez.	Que vous vous soyez reposés.
Qu'ils se reposent.	Qu'ils se soient reposés.

IMPARFAIT.	PLUS-QUE-PARFAIT.
Que je me reposasse.	Que je me fusse reposé.
Que tu te reposasses.	Que tu te fusses reposé.
Qu'il se reposât.	Qu'il se fût reposé.
Que nous nous reposassions.	Que nous nous fussions reposés.
Que vous vous reposassiez.	Que vous vous fussiez reposés.
Qu'ils se reposassent.	Qu'ils se fussent reposés.

INFINITIF.

PRÉSENT.	PARFAIT.
Se reposer.	S'être reposé.

PARTICIPE.

PRÉSENT.	PARFAIT.
Se reposant.	S'étant reposé.

PARTICIPE PASSÉ VARIABLE.

Reposé, *fém.* reposée.

OBSERVATIONS SUR LA CONJUGAISON DE LA VOIX RÉFLÉCHIE.

226. Les verbes réfléchis, à l'impératif, à l'infinitif et au participe, ne conservent qu'un seul pronom, comme *se reposer, se reposant;* et à l'impératif ce pronom est toujours placé après le verbe : *repose-toi, reposons-nous, reposez-vous.*

Dans les verbes réfléchis, le parfait de l'impératif est complétement inusité.

227. Les *verbes réciproques* sont des verbes réfléchis qui expriment l'action de plusieurs sujets les uns sur les autres, comme *ils se battent, ils s'entre-choquent.* Ils se conjuguent absolument comme les autres verbes réfléchis ; mais ils ne sont usités qu'au pluriel, comme *nous nous entre-choquons, vous vous entre-choquez, ils s'entre-choquent* ; parfait : *nous nous sommes entre-choqués, vous vous êtes entre-choqués,* etc.

228. Il faut observer que les verbes, à la voix réfléchie, ont très-souvent le même sens qu'à la voix passive : c'est alors la forme seule de la conjugaison qui diffère. Exemples : *Cette maison s'est bâtie en trois mois* (c'est-à-dire a été bâtie en trois mois) ; *ces fruits ne se mangent qu'en automne* (c'est-à-dire ne sont mangés qu'en automne).

229. A l'infinitif, après les verbes *faire* et *laisser,* les verbes réfléchis et les verbes pronominaux perdent souvent leur pronom. Exemple : *Je le ferai repentir de sa conduite* (pour je le ferai se repentir) ; *il faut laisser écouler la foule* (pour il faut laisser s'écouler la foule).

230. Les verbes réfléchis peuvent, comme les verbes passifs, se conjuguer interrogativement à l'indicatif. Ainsi l'on dira :

PRÉSENT.	PARFAIT.
Me reposé-je ?	Me suis-je reposé ?
Te reposes-tu ?	T'es-tu reposé ?
Se repose-t-il ?	S'est-il reposé ?
Nous reposons-nous ?	Nous sommes-nous reposés ?
Vous reposez-vous ?	Vous êtes-vous reposés ?
Se reposent-ils ?	Se sont-ils reposés ?

IMPARFAIT.	PLUS-QUE-PARFAIT.
Me reposais-je ?	M'étais-je reposé ?
Te reposais-tu ?	T'étais-tu reposé ?
Se reposait-il ?	S'était-il reposé ?
Nous reposions-nous ?	Nous étions-nous reposés ?
Vous reposiez-vous ?	Vous étiez-vous reposés ?
Se reposaient-ils ?	S'étaient-ils reposés ?

Ils peuvent encore se conjuguer négativement à tous les modes. Ainsi l'on dira :

PRÉSENT.	PARFAIT.
Je ne me repose pas.	Je ne me suis pas reposé.
Tu ne te reposes pas.	Tu ne t'es pas reposé.
Il ne se repose pas.	Il ne s'est pas reposé.
Nous ne nous reposons pas.	Nous ne nous sommes pas reposés.
Vous ne vous reposez pas.	Vous ne vous êtes pas reposés.
Ils ne se reposent pas.	Ils ne se sont pas reposés.

Enfin ils peuvent se conjuguer à la fois interrogativement et négativement. Ainsi l'on dira :

PRÉSENT.	PARFAIT.
Ne me reposé-je pas?	Ne me suis-je pas reposé?
Ne te reposes-tu pas?	Ne t'es-tu pas reposé?
Ne se repose-t-il pas?	Ne s'est-il pas reposé?
Ne nous reposons-nous pas? etc.	Ne nous sommes-nous pas reposés?

II. — VERBES NEUTRES.

231. Les verbes neutres, à l'exception d'un très-petit nombre, se conjuguent absolument comme les verbes actifs, sur les modèles des quatre conjugaisons.

Ainsi *résister*, verbe neutre, se conjugue sur *aimer; plaire*, verbe neutre, se conjugue sur *rendre*, etc.

VERBES NEUTRES CONJUGUÉS AVEC *ÊTRE*.

232. Un très-petit nombre de verbes neutres se conjuguent aux temps composés avec l'auxiliaire *être*.

233. Dans les verbes neutres qui se conjuguent avec l'auxiliaire *être*, le participe, aux temps composés, est variable.

Ainsi l'on dira :

AU MASCULIN.	AU FÉMININ.
Je suis tombé.	Je suis tombée.
Tu es tombé.	Tu es tombée.
Il est tombé.	Elle est tombée.
Nous sommes tombés.	Nous sommes tombées.
Vous êtes tombés.	Vous êtes tombées.
Ils sont tombés.	Elles sont tombées.

CONJUGAISON DU VERBE TOMBER.

INDICATIF.

PRÉSENT.

Je tombe.
Tu tombes.
Il tombe.
Nous tombons.
Vous tombez.
Ils tombent.

PARFAIT.

Je suis tombé.
Tu es tombé.
Il est tombé.
Nous sommes tombés.
Vous êtes tombés.
Ils sont tombés.

IMPARFAIT.

Je tombais.
Tu tombais.
Il tombait.
Nous tombions.
Vous tombiez.
Ils tombaient.

PLUS-QUE-PARFAIT.

J'étais tombé.
Tu étais tombé.
Il était tombé.
Nous étions tombés.
Vous étiez tombés.
Ils étaient tombés.

PRÉTÉRIT.

Je tombai.
Tu tombas.
Il tomba.
Nous tombâmes.
Vous tombâtes.
Ils tombèrent.

PRÉTÉRIT ANTÉRIEUR.

Je fus tombé.
Tu fus tombé.
Il fut tombé.
Nous fûmes tombés.
Vous fûtes tombés.
Ils furent tombés.

FUTUR.

Je tomberai.
Tu tomberas.
Il tombera.
Nous tomberons.
Vous tomberez.
Ils tomberont.

FUTUR ANTÉRIEUR.

Je serai tombé.
Tu seras tombé.
Il sera tombé.
Nous serons tombés.
Vous serez tombés.
Ils seront tombés.

CONDITIONNEL.

Je tomberais.
Tu tomberais.
Il tomberait.
Nous tomberions.
Vous tomberiez.
Ils tomberaient.

CONDITIONNEL ANTÉRIEUR.

Je serais tombé.
Tu serais tombé.
Il serait tombé.
Nous serions tombés.
Vous seriez tombés.
Ils seraient tombés.

IMPÉRATIF.

PRÉSENT.	PARFAIT.
. . . .	. . . .
Tombe.	Sois tombé.
. . . .	. . . .
Tombons.	Soyons tombés.
Tombez.	Soyez tombés.
. . . .	. . . .

SUBJONCTIF.

PRÉSENT.	PARFAIT.
Que je tombe.	Que je sois tombé.
Que tu tombes.	Que tu sois tombé.
Qu'il tombe.	Qu'il soit tombé.
Que nous tombions.	Que nous soyons tombés.
Que vous tombiez.	Que vous soyez tombés.
Qu'ils tombent.	Qu'ils soient tombés.

IMPARFAIT.	PLUS-QUE-PARFAIT.
Que je tombasse.	Que je fusse tombé.
Que tu tombasses.	Que tu fusses tombé.
Qu'il tombât.	Qu'il fût tombé.
Que nous tombassions.	Que nous fussions tombés.
Que vous tombassiez.	Que vous fussiez tombés.
Qu'ils tombassent.	Qu'ils fussent tombés.

INFINITIF.

PRÉSENT.	PARFAIT.
Tomber.	Être tombé.

PARTICIPE.

PRÉSENT.	PARFAIT.
Tombant.	Étant tombé.

PARTICIPE PASSÉ VARIABLE.

Tombé, *fém.* tombée.

OBSERVATIONS SUR LES VERBES NEUTRES CONJUGUÉS
AVEC *ÊTRE*.

234. Dans les verbes neutres qui se conjuguent avec *être*, l'auxiliaire peut se sous-entendre au parfait du participe, qui se confond alors avec le participe passé simple, *tombé* pour *étant tombé*, comme on peut dire *aimé* pour *étant aimé* ou *ayant été aimé*.

Mais dans les verbes neutres qui se conjuguent avec *avoir*, le participe passé ne peut s'employer seul : on ne peut pas dire simplement *vécu*, *langui*; il faut dire *ayant vécu*, *ayant langui*.

DE L'EMPLOI DES AUXILIAIRES AVEC LES VERBES NEUTRES.

235. Les verbes neutres se conjuguent presque tous, comme les verbes actifs, avec l'auxiliaire *avoir*. Exemples : *vivre, j'ai vécu; vieillir, j'ai vieilli; succéder, j'ai succédé*, etc.

Se conjuguent avec l'auxiliaire *être* les douze verbes suivants :

Aller.	Décéder.	Mourir.	Sortir.
Arriver.	Éclore.	Naître.	Tomber.
Choir.	Entrer.	Partir.	Venir.

Il faut y joindre les composés du verbe *choir*, comme *échoir*, *déchoir*, et presque tous ceux de *venir*, comme *devenir*, *parvenir*, etc.; mais *contrevenir* et *subvenir* prennent toujours l'auxiliaire *avoir*.

Se conjuguent tantôt avec *avoir*, tantôt avec *être*, les verbes *monter*, *descendre; augmenter*, *diminuer; vieillir*, *rajeunir;* ceux qui expriment la fin d'un état, comme *passer*, *trépasser*, *finir*, *cesser*, *disparaître*, et d'autres peu nombreux que l'usage apprendra.

236. Quand un verbe peut se conjuguer avec les deux auxiliaires, on emploie l'auxiliaire *avoir* pour exprimer une action, et l'auxiliaire *être* pour exprimer un état durable résultant de cette action. Exemples : *Il a monté hier dans cet endroit ; depuis qu'il y est monté, on ne l'a pas revu. Il a vieilli en six mois ; il est bien vieilli. La fièvre a cessé hier soir ; elle est tout à fait cessée.*

237. Quelques verbes changent de sens, selon qu'on les conjugue avec *être* ou avec *avoir*.

Convenir, avec *avoir,* signifie *être convenable à quelqu'un* ou *être à la convenance de quelqu'un ;* avec *être,* il signifie tomber d'accord. Exemple : *Cette maison m'a convenu, et nous sommes convenus du prix.*

Échapper, avec *avoir,* signifie *éviter, se soustraire à ;* avec *être,* il signifie *s'enfuir, se mettre en sûreté.* Exemples : *Les prisonniers ont échappé à leur gardien ; ils sont tous échappés.* Dans le sens figuré, *cette faute m'a échappé,* signifie *elle a trompé mon attention, je ne m'en suis pas aperçu. Cette faute m'est échappée,* signifie *je l'ai commise par mégarde.*

Expirer, avec *avoir,* se dit d'une personne qui meurt. Exemple : *Ce malheureux a expiré.* Avec *être,* le verbe. *expirer* se dit d'une chose qui cesse. Exemple : *La trêve est expirée.* Mais dans ce dernier sens on peut aussi se servir de l'auxiliaire *avoir.* Exemple : *Mon bail a expiré hier**.

Rester et *demeurer,* avec *avoir,* signifient *loger* ou *séjourner* dans quelque endroit. Exemples : *Il a resté dans cette maison ; il y a demeuré six ans.* Avec *être,* ils signifient *continuer d'être.* Exemples : *Il y était, mais il n'y est pas resté* ou *il n'y est pas demeuré. Rester,* avec *être,* signifie aussi *être de reste.* Exemple : *Voilà tout ce qui est resté.*

Le verbe *aller* forme ses temps composés de deux manières, avec *être, je suis allé,* et avec *avoir, j'ai été.* Ces

---

* On peut dire aussi : *Le malade est expiré.* Mais les exemples de cet emploi du verbe *être* avec *expirer* sont rares, lorsque le sujet est un nom de personne ; on ne les rencontre que dans le style élevé ou dans la poésie.

deux manières diffèrent pour le sens. *Avoir été* indique qu'on a fait l'action d'aller dans un lieu d'où l'on est revenu. Exemple : *Mon frère a été à la campagne ; il s'y est diverti.* *Être allé* indique qu'on a fait cette action et que l'effet en subsiste, c'est-à-dire qu'on est encore au lieu où l'on est allé. Exemple : *Ne cherchez pas mon frère ; il est allé à la campagne.*

238. Enfin les verbes *entrer* et *sortir*, en changeant d'auxiliaire, changent de nature. Avec *être* ils sont neutres ; avec *avoir* ils sont actifs. Exemples : *Il est entré dans la chambre ; on a eu de la peine à l'y entrer. Il est sorti de ce péril ; son courage l'en a sorti.*

Au reste, un petit nombre de verbes neutres peuvent, même sans changer d'auxiliaire, devenir accidentellement actifs. Ainsi le verbe *courir*, qui est essentiellement neutre, devient actif dans ces phrases et autres analogues : *J'ai couru un grand danger ; ce spectacle est fort couru.*

VERBES NEUTRES RÉFLÉCHIS.

239. Un grand nombre de verbes neutres, parmi ceux qui expriment une action, peuvent, comme les verbes actifs, avoir une voix réfléchie.

240. Les verbes neutres réfléchis se conjuguent comme les verbes actifs réfléchis.

Seulement, aux temps composés, le participe reste invariable.

Ainsi l'on dira, sans faire aucune distinction de genres ni de nombres :

AU MASCULIN.	AU FÉMININ.
Je me suis plu.	Je me suis plu.
Tu t'es plu.	Tu t'es plu.
Il s'est plu.	Elle s'est plu.
Nous nous sommes plu.	Nous nous sommes plu.
Vous vous êtes plu.	Vous vous êtes plu.
Ils se sont plu.	Elles se sont plu.

CONJUGAISON DU VERBE RÉFLÉCHI SE PLAIRE.

INDICATIF.

PRÉSENT

Je me plais.
Tu te plais.
Il se plaît.
Nous nous plaisons.
Vous vous plaisez.
Ils se plaisent.

PARFAIT.

Je me suis plu.
Tu t'es plu.
Il s'est plu.
Nous nous sommes plu.
Vous vous êtes plu.
Ils se sont plu.

IMPARFAIT.

Je me plaisais.
Tu te plaisais.
Il se plaisait.
Nous nous plaisions.
Vous vous plaisiez.
Ils se plaisaient.

PLUS-QUE-PARFAIT.

Je m'étais plu.
Tu t'étais plu.
Il s'était plu.
Nous nous étions plu.
Vous vous étiez plu.
Ils s'étaient plu.

PRÉTÉRIT.

Je me plus.
Tu te plus.
Il se plut.
Nous nous plûmes.
Vous vous plûtes.
Ils se plurent.

PRÉTÉRIT ANTÉRIEUR.

Je me fus plu.
Tu te fus plu.
Il se fut plu.
Nous nous fûmes plu.
Vous vous fûtes plu.
Ils se furent plu.

FUTUR.

Je me plairai.
Tu te plairas.
Il se plaira.
Nous nous plairons.
Vous vous plairez.
Ils se plairont.

FUTUR ANTÉRIEUR.

Je me serai plu.
Tu te seras plu.
Il se sera plu.
Nous nous serons plu.
Vous vous serez plu.
Ils se seront plu.

CONDITIONNEL.

Je me plairais.
Tu te plairais.
Il se plairait.
Nous nous plairions.
Vous vous plairiez.
Ils se plairaient.

CONDITIONNEL ANTÉRIEUR.

Je me serais plu.
Tu te serais plu.
Il se serait plu.
Nous nous serions plu.
Vous vous seriez plu.
Ils se seraient plu.

IMPÉRATIF.

PRÉSENT.	PARFAIT.
. . . .	
Plais-toi.	
. . . .	
Plaisons-nous.	(Inusité.)
Plaisez-vous.	
. . . .	

SUBJONCTIF.

PRÉSENT.	PARFAIT.
Que je me plaise.	Que je me sois plu.
Que tu te plaises.	Que tu te sois plu.
Qu'il se plaise.	Qu'il se soit plu.
Que nous nous plaisions.	Que nous nous soyons plu.
Que vous vous plaisiez.	Que vous vous soyez plu.
Qu'ils se plaisent.	Qu'ils se soient plu.

IMPARFAIT.	PLUS-QUE-PARFAIT.
Que je me plusse.	Que je me fusse plu.
Que tu te plusses.	Que tu te fusses plu.
Qu'il se plût.	Qu'il se fût plu.
Que nous nous plussions.	Que nous nous fussions plu.
Que vous vous plussiez.	Que vous vous fussiez plu.
Qu'ils se plussent.	Qu'ils se fussent plu.

INFINITIF.

PRÉSENT.	PARFAIT.
Se plaire.	S'être plu.

PARTICIPE.

PRÉSENT.	PARFAIT.
Se plaisant.	S'étant plu.

PARTICIPE PASSÉ INVARIABLE.
Plu.

---

241. Il n'y a qu'un verbe pronominal, le verbe *s'arroger*, qui se conjugue sur le modèle des verbes neutres réfléchis. Ainsi l'on écrira également *je me suis arrogé*, que ce soit un homme ou une femme qui parle.

VERBES UNIPERSONNELS.

242. Les *verbes unipersonnels* sont ceux qui n'ont à chaque temps qu'une seule personne, la troisième du singulier, comme *il faut*, *il pleut*.

A cela près, ils ne diffèrent point des verbes neutres, et ils se conjuguent sur les modèles des quatre conjugaisons actives, presque tous avec l'auxiliaire *avoir**.

CONJUGAISON DU VERBE UNIPERSONNEL NEIGER.

INDICATIF.

PRÉSENT.	PARFAIT.
Il neige.	Il a neigé.

IMPARFAIT.	PLUS-QUE-PARFAIT.
Il neigeait.	Il avait neigé.

PRÉTÉRIT.	PRÉTÉRIT ANTÉRIEUR.
Il neigea.	Il eut neigé.

FUTUR.	FUTUR ANTÉRIEUR.
Il neigera.	Il aura neigé.

CONDITIONNEL.	CONDITIONNEL ANTÉRIEUR.
Il neigerait.	Il aurait neigé.

SUBJONCTIF.

PRÉSENT.	PARFAIT.
Qu'il neige.	Qu'il ait neigé.

IMPARFAIT.	PLUS-QUE-PARFAIT.
Qu'il neigeât.	Qu'il eût neigé.

INFINITIF.

PRÉSENT.	PARFAIT.
Neiger.	Avoir neigé.

PARTICIPE.

PARTICIPE PASSÉ INVARIABLE.

Neigé.

---

* Pour que le pronom *il* marque un verbe essentiellement unipersonnel, il est nécessaire qu'il ne puisse pas se remplacer par un nom. Ainsi *il faut* est un verbe unipersonnel, parce qu'on ne peut pas dire *quelqu'un faut*, *quelque chose faut*; mais *il arrive* n'est pas un verbe essentiellement unipersonnel, parce qu'on peut dire *quelqu'un* ou *quelque chose arrive*.

OBSERVATIONS SUR LA CONJUGAISON DES VERBES UNIPERSONNELS.

243. Les verbes unipersonnels n'ont point d'impérati parce que l'impératif n'a point de troisième personne.

244. Ils n'ont qu'un seul participe, qui est le participe passé invariable, usité seulement dans la formation des temps composés : *il a neigé, il avait neigé*, etc.

245. Quelques verbes neutres ou réfléchis, quoiqu'ils aient d'ailleurs tous leurs temps et toutes leurs personnes, s'emploient comme verbes unipersonnels. Ainsi des verbes *arriver, se trouver*, on tire les verbes unipersonnels *il arrive, il se trouve*.

246. Il y a un verbe pronominal unipersonnel : *il s'agit*, qui se conjugue, comme les autres verbes pronominaux, avec l'auxiliaire *être : il s'est agi, il se serait agi de cela*.

247. Le verbe unipersonnel *il faut* prend souvent la forme réfléchie, mais seulement lorsqu'on y joint le mot *en*, comme quand on dit : *Il s'en faut de beaucoup*. Dans ce cas il se conjugue avec l'auxiliaire *être : Il s'en est fallu, il s'en était fallu de peu*, et le mot *en* se place à tous les temps et à tous les modes entre le pronom et le verbe.

248. Le verbe auxiliaire *avoir* s'emploie souvent comme verbe unipersonnel, mais seulement lorsqu'on y joint le mot *y*, comme quand on dit : *Il y a beaucoup de monde à ce spectacle*. Sa conjugaison est la même comme verbe auxiliaire et comme verbe unipersonnel : *il y a, il y a eu, il y avait, il y avait eu*, etc. Le mot *y* se place à tous les temps et à tous les modes entre le pronom et le verbe.

249. Le verbe auxiliaire *être* s'emploie souvent comme verbe unipersonnel, *il est, il fut*, avec le même sens que le verbe unipersonnel *il y a*, comme quand on dit : *Il est des gens qui le croient ; il a été un temps où cela se faisait ainsi*.

Mais le plus ordinairement, lorsque le verbe *être* s'emploie comme unipersonnel, il diffère des autres verbes unipersonnels en ce qu'il a pour sujet le pronom *ce*, au lieu du pronom *il*, et en ce qu'il a la troisième personne du pluriel.

Sa conjugaison est la même comme verbe auxiliaire et comme verbe unipersonnel ; seulement les formes trop dures pour l'oreille sont inusitées ou peu usitées. Ainsi on évite en général dans ce verbe les temps où le pronom est élidé devant une lettre autre que l'*e*.

Au conditionnel, au lieu de dire *ç'aurait été*, on emploie mieux le plus-que-parfait du subjonctif, *c'eût été*, mais cette forme n'a pas de pluriel.

CONJUGAISON DU VERBE C'EST.

INDICATIF.

PRÉSENT.	PARFAIT.
C'est.	Ç'a été.
Ce sont.	· · · ·

IMPARFAIT.	PLUS-QUE-PARFAIT.
C'était.	Ç'avait été (*peu usité*).
C'étaient.	Ç'avaient été (*peu usité*).

PRÉTÉRIT.	PRÉTÉRIT ANTÉRIEUR.
Ce fut.	· · · · · · ·
Ce furent.	· · · · · · · ·

FUTUR.	FUTUR ANTÉRIEUR.
Ce sera.	Ç'aura été (*peu usité*).
Ce seront.	Ç'auront été (*peu usité*).

CONDITIONNEL.	CONDITIONNEL ANTÉRIEUR.
Ce serait.	Ç'aurait été (*peu usité*).
Ce seraient.	Ç'auraient été (*peu usité*).

SUBJONCTIF.

PRÉSENT.	PARFAIT.
Que ce soit.	Que ç'ait été.
Que ce soient.	Que ç'aient été.

IMPARFAIT.	PLUS-QUE-PARFAIT.
Que ce fût.	Que c'eût été.
Que ce fussent.	· · · · · ·

(Les autres modes sont inusités.)

250. Les verbes unipersonnels, comme les verbes qui ont toutes leurs personnes, se conjuguent interrogativement. Ainsi l'on dira : *Neige-t-il? a-t-il neigé? avait-il neigé?*

Les verbes unipersonnels se conjuguent aussi négativement : *Il ne neige pas, il n'a pas neigé, il n'avait pas neigé.*

Enfin ils se conjuguent à la fois négativement et interrogativement : *Ne neige-t-il pas? n'a-t-il pas neigé? n'avait-il pas neigé?*

251. Le verbe unipersonnel *c'est*, conjugué interrogativement, conserve la troisième personne du pluriel : *Est-ce? sont-ce? était-ce? étaient-ce?* mais aux temps composés, il n'a que le conditionnel antérieur, peu usité, *aurait-ce été?* avec la seconde forme *eût-ce été*, et au pluriel *auraient-ce été?* Il en est de même lorsqu'il se conjugue à la fois négativement et interrogativement : *N'est-ce pas? ne sont-ce pas? n'était-ce pas?* etc.

VERBES IRRÉGULIERS
ET VERBES DÉFECTIFS.

252. Les *verbes irréguliers* sont ceux qui ne sont pas entièrement conformes aux modèles des quatre conjugaisons.

253. Les verbes sont irréguliers soit dans leurs temps primitifs, quand ces temps s'éloignent de la forme ordinaire, soit dans leurs temps dérivés, quand ceux-ci ne se forment pas régulièrement des temps primitifs.

254. Les verbes *défectifs* sont ceux qui n'ont pas tous leurs temps et toutes leurs personnes. Ainsi le verbe *frire* n'est usité qu'au présent de l'infinitif, au présent de l'indicatif (*je fris*), et au participe passé (*frit*).

La plupart des verbes défectifs sont en même temps irréguliers.

255. TABLEAU DES VERBES IRRÉGULIERS.

N. B. Le signe * renvoie aux observations qui font suite au tableau.

PRÉSENT DE L'INFINITIF.	PRÉSENT DE L'INDICATIF.	PRÉTÉRIT.	PARTICIPE PRÉSENT.	PARTICIPE PASSÉ.
PREMIÈRE CONJUGAISON.				
Aller.*	Je vais.	J'allai.	Allant.	Allé.
Envoyer.*	J'envoie.	J'envoyai.	Envoyant.	Envoyé.
DEUXIÈME CONJUGAISON.				
Acquérir.*	J'acquiers.	J'acquis.	Acquérant.	Acquis.
Bénir.*	Je bénis.	Je bénis.	Bénissant.	Béni.
Bouillir.	Je bous.	Je bouillis.	Bouillant.	Bouilli.
Courir.*	Je cours.	Je courus.	Courant.	Couru.
Couvrir.	Je couvre.	Je couvris.	Couvrant.	Couvert.
Cueillir.*	Je cueille.	Je cueillis.	Cueillant.	Cueilli.
Dormir.	Je dors.	Je dormis.	Dormant.	Dormi.
Faillir.*	Je faux.	Je faillis.	Faillant.	Failli.
Fleurir.*	Je fleuris.	Je fleuris.	Fleurissant.	Fleuri.
Fuir.	Je fuis.	Je fuis.	Fuyant.	Fui.
(Gésir).*	Il gît.	....	Gisant.	....
Haïr.	Je hais.	Je haïs.	Haïssant.	Haï.
Mentir.	Je mens.	Je mentis.	Mentant.	Menti.
Mourir.*	Je meurs.	Je mourus.	Mourant.	Mort.
Offrir.	J'offre.	J'offris.	Offrant.	Offert.
Ouïr.*	....	J'ouïs.	....	Ouï.
Ouvrir.	J'ouvre.	J'ouvris.	Ouvrant.	Ouvert.
Partir.	Je pars.	Je partis.	Partant.	Parti.
Se repentir.	Je me repens.	Je me repentis.	Se repentant.	Repenti.
Sentir.	Je sens.	Je sentis.	Sentant.	Senti.
Servir.	Je sers.	Je servis.	Servant.	Servi.
Sortir.	Je sors.	Je sortis.	Sortant.	Sorti.
Souffrir.	Je souffre.	Je souffris.	Souffrant.	Souffert.
Tenir.*	Je tiens.	Je tins.	Tenant.	Tenu.
Tressaillir.*	Je tressaille.	Je tressaillis.	Tressaillant.	Tressailli.
Venir.*	Je viens.	Je vins.	Venant.	Venu.
Vêtir.	Je vêts.	Je vêtis.	Vêtant.	Vêtu.
TROISIÈME CONJUGAISON.				
S'asseoir.*	Je m'assieds.	Je m'assis.	S'asseyant.	Assis.
Déchoir.*	Je déchois.	Je déchus.	....	Déchu.
Falloir.*	Il faut.	Il fallut.	....	Fallu.
Mouvoir.*	Je meus.	Je mus.	Mouvant.	Mû.
Pleuvoir.	Il pleut.	Il plut.	Pleuvant.	Plu.
Pouvoir.*	Je puis.	Je pus.	Pouvant.	Pu.
Savoir.*	Je sais.	Je sus.	Sachant.	Su.
Valoir.*	Je vaux.	Je valus.	Valant.	Valu.
Voir.*	Je vois.	Je vis.	Voyant.	Vu.
Vouloir.*	Je veux.	Je voulus.	Voulant.	Voulu.

255. TABLEAU DES VERBES IRRÉGULIERS.

N. B. Le signe * renvoie aux observations qui font suite au tableau.

PRÉSENT DE L'INFINITIF.	PRÉSENT DE L'INDICATIF.	PRÉTÉRIT.	PARTICIPE PRÉSENT.	PARTICIPE PASSÉ.
QUATRIÈME CONJUGAISON.				
Battre.	Je bats.	Je battis.	Battant.	Battu.
Boire.*	Je bois.	Je bus.	Buvant.	Bu.
Braire.*	Il brait.	....	....	....
Bruire.*	Il bruit.	....	Bruyant.	....
Circoncire.	Je circoncis.	Je circoncis.	....	Circoncis.
Clore.*	Je clos.	....	....	Clos.
Conclure.	Je conclus.	Je conclus.	Concluant.	Conclu.
Conduire.	Je conduis.	Je conduisis.	Conduisant.	Conduit.
Confire.*	Je confis.	Je confis.	Confisant.	Confit.
Connaître.	Je connais.	Je connus.	Connaissant.	Connu.
Coudre.	Je couds.	Je cousis.	Cousant.	Cousu.
Craindre.*	Je crains.	Je craignis.	Craignant.	Craint.
Croire.*	Je crois.	Je crus.	Croyant.	Cru.
Croître.	Je croîs.	Je crûs.	Croissant.	Crû.
Dire.*	Je dis.	Je dis.	Disant.	Dit.
Écrire.	J'écris.	J'écrivis.	Écrivant.	Écrit.
Faire.*	Je fais.	Je fis.	Faisant.	Fait.
Frire.*	Je fris.	....	....	Frit.
Joindre.	Je joins.	Je joignis.	Joignant.	Joint.
Lire.	Je lis.	Je lus.	Lisant.	Lu.
Luire.	Je luis.	....	Luisant.	Lui.
Mettre.	Je mets.	Je mis.	Mettant.	Mis.
Moudre.	Je mouds.	Je moulus.	Moulant.	Moulu.
Naître.	Je nais.	Je naquis.	Naissant.	Né.
Nuire.	Je nuis.	Je nuisis.	Nuisant.	Nui.
Oindre.	J'oins.	J'oignis.	Oignant.	Oint.
Paraître.	Je parais.	Je parus.	Paraissant.	Paru.
Plaire.	Je plais.	Je plus.	Plaisant.	Plu.
Prendre.*	Je prends.	Je pris.	Prenant.	Pris.
Repaître.*	Je repais.	Je repus.	Repaissant.	Repu.
Résoudre.*	Je résous.	Je résolus.	Résolvant.	Résolu.
Rire.	Je ris.	Je ris.	Riant.	Ri.
Rompre.	Je romps.	Je rompis.	Rompant.	Rompu.
Sourdre.*	....	....	....	....
Suffire.	Je suffis.	Je suffis.	Suffisant.	Suffi.
Suivre.	Je suis.	Je suivis.	Suivant.	Suivi.
Taire.	Je tais.	Je tus.	Taisant.	Tu.
Teindre.	Je teins.	Je teignis.	Teignant.	Teint.
Traire.	Je trais.	....	Trayant.	Trait.
Vaincre.*	Je vaincs.	Je vainquis.	Vainquant.	Vaincu.
Vivre.*	Je vis.	Je vécus.	Vivant.	Vécu.

OBSERVATIONS GÉNÉRALES SUR LES VERBES IRRÉGULIERS.

256. Les verbes irréguliers composés, c'est-à-dire formés d'un autre verbe par l'addition de quelque syllabe au commencement, se conjuguent sur le verbe simple dont ils sont formés. Ainsi *entreprendre, surprendre, comprendre, reprendre*, forment leurs temps sur *prendre*, et l'on dit *entreprendre, j'entreprends, j'entrepris, entreprenant, entrepris*, comme on dit *prendre, je prends, je pris, prenant, pris*.

257. Quand le verbe simple est inusité, les verbes composés forment leurs temps sur le plus usité d'entre ces verbes. Ainsi *querir*, qui signifiait *chercher*, n'étant presque plus en usage, les dérivés *conquérir, requérir*, forment leurs temps sur le modèle du verbe *acquérir*, et l'on dit *conquérir, je conquiers, je conquis, conquérant, conquis*.

OBSERVATIONS SUR LES VERBES IRRÉGULIERS DE LA PREMIÈRE CONJUGAISON.

258. *Aller* se conjugue ainsi au présent de l'indicatif : *je vais* (rarement *je vas*), *tu vas, il va, nous allons, vous allez, ils vont*. Il fait au prétérit *j'allai* ; au parfait, *je suis allé* ; au futur, *j'irai* ; au conditionnel, *j'irais* ; à l'impératif, *va* ; au présent du subjonctif, *que j'aille*. Au parfait, et plus rarement au prétérit, il emprunte aussi les temps du verbe *être : j'ai été, je fus*.

Envoyer fait au futur *j'enverrai* ; au conditionnel, *j'enverrais*.

OBSERVATIONS SUR LES VERBES IRRÉGULIERS DE LA DEUXIÈME CONJUGAISON.

259. *Acquérir* fait à la troisième personne du pluriel du présent de l'indicatif *ils acquièrent* ; au futur, *j'acquerrai* ; au conditionnel, *j'acquerrais* ; au présent du subjonctif, *que j'acquière, que tu acquières, qu'il acquière, que nous*

acquérions, que vous acquériez, qu'ils acquièrent. — Ce verbe et les autres de la même famille, *conquérir, requérir, s'enquérir,* sont formés de l'ancien verbe *querir,* qui n'est plus usité qu'à l'infinitif.

Bénir est tout à fait régulier, si ce n'est qu'il a une seconde forme de participe passé, *bénit, bénite,* qui s'emploie quand on parle d'objets sanctifiés par les prières de l'Église : *pain bénit, eau bénite; les drapeaux ont été bénits.*

Courir fait au futur *je courrai;* au conditionnel, *je courrais.* Du reste, il est régulier.

Cueillir fait au futur *je cueillerai;* au conditionnel, *je cueillerais.*

Faillir, signifiant *manquer,* n'est guère en usage qu'au prétérit et au participe passé, ainsi qu'aux temps qui s'en forment. Au contraire, son composé *défaillir* est très-usité au participe présent *défaillant,* et aux temps qui s'en forment. Dans le sens de *faire faillite,* le verbe *faillir* se conjugue régulièrement sur *finir.*

Fleurir est tout à fait régulier quand il est pris dans son sens propre; mais lorsqu'il signifie *prospérer, être heureux* ou *puissant,* il a une seconde forme d'imparfait, *je florissais,* et de participe présent, *florissant,* qui s'emploie de préférence à la forme régulière.

Gésir, mot du vieux langage, qui signifie *être couché,* n'est presque usité qu'à la troisième personne du singulier et aux trois personnes du pluriel du présent de l'indicatif, *il gît, nous gisons, vous gisez, ils gisent,* à l'imparfait, *je gisais,* et au participe présent, *gisant.* L'infinitif est tout à fait hors d'usage.

Mourir fait à la troisième personne du pluriel du présent de l'indicatif *ils meurent;* au futur, *je mourrai;* au conditionnel, *je mourrais;* au présent du subjonctif, *que je meure, que tu meures, qu'il meure, que nous mourions, que vous mouriez, qu'ils meurent;* au parfait, *je suis mort.*

Ouïr, mot du vieux langage, qui signifie *entendre,* n'est

plus usité qu'à l'infinitif, au participe passé et aux temps composés : *j'ai ouï*, *j'avais ouï*, et quelquefois au prétérit, *j'ouïs*[*].

Tenir fait à la troisième personne du pluriel du présent de l'indicatif *ils tiennent;* au futur, *je tiendrai;* au conditionnel, *je tiendrais;* au présent du subjonctif, *que je tienne, que tu tiennes, qu'il tienne, que nous tenions, que vous teniez, qu'ils tiennent.*

Tressaillir fait au présent de l'indicatif *je tressaille;* au futur, *je tressaillirai* ou *je tressaillerai;* au conditionnel, *je tressaillirais* ou *je tressaillerais.* Du reste, il a tous ses temps. *Assaillir* se conjugue de même, si ce n'est qu'il fait toujours au futur *j'assaillirai*, et au conditionnel, *j'assaillirais.* Ces deux verbes sont formés du verbe simple *saillir*, qui, dans le sens de *sauter*, *bondir*, se conjugue comme *assaillir;* mais il est rare au présent de l'indicatif, et n'est bien usité qu'à l'infinitif, ainsi qu'un autre composé, *ressaillir.* Dans le sens d'*avancer, faire saillie*, le verbe *saillir* est régulier.

Venir fait à la troisième personne du pluriel du présent de l'indicatif *ils viennent;* au futur, *je viendrai;* au conditionnel, *je viendrais;* au présent du subjonctif, *que je vienne, que tu viennes, qu'il vienne, que nous venions, que vous veniez, qu'ils viennent.* Il fait au parfait, *je suis venu;* mais on dit *j'ai prévenu*, et dans certains cas *j'ai convenu.*

OBSERVATIONS SUR LES VERBES IRRÉGULIERS DE LA TROISIÈME CONJUGAISON.

260. *S'asseoir* est formé du verbe simple *seoir*, inusité dans le sens d'*être assis*, mais qui a les participes *séant*, *siégeant*, et *sis*, situé. Dans le sens de *convenir*, *seoir* a les troisièmes personnes du présent de l'indicatif, *il sied*,

---

[*] On trouve dans Corneille et dans La Fontaine l'impératif *oyez*, qui est aujourd'hui tout à fait hors d'usage. En termes de jurisprudence, le participe présent est usité, mais comme un nom commun : *les oyants compte.*

ils siéent; de l'imparfait, *il seyait;* du futur, *il siéra;* du conditionnel, *il siérait.* Quant au composé *s'asseoir,* plusieurs de ses temps ont une double ou triple forme : présent de l'indicatif, *je m'assieds* ou *je m'assois;* imparfait, *je m'asseyais* ou *je m'assoyais;* futur, *je m'assiérai, je m'asseyerai* ou *je m'assoirai;* conditionnel, *je m'assiérais, je m'asseyerais* ou *je m'assoirais;* impératif, *assieds-toi* ou *assois-toi;* présent du subjonctif, *que je m'asseye* ou *que je m'assoie;* participe présent, *s'asseyant* ou *s'assoyant.* — Le composé *surseoir* se conjugue ainsi . *surseoir, je sursois, je sursis, sursoyant, sursis.*

Déchoir fait au présent de l'indicatif : *je déchois, tu déchois, il déchoit, nous déchoyons, vous déchoyez, ils déchoient;* au futur, *je décherrai;* au conditionnel, *je décherrais;* au présent du subjonctif, *que je déchoie;* il n'a ni imparfait de l'indicatif, ni impératif, ni participe présent. — *Déchoir* est formé du verbe simple *choir,* mot du vieux langage, qui signifie *tomber,* et qui n'est guère usité qu'à l'infinitif. — Le composé *échoir* se conjugue comme *déchoir,* et il a, de plus, le participe présent, *échéant;* mais au présent de l'indicatif il n'a que la troisième personne, *il échoit* ou *il échet.*

Falloir fait à l'imparfait de l'indicatif *il fallait;* au futur, *il faudra;* au conditionnel, *il faudrait;* au présent du subjonctif, *qu'il faille.* Le participe présent est tout à fait inusité; l'infinitif est rare.

Mouvoir fait à la troisième personne du pluriel du présent de l'indicatif *ils meuvent;* au présent du subjonctif, *que je meuve, que tu meuves, qu'il meuve, que nous mouvions, que vous mouviez, qu'ils meuvent.*

Pouvoir fait à la première personne du présent de l'indicatif *je peux* ou *je puis,* et à la troisième personne du pluriel, *ils peuvent;* au futur, *je pourrai;* au conditionnel, *je pourrais;* au présent du subjonctif, *que je puisse.* Il n'a point d'impératif.

Savoir fait aux trois personnes du pluriel du présent de l'indicatif *nous savons, vous savez, ils savent;* à l'imparfait, *je savais;* au futur, *je saurai;* au conditionnel, *je saurais;* à l'impératif, *sache, sachons, sachez;* au présent du subjonctif, *que je sache.*

Valoir fait au futur *je vaudrai;* au conditionnel, *je vaudrais;* au présent du subjonctif, *que je vaille, que tu vailles, qu'il vaille, que nous valions, que vous valiez, qu'ils vaillent.*

Voir fait au futur *je verrai;* au conditionnel, *je verrais.* — Les composés *entrevoir* et *revoir* se conjuguent de même. *Prévoir* fait au futur *je prévoirai;* au conditionnel, *je prévoirais. Pourvoir* fait au futur *je pourvoirai;* au conditionnel, *je pourvoirais;* au prétérit, *je pourvus.* Le composé *dépourvoir* n'est usité qu'au participe passé *dépourvu.*

Vouloir fait à la troisième personne du pluriel du présent de l'indicatif *ils veulent;* au futur, *je voudrai;* au conditionnel, *je voudrais;* à l'impératif, *veuille, veuillons, veuillez;* au présent du subjonctif, *que je veuille, que tu veuilles, qu'il veuille, que nous voulions, que vous vouliez, qu'ils veuillent.*

OBSERVATIONS SUR LES VERBES IRRÉGULIERS DE LA QUATRIÈME CONJUGAISON.

261. *Boire* fait aux trois personnes du pluriel du présent de l'indicatif *nous buvons, vous buvez, ils boivent;* au présent du subjonctif, *que je boive, que tu boives, qu'il boive, que nous buvions, que vous buviez, qu'ils boivent.*

Braire n'est guère usité qu'à l'infinitif, et aux troisièmes personnes du présent de l'indicatif, du futur et du conditionnel, *il brait, il braira, il brairait.*

Bruire n'est guère usité qu'à l'infinitif, à la troisième personne du singulier du présent de l'indicatif, *il bruit,* et aux troisièmes personnes de l'imparfait, *il bruyait, ils bruyaient.*

Clore n'a que les trois personnes du singulier du présent de l'indicatif, *je clos, tu clos, il clôt;* il a le futur, *je clorai,* et le conditionnel, *je clorais;* il n'a ni participe présent, ni imparfait, ni prétérit, ni aucun des temps du subjonctif. — Le composé *éclore* n'est guère usité qu'à l'infinitif et aux troisièmes personnes de quelques temps : présent de l'indicatif, *il éclôt, ils éclosent;* futur, *il éclôra, ils éclôront;* conditionnel, *il éclôrait, ils éclôraient;* présent du subjonctif, *qu'il éclose, qu'ils éclosent.* — Le composé *forclore,* qui signifie exclure, est un terme de palais, usité seulement à l'infinitif et au participe passé *forclos.*

Confire. Le participe présent et les temps ou personnes qui s'en forment sont tout à fait inusités dans le composé *déconfire.*

Craindre sert de modèle pour la conjugaison de tous les verbes dont l'infinitif finit en *aindre, eindre* et *oindre.*

Croire a donné lieu au composé *accroire,* qui n'est usité qu'à l'infinitif, dans la locution *faire accroire.*

Dire fait à la deuxième personne du pluriel du présent de l'indicatif *vous dites;* le reste est régulier. Ses composés, excepté *redire,* qui fait *vous redites,* sont réguliers même à cette personne. — Le composé *maudire* a pour participe présent *maudissant;* les deux *ss* passent aux formes qui en dépendent.

Faire fait au pluriel du présent de l'indicatif *vous faites, ils font;* au futur, *je ferai;* au conditionnel *je ferais;* au présent du subjonctif, *que je fasse.*

Frire est inusité au prétérit ainsi qu'au participe présent et aux temps ou personnes qui s'en forment.

Prendre fait à la troisième personne du pluriel du présent de l'indicatif *ils prennent;* au présent du subjonctif, *que je prenne, que tu prennes, qu'il prenne, que nous prenions, que vous preniez, qu'ils prennent.*

Repaître est formé du verbe simple *paître,* qui est inusité au prétérit et au participe passé.

Résoudre, formé du verbe simple *soudre,* inusité, a deux participes passés : *résous,* qui ne s'emploie qu'en parlant de choses matérielles : *trouillards résous en pluie;* et *résolu,* qui s'emploie dans tous les autres sens. Au contraire, les composés *absoudre* et *dissoudre* n'ont que les participes *absous*, *dissous*, avec le féminin en *oute*. Ces deux derniers verbes sont inusités au prétérit et à l'imparfait du subjonctif.

Sourdre, mot du vieux langage, qui signifie *sortir de terre, jaillir*, n'est usité qu'au présent de l'infinitif et aux troisièmes personnes du présent de l'indicatif : *cette fontaine sourd, ces fontaines sourdent au pied du rocher.*

Vaincre fait aux trois personnes du singulier du présent de l'indicatif, *je vaincs, tu vaincs, il vainc ;* le reste est régulier. Il faut seulement observer que, devant une voyelle, *c* se remplace toujours par *qu, nous vainquons, vous vainquez,* excepté au participe passé, *vaincu.*

Vivre avait autrefois une seconde forme de prétérit, *je véquis,* qui est maintenant inusitée.

11e Exercice.

Mettez aux temps et aux personnes convenables les verbes laissés à l'infinitif et écrits en italique dans cet exercice.

LE CAOUTCHOUC VULCANISÉ.

Que d'industries nouvelles *créer* par les diverses préparations auxquelles on *pouvoir* soumettre le caoutchouc! Vulcaniser le caoutchouc, c'est le combiner avec du soufre. On *procéder* à cette opération de différentes manières, soit en *immerger* les feuilles de caoutchouc dans un bain de soufre fondu, soit en les *pétrir* avec du soufre en poudre. On sulfure encore le caoutchouc à l'aide du chlorure de soufre, du bromure de soufre, ou du polysulfure de potassium. Mais quelle que soit la méthode que l'on *préférer*, il *falloir* absolument qu'on *élever* la température vers 140 ou 150 degrés. Après la première opération, c'est-à-dire la sulfuration simple, le mélange conserve encore toutes les propriétés du caoutchouc non *altérer :* la propriété de durcir par un abaissement de température, de se ramollir par la chaleur, de se souder à lui-même quand les sections sont récemment faites. Toujours alors il se *dissoudre* dans l'éther, l'huile de térébenthine, etc. Mais après la seconde opération, pendant laquelle on *élever* la température du caoutchouc sulfuré vers 150 degrés, cette matière a pris des propriétés toutes nouvelles, très-précieuses pour une foule d'applications dans l'industrie et les arts. Elle ne se *dissoudre* plus dans les liquides que nous *venir* de citer, mais seulement s'en *imprégner* et se gonfle par leur contact. Elle ne peut plus se souder avec elle-même et résiste, sans que cela l'*altérer*, à une température qui, en

changer le caoutchouc ordinaire, l'aurait transformé en une espèce
de poix : un abaissement de tempéature ne lui *enlever* pas son élas-
ticité. En le *mélanger* ainsi au soufre, on *l'employer* à faire des
tampons de machines pour amortir les chocs, des rondelles pour les
cylindres des machines à vapeur, des soupapes, des chaussures, des
gants, des ressorts, des balles, des figures d'animaux, et mille autres
objets.

12ᵉ Exercice.

Faites le même travail que sur l'exercice précédent.

LES INSECTES.

Beaucoup d'insectes *protéger* à force de merveilles leur métamorphose. Ils s'enveloppent d'un manteau de soie, dont le tissu
les préserve des atteintes de la pluie ou du froid. Enseveli à l'automne
sous ce précieux abri, le papillon *attendre* en sécurité le printemps,
époque où il *renaître* [présent]. Car cet insecte qui, dans ses divers
âges, se ressemble si peu à lui-même, *paraître* [présent] naître et
mourir trois fois; mais il ne s'agit ici que d'une simple évolution
s'accomplissant au milieu d'une apparente inertie, durant laquelle
la vie seule *entretenir* ses ressorts cachés. La chenille *receler* déjà
tous les rudiments des formes qui se *succéder* à chaque métamorphose. L'anatomie y *découvrir* trois êtres emboîtés les uns dans
les autres, et dont le dernier, enveloppé d'un double linceul, l'écarte
enfin, et *reparaître* dans toute sa beauté.

Les deux vies, chez l'espèce qui présente des métamorphoses ra-
dicales, n'ayant aucun rapport, l'organisme *devoir* [parfait] subir
une transmutation absolue. Le papillon, qui ne *aller* [présent] plus
se nourrir que de nectar, *rejeter* sa dévorante tête de chenille, armée
de robustes mandibules, désormais inutiles; ses courtes et vigou-
reuses pattes, dont les crampons *adhérer* [imparfait] si fortement
aux feuilles qu'il *ronger*, offenseraient les fleurs qu'il *aller* [présent]
fréquenter. Il s'en dépouille en les *changer* contre des membres longs
et délicats qui en effleurent à peine les pétales.

Jusqu'à un certain point, le génie de l'anatomiste *pénétrer* et *révéler* l'intention de la nature. Mais que de merveilles n'ont pas encore été *apercevoir!* L'image est précieusement *protéger* par une succession d'enveloppes dont elle se dépouille tour à tour; puis comme
avant-dernière scène de la vie, celle que *revêtir* la chrysalide est
plus épaisse, plus robuste, plus rembrunie et moins ornementée que
toutes les autres; et c'est sous celle-ci cependant qu'une divine alchimie *semer* sur les élytres de l'insecte une poussière d'or et d'argent,
ou les émaille de saphirs et de rubis. En effet, lorsque ce nouvel
être, brisant le laboratoire sépulcral, s'épanouit à la lumière, son
éblouissante robe *refléter* le plus vif éclat des métaux ou *étinceler* de
pierreries.

13e Exercice.

Faites le même travail que sur les exercices précédents.

LES INSECTES (SUITE).

A mesure que l'on *étudier* les insectes, ces miniatures de la création, on *découvrir* en eux quelques qualités *élever* et des sensations perfectionnées, auxquelles *succéder* la comparaison et le jugement. Nous les *voir* même accomplir des actes dont le but *confondre* notre esprit. Ils *agir* dans la prévision d'un avenir dont aucun tableau matériel ne leur *révéler* l'existence.

Ce papillon, qui s'échappe au printemps de son coffre de momie, n'eut jamais de rapports avec aucun des siens; comment donc, à l'automne, *déployer*-t-il tant de soins prévoyants pour une progéniture qu'il ne *devoir* [présent] jamais voir? A cette libellule *naître* [participe passé] sous l'eau, *vivre* [participe présent] dans l'ombre, souillée de fange et de vase, qui donc *révéler* que sa dernière patrie n'est que le ciel resplendissant? Et quand, entraînée par une suprême aspiration, elle *rejeter* ses branchies, et s'*imprégner* d'air et de lumière, qui donc marque le moment précis où, *émerger* [participe présent] du fond des marécages, elle *aller* [présent] se parer de sa robe de fête, et devenir semblable à l'oiseau de proie s'*élancer* [participe présent] dans l'atmosphère?

L'intelligence des insectes, dans certaines circonstances, s'*élever* jusqu'à la ruse la plus raffinée. Un carnassier, affamé de proie vivante, mais à qui un cadavre n'*agréer* jamais, s'*apprêter*-t-il à saisir dans l'eau la grosse larve écailleuse d'un dystique, tout à coup celle-ci a deviné son ennemi, et, aussitôt qu'il la touche, elle qui s'agitait vigoureuse, *devenir* immédiatement molle et d'une flaccidité repoussante. L'agresseur *croire* [participe présent] n'avoir plus dans la bouche qu'un animal mort, et de dégoût *rejeter* sa proie. Et la vrillette entêtée, on la flamberait, on la *noyer* plutôt que de la décider à fuir, quand une fois la frayeur l'a contractée.

14e Exercice.

Faites le même travail que sur les exercices précédents.

LES INSECTES (SUITE).

Les bombardiers sont encore plus ingénieux : c'est à l'aide d'une véritable artillerie qu'ils *effrayer* leurs ennemis. Quand ils sont *menacer*, ces coléoptères exhalent subitement de leur intestin une vapeur blanchâtre, qui sort en *produire* un certain bruit, une véritable détonation, et ils *jeter* ainsi le désarroi parmi les agresseurs. L'instinct de la défense est tellement inhérent à la tribu des bombardiers, qu'au premier coup de canon d'alarme de l'un d'eux, tous les autres *crépiter* en même temps : c'est un feu roulant sur toute la ligne. Le bruit produit par ces insectes est si intense qu'il *effrayer* ceux qui ne *connaître* pas leur ruse.

Lorsqu'un ennemi peu redoutable se *faufiler* en s'*allonger* dans une ruche d'abeilles, les premières sentinelles qui l'*apercevoir* le *percer* de leur aiguillon, et, en un clin d'œil, en *rejeter* le cadavre hors de la demeure commune : le travail n'en est nullement *interrompre*. Mais si l'agresseur est une forte et lourde limace, on ne *renouveler* pas la même manœuvre, et les choses se passeront tout autrement. Un frémissement général s'empare des travailleurs ; chacun *apprêter* ses armes, tourbillonne autour de l'envahisseur, et le *percer* de son dard. *Harceler* [participe passé] avec furie, blessé de tous côtés, empoisonné par le venin, l'animal rampant *mourir* au milieu de violentes convulsions. Mais que faire d'un si pesant ennemi ? On le *jeter* [conditionnel] dehors si l'on *pouvoir* [imparfait], car ses exhalaisons putrides *aller* [présent] infecter la colonie. La république *aviser* et *prendre* une résolution subite, comme si l'on y *connaître* [imparfait] l'art de l'ancienne Égypte. Les abeilles *aller* [présent] embaumer le mort dont la présence est si *menacer* [participe présent], avec la matière résineuse recueillie autour des bourgeons.

15ᵉ Exercice.

Faites le même travail que sur les exercices précédents.

LA CONSCIENCE.

Il y a en nous un sentiment qui nous *dire* [présent] : « Voilà ce qui est bien, et voilà ce qui est mal. » Ce sentiment s'*appeler* la conscience. La conscience est la terreur des méchants, la joie des bons ; c'est un témoin inexorable dont le méchant n'*acheter* point le silence, un juge dont la voix *harceler* sans cesse le coupable. Nous *juger* [participe présent] nous-mêmes, nous nous *juger* [présent] avec un entière connaissance de nos faiblesses et de nos fautes. Puisque la nature a mis en nous cette voix qui nous *révéler* ce que nous devons faire ou éviter, il ne faut pas que l'homme *rejeter* ses avertissements. Obéissons-lui donc quand elle nous *appeler*. Celui qui écoute la voix de la conscience, a l'âme tranquille ; et le calme dont il jouit *payer* avec usure sa docilité et son obéissance. Qui résiste, au contraire, à cette voix intérieure, ne *connaître* pas le vrai bonheur ; tout *déceler* en lui le trouble qui l'agite ; en vain il *vouloir* [présent] prier ; partout il *promener* avec lui son juge et son bourreau.

16e Exercice.

Faites le même travail que sur les exercices précédents.

ZURGA LE CHASSEUR.

A mesure qu'on s'éloignait de l'Amazone, et qu'on *s'enfoncer* dans les forêts, le nombre des singes, nourriture quotidienne des Mundrucos, *aller* [imparfait] en diminuant. Un soir, ceux qui disposaient ainsi de ma vie n'avaient encore rien *prendre* [participe passé]. Faute de mieux, on *s'apprêter* alors à souper de racines recueillies sur la route. Chacun est là qui les *nettoyer*, les prépare, les *cuire* et les *placer* dans un brasier *recouvrir* [participe passé] de sable. « Pour des chasseurs, dis-je, c'est un maigre souper que des racines *cuire* [participe passé] sous le feu. » Quelques instants après, je *recommencer :* « C'est un maigre souper. » Les Mundrucos impatientés me regardaient avec colère. J'avais vu deux yeux brillants qui *étinceler* au pied d'un gros arbre, et j'avais soupçonné là un terrier d'agouti. « Certainement, *reprendre* [prétérit]-je, je n'*aller* [conditionnel] pas allumer un brasier à la gueule d'un terrier, sans prendre auparavant le gibier qu'il *contenir* [présent]. » Et tout garrotté que j'étais, je tournais la tête vers l'arbre. » Le chasseur blanc est un sorcier, » s'écria l'un des sauvages qui, en *suivre* mon regard, *apercevoir* [plus-que-parfait] la queue de l'agouti encore hors du trou. A ces mots, il *s'élancer*, fouilla, creusa, car l'animal *s'enfoncer* toujours dans le chemin souterrain. En continuant à creuser, pourtant, il *parvenir* [prétérit] à déterrer l'un après l'autre deux de ces animaux, dont la chair est si délicate. Il les apportait tout triomphant. Mais, pour se rendre auprès du feu où l'on *apprêter* le souper, il *vouloir* [plus-que-parfait] passer par-dessus un tronc d'arbre *abattre* [participe passé], et le pied lui avait manqué. Tandis qu'il *essayer* [présent] de se retenir, il *ouvrir* les mains, un des agoutis s'échappe et gagne un épais 'ourré, où il se *frayer* un passage avant que le sauvage ne se *relever*. « Bon présage, dis-je en *rire*, bon présage pour vos prisonniers! » Les Mundrucos ne *répondre* [prétérit] rien. Mais pendant qu'ils *manger* [imparfait] l'agouti, je les *entendre* [prétérit] se répéter tout bas les uns aux autres : « Le chasseur blanc a l'œil prompt, la repartie vive; quel dommage qu'il soit dans sa destinée d'être dévoré! » Leur repas *achever*, ils se couchèrent. Nul d'entre eux n'eut le temps de s'endormir; car ce fut bientôt autour de nous un lugubre concert de voix lentes et *plaintifs* qui *s'appeler* dans l'épaisseur du feuillage. Je *reconnaître* [prétérit] le cri sinistre des guaribas, espèce de gros singes perchés dans les arbres. « Entends-tu? demanda l'un des Mundrucos à son voisin. — Oui, *reprendre* l'autre, ce sont les malins esprits qui en *vouloir* à quelqu'un de nous. » J'espérais toujours trouver quelque bonne occasion de m'échapper; je *juger* prudent de me tenir tranquille et je ne *bouger* point. « Oh ! je *sentir* [présent] le froid de la fièvre, dit un troisième ; comme ils se rapprochent, comme i's sont nombreux ! Leurs voix grondent comme la cascade d'une rivière ; cela *vouloir* dire peut-être que quelqu'un de nous se *noyer* [futur] demain. » Les Mundrucos, agités par leurs craintes superstitieuses, ne *pouvoir* [prétérit] fermer l'œil de la nuit. Quand le soleil se *lever*, ils se *remettre* en route.

17ᵉ Exercice.

Modifiez comme il convient les mots écrits en italique.

LA LAGUNE DES CAÏMANS.

Un peu avant l'heure de midi, on *commencer* à s'apercevoir qu'on *s'avancer* sur un terrain marécageux *couvrir* [participe passé] de joncs et de *roseau coupant* qui gênaient considérablement la marche. « Est-ce une rivière ? dis-je à l'Urubu (vautour), un Mundruco chauve que j'*interroger*. — Non, me répondit-il, c'est un amas d'eau qui *recéler* de *nombreux* familles de caïmans et des milliers de serpents des espèces les plus *venimeux*. Tiens, regarde.... » Et *faire* [participe présent] une grosse pelote de roseaux, il la *jeter* [présent] dans l'eau. Aussitôt une douzaine de têtes *vert* et *plat* se *lever* [présent] au-dessus de la surface. L'un d'elles, plus *prompt* que les autres, saisit l'amorce qu'on lui *lancer* ainsi ; mais elle la *rejeter*. *Tout* les têtes déjà *replonger* [imparfait], espérant dans l'avenir une proie plus *réel* et plus *substantiel*. « Ce n'est pas tout, dit l'Urubu, il y a là *amonceler* [participe passé] dans ces touffes d'herbes, des reptiles plus dangereux que les caïmans. » En effet, tandis que je *côtoyer* [présent] le bord de la lagune, cherchant du regard quelque point de reconnaissance, afin de retrouver mon chemin si je parvenais à m'échapper, j'*apercevoir* [prétérit] dans le vase un objet long et cylindrique que je *prendre* d'abord pour un tronc d'arbre. En le considérant plus attentivement, je *reconnaître* un énorme serpent. « Vois, dis-je, Urubu, ce doit être un boa qui *digérer* sa proie. — Non, *répondre* le sauvage, le boa n'est pas si long que cela. Regarde, il *remuer*, il ne *digérer* pas sa proie, il le *guetter* au contraire. » En effet, le reptile *faire* [imparfait] quelques *léger* mouvements. « C'est dommage, dit l'Urubu, nous aurons bien du mal à nous en emparer ! nous sommes trop peu nombreux. Le serpent d'eau est un gibier des plus *délicat*, mais il est très-vigoureux. »

18ᵉ Exercice.

Faites le même travail que sur l'exercice précédent.

LA LAGUNE DES CAÏMANS (SUITE).

Cependant les sauvages se *réunir* [prétérit] pour tenir conseil. Quand ils *arrêter* [prétérit antérieur] le plan d'attaque, chacun *prendre* la place qui lui avait été *assigné*, ne gardant à la main que le coutelas qu'ils portaient ordinairement à leur ceinture. Ils se glissèrent entre le serpent et le marais, afin de lui couper la retraite; ils s'*avancer* [imparfait] aussi doucement que possible, dans la crainte de lui donner l'éveil. L'urubu marchait le premier pour aller saisir le cou du reptile et empêcher qu'il ne *mordre* [imparfait du subjonctif]. C'était le poste le plus dangereux; non pas que la morsure du serpent d'eau soit *venimeux* : mais il pouvait entraîner ses adversaires jusque dans la lagune; ce *devoir* [imparfait] être sur le premier arrivé que les *autre* serpents venimeux se *jeter* [conditionnel]. Un autre poste non moins périlleux était celui de l'homme qui devait saisir le reptile par la queue. Il risquait d'être enveloppé par les anneaux du monstre, et pouvait avoir à souffrir cruellement de leur redoutable étreinte. Les autres rampaient en s'*espacer* également sur la longueur du serpent d'eau. A un signal donné, tous se *jeter* [présent] à corps perdu sur lui, le *saisir* entre leurs bras, entre leurs jambes, *commencer* à le taillader, le *déchiqueter* [présent] à *coup* de couteau, afin d'en faire des tronçons, et le *dépecer* [présent]. A *ce* brusque attaque, où tous à la fois le *harceler* de leurs coutelas, le serpent veut se tortiller; mais les Mundrucos tiennent bon; alors il *appuyer* son corps à la terre, *renouveler* ses assauts, et, redoublant ses efforts, tourne, s'agite, renverse les agresseurs; mais ceux-ci ne lâchèrent pas prise. Ils furent roulés dans *le* fange, ayant tantôt le dessus, tantôt le dessous, avec le monstre, qui les traînait et tâchait de regagner l'eau. Cette horrible lutte se *prolonger* [prétérit] plus d'un quart d'heure. Le couteau d'un des Mundrucos enfin la termina en tranchant une des vertèbres du serpent. Malgré ses *dernier* mouvements convulsifs, les sauvages l e *dépecer* [prétérit] alors en tronçons et se *mettre* à danser autour de leur proie.

19ᵉ Exercice.

Faites le même travail que sur les deux exercices précédents.

ÉCHANGE DE SERVICES.

Un seul d'entre eux se *relever* [présent] l'air triste, c'est l'Urubu. « Pourquoi ne te *réjouir*-tu pas et ne t'*égayer*-tu pas comme les autres? lui dis-je. — Au lieu d'être un guerrier agile dont le poignet *soulever* le poids de deux hommes, me voilà désormais comme une femme timide : mon bras est cassé.— Il n'y aurait là, *reprendre*-je, rien de bien *affliger*, si seulement j'étais libre de mes mains et pouvais te panser. » On m'ôta *mon* courroies, et je *commencer* [prétérit] à tâter avec soin le bras de l'Urubu. « Il n'y a pas de fracture, ajoutai-je, c'est un déboîtement de l'épaule, dans un instant tu seras hors de danger. J'*achever* [prétérit] le pansement, et tout le monde se *mettre* au souper pour se coucher ensuite. Le service que je *rendre* [plus-que-parfait] au malheureux Urubu me devait être payé au centuple. En effet, trois jours après, les tronçons du serpent étaient épuisés, et la chasse ne donnait que de faibles résultats. Un Mandruco seul avait réussi à prendre vivant un guariba à la mamelle. Encore ne le *manger* [prétérit]-t-on pas. « Oh ! le joli singe, s'était écriée la Pitanga, une affreuse femme de la troupe ; donne-le-moi, je l'*élever* [futur], je lui apprendrai à danser, et les blancs me l'*acheter* pour des colliers de grains. » Mais quand elle l' *recevoir* [prétérit antérieur], elle *commencer* à l'agacer et à le faire souffrir de mille façons.

Cependant on n'était pas encore arrivé à l'endroit désigné pour la nuit. En *avancer* le long d'*un* des flaques d'eau qui *parsemer* [présent] le terrain, le sauvage qui *aller* [imparfait] en tête *faire* [prétérit] entendre un cri de joie : « Des vers de taquara ! » Aussitôt les sauvages *amonceler* [présent] une quantité considérable de ces insectes. Je les regardais faire avec curiosité. La vue de ces vers me *rappeler* [imparfait] les commentaires écrits par Cabeça de Vaca, un des premiers Européens qui *visiter* [parfait du subjonctif] cette contrée. « Il en sortait, disait cet écrivain, une grande quantité de graisse dans laquelle on les *faire* [imparfait] frire. » Je ne *voir* [imparfait] donc aucune raison pour refuser ma part de cet aliment, lorsque l'Urubu, passant à côté de moi, me heurta légèrement de l'épaule, et me *dire* [prétérit] à voix basse : « N'en mange pas et tu te *redevenir* [futur] libre. » Il *prononcer* ces paroles fort vite et à voix basse ; mais la Pitanga, bien qu'elle *paraître* [imparfait du subjonctif] entièrement *occupé* du jeune guariba, en devina le sens. Elle *jeter* sur l'Urubu et sur moi un regard de défi.

20ᵉ Exercice.

Faites le même travail que sur les exercices précédents.

ÉCHANGE DE SERVICES (SUITE).

Le repas était prêt. Une partie du corps des vers de taquara *posséder* une propriété singulière. Lorsqu'on n'arrache pas la tête et le tube intestinal, ils causent à ceux qui les *manger* une *profond* ivresse, une extase comme celle de l'opium et du haschisch. Avides de ces émotions, tous les sauvages se *jeter* [prétérit] sur les mets qui leur *promettre* [imparfait] de *vif* jouissances. D'ailleurs ils ne *craindre* [imparfait] rien. Leur prisonnier *empaqueter* dans son hamac avait les pieds et les mains étroitement serrés par des entraves. Oh ! quel dommage, *répéter* [présent]-ils, que nous n'ayons pas de cette eau de feu qui *compléter* [présent] toutes nos fêtes ! » Quand la Pitanga voit enfin tous les Indiens plongés dans leur rêverie extatique, elle *élever* la voix. « *Dormir* [présent]-tu, chasseur blanc ? crie-t-elle. Ah ! tu *vouloir* [présent] t'échapper, c'est mal à toi ; tu ne *savoir* donc pas la réception qui *t'attendre* là-bas ? Quand nous arriverons chez nos frères au bord du Rio-Madeira, on *venir* [futur] au-devant de nous en dansant et en faisant de la musique. On soufflera dans des instruments faits avec les os des jambes de nos ennemis que nous *manger* [parfait]. On bâtira pour toi une cabane entièrement *neuf*. Rien ne te manquera; les fruits les plus exquis, les plus délicats seront pour toi, car il faut qu'on t'engraisse. — *Taire* [impératif]-toi, maudite! — Que tu es ingrat ! *reprendre* [présent] l'horrible femme; on te donnera tout ce que tu *vouloir* [futur]. Puis quand *venir* [futur] le grand jour, on te passera au cou *un* corde de coton *teindre* [participe passé] de la plus brillante couleur. Deux guerriers en *tenir* [futur] les extrémités, afin d'empêcher que tu ne *t'enfuir* [présent du subjonctif]. Au reste, tu auras le droit de te défendre contre ceux qui *vouloir* [conditionnel] te maltraiter. Un gros tas de cailloux sera déposé à tes pieds, tu *pouvoir* [futur] en jeter à quiconque *essayer* [conditionnel] de s'approcher. Puis quand l'instant *venir* [futur antérieur], le sacrificateur s'avancera, *tenir* [participe présent] à la main une forte massue. Cette massue aura été lavée et polie de toutes les manières; elle sera *bénir* [participe passé] et brillera des plumes les plus précieuses. Enfin, le sacrificateur *abattre* [futur] ta tête d'un seul coup. Alors tu auras l'honneur de servir de nourriture aux plus braves guerriers. On dansera, on chantera. Il faut, en vérité, que tu sois bien ingrat si tu *vouloir* t'évader. »

21e Exercice.

Faites le même travail que sur les exercices précédents.

ÉCHANGE DE SERVICES (SUITE).

Ce discours fut interrompu par le cri des guaribas tout près de nous. Le petit singe qu'elle *tenir* [imparfait] *répondre* [prétérit] à ces voix lugubres. Elle le frappa; alors son cri *changer* [prétérit] de caractère. Ce furent des vagissements de douleur et d'angoisse. Des hurlements de rage, *partir* [participe présent] du haut des arbres, *répondre* [prétérit] à ces plaintes. En *lever* les yeux alors, j'*apercevoir* [prétérit] dans le feuillage deux gros singes noirs qui *lancer* [imparfait] sur la Pitanga des regards furieux. Ils se laissèrent glisser le long d'une liane, tombèrent ensemble sur la Pitanga, qui roula à terre, *renversé* par ce choc imprévu. Le mâle, car c'était un couple de guaribas, *prendre* [prétérit] le petit entre ses bras, tandis que la femelle, s'acharnant sur la femme, lui *déchiqueter* [imparfait] le visage, la *dépecer* avec ses ongles et lui arrachait les yeux. Et tous deux, emportant leur petit, gagnèrent le haut des arbres, laissant à terre la misérable femme *évanoui* et *aveuglé*. Je *juger* [prétérit] bien que le moment était favorable. Je *parvenir* [prétérit] à descendre de mon hamac ; je m'approchai en rampant d'un des Mundrucos, et, *prendre* [participe présent] entre mes dents le couteau que celui-ci portait à sa ceinture, je sciai les courroies qui *retenir* [imparfait] mes mains, puis je *dégager* [prétérit] mes pieds en *dire* : « J'ai rendu service à un ennemi, et j'en *recevoir* [présent] la récompense.

22e Exercice.

Faites le même travail que sur les exercices précédents.

Près de la cascade du Niagara se trouve un escalier en bois, qui *mener* au plus haut point du sommet dominant la rivière. Moyennant une *léger* rétribution, un char *mouvoir* [participe passé] par un mécanisme vous épargne même la fatigue de *cet* ascension, et vous transporte commodément *asseoir* [participe passé] au-dessus de la cataracte qui se présente de profil, tandis que sous les pieds mêmes du spectateur un large torrent *couvrir* [présent] d'écume la cime des *rocher* et se précipite en *plonger* dans l'abîme.

C'en était fait : nous touchions sur un banc de sable. En ce moment la tempête redouble; le tonnerre gronde; l'éclair *étinceler* et sillonne les nuées livides; les vagues, *court* et *pressé*, ressemblent à une meute d'*animal* furieux qui *harceler* le navire; elles *jeter* sur le pont des masses d'eau et de sable qui s'*amonceler* un instant pour être violemment chassées l'instant d'après. De minute en minute, nous sentons, sous un puissant effort, que la quille s'*enfoncer* plus profondément; les parois *craqueter* avec un bruit sinistre. Oh! qu'en de pareils moments on fait bon marché des promesses de la fortune, et de quel prix on *acheter* [conditionnel] un peu de repos et d'espérance! Aux cris des matelots qui s'*appeler* entre eux, au grincement des mâts qui *chanceler*, au sifflement aigu des cordages tendus par le vent, se mêlent nos voix désespérées, qui se désolent et se lamentent.

23e Exercice.

Faites le même travail que sur les exercices précédents.

MODÉRATION DANS LES DÉSIRS.

Qui est-ce qui ne cherche pas le bonheur? Avez-vous vu quelqu'un qui ne s'*agiter* [imparfait du subjonctif] pas, qui ne *diriger* pas tous les efforts de sa vie vers ce but? Et cependant combien peu *atteindre* [présent] le port! Combien peu touchent ce rivage tant désiré! Quel est donc le grand obstacle qui *arrêter* l'homme dans cette poursuite? Quel est donc l'ennemi qui lui ferme la route, et lui *permettre* si rarement d'arriver au but de ses désirs? Ce grand obstacle aux désirs de l'homme, c'est l'homme lui-même, qui, ne *savoir* [participe présent] pas se borner, va toujours *placer* [participe présent] l'objet de ses désirs trop haut pour qu'il *y atteindre* [présent du subjonctif], et rêve un bonheur qui ne se *conquérir* [présent] par aucun effort humain. Ne nous *élever* [impératif] donc pas au-dessus de ce que nous *pouvoir* [présent] être, et *tenir*-nous dans les bornes de la modération. Pour qui *considérer* l'état du monde, une grande partie du désordre qui s'y *révéler* vient de la violation de cette règle. On n'arrête nulle part ses prétentions : on se *juger* capable de tout, et l'on se *rendre* [présent] malheureux. *Vouloir* [présent]-vous savoir ce qu'est le vrai bonheur, écoutez et méditez ces paroles d'un sage plein d'expérience : « *Voir* [impératif, 2ᵉ personne du pluriel] cet homme de bien qui se *lever* chaque matin pour remplir sa tâche, et le soir s'*endormir* content après l'avoir remplie, qui ne se *plaindre* pas de son sort, parce qu'il n'est pas toujours à le comparer avec celui des autres : voilà le modèle qu'il faut que chacun de nous *suivre* [présent du subjonctif].

24ᵉ Exercice.

Faites le même travail que sur les exercices précédents.

Le bateau à vapeur remontait la magnifique rivière de l'Hudson, et les Allemands ne *pouvoir* [imparfait] se lasser de regarder le vaste et admirable paysage qui se *déployer* [présent] là dans toute sa splendeur. Le soleil couchant *teindre* [imparfait] de ses rayons de pourpre les flots de l'Hudson et les masses de rocs pittoresques qui s'*élever* [présent] sur le rivage avec leur couronne de verdure. Ce spectacle avait un tel charme que les Oldembourgeois eux-mêmes en étaient *émouvoir* [participe passé], et que nous *oublier* [imparfait] de préparer nos lits pour la nuit.

Ce souvenir *renouveler* ma douleur. — Ma sœur a une tourterelle qui *becqueter* des grains de blé dans sa main. — Cet enfant est si curieux qu'il *fureter* partout. — Tous les hivers, la terre *geler* au Canada à plusieurs pieds de profondeur. — Donnez-moi ce paquet, pour que je le *ficeler*. — La loi est *égal* pour tous, et *niveler* toutes les conditions. — Cet homme m'a offensé ; s'il vient ici, arrive que pourra, je le *souffleter*. — Il est si adroit qu'il *ensorceler* les gens avec de *beau* paroles : ne vous fiez point à lui.

25ᵉ Exercice.

Faites le même travail que sur les exercices précédents.

MORT DE TURENNE.

Il monta à cheval le samedi à deux heures après *manger* [parfait de l'infinitif], et comme il avait bien des gens avec lui, il les laissa tous à trente pas de la hauteur où il *vouloir* [imparfait] aller, et dit au petit d'Elbœuf : « Mon neveu, demeurez là; vous ne *faire* [présent] que tourner autour de moi, vous me *faire* [conditionnel] reconnaître. » M. d'Hamilton, qui se trouva près de l'endroit où il *aller* [imparfait], lui *dire* [prétérit] : « Monsieur, *venir* [impératif] par ici, on tire du côté où vous *aller* [présent]. — Monsieur, lui dit-il, vous avez raison ; je ne *vouloir* [présent] point du tout être tué aujourd'hui : cela sera le mieux du monde. » Il eut à peine tourné son cheval, qu'il *apercevoir* [prétérit] Saint-Hilaire, le chapeau à la main, qui lui dit : « Monsieur, *jeter* [impératif] les yeux sur cette batterie que je *venir* [présent] de faire placer là. » M. de Turenne *revenir* [présent] ; et dans l'instant, sans être arrêté, il eut le bras et le corps fracassés du même coup qui emporta le bras et la main qui *tenir* [imparfait] le chapeau de Saint-Hilaire. Ce gentilhomme, qui le regardait toujours, ne le *voir* [prétérit] pas tomber; le cheval l'emporte où il avait laissé le petit d'Elbœuf; il n'était point encore tombé, mais il était penché le nez sur l'arçon. Dans ce moment le cheval *s'arrêter* [présent]; le héros tombe entre les bras de ses gens; il *ouvrir* [présent] deux fois deux grands yeux et la bouche, et demeure tranquille pour jamais.

26ᵉ Exercice.

Faites le même travail que sur les exercices précédents.

L'HOMME ET LA NATURE.

Il est dans notre nature que nous ne *voir* [présent du subjonctif] l'ordre que là où nous *voir* [présent de l'indicatif] la main de l'homme. Si nous ne *resserrer* [imparfait] dans des digues le canal de nos rivières, si nous ne *sabler* nos grands chemins, si nous n'*aligner* les allées de nos jardins, si l'art ne *tracer* [imparfait] leurs bassins au cordeau, n'*équarrir* nos parterres et même nos arbres, tout nous *paraître* [conditionnel] comme livré à la confusion, si grande est l'habitude qui *faire* [présent] que nous considérons comme irrégulier ce qui s'écarte de notre équerre. Mais c'est dans les lieux où nous *mettre* [parfait] la main que l'on voit souvent un véritable désordre. Nous *faire* [présent] jaillir des jets d'eau sur les montagnes, nous plantons des *peuplier* et des tilleuls sur les rochers, nous *mettre* des vignobles dans les vallées et des *prairie* sur des collines. Mais si nous *négliger* [présent] nos travaux, tous ces petits nivellements bientôt se *confondre* dans le niveau général des continents, et toutes ces cultures humaines commencent à disparaître sous l'effort de la nature : les pièces d'eau se *changer* [participe présent] en marais, les murs de charmille se *hérisser*, tous les berceaux *s'obstruer*, toutes les avenues se *fermer*, les *végétal* naturels à chaque sol *déclarer* la guerre aux *végétal* étrangers; les chardons étoilés *étouffer* les gazons anglais; des foules *épais* de graminées

GR. DE L'ENS. SECOND. SPÉCIAL. 8

et de trèfles se *réunir* autour des arbres de Judée; les ronces du chien y *grimper* avec leurs crochets, comme si elles y *monter* [imparfait] à l'assaut; des touffes d'orties s'*emparer* [présent] des parterres. Les arbres même *assiéger* [présent] le château; les cerisiers sauvages, les ormes, les érables, *monter* sur ses combles, *enfoncer* leurs longs pivots dans ses frontons élevés et *dominer* enfin ses coupoles orgueilleuses. Les ruines d'un parc ne sont pas moins dignes des réflexions du sage que celles des empires : elles *montrer* également combien le pouvoir de l'homme est faible quand il *lutter* contre celui de la nature.

27ᵉ Exercice.

Faites le même travail que sur les exercices précédents.

CONSTRUCTION D'UNE MAISON DANS LE DÉSERT.

Notre maison était *construire* [participe passé] et *couvrir*, et nous *pouvoir* [imparfait] dire que nous l'avions bâtie sans avoir pénétré à l'intérieur, car il n'y avait ni portes ni fenêtres. Les espaces compris entre les troncs d'arbres n'étaient pas encore remplis, et elle ressemblait plutôt à *un* immense cage qu'à une maison.

Nous *employer* [prétérit] le jour suivant à faire la porte et les fenêtres, en *ménager* [participe présent] des ouvertures là où nous *devoir* les placer. Nous ne voulions avoir qu'une *seul* fenêtre sur le derrière. Nous *ouvrir* [prétérit] une baie pour la porte d'une manière bien simple. Nous *disposer* d'abord les *poteau* qui *devoir* [imparfait] soutenir la porte de chaque côté, et nous *enlever* [prétérit] avec la scie les troncs qui se trouvaient entre eux. Heureusement nous *posséder* [imparfait] cet outil, sans lequel un pareil travail nous *donner* [2ᵉ forme du conditionnel antérieur] beaucoup de mal. Nous *venir* [prétérit] donc à bout de faire cette ouverture, et nous *achever* cette opération en *placer* des linteaux sur des piliers. Nous *prendre* ensuite un beau tulipier dans lequel nous *scier* la quantité de planches nécessaire pour faire une porte et une fenêtre, ou plutôt un volet de fenêtre. Quand nous les *couper* [prétérit antérieur] de la grandeur convenable, nous les *assujettir* ensemble au moyen de chevilles taillées dans le bois si dur du locuste. Nous *attacher* la porte et le volet avec des courroies de peau d'élan; le soir, nous *transporter* tous nos ustensiles et notre literie, et nous *reposer* sous le toit de notre nouvelle demeure.

28ᵉ Exercice.

Faites le même travail que sur les exercices précédents.

Le sage *faire* [présent] toujours tout ce qu'il *résoudre* [présent], et il se *résoudre* toujours d'après sa conscience.—Si tu *vouloir* [présent] conserver ta considération, même dans les circonstances les plus délicates, n'*arguer* [impératif] jamais que de bonnes raisons, et encore, avant que tu les *alléguer* [présent du subjonctif], *penser* [impératif] -y longtemps, *peser*-les et *convaincre*-toi bien toi-même de leur justesse.

Celui qui, sous son toit paisible, repose mollement dans un bon lit, ne *s'inquiéter* pas si l'orage gronde au dehors. Non, au contraire, si le vent *gémir* dans les profondeurs de la cheminée, si la pluie *fouetter* ses fenêtres, si le vieux coq planté au faîte de sa demeure *crier* en tournant sur son pivot rouillé, il *s'envelopper* dans sa couverture avec une délicieuse sensualité, se *plonger* [participe présent] bien vite dans un nouveau sommeil.

29e Exercice.

Faites le même travail que sur les exercices précédents.

ASPECT GÉNÉRAL D'AGRA.

Par une belle matinée de février, six mois après mon départ de Bombay, j'*atteindre* [prétérit] la vallée de la Jumna, et du haut d'un monticule de briques décomposées, dominant une plaine jonchée de débris, j'*apercevoir* la ville d'Agra, chef-lieu de la vice-présidence de ce nom, et qui eut Akbar pour fondateur. Malgré son aspect général de solitude, et de solitude dévastée, cette vue *recevoir* [présent] un charme indescriptible les rayons du soleil levant. Les quartiers habités de la ville *s'élever* [imparfait] sur l'arrière-plan, chargés d'ombres et de teintes *vif*, non contigus les uns aux autres, mais séparés, comme les flots d'un petit archipel, par des espaces vagues, plus *étendre* [participe passé] que ceux qu'ils *recouvrir* [présent], et dont le sol nu, dur, de brique pilée par le temps, *dégager* [imparfait] comme des effluves de poussière *lumineux*. A l'est, derrière les terrasses, *étinceler* [imparfait] les eaux de la Jumna; vers le sud, à *un couple* de lieues, la *blanc* sépulture du Shah-Djéhan *plonger* [imparfait] dans l'horizon laiteux sa coupole *aérien*, tandis qu'à une lieue au nord de la ville *actuel*, de majestueux massifs de tamarins séculaires marquaient l'emplacement de Secundrah, le tombeau d'Akbar. Les changements de la lumière, si rapides à cette heure *matinal*, ajoutaient à cette variété de tons et d'objets celle de leurs effets : c'était tout à la fois triste et grandiose, un résumé de l'Inde moderne.

30e Exercice.

Faites le même travail que sur les exercices précédents.

FALSIFICATION DU PAIN PAR LE RIZ.

On a parfois fabriqué en France, et même à Paris, un pain en apparence économique, par le procédé suivant : on *délayer* [présent] et on *soumettre* à la cuisson sept kilogrammes et demi ou huit kilogrammes de riz conca-sé, dans cent trente *litre* d'eau chauffée à cent degrés, soit directement, soit au bain-marie, jusqu'à ce qu'en *mélanger* [participe présent] ainsi l'eau et le riz, on *obtenir* [parfait du subjonctif] un empois fluide et homogène, qu'on laisse refroidir à la température de vingt-cinq à trente degrés. On *employer* [présent] cette sorte d'empois pour pétrir cent cinquante-sept kilogrammes de farine avec les levains usuels. On *reconnaître* [futur] facilement la fraude, si l'on *peser* [présent] un morceau de pain représentant les quantités *moyen* de mie et de croûte, et si l'on *dessécher* le tout complètement à cent dix degrés. La perte de poids *constaté* par les pesées avant et après la dessiccation, *déceler* s'il y avait excès d'eau sur les trente-quatre ou trente-six centièmes que le pain de bonne qualité doit renfermer. On *tolérer* [conditionnel] d'ailleurs sans inconvénient cette méthode de panification dans les *moment* où le grain manque, à condition de fixer le prix en raison de la quantité réelle de farine ou de substance *sec* contenue dans le pain. La plupart des consommateurs, *habitué* à consommer un volume de pain exagéré pour une bonne alimentation, se procureront ce volume sans qu'ils *accroître* [présent du subjonctif] le déficit général et ne *payer* [futur] pas au delà de la valeur qu'ils *recevoir* [présent de l'indicatif].

31e Exercice.

Faites le même travail que sur les exercices précedents.

LA GUTTA-PERCHA.

C'est à cette précieuse matière qu'est *devoir* [participe passé] le bon marché des épreuves galvanoplastiques et aussi leur perfection. Si l'on applique un bloc de gutta-percha chaude sur l'objet qu'on *vouloir* [présent] reproduire, et qu'on le presse fortement contre cet objet, la gutta-percha *pénétrer* peu à peu dans les détails les plus délicats du modèle. On l'*enlever* encore molle, et en devenant rigide par le refroidissement, elle garde l'empreinte qu'elle *recevoir* [parfait]. On *recouvrir* [présent] alors ce moule de plombagine et l'on *opérer* le dépôt galvanique.

On n'*écarteler* [présent] plus aujourd'hui. Cette coutume barbare est tombée depuis longtemps en désuétude. Les anciens *écarteler* [imparfait], comme nous le *voir* [présent] par l'histoire de Mettius-Suffetius à Rome. La mort de Brunehaut, au commencement du septième siècle, prouve que ce supplice était connu des premiers Francs. Elle fut *écarteler* [participe passé] par l'ordre de Clotaire II, roi de Neustrie, et fils de Frédégonde.

On *marteler* [présent] le fer pour le purifier et lui donner la consistance nécessaire à nos usages. Quand il *geler*, pourtant, si bien *marteler* [participe passé] qu'il soit, il se brise quelquefois; quand il *dégeler*, des troubles graves aussi *pouvoir* [présent] se produire dans son état.

32e Exercice.

Faites le même travail que sur les exercices précédents.

LE PAPIER.

Les fibres *végétal* préparées de manière à ce qu'elles *recevoir* [présent du subjonctif] l'écriture sont d'une origine extrêmement *ancien*. Les Égyptiens s'en *servir* [imparfait] de temps immémorial, et *transmettre* [prétérit] aux Romains les procédés pratiques qui *permettre* [imparfait] de transformer les fibres *végétals* en surfaces brillantes, souples et polies. Le papyrus est une plante qui *croître* [parfait] longtemps en grande abondance dans les marais de l'Égypte. C'est avec cette matière que les Égyptiens préparèrent les premières feuilles propres à recevoir les caractères; on les désigna sous le nom de papyrus qui *rappeler* [présent] leur origine. Les plus beaux papyrus *recevoir* [plus-que-parfait] le nom de papyrus hiératiques : les prêtres s'en *servir* [imparfait] pour les écrits religieux, et, de peur qu'on ne les *consacrer* [imparfait du subjonctif] à des ouvrages *profanes*, les lois de l'Égypte défendaient qu'on en *vendre* [imparfait du subjongtif] aux étrangers. Aussi le papyrus *demeurer* [prétérit]-il longtemps la propriété *exclusif* des prêtres égyptiens. Cependant, quelques amateurs romains voulant jouir à leur tour de ce précieux papyrus, *acheter* [prétérit] en Égypte des livres religieux, et les lavèrent, pour pouvoir écrire sur le même papier. Ce papier lavé, très-estimé à Rome, s'*appeler* [imparfait] papier Auguste.

33e Exercice.

Faites le même travail que sur les exercices précédents.

LE PAPIER (SUITE).

C'est en Orient que l'on a préparé pour la première fois le papier. Les Chinois le fabriquaient au moyen de la soie, les Japonais avec le coton, le chanvre, l'écorce de mûrier et la paille de riz. Les Arabes les premiers l'*introduire* [prétérit] en Espagne. Dans les manufactures *devoir* [participe passé] aux Arabes, on n'*employer* [imparfait] que le coton cru, et comme on ne *connaître* [imparfait] pas encore les moulins à eau et les divers procédés qui *rendre* [présent] le papier propre à recevoir l'écriture, ce papier, fort imparfait, avait peu de corps et se *déchiqueter* [imparfait], pour peu qu'on le *tirer* [imparfait du subjonctif]. Postérieur au papier de coton, le papier de lin ne *paraître* [présent] pas avant l'an treize cent. Une lettre adressée vers l'année 1315 par l'historien Joinville au roi de France, Louis X le Hutin, est *écrire* [participe passé] sur du papier de lin. Dans les manufactures de l'Europe, on en *venir* [prétérit] naturellement à substituer le lin au coton cru, qui, dans les premiers temps, et d'après le procédé des Arabes, *servir* [plus-que-parfait] à la confection du papier. Seulement on n'*employer* [imparfait] pas la matière *végétal* crue, on *faire* [imparfait] usage des chiffons de toile. Ces chiffons hachés, *bouillir* [participe passé] dans l'eau et *maintenir* dans une sorte de fermentation, *formait* ainsi une pâte propre à être convertie en papier. L'invention des moulins à bras, et bientôt celle des moulins à martinet, *mouvoir* [participe passé] par l'eau, dont on se *servir* [prétérit] en Italie pour la *premier* fois pour le papier de coton, donnèrent ensuite le moyen de perfectionner la fabrication du papier.

Les premiers papiers fabriqués en Europe s'*employer* [imparfait] pour l'écriture; aussi avaient-ils beaucoup de corps et étaient-ils collés. On ne *commencer* [prétérit] qu'assez tard à imprimer les livres sur du papier sans colle; mais dès ce moment, le prix du papier *employer* [participe passé] à l'impression *diminuer* [prétérit] de moitié.

34ᵉ Exercice.

Faites le même travail que sur les exercices précédents.

Penser [impératif, 2ᵉ pers. sing.]-y bien, *cacheter* avec soin les lettres que tu m'*envoyer* [présent]. Rien de *désobliger* [participe présent] comme lorsqu'on *recevoir* une lettre qui arrive *décacheter* [participe passé]. — Que de manières irrégulières de prononcer les lettres ! Il y en a qui *zézayer* [présent], d'autres qui *grasseyer*; mais les plus malheureux, à coup sûr, sont ceux qui *bégayer*. Souvent, si l'on est violemment *émouvoir* [participe passé], il *devenir* [présent] impossible, avec ce triste inconvénient, d'exprimer son sentiment ou sa pensée. Si nous en sommes *affliger* [participe passé], il faut que nous nous *étudier* [présent du subjonctif] soigneusement à parler lentement, que jamais nous ne *rire* en disant quelque chose, surtout que nous ne *crier* pas. Tout effort *accroître* [présent] considérablement le bégayement. Pour moi, je *plaindre* [présent] sincèrement ceux qui sont *atteindre* [participe passé] de cette fâcheuse infirmité.

35ᵉ Exercice.

Faites le même travail que sur les exercices précédents.

L'ASTRONOMIE.

De tous les spectacles qui *appeler* [présent] la contemplation de l'homme, en est-il un plus grandiose et plus sublime que l'aspect du ciel, par une nuit *clair* et *serein*, que la vue de ces milliers d'astres *étinceler* [participe présent] que la nature *semer* [présent] dans l'espace, et dont elle *régler* la course par des lois d'une *merveilleux* simplicité? De tout temps les hommes, même les plus barbares, ont été frappés d'admiration par ce magnifique spectacle. Chez les peuples civilisés de l'antiquité, et principalement chez les Égyptiens et les Chaldéens, ces phénomènes célestes étaient l'objet de la contemplation et de l'étude *attentif* des sages. Par l'immensité de son objet, par la grandeur des lois qu'elle nous *révéler* [présent], l'astronomie est sans doute la première, la plus *élever* [participe passé] de toutes les sciences que l'homme *pouvoir* [présent du subjonctif] acquérir; aucune ne lui *offrir* [présent] des vérités plus dignes d'occuper sa pensée. L'astronomie, en effet, ne s'*appuyer* [présent] pas sur des suppositions plus ou moins probables, que de *nouveau* découvertes *pouvoir* [présent du subjonctif] renverser : c'est une science toute d'observation. L'astronome *considérer* [présent] la marche des astres, mesure leurs dimensions, leurs distances, *suivre* leur course dans l'espace et dans le temps, et les lois qu'il expose sont toutes *fondés* sur le calcul et le raisonnement le plus rigoureux. Les résultats merveilleux qu'il nous *révéler* [présent] *pouvoir* [conditionnel] nous étonner par leur grandeur, mais les faits sont là, irrécusables, invincibles; on s'étonne, il *falloir* [présent] que l'on *croire* [présent du subjonctif] pourtant. L'astronomie est la science *exact* par excellence.

36ᵉ Exercice.

Faites le même travail que sur les exercices précédents.

LE SYSTÈME DU MONDE.

On *appeler* [présent] système du monde l'ensemble des corps célestes qui composent l'univers. C'est à Copernic, astronome prussien du quinzième siècle, qu'est *devoir* [participe passé] la découverte des véritables lois de ce système. On *appeler* système planétaire l'ensemble des astres nommés planètes qui se *mouvoir* autour du soleil. Le soleil occupe le centre de ce système; les planètes *circuler* autour de lui, d'occident en orient, à des distances très-inégales. Les voici dans l'ordre de leur éloignement, en *commencer* par la planète la plus rapprochée : Mercure, Vénus, la Terre, Mars, Junon, Cérès, Vesta, Pallas, Jupiter, Saturne, Uranus, Neptune. Quelques-uns de ces astres sont escortés d'autres astres plus petits *appeler* [participe passé] satellites, qui tournent autour d'eux comme ils tournent eux-mêmes autour du soleil. Ainsi la Terre a pour satellite la lune; Jupiter, Saturne, Uranus, ont également des satellites. A ces astres il *falloir* [présent] joindre les comètes qui se rattachent au système solaire. Quant aux étoiles, ce sont très-probablement d'autres soleils, autour desquels tournent aussi sans doute des planètes, mais leur prodigieux éloignement *empêcher* que nous ne les *connaître* [présent du subjonctif] bien.

37ᵉ Exercice.

Faites le même travail que sur les exercices précédents.

LES MAUX DE LA GUERRE.

Quelle fureur aveugle pousse les malheureux mortels! Ils ont si peu de jours à vivre sur la terre, ces jours sont si misérables; pourquoi précipiter une mort déjà si prochaine? Pourquoi ajouter tant de désolations affreuses à l'amertume dont les dieux ont rempli cette vie si courte? Les hommes sont tous frères, et ils s'entre-déchirent; les bêtes farouches sont moins cruelles qu'eux, les lions ne *faire* [présent] point la guerre aux lions, ni les tigres aux tigres : ils n'attaquent que les animaux d'espèce différente; l'homme seul, malgré sa raison, *faire* ce que les animaux ne *faire* [futur] jamais. Mais encore, pourquoi ces guerres? N'y a-t-il pas assez de terre dans l'univers pour en donner à tous les hommes plus qu'ils n'en *pouvoir* [présent] cultiver? Le genre humain ne *savoir* [conditionnel] la remplir. Quoi donc! une fausse gloire, un vain titre de conquérant qu'un prince *vouloir* [présent] acquérir, que des flatteurs souhaitent qu'il *acquérir* [présent du subjonctif] allume la guerre dans des pays immenses. Ainsi l'on *voir* [parfait] souvent qu'un seul homme, donné au monde par la colère des dieux, *sacrifier* [imparfait] brutalement tant d'autres hommes à sa vanité : il *falloir* que tout *périr* [imparfait du subjonctif], que tout *nage* dans le sang, que tout *être* dévoré par les flammes, que ce qui échappait au fer et au feu ne *pouvoir* échapper à la faim encore plus *cruel*, afin qu'un seul homme qui se *jouer* [imparfait] de la nature entière, *trouver* [imparfait du subjonctif] dans cette destruction *général* son plaisir et sa gloire. Quelle gloire **monstrueux**! *Pouvoir* [présent] -on trop abhorrer et trop mépriser ces hommes qui ont tellement oublié l'humanité? Non, non, bien loin d'être des **demi-dieu**, ce ne sont pas des hommes; ils *devoir* [présent] être en exécration à tous les siècles dont ils *croire* [parfait] être admirés. Oh! que les rois *devoir* [présent] prendre garde aux guerres qu'ils *entreprendre* [présent]! Elles *devoir* [présent] être justes : il *falloir* [présent] qu'elles soient nécessaires pour le bien public.

38ᵉ Exercice.

Faites le même travail que sur les exercices précédents.

UNE TEMPÊTE DANS LA MER DES INDES.

Quand nous *doubler* [prétérit antérieur] le cap de Bonne-Espérance et que nous *venir* [prétérit] à l'entrée du canal de Mozambique, le

23 juin, vers le solstice d'été, nous *assaillir* [prétérit passif] par un vent épouvantable du sud. Le ciel était serein, nous n'y *voir* [imparfait] que quelques *petit* nuages cuivrés, semblables à des vapeurs *roux*, qui le traversaient avec une vitesse *excessif*, *supérieur* à celle des oiseaux. Mais la mer était sillonnée par cinq ou six vagues, *long* et *élevé*, semblables à des chaînes de *colline séparé* entre elles par de larges et *profond* vallées. Chacune de ces collines aquatiques était à deux ou trois étages. Le vent *déchiqueter* [imparfait] de leurs cimes *anguleux* une espèce de crinière d'écume, où se *peindre* [imparfait] çà et là les *couleur* de plusieurs *arc-en-ciel* à demi formés. Il en emportait aussi des tourbillons d'une poussière *blanc* qui se répandait au loin dans leurs vallons *azuré*, comme celle que vous avez peut-être quelquefois vue monter, en été, sur les grands chemins.

39e Exercice.

Faites le même travail que sur les exercices précédents.

UNE TEMPÊTE DANS LA MER DES INDES (SUITE).

Ce qu'il y avait de plus redoutable, c'est que quelques sommets de ces collines, poussés en avant de leurs bases par la force du vent, se déferlaient en énormes voûtes qui se roulaient sur elles-mêmes en *mugir* et en écumant, et *ensevelir* [2e forme du conditionnel antérieur] le plus grand vaisseau, s'il se *trouver* [2e forme du conditionnel antérieur] sous leurs ruines. Tels étaient les premiers symptômes, *avant-coureur* de la tempête. L'état de notre vaisseau *concourir* [imparfait] avec celui de la mer à rendre notre situation *affreux*. Notre grand mât avait été brisé la nuit par la foudre, et le mât de misaine, notre unique espérance, avait été emporté le matin par le vent. Le vaisseau, incapable de gouverner, *voguer* [imparfait] en travers à la merci du vent et des lames. Quand une de ces montagnes approchait, nous en *voir* [imparfait] le sommet à plus de cinquante pieds au-dessus de nos têtes. Mais la base de cette effroyable digue venant à passer sous notre vaisseau, elle le *faire* [imparfait] tellement pencher que ses *grand* vergues trempaient à moitié dans la mer qui mouillait les pieds de ses mâts, de sorte que nous *craindre* [prétérit] plus d'une fois de le voir chavirer. Quand il se trouvait sur la crête, il se redressait et se renversait tout à coup en sens contraire sur la pente opposée. Le vent était si violent qu'on ne *pouvoir* [imparfait] entendre les paroles mêmes qu'on se *dire* en criant à tue-tête. La voix était emportée par le vent qui ne *permettre* [imparfait] d'ouïr que le sifflement aigu des vergues et des cordages, et les bruits rauques des flots, semblables aux hurlements des bêtes féroces.

40ᵉ Exercice.

Faites le même travail que sur les exercices précédents.

LA FÊTE DES ROIS.

Les cœurs simples ne se *rappeler* [présent] point sans attendrissement ces *heure* d'épanchement où les familles se rassemblent autour des *gâteau* qui *retracer* les présents des mages. L'aïeul, retiré pendant le reste de l'année au fond de son appartement, *reparaître* [présent] dans ce jour. Les petits enfants, qui depuis longtemps ne *rêver* [imparfait] que la fête attendue, entourent ses *genou*, ils le *rajeunir* [présent] de leur jeunesse. Les fronts respirent la gaieté ; les cœurs sont *épanoui* ; la salle du festin est merveilleusement décorée, et chacun *prendre* [présent] un vêtement nouveau. Au choc des verres, aux *éclat* de la joie, on tire au sort ces sceptres qui ne *peser* [présent] point dans les mains de celui qui les porte. Le curé, présent à la fête, *recevoir* [présent], pour la distribuer, cette première part, *appeler* [participe passé féminin] la part des pauvres

41ᵉ Exercice.

Faites le même travail que sur les exercices précédents.

L'OURSE ET SON PETIT.

Une ourse avait un petit ours qui *venir* [imparfait] de naître. Il était horriblement laid. On ne *reconnaître* en lui aucune figure d'animal, c'était une masse informe et *hideux*. L'ourse toute *honteux* d'avoir un tel fils, *aller* [présent] trouver sa voisine la corneille, qui *faire* [imparfait] un grand bruit par son caquet sous un arbre. Que *faire* [futur]-je, lui *dire* [prétérit]-elle, ma *bon* commère, de ce petit monstre ? J'ai envie de l'étrangler. — Gardez-vous-en bien, *dire* [présent] la *causeur* ; je *voir* [parfait] d'autres ourses dans le même embarras que vous. *Aller* [impératif], léchez doucement votre fils ; il sera bientôt joli, mignon, et propre à vous faire honneur. »

La mère *croire* [prétérit] facilement ce qu'on lui *dire* [imparfait] en faveur de son fils. Elle *prendre* [présent] patience, et longtemps elle le *lécher* [présent]. Enfin, il *commencer* [prétérit] à devenir moins difforme, et elle *aller* remercier la corneille en ces termes : « Si vous ne *modérer* [2ᵉ forme du conditionnel antérieur] mon impatience, je cruellement *déchirer* [conditionnel antérieur] mon fils, qui *faire* [présent] maintenant tout le plaisir de ma vie. »

O que l'impatience *empêcher* [présent] de biens et qu'elle cause de maux !

42e Exercice.

Faites le même travail que sur les exercices précédents.

BONHEUR DE LA RETRAITE.

Heureux celui qui, au lieu de parcourir le monde, *vivre* [présent] loin des hommes! Heureux celui qui ne *connaître* rien au delà de son horizon et pour qui le village voisin même est une terre *étranger!* Il n'a point laissé son cœur à des objets aimés qu'il ne *revoir* [futur] plus, ni sa réputation à la discrétion des méchants. Il *mettre* [présent] sa gloire et sa religion à rendre heureux ce qui l'environne. S'il ne *voir* [présent] dans ses jardins ni les fruits de l'Asie, ni les ombrages de l'Amérique, il cultive les plantes qui *faire* [présent] la joie de sa femme et de ses enfants.

43e Exercice.

Faites le même travail que sur les exercices précédents.

LES FEUILLES.

La racine étant presque toujours dérobée aux regards, on peut dire que le feuillage donne seul un caractère à la plante : il *croître* [présent] avec elle; il la *diriger* dans les airs, où il *protéger* de son abri les tendres *rameau*, chargés de fonctions absorbantes; il est à la fois le pourvoyeur et l'ornement de la tige, à laquelle il communique son balancement onduleux; aussi *quel* prévoyance dans le bouton qu'il *contenir* [présent]! Celui-ci, formé dans l'aisselle d'une feuille qui le nourrit et l'enveloppe de son pétiole, ne présente d'abord qu'un point presque imperceptible ; il *croître* [présent] graduellement, et se montre d'une manière plus *distinct* aux approches de l'hiver, époque à laquelle les frimas lui *enlever* sa protectrice. Mais, si ce secours lui manque, c'est qu'il est déjà pourvu des pellicules et des gommes, sous lesquelles il *pouvoir* [présent] braver impunément la rude saison. C'est donc dans cet espace étroit que, pliés selon leurs formes, les divers feuillages *attendre* [présent] le printemps. A peine le soleil de mars a réchauffé la terre, qu'on les *voir* [présent] de toutes parts abandonner, déchirer ou chasser les tuniques qui leur *servir* [présent] de berceau. Les arbres se coiffent de *vert* chevelures, sous lesquelles leurs fronts cannelés se *rajeunir* [présent]. Variées dans leur port comme dans leurs teintes, elles se groupent, se divisent, s'étalent ou flottent avec grâce ; tantôt, agréables pendentifs, elles s'arquent et retombent en guirlandes; tantôt, moins modestes, elles s'*élever* à la manière de faisceaux, de gerbes et d'obélisques. Ici, c'est une flèche; là, c'est une touffe azurée. Des feuilles innombrables se sont tout à coup étendues dans les airs, *pareil* à l'épée qui *sortir* [présent] du fourreau, à l'éventail que l'on déplisse, ou à la pièce d'étoffe que l'on *déployer*. Peu de jours *venir* [présent] de s'écouler, et les bosquets se sont si bien enlacés, l'ombre s'est tellement épaissie, que l'on serait tenté de demander où donc l'on *mettre* [plus-que-parfait] en réserve ces riches et *frais* tentures, dont s'est parée en un instant la demeure de la race humaine.

44ᵉ Exercice.

Faites le même travail que sur les exercices précédents.

LA POULE ET SES POUSSINS.

Cette mère qui a couvé avec tant d'assiduité, tant d'intérêt, tant d'ardeur, ne se refroidit pas lorsque ses poussins *éclore* [parfait]. Son attachement, fortifié par la vue de ces petits êtres qui lui *devoir* [présent] la naissance, *s'accroître* encore tous les jours par les *nouveau* soins qu'*exiger* [parfait] leur faiblesse. Sans cesse occupée d'eux, elle ne cherche de la nourriture que pour eux; si elle n'en a pas trouvé, elle gratte la terre avec ses *ongle* pour lui arracher les aliments qu'elle *receler* [présent] dans son sein, et elle s'en prive en leur faveur. Elle les *rappeler* lorsqu'ils s'égarent, les *mettre* sous ses ailes à l'abri des intempéries, et les couve une seconde fois. Elle se livre à ces *tendre* soins avec tant d'ardeur et de souci, que sa constitution en est sensiblement altérée, et qu'il est facile de distinguer de toute autre poule une mère qui *mener* des petits, soit à ses plumes hérissées et à ses ailes traînantes, soit au son enroué de sa voix et à ses *différent* inflexions toutes *expressif* et ayant toutes une forte empreinte de sollicitude et d'affection *maternel*.

45ᵉ Exercice.

Faites le même travail que sur les exercices précédents.

LA POULE ET SES POUSSINS (SUITE).

La poule s'expose elle-même à tout pour les défendre : *paraître* [présent]-il un épervier dans l'air, cette mère si faible, si timide, et qui, dans toute autre circonstance, chercherait son salut dans la fuite, *devenir* [présent] intrépide de tendresse : elle *s'élancer* au-devant de la serre redoutable; et, par ses cris redoublés, ses battements d'ailes et son audace, elle impose souvent à l'oiseau carnassier, qui, rebuté d'une résistance imprévue, s'éloigne, et *aller* [présent] chercher une proie plus facile. Elle *paraître* avoir toutes les qualités du cœur: mais ce qui ne *faire* pas tant d'honneur à son instinct, c'est que, si par hasard on lui a donné à couver des *œuf* de cane, ou de tout autre oiseau de rivière, son affection n'est pas moindre pour ces étrangers qu'elle le serait pour ses propres poussins; elle ne *voir* pas qu'elle n'est que leur nourrice et non pas leur mère, et lorsqu'ils *aller*, guidés par leur nature, s'ébattre ou se plonger dans la rivière *voisin*, c'est un spectacle singulier de voir la surprise, les inquiétudes, les transes de cette pauvre nourrice qui se *croire* [parfait] leur mère. et qui, pressée du désir de les suivre au milieu des eaux, mais *retenir* [participe passé] par une répugnance invincible pour cet élément, s'agite troublée sur le rivage, tremble et se désole, *voir* [participe présent] toute sa couvée dans un péril évident, sans oser lui donner des secours.

46ᵉ Exercice.

Faites le même travail que sur les exercices précédents.

LE BILLET DE LOTERIE.

On *pouvoir* [présent] bien quelquefois se flatter dans la vie.
J'ai, par exemple, hier, *mettre* [participe passé] à la loterie,
Et mon billet enfin *pouvoir* [conditionnel] bien être bon.
Je *convenir* [présent] que cela n'est pas certain : oh! non;
Mais la chose est possible, et cela *devoir* [présent] suffire;
Hier, en me le donnant, on s'est *mettre* [partic. passé] à sourire,
Et l'on m'a *dire* : « Prends-le, car c'est là le meilleur. »
Si je *gagner* [imparfait] pourtant le gros lot, quel bonheur!
J'*acheter* [conditionnel] d'abord une ample seigneurie....
Non, plutôt une *bon* et *gras* métairie.
Oh! oui, dans ce canton; j'aime ce pays-ci ;
Et le travail des champs me *plaire* [présent] beaucoup aussi.
J'aurai donc à mon tour des gens à mon service.
Dans le commandement je serai bien novice,
Mais je ne serai point dur, insolent, ni fier,
Et me *rappeler* [futur] ce que j'étais hier.
Ma foi! j'aime déjà ma ferme à la folie.
Moi, gros fermier! j'aurai ma basse-cour remplie
De poules, de poussins que je *voir* [futur] courir.
De mes mains chaque jour je *prétendre* [présent] les nourrir.
Je serai plus heureux qu'un grand roi sur son trône.
Je serai riche, riche! et je *faire* [futur] l'aumône.
Tout bas, sur mon passage, on se *dire* [futur] : « Voilà
Ce bon monsieur Victor. » Cela me touchera.
Je *pouvoir* [prés.] bien m'abuser; mais ce n'est pas sans cause :
Mon projet est au moins fondé sur quelque chose,
Sur un billet. Je *vouloir* [présent] revoir ce cher... Eh! mais....
Où donc est-il? Tantôt encore je l'avais.
Depuis quand ce billet est-il donc invisible?
Ah! l'aurais-je perdu? serait-il bien possible?
Mon malheur est certain : me voilà *confondre* [participe passé]
Que *aller* [prés.] -je devenir? Hélas! j'ai tout *perdre*.

47ᵉ Exercice.

Faites le même travail que sur les exercices précédents.

LES OISEAUX DES CHAMPS.

Chaque lieu *recevoir* [parfait] sa tribu ailée, en sorte que l'homme ne *pouvoir* [imparfait du subjonctif] aller nulle part, qu'il n'y *trouver* [imparfait du subjonctif] un chant de joie et de consolation. Le jour commence à percer, à peine au sortir de l'étable sonne la clochette des troupeaux, que la bergeronnette est prête à les conduire et sautille autour d'eux. Elle se *mêler* [présent] au bétail et s'associe familièrement au berger. Elle *savoir* qu'elle est aimée de l'homme et des bêtes qu'elle *défendre* contre les insectes. Elle se pose hardiment sur la tête des vaches et le dos des moutons. Le jour elle ne les quitte guère, et elle les *ramener* fidèlement le soir. La lavandière, non moins *exact*, est à son poste ; elle *voltiger* autour des laveuses ; elle *courir* sur ses *long* jambes jusque dans l'eau et demande des miettes ; par un étrange instinct d'imitation, elle baisse et *relever* la queue, comme pour reproduire le mouvement du battoir sur le linge. L'oiseau des champs par excellence, l'oiseau du laboureur, c'est l'alouette, sa compagne *assidu*, qu'il retrouve partout dans son sillon pénible, l'*encourager* [participe présent], le *soutenir*, lui *chanter* l'espérance. C'est la fille du jour : dès qu'il commence, quand l'horizon s'empourpre et que le soleil *aller* [présent] paraître, elle *partir* [présent] du sillon, comme une flèche, et porte au ciel l'hymne *triomphant* de la joie. Cette voix sonore, *puissant*, donne le signal aux moissonneurs : « Il *falloir* [présent] partir, *dire* le père, n'*entendre*-vous pas l'alouette ? »

CHAPITRE SIXIÈME.

DE L'ADVERBE.

262. L'*adverbe* est un mot que l'on ajoute au verbe ou à l'adjectif, pour en déterminer ou en modifier la signification.

L'adverbe modifie quelquefois la signification d'un autre adverbe, comme quand on dit : *trop vite*, *assez distinctement*.

263. Les adverbes se partagent en plusieurs classes, savoir :

1° Les *adverbes de manière* ou *de qualité*, comme *sagement, poliment, sincèrement*, etc.

2° Les *adverbes de quantité*, comme *beaucoup, peu, assez, trop, si**, etc., dont quelques-uns servent aussi d'adverbes *de comparaison*, comme *plus, moins*.

L'adverbe *beaucoup*, après un comparatif, veut toujours être précédé de la préposition *de*. Exemple : *Vous êtes plus savant de beaucoup*. Mais avant un comparatif il peut prendre ou ne pas prendre la préposition. Exemple : *Vous êtes beaucoup plus savant* ou *de beaucoup plus savant*.

Dans le langage familier, les adverbes de quantité *beaucoup* et *peu* s'emploient quelquefois comme des noms, pour marquer qu'il s'agit d'un grand nombre ou d'un petit nombre de personnes. Exemples : *Beaucoup en parlent, peu le connaissent ;* c'est comme s'il y avait *beaucoup de gens, peu de gens*.

3° Les *adverbes de temps*, comme *aujourd'hui, hier, demain, bientôt, souvent, toujours*, etc.

4° Les *adverbes de lieu*, comme *dedans, dehors, devant, derrière, près, loin, partout*, etc.

5° Les *adverbes numéraux*, qui répondent aux adjectifs numéraux ordinaux, comme *premièrement, deuxièmement*, etc.

6° Les *adverbes d'affirmation*, comme *oui, certes, assurément ;* et les *adverbes de négation*, comme *non, ne pas, ne point, nullement, aucunement*.

7° Les *adverbes conjonctifs* ou *fausses conjonctions*, qui rapprochent les parties d'une phrase, comme *et, ou**, ni ;* ou qui servent à lier les parties d'un raisonnement, comme *or, donc, mais, car, cependant*, etc.

264. Les *adverbes composés* ou *locutions adverbiales* sont des assemblages de mots qui déterminent ou modi-

---

* *Si* est adverbe lorsqu'il peut se remplacer par *tellement : Il est si grand* ou *tellement grand*. Autrement, c'est une conjonction.

** *Ou*, adverbe conjonctif, n'a point d'accent ; mais *où*, adverbe de lieu, a toujours un accent grave.

fie.t, comme les adverbes simples, la signification du verbe ou de l'adjectif, par exemple *à la fois, sur-le-champ, tout à fait, à l'envi, à l'étourdie,* etc., dans ces phrases : *Ne parlez pas tous à la fois ; sortez sur-le-champ ; il est tout à fait aimable,* etc.

OBSERVATIONS SUR LES ADVERBES DE MANIÈRE OU DE QUALITÉ.

265. Les adverbes de manière ou de qualité dérivent, pour la plupart, des adjectifs, comme *sagement* dérive de *sage, poliment* de *poli, sincèrement* de *sincère.* Ils se terminent tous en *ment,* excepté *bien, mal,* et quelques autres.

266. Les adverbes de manière ou de qualité se forment d'après les règles suivantes :

1° Quand l'adjectif se termine au masculin par une voyelle, l'adverbe se forme en ajoutant *ment* au masculin : *juste, justement ; aisé, aisément ; étourdi, étourdiment ; éperdu, éperdument.*

2° Quand l'adjectif se termine au masculin par une consonne, l'adverbe se forme en ajoutant *ment* au féminin : *bon, bonne, bonnement ; cruel, cruelle, cruellement ; paresseux, paresseuse, paresseusement ; vif, vive, vivement ; franc, franche, franchement.* — Cependant *gentil* fait *gentiment.*

L'*e* muet des adjectifs féminins *commune, confuse, expresse, importune, obscure, précise, profonde,* se change en *é* fermé : *communément, confusément, expressément,* etc.

Les adjectifs *beau, nouveau, fou, mou,* bien que terminés par une voyelle, forment leurs adverbes du féminin : *belle, bellement* * ; *nouvelle, nouvellement ; folle, follement ; molle, mollement.*

3° Les adjectifs terminés au masculin par *ant* forment leurs adverbes en changeant la terminaison *ant*

---

* *Bellement* signifie *doucement : Allez bellement ;* il est peu usité.

en *amment : constant, constamment; obligeant, obligeam-
ment*.

Les adjectifs terminés au masculin par *ent* forment
leurs adverbes en changeant la terminaison *ent* en
emment : prudent, prudemment; négligent, négligemment.

Cependant les trois adjectifs *lent, présent, véhément*,
bien que terminés en *ent*, forment leurs adverbes du féminin : *lentement, présentement, véhémentement*.

267. Les adverbes de qualité sont quelquefois remplacés
par des adjectifs. Ainsi l'on dit : *chanter juste, parler bas,
voir clair*. L'adjectif alors devient invariable ; ainsi on
dit : *Cette étoffe coûte cher* (et non pas *chère*); *ces fleurs
sentent bon*.

DEGRÉS DE SIGNIFICATION DANS LES ADVERBES.

268. Les adverbes de manière ou de qualité dérivés
des adjectifs ont, comme eux, leurs degrés de signification, et les forment de la même manière : *sagement,
plus sagement, moins sagement, aussi sagement, le plus
sagement, le moins sagement, très-sagement*.

269. Les adverbes *bien* et *mal*, qui répondent aux adjectifs *bon* et *mauvais*, ont, comme ces adjectifs, des degrés de signification irréguliers. *Bien* fait au comparatif
mieux, et au superlatif *le mieux*. *Mal* fait au comparatif
pis, et au superlatif *le pis*. Cependant *mal* a aussi sa forme
régulière : on peut dire également *pis* ou *plus mal, le pis*
ou *le plus mal*. Le superlatif absolu est toujours régulier : *très-bien, très-mal*.

Ne confondez pas *pire* et *pis*. *Pire* est, comme *meilleur*,
un adjectif comparatif; *pis* est, comme *mieux*, un adverbe
comparatif. Il faut donc dire *tant pis*, et non pas *tant
pire*, de même qu'on dit *tant mieux*, et non pas *tant
meilleur*.

270. Les adverbes de quantité *beaucoup* et *peu* ont
aussi leurs degrés de signification, mais irréguliers :

beaucoup fait au comparatif *plus* et au superlatif *le plus*
(il manque de superlatif absolu); *peu* fait au comparatif
moins, au superlatif relatif *le moins*, et au superlatif
absolu *très-peu*.

DE L'EMPLOI DES ADVERBES NÉGATIFS.

271. La négation ne s'exprime par *non* que quand elle
est isolée. Exemple : *Voulez-vous cela? Non.* Elle s'exprime encore quelquefois par *non* devant les noms et les
adjectifs. Exemples : *La non-comparution des témoins;*
les lois écrites et les lois non écrites. Pour donner plus
d'énergie à la négation, on ajoute quelquefois l'adverbe
pas à l'adverbe *non*. Exemple : *Irez-vous à cette réunion?*
Non pas, je m'en garderai bien.

La négation *non* se joint souvent à l'adverbe de quantité *plus*, pour remplacer *aussi* dans les phrases négatives. Ainsi l'on dira avec *aussi : Vous le voulez, je le*
veux aussi. Mais si la phrase est négative, il faut dire :
Vous ne le voulez pas, je ne le veux pas non plus.

272. La négation se rattache ordinairement à un verbe,
et alors elle s'exprime par *ne* seul ou suivi de *pas* ou de
point. Exemples : *Je ne sais, je ne sais pas, je ne sais*
point.

La négation *ne* est plus faible seule qu'avec les mots
pas ou *point*. Elle n'est même ordinairement qu'une
demi-négation. Elle ne s'emploie comme négation entière
que devant les verbes *savoir, pouvoir, oser, cesser*, et,
dans le langage familier, devant le verbe *bouger*. Exemples : *Je ne sais, je ne puis, je n'ose; il ne cesse de se*
plaindre; vous ne bougerez de là; et encore on nierait
plus fortement en disant *je ne sais pas, je ne puis pas,*
je n'ose pas, il ne cesse pas, vous ne bougerez pas.

La négation *ne point* est plus forte que la négation *ne*
pas; car elle est entière et absolue. Exemple *Je n'en*
ai point, c'est-à-dire *je n'en ai pas du tout.* Aussi ne
peut-elle guère s'employer dans les négations restreintes.

Ne dites pas : *Je n'en ai point assez*; il vaut mieux dire *je n'en ai pas assez*. Ne dites pas : *Je ne suis point tout à fait content*; il vaut mieux dire *pas tout à fait content*.

273. La négation *ne* s'emploie seule, c'est-à-dire sans *pas* ou *point*, avec les mots qui déjà renferment en eux-mêmes une sorte de négation, savoir :

1° Avec les pronoms indéfinis et avec les adjectifs ou les adverbes négatifs. Exemples : *Je ne connais personne; je n'en ai vu aucun; cela ne me plaît nullement.*

2° Avec les comparatifs de supériorité ou d'infériorité, et avec *autre* et ses composés, parce que toute comparaison et toute différence supposent négation d'égalité. Exemples : *Plus grand qu'on ne pense; moins qu'on ne dit; autre qu'il n'était.* — Il en est de même après les locutions *à moins que*, *plutôt que*, à cause du comparatif qu'elles renferment. Exemples : *A moins qu'on ne l'éveille; il sommeille plutôt qu'il ne dort.* — Mais avec les comparatifs d'égalité on n'emploie pas la négation *ne*. Exemple : *Il est encore aussi estimé qu'il l'était.*

3° Après les verbes qui expriment la crainte. Exemples : *Je crains qu'il ne vienne; j'appréhende qu'on ne me blâme.* Il en est de même après les locutions *de crainte que*, *de peur que*, ou après les mots *crainte*, *danger*, et autres semblables. Exemples : *De crainte qu'il ne s'en doute; le seul danger est qu'on ne nous trahisse*

REMARQUE. Après le verbe *craindre* et après les verbes qui ont la même signification, on emploie *ne* seul, sans *pas* ni *point*, lorsqu'il s'agit d'un effet qu'on ne désire pas : *Je crains que vous ne perdiez votre procès.* Au contraire, il faut *pas* ou *point*, lorsqu'il s'agit d'un effet qu'on désire : *Je crains que vos démarches ne réussissent pas.*

274. Après les verbes *empêcher*, *éviter*, *prendre garde*, et après les locutions *il ne tient pas à moi que*, *peu s'en faut que*, la négation *ne* s'emploie. Exemples : *J'empê-*

cherai qu'il ne vienne; évitez qu'il ne vous parle; prenez garde qu'il ne vous frappe; il ne tient pas à moi qu'il ne réussisse; peu s'en est fallu qu'il ne succombât. — Mais après les verbes qui expriment la défense on ne l'emploie jamais. Exemple : *Il défend qu'on lui parle.*

Les verbes *nier*, *douter*, ne prennent pas non plus après eux la négation *ne.* Exemples : *Je nie que cela soit; je doute qu'il soit instruit.*

Mais les verbes *nier*, *douter*, accompagnés d'une première négation, se font ordinairement suivre de *ne.* Exemples : *Je ne nie pas qu'il n'ait du savoir; je ne doute pas qu'il n'en puisse acquérir.* On dit de même avec *ne :* *Il n'est pas douteux, il n'y a pas de doute que telle chose ne se fasse.* Cependant on peut dire aussi avec *nier : Je ne nie pas qu'il ait du savoir;* et de même avec *disconvenir : Je ne disconviens pas que telle chose ne soit* ou *que telle chose soit.*

275. Au contraire, les mots qui ordinairement sont suivis de *ne*, s'ils sont accompagnés eux-mêmes d'une première négation, n'en prennent pas une seconde. Exemples : *Il ne sera jamais plus grand qu'il est; il n'est pas autre qu'on me l'avait dit; je ne crains pas qu'il vienne; je n'empêche pas qu'il sorte.*

Il en est de même avec la préposition *sans.* Exemple : *Sans craindre qu'on m'en fasse un crime.*

Il en est encore de même après la locution *sans que*, et le plus souvent après la locution *avant que.* Exemples: *Je ne puis parler sans qu'il m'interrompe; j'irai le voir avant qu'il parte*, ou moins bien *avant qu'il ne parte.* — Mais si au lieu de *sans que* on employait *que* tout seul, la négation serait nécessaire. Exemple : *Je ne puis parler qu'il ne m'interrompe.*

276. Après les interrogations et après *si*, on peut avec le verbe *craindre* supprimer la négation. Exemples: *Craignez-vous qu'il vienne ? Si vous craignez qu'il vienne.*

Dans tous les cas où la négation doit être supprimée

après le verbe *craindre*, elle se supprime même avec les mots *personne, rien, aucun, jamais.* Exemples : *Je ne crains pas que personne m'accuse, qu'on me reproche rien, qu'on me soupçonne jamais.*

277. Lorsque les locutions *il n'est personne qui, il n'y a rien qui,* doivent être suivies d'une autre négation, cette seconde négation s'exprime par *ne* au lieu de *ne pas.* Exemples : *Il n'est personne qui n'envie votre sort ; il n'est rien que je ne fasse pour vous.*

278. *Ne.... que* signifie *pas autre chose que,* et s'emploie souvent pour *seulement.* Exemple : *Vous n'avez fait que votre devoir,* c'est-à-dire *vous n'avez pas fait autre chose que votre devoir,* ou *vous avez fait seulement votre devoir.*

Ne faire que exprime tantôt une action fréquente : *Il ne fait que s'amuser;* tantôt une action rapidement accomplie : *Je ne fais qu'aller et revenir.*

Ne faire que de exprime une action qui vient de s'accomplir. Exemple : *Je ne fais que d'arriver.*

La locution *ne pas que* n'est pas française. Ne dites pas : *Il n'a pas fait que cette faute;* il faut dire : *Ce n'est pas la seule faute qu'il ait faite.*

279. L'adverbe *ni* sert à la fois de liaison et de négation. Il doit toujours être précédé ou accompagné de *ne.* Exemples : *Je n'ai plus d'amis ni de connaissances; il n'a ni argent ni ressources; ni l'or ni la grandeur ne nous rendent heureux; je n'ai point fait cela, ni ne le veux faire.*

280. L'adverbe *jamais,* lorsqu'il ne répond pas à une question, n'est pas toujours négatif; il a même parfois, dans certaines phrases, absolument le même sens que *toujours.* Exemples : *J'y renonce pour jamais; puisse votre mémoire durer à jamais!* Pour qu'il soit négatif, il faut qu'il soit accompagné d'une négation. Exemple : *Je ne le rencontre jamais* (c'est-à-dire aucune fois). —

Dans les phrases interrogatives et après *si*, l'adverbe *jamais*, s'il n'est pas accompagné d'une négation, signifie *une fois*, *un jour*, comme dans cette phrase : *Si je le rencontre jamais* (c'est-à-dire un jour, une fois).

OBSERVATIONS SUR QUELQUES ADVERBES.

281. *Là*, adverbe, est marqué d'un accent grave qui le distingue de *la*, article ou pronom. — *Y* adverbe ne se distingue de *y* pronom que par le sens.

282. *Aussi* et *autant* expriment l'égalité; *si* et *tant* expriment l'admiration, l'étonnement. Exemples : *Son malheur est aussi grand que le vôtre; un si grand malheur! Il a autant de mérite que son père; tant de mérite et si peu de réputation!*

Cependant, dans les phrases négatives, on peut employer *si* et *tant* pour *aussi*, *autant*. Exemples : *Il n'est pas si grand que vous; il n'a pas tant de mérite que son père.*

283. *Aussi* et *si* s'emploient devant les adjectifs et les adverbes, mais on évite de les employer devant les locutions adverbiales. Ne dites donc pas : *Je suis si à l'aise; il est venu si à propos;* il vaut mieux dire : *Je suis si fort à l'aise; il est venu si fort à propos.*

284. *Aussi* se joint aux adjectifs, aux participes et aux adverbes; *autant* se joint aux noms et aux verbes. Exemples : *Il est aussi grand que vous; il me plaît autant que vous.* — Cependant *autant* se joint quelquefois à un adjectif, mais alors il le suit toujours. Exemple : *Il est prudent autant que courageux* (c'est-à-dire, il est aussi prudent que courageux).

285. L'adverbe de quantité *autant* se répète souvent au commencement de deux membres de phrase. Exemple: *Autant je compte aujourd'hui d'années, autant puissiez-vous en compter un jour!* C'est comme si l'on disait :

*Puissiez-vous compter un jour autant d'années que j'en
compte aujourd'hui !*

On répète de la même manière les adverbes qui marquent la comparaison. Exemples : *Plus j'ai été bon, plus
je serai sévère; plus j'y pense, plus il me semble avoir
raison ; moins on sait, plus on croit savoir ; plus on le
connaît, mieux on l'apprécie.*

286. *Plus* et *davantage* s'emploient souvent l'un pour
l'autre; mais *davantage* ne se joint jamais aux adjectifs,
ni aux adverbes, ni aux participes, et il ne peut jamais
être suivi de *que* ni de la préposition *de*. Ne dites donc
pas: *davantage que lui*; il faut dire : *plus que lui*. Ne dites
pas: *Il a davantage de raison*; il faut dire : *Il a plus de
raison.*

Le plus, exprimant le superlatif, ne peut être remplacé
par *davantage*, qui n'exprime que le comparatif. Ne dites
donc pas : *De tous les sages de la Grèce, Socrate est celui
que j'admire davantage;* il faut dire : *celui que j'admire
le plus.*

287. *Plus tôt*, en deux mots, signifie *plus promptement, plus vite*. Exemple : *Il arrivera plus tôt qu'on ne
croit.* — *Plutôt*, en un seul mot et sans *s*, exprime la
préférence. Exemples : *Prenez ceci plutôt que cela. Je
l'admire plutôt que je ne l'aime.*

288. *Très* ne se joint qu'aux adjectifs et aux adverbes,
comme *très-bon, très-bien*. Il ne se joint jamais aux
noms. Ne dites donc pas : *J'ai très-faim, très-soif;* il faut
dire : *J'ai bien faim, j'ai extrêmement soif.*

289. *De suite*, qui est une locution adverbiale, signifie
d'une manière suivie, non interrompue. Exemple : *Lire de
suite tout un ouvrage.* — *Tout de suite*, qui a quelquefois le
même sens, signifie plus ordinairement *à l'instant même*.
Exemple : *Il faut partir tout de suite*. Ne dites donc pas:
Je viens de suite ; il faut dire : *Je viens tout de suite.*

290. *Tout à coup*, qui est une locution adverbiale,

signifie *subitement, soudainement.* Exemple : *Ce mal l'a pris tout à coup.* — *Tout d'un coup* signifie *tout d'une fois, d'un seul coup.* Exemple : *Il a gagné mille francs tout d'un coup.*

PLACE DES ADVERBES.

291. Les adverbes *bien, mal, mieux, plus, moins, peu, trop,* lorsqu'ils modifient un verbe à un temps composé, se placent entre l'auxiliaire et le participe. Exemples : *Il a bien agi; vous avez mieux fait; vous auriez moins bien répondu; nous avons trop tardé.*

Les adverbes de manière ou de qualité terminés en *ment* peuvent également se placer entre l'auxiliaire et le participe, mais on peut aussi les mettre seulement après le participe. Exemples : *Il a heureusement fourni sa carrière; il avait voyagé heureusement.* L'usage et l'oreille sont en cela les seuls guides.

CHAPITRE SEPTIÈME.

DE LA PRÉPOSITION.

292. La *préposition* est un mot qui sert à marquer le rapport d'un mot avec un autre.

Ainsi dans cette expression : *l'ami de César,* la préposition *de* marque le rapport entre *César* et son *ami.*

Ainsi, dans cette expression : *obéir à Dieu,* la préposition *à* marque le rapport entre *Dieu* et l'obéissance qui lui est due.

293. Les prépositions les plus ordinaires sont *de* et *à* ; mais il y en a plusieurs autres pour marquer différents rapports :

1° POUR MARQUER LE LIEU, LA PLACE.

Dans. Être *dans* la chambre; mettre quelque chose *dans* une cassette.

En. Être *en* France; voyager *en* Italie.

Chez. Je vais *chez* mon père; chacun est maître *chez* soi.

Devant. Se mettre *devant* quelqu'un; marchez *devant* moi.

Derrière. Les soldats vont *derrière* les officiers; se cacher *derrière* un mur.

Entre. Tenir un enfant *entre* ses bras; les Pyrénées se trouvent *entre* la France et l'Espagne; on l'a choisi *entre* tous.

Parmi. Cet officier fut trouvé *parmi* les morts.

Sur. Avoir un chapeau *sur* la tête; mettre un flambeau *sur* la table.

Sous. Mettre un tapis *sous* les pieds; tout ce qui est *sous* le ciel.

Vers. Tourné *vers* le nord, *vers* le midi; marcher *vers* un but.

Par. Passer *par* un lieu. Elle marque aussi le moyen : obtenir *par* l'entremise de quelqu'un; fléchir *par* ses prières.

2° POUR MARQUER L'ORDRE ET LE TEMPS.

Avant. La nouvelle est arrivée *avant* le courrier.

Après. Celui qui vient *après* moi; courez *après* lui.

Dès. Cette rivière est navigable *dès* sa source; *dès* sa plus tendre enfance.

Depuis. *Depuis* Paris jusqu'à Orléans; *depuis* la création jusqu'au déluge.

3° POUR MARQUER L'UNION OU LA SÉPARATION.

Avec. Passer sa vie *avec* quelqu'un.

Sans. Les soldats *sans* leurs officiers; vivre *sans* reproche et mourir *sans* crainte.

Outre. Compagnie de cent hommes, *outre* les officiers.

Hors ou *hormis*. Tout est perdu *hors* l'honneur.

Sauf. Ils viendront tous, *sauf* deux ou trois.

4º POUR MARQUER LA CONVENANCE OU L'OPPOSITION.

Selon. Se conduire *selon* la raison ; agir *selon* la loi.

Suivant. Suivant les circonstances ; *suivant* l'usage.

Contre. Agir *contre* sa volonté ; plaider *contre* quelqu'un.

Malgré. Il est parti *malgré* moi.

Nonobstant. Il l'a fait *nonobstant* mes représentations.

5º POUR MARQUER L'OBJET, L'INTENTION.

Envers. Charitable *envers* les pauvres ; son respect *envers* ses supérieurs.

Pour. Travailler *pour* le bien public ; étudier *pour* son instruction.

Touchant. Il m'a écrit *touchant* cette affaire.

6º POUR MARQUER LA CONDITION.

Moyennant. J'espère, *moyennant* la grâce de Dieu.

294. Les *prépositions composées* sont des assemblages de mots qui marquent un rapport comme les prépositions simples, par exemple *au lieu de, en face de, jusqu'à,* dans ces phrases : *Prendre un livre au lieu d'un autre ; se placer en face de quelqu'un ; depuis Pâques jusqu'à la Pentecôte.*

295. Il y a quelques participes passés qui s'emploient comme prépositions, par exemple *vu, attendu, excepté,* dans ces phrases : *Vu les circonstances ; attendu son infirmité ; excepté les jours de fête.*

296. On peut encore ajouter à ces participes les quatre suivants : *supposé, ouï, passé,* et *compris,* dans les locutions *y compris, non compris.* Exemples : *Supposé ces circonstances ; ouï les témoins ; passé deux heures ; deux mille personnes, y compris les femmes.*

Les participes *payé* et *approuvé* s'emploient aussi comme prépositions dans ces phrases : *Payé cent francs ; approuvé l'écriture.*

Mais quand ces mêmes participes sont placés après le nom, ils cessent d'être des prépositions et s'accordent, comme l'adjectif, avec le nom auquel ils se rapportent. Exemples : *Cette seule chose exceptée; ces circonstances supposées; deux heures passées; l'écriture approuvée.*

CHAPITRE HUITIÈME.

DE LA CONJONCTION.

297. La *conjonction* est un mot qui lie entre eux deux membres de phrase de manière à les faire dépendre l'un de l'autre.

Ainsi, au lieu de dire : *Il faut aimer Dieu, car il est bon*, on peut dire : *Il faut aimer Dieu, puisqu'il est bon.* Alors la seconde phrase, *il est bon*, devient une dépendance de la première et en fait partie. Le mot *puisque*, qui les fait dépendre l'une de l'autre, est une conjonction.

298. La conjonction principale est la conjonction *que.*

299. La conjonction *que* s'emploie souvent après les verbes : *je crois que, je sais que, on dit que*, etc., par exemple dans ces phrases : *Je crois que Dieu est bon; j'espère qu'il me pardonnera.*

300. Elle s'emploie aussi après les prépositions, et forme alors des conjonctions composées : *après que, pendant que*, etc., par exemple dans ces phrases : *Il s'en alla après que tout le monde fut parti; j'écrirai pendant que vous lirez.*

Dans ce cas, la préposition est quelquefois séparée de la conjonction par le pronom *ce* signifiant *cela : de ce que, à ce que, parce que*, etc.

301. La conjonction *que* se joint aussi aux prépositions composées : *au lieu que, jusqu'à ce que, afin que*, et aux

participes employés comme prépositions : *attendu que,
vu que*, etc.

302. Elle se joint aussi à presque tous les mots qui
servent à marquer une comparaison, comme *plus, moins,
autant, aussi, autre, autrement*, par exemple dans ces
phrases : *Plus grand que moi, moins vertueux que lui,
aussi sage que vous, mieux qu'on n'espérait, autrement
que tout le monde*.

303. La conjonction *que* est la seule qui soit vraiment
simple, et elle sert à composer presque toutes les autres,
comme *puisque, lorsque, après que*.

Il n'y a que trois conjonctions, *si, quand* et *comme*,
qui ne soient pas terminées par *que*.

304. On est dans l'usage de donner également le nom
de conjonctions aux adverbes conjonctifs *et, ou, ni, mais,
car*, etc. (§ 263, 7°).

OBSERVATIONS SUR QUELQUES CONJONCTIONS.

305. La conjonction *que* s'emploie quelquefois seule
pour *afin que* : *Venez, que je vous voie;* ou pour *puisque :
Il est donc bien loin, qu'on ne peut l'apercevoir?*

306. *Parce que* en deux mots est une conjonction.
Exemple : *Parce que vous êtes bon*. En trois mots, c'est
une préposition suivie d'un pronom et d'un relatif. Exemple : *Par ce que vous voyez, vous pouvez juger du reste*.

307. *Quoique* en un seul mot est une conjonction.
Exemple : *Je l'aime quoiqu'il soit ingrat*. En deux mots,
quoi que signifie *quelque chose que*. Exemple : *Quoi que
vous disiez*, c'est-à-dire *quelque chose que vous disiez*.

308. *Quand* écrit par un *d* est une conjonction.
Exemple : *Quand ses yeux s'ouvriront, il connaîtra sa
faute*. Écrit par un *t*, *quant à* est une préposition composée et signifie *par rapport à*. Exemples : *Quant à moi,
quant à mes intérêts, quant à ce que je vous ai dit*.

CHAPITRE NEUVIÈME.

DE L'INTERJECTION.

309. L'*interjection* est un mot, ou plutôt une espèce de cri, dont on se sert pour exprimer les divers mouvements de l'âme, comme *oh ! ah ! aïe !*

310. L'interjection *ô* s'emploie souvent pour adresser la parole à quelqu'un : *ô mon Dieu! ô mon père!*

311. Il y a des noms qui servent d'interjection, comme *courage! patience! paix!*

Il y a aussi des verbes qui servent d'interjection, comme *allons! soit! suffit!*

312. *Voici* et *voilà*, pour *voyez ici, voyez là*, sont des interjections qui servent à appeler l'attention sur un objet. C'est pourquoi elles sont ordinairement suivies d'un nom, comme *voici l'heure, voilà l'ennemi*, ou précédées d'un pronom personnel, comme *me voici, les voilà.*

DEUXIÈME PARTIE.

SYNTAXE.

313. La *syntaxe* est la partie de la grammaire qui traite de la manière d'assembler les mots.

314. La syntaxe se divise en trois parties : *syntaxe d'accord, syntaxe de régime* et *syntaxe de subordination.*

CHAPITRE PREMIER.

SYNTAXE D'ACCORD.

315. L'*accord* est une convenance de forme entre deux mots qui se rapportent à un même objet.

Ainsi quand je dis : *Votre mère est heureuse*, le mot *heureuse* est au féminin pour marquer qu'il se rapporte à la même personne que le mot *mère.*

La syntaxe d'accord ne concerne que les mots *variables*, c'est-à-dire sujets à changer de terminaison.

I. — ACCORD DU NOM.

316. Quand deux noms joints ensemble sans le secours d'une préposition désignent la même personne ou la même chose, le second s'accorde avec le premier en genre et en nombre. Exemples : *Le soldat laboureur ; la reine mère ; les abeilles ouvrières.*

Cependant, si le second nom n'a qu'un seul genre ou un seul nombre, il est dispensé de l'accord. Exemples : *Une femme auteur* (parce que *auteur* n'a pas de féminin); *un prince délices de ses sujets* (parce que *délices* ne s'emploie dans ce sens qu'au pluriel féminin).

II. — ACCORD DE L'ARTICLE.

317. L'article s'accorde toujours en genre et en nombre avec le nom auquel il se rapporte. Exemples : *Le père, un père; la mère, une mère; les enfants, des enfants.*

318. L'article, au pluriel, peut quelquefois se rapporter à deux ou plusieurs noms de choses semblables, si ces noms sont eux-mêmes au pluriel. Exemples : *Les pères et mères; les officiers, sous-officiers et soldats.* Mais il ne peut pas se rapporter à deux noms au singulier. Ainsi l'on ne doit pas dire : *Les père et mère;* il faut dire : *Le père et la mère.*

Dans tous les cas, la répétition de l'article est préférable. Quant aux adjectifs pronominaux, qui se placent comme l'article avant le nom, on doit toujours les répéter. Ainsi l'on dira : *Mon père et ma mère; ses frères et ses sœurs; ces hommes et ces femmes.*

319. Quand plusieurs adjectifs, unis par l'adverbe conjonctif *et*, se rapportent à un même nom, l'article ne doit pas être répété. Exemple : *Le sage et pieux Fénelon.* — Cette règle s'applique aux adjectifs pronominaux. Ainsi l'on dira : *Cette grande et belle victoire, ma vive et sincère amitié;* mais il faudrait dire, en répétant l'adjectif pronominal : *Cette grande, cette belle victoire; ma vive, ma sincère amitié.*

Si les adjectifs servent à désigner des personnes ou des choses différentes, bien que le nom ne soit exprimé qu'une fois, il faut répéter l'article. Ainsi l'on ne dira pas : *L'histoire ancienne et moderne, le premier et second étage;* il faut dire : *L'histoire ancienne et la moderne; le premier et le second étage.*

320. L'article se joint quelquefois à l'infinitif, considéré alors comme un nom masculin. Exemples : *Le coucher, le vivre; il en perd le boire et le manger.*

Il se joint aussi aux adjectifs et aux mots invariables,

lorsqu'on les emploie comme des noms, et alors il doit toujours être répété. Exemples : *Le juste et l'injuste; le pour et le contre.*

OBSERVATIONS SUR L'EMPLOI DE L'ARTICLE.

321. L'article se supprime souvent dans les proverbes et dans les sentences ou pensées générales. Exemples : *Bonne renommée vaut mieux que ceinture dorée; plus fait douceur que violence.*

L'article se supprime encore :

1° Dans les expressions où le nom tient étroitement au verbe et forme avec lui une locution composée, comme *avoir faim, faire attention, prendre patience*, et surtout dans un grand nombre de locutions faites, où figurent les prépositions *à, de, en, avec, pour, sans*, comme *aller à cheval, jouer de malheur, prendre en pitié, voir avec dédain, accepter pour roi, boire sans soif.*

2° Après les prépositions et après les noms collectifs et les adverbes de quantité, quand le nom est employé dans un sens général. Exemples : *Une table de bois ou de marbre; conduite digne d'éloges; souffrir avec courage; beaucoup de peuples; un grand nombre de personnes.*

Mais si le nom est accompagné de mots qui le déterminent, l'article est le plus souvent exprimé. Exemples: *Une table d'un bois dur; conduite digne des plus grands éloges; souffrir avec un courage admirable; une bonne partie des fables de la Fontaine.*

3° Dans les superlatifs relatifs, lorsqu'ils sont précédés d'un adjectif possessif. Exemples : *Mon plus fidèle ami; son plus bel habit.*

4° Dans les énumérations auxquelles on veut donner plus de rapidité. Exemple : *Vieillards, femmes, enfants, tout fut massacré.*

5° Devant les noms pris adjectivement : *vous serez roi*, et devant les noms de ceux à qui on adresse la parole : *enfants, soyez sages.*

6° Enfin devant les noms propres.

Cependant les noms des parties du monde, des contrées, des fleuves, des montagnes, des provinces, et quelques noms de villes, ainsi que certains noms propres étrangers, prennent l'article. Exemples : *l'Europe, la France, la Seine, les Alpes, le Dauphiné, la Rochelle, le Dante, le Tasse*, etc. Les noms propres qui désignent des ouvrages d'art prennent aussi l'article. Exemples : *l'Apollon du Bélvédère, la Vénus de Médicis*.

322. Dans quelques locutions, le sens change selon que l'on emploie ou que l'on supprime l'article. Ainsi *entendre raillerie* (sans article) signifie ne pas s'offenser de la raillerie ; *entendre la raillerie* (avec l'article) signifie avoir le talent de railler.

323. L'article indéfini se remplace par la préposition *de* après les négations. Exemples : *Je n'ai pas de pain ; je n'ai plus de ressources ; nous n'avions pas d'amis assez puissants*.

L'article indéfini se remplace également par la préposition *de* dans les interrogations sous forme négative. Exemple : *N'avez-vous pas d'enfants ?* Mais si l'interrogation a un sens affirmatif, l'article se conserve. Exemple : *Ménagez votre santé ; n'avez-vous pas des enfants ?*

324. Enfin l'article indéfini se remplace par la préposition *de* devant les noms précédés d'un adjectif. Exemples : *De bon pain, de bonne viande ; il a d'excellents ouvriers*. Mais l'article se conserve quand l'adjectif vient après le nom. Exemples : *Du vin délicieux, de la viande très-saine, des ouvriers excellents*.

Il se conserve aussi quand l'adjectif qui précède le nom est uni avec lui, comme dans les noms composés : *des belles-mères, des plates-bandes*, et dans les alliances de mots telles que celles-ci : *des jeunes gens, des petits pâtés, des bons mots*, etc., où le nom et l'adjectif sont liés par le sens de manière à ne pouvoir être séparés.

ACCORD DE L'ARTICLE DÉFINI DANS LES SUPERLATIFS RELATIFS.

325. Dans les superlatifs relatifs, c'est-à-dire dans ceux qui commencent par *le plus, le moins,* l'article est variable ou invariable, selon le sens.

Il est variable, quand le superlatif exprime la supériorité ou l'infériorité d'une personne ou d'une chose entre plusieurs. Exemples : *Le plus grand de tous ; la plus petite de toutes ; les erreurs les plus courtes sont les meilleures.*

Il est invariable, quand le superlatif exprime le plus haut ou le plus bas degré d'une chose par rapport à elle-même. Exemples : *Quand la fortune est le plus favorable; l'époque de l'année où les nuits sont le moins longues.*

326. Cette distinction s'observe même quand le superlatif est accompagné d'un adverbe. Exemples : *Les femmes les plus richement vêtues; quand nous nous croyons le plus parfaitement heureux.*

Mais si l'adverbe n'est pas suivi d'un adjectif ou d'un participe, l'article reste invariable. Exemples : *Celles qui sont habillées le moins richement; ceux qui travaillent le plus ; la fleur que j'aime le mieux.*

Au contraire, devant les adjectifs qui expriment le superlatif par eux-mêmes et sans adverbe, l'article est toujours variable. Exemple : *C'est peut-être quand ma condition fut la pire, que ma santé fut la meilleure.*

III. — ACCORD DE L'ADJECTIF.

327. L'adjectif s'accorde en genre et en nombre avec le nom auquel il se rapporte. Exemples : *Dessein imprudent ; projets insensés ; fin malheureuse.*

Il s'accorde de même avec les pronoms personnels : *Nous autres, vous toutes.*

328. L'adjectif qui se rapporte à plusieurs noms se met au pluriel, et, si ces noms sont du même genre, il s'accorde en genre avec eux. Exemples : *Un président*

et un juge impartiaux; une mère et une fille infortunées.
— Si ces noms sont de genre différent, l'adjectif se met
toujours au masculin. Exemples : *Père et mère vertueux;
frères et sœurs reconnaissants* *.

329. Quand deux noms sont unis par l'adverbe conjonctif *ou*, l'adjectif ne s'accorde qu'avec le dernier nom.
Exemple : *Il a un talent ou une chance merveilleuse.*

330. Quand les noms auxquels se rapporte l'adjectif
signifient à peu près la même chose, on laisse quelquefois
l'adjectif au singulier, et on le fait accorder seulement
avec le dernier nom. Ainsi l'on peut dire *un courage et
une vertu parfaite.* Mais cela n'a lieu qu'en parlant des
choses, et jamais en parlant des personnes.

Il en est de même quand les noms forment une gradation, ou que l'on veut fixer l'attention sur le dernier.
Exemple : *Il a montré une douceur, une patience, une ab-
négation admirable.*

331. L'adjectif placé après plusieurs noms ne s'accorde
qu'avec le dernier, si ce dernier est le seul qu'il qualifie.
C'est donc le sens qu'il faut consulter. Ainsi l'on écrira :
Les sauvages se nourrissent de chair et de poisson crus, parce
que l'adjectif qualifie également les noms *chair* et *poisson;* mais l'on écrira : *On revêt la maçonnerie de marbre
ou de pierre très-dure*, parce que l'adjectif qualifie seulement le nom *pierre*. De même on écrira *des bas de coton
bleus*, parce que ce sont les bas qui sont bleus, et *des bas
de soie écrue*, parce que c'est la soie qui est écrue ; *une
troupe d'ouvriers industrieux*, parce que ce sont les ouvriers qui sont industrieux, et *un plat de porcelaine brisé*,
parce que c'est le plat qui est brisé.

---

* Mais en parlant des choses, on évite cette tournure, quand la terminaison
de l'adjectif contraste avec le genre du dernier nom. Ainsi l'on ne dira pas :
un courage et une adresse merveilleux, parce que *merveilleux* a une terminaison masculine qui contraste avec un nom féminin. Mais on dira bien : *un
courage et une adresse admirables*, parce que *admirables* a une terminaison
qui peut convenir aux deux genres, ou bien : *une adresse et un courage merveilleux*.

332. Les règles de l'accord de l'adjectif avec deux noms ne s'appliquent qu'au cas où l'adjectif est placé après les deux noms : s'il est placé devant, il faut répéter l'adjectif et l'article. Exemples : *J'ai perdu en lui un bon frère et un bon ami ; les grandes pensées et les grandes actions partent du cœur.*

333. L'accord de l'adjectif a lieu même quand il est séparé du nom par le verbe *être*. Exemples : *Dieu est bon ; une mère est indulgente ; le père et la mère étaient absents.*

Il en est de même quand l'adjectif est séparé du nom par un verbe analogue au verbe *être*, c'est-à-dire qui exprime un état plutôt qu'une action, comme *devenir, rester, se trouver, s'appeler, paraître*, et autres semblables. Exemples : *Cet homme devient vieux ; cette maladie paraît sérieuse ; nous nous trouvâmes indisposés ; le frère et la sœur restèrent unis.*

ACCORD DE L'ADJECTIF AVEC *GENS*.

334. *Gens* veut au féminin les adjectifs qui le précèdent, et au masculin les adjectifs qui le suivent. Ainsi l'on dira : *de bonnes gens, de sottes gens*, parce que l'adjectif précède le nom. Mais il faudra dire : *des gens méfiants, des gens haineux*, parce que l'adjectif suit le nom.

L'adjectif *tout*, placé devant un autre adjectif qui précède le nom *gens*, se met au masculin si le second adjectif a la même terminaison pour les deux genres : *tous les honnêtes gens ;* et au féminin dans le cas contraire : *toutes ces bonnes gens.*

L'adjectif *tout*, placé devant le nom *gens*, se met toujours au masculin, si *gens* est suivi d'un adjectif. Exemples : *Tous les gens instruits ; tous les gens aimables.* On dit de même avec le masculin : *Tous les gens d'esprit, tous les gens de cœur.*

ACCORD DE L'ADJECTIF DANS LA LOCUTION
AVOIR L'AIR.

335. Dans la locution *avoir l'air*, si la qualité peut convenir au mot *air*, c'est avec ce mot que l'adjectif s'accorde. Exemple : *Cette femme a l'air spirituel, elle a l'air distingué*. Mais si la qualité ne peut pas convenir au mot *air*, c'est avec le sujet du verbe que l'adjectif s'accorde, parce que *avoir l'air* forme une sorte de verbe composé qui est l'équivalent de *paraître*. Exemples : *Cette femme a l'air contrefaite; ces fruits n'ont pas l'air mûrs*. Cependant il vaut mieux dire : *Cette femme a l'air d'être contrefaite; ces fruits n'ont pas l'air d'être mûrs*.

PLACE DES ADJECTIFS.

336. Les adjectifs d'une seule syllabe, ou qui n'ont qu'une syllabe sonore suivie d'une muette, ont ordinairement une place fixe, soit avant, soit après le nom. Cette place est déterminée par l'usage.

Quelques-uns se placent toujours avant le nom, comme *beau, grand*, etc. Exemples : *Un beau paysage, un grand édifice*. D'autres se placent toujours après, comme ceux qui désignent les couleurs, *blanc, jaune, rouge*, etc., ou une qualité physique, *mou, tendre, dur, ferme*, etc. Exemples : *Chapeau blanc, ruban jaune, chair tendre, pierre dure*.

Les adjectifs de plusieurs syllabes qui désignent une qualité physique se placent ordinairement après le nom. Exemples : *Un bâton noueux, une maison solide*. Les autres se placent indifféremment avant ou après. Exemple: *Une douceur admirable* ou *une admirable douceur*.

337. Quelquefois l'adjectif change de sens selon la place qu'il occupe. Exemples : *Un homme brave*, c'est-à-dire un homme courageux; *un brave homme*, c'est-à-dire un homme d'un bon caractère; *une femme bonne*, c'est-à-dire une femme qui a de la bonté; *une bonne femme*, c'est-à-

dire une femme d'une classe ordinaire et d'un esprit mé-
diocre.

On distingue de même :

Un grand homme, c'est-à-dire un homme qui a fait de
grandes choses, et *un homme grand*, c'est-à-dire un homme
de haute taille;

Un homme pauvre, c'est-à-dire un homme qui est sans
fortune, et *un pauvre homme*, c'est-à-dire un homme sans
mérite;

Un homme bon, c'est-à-dire un homme qui a de
la bonté, et *un bon homme*, c'est-à-dire un homme
simple, etc.

ACCORD DE QUELQUES ADJECTIFS D'APRÈS LEUR PLACE.

338. Quelques adjectifs sont variables ou invariables
d'après la place qu'ils occupent :

1° L'adjectif *demi*, variable après les noms : *une livre
et demie, une heure et demie*, est invariable avant, et se
joint au nom par un trait d'union : *une demi-livre, une
demi-heure*. De plus, cet adjectif ne s'emploie jamais au
pluriel : *deux kilogrammes et demi, trois heures et demie*.
Avec *midi* et *minuit*, il se met au masculin : *midi et demi,
minuit et demi*.

2° L'adjectif *nu*, variable après les noms : *les pieds
nus, la tête nue*, est invariable avant, et se joint au nom
par un trait d'union : *nu-pieds, nu-tête*, excepté dans
cette locution : *la nue propriété d'un bien*.

3° L'adjectif *feu*, signifiant *mort, défunt*, variable
après l'article : *la feue reine*, est invariable avant : *feu la
reine*. Cette dernière tournure est seule usitée avec les
adjectifs possessifs : *feu ma sœur*. Le pluriel est tout à
fait hors d'usage.

ADJECTIFS INVARIABLES.

339. Les adjectifs employés adverbialement pour modifier un verbe restent toujours invariables. Exemples :

Ces livres coûtent cher ; ces fleurs sentent bon ; ces enfants ne chantent pas juste.

340. Lorsque deux adjectifs sont réunis pour désigner une couleur, ils restent tous deux invariables, le premier étant considéré comme un nom. Exemples : *Des cheveux châtain clair ; une robe vert foncé.*

REMARQUE. Les noms qui désignent une couleur sont quelquefois employés adjectivement, mais alors ils restent invariables. Ainsi l'on écrira : *Des rubans orange,* c'est-à-dire de la couleur de l'orange ; *des gants paille,* c'est-à-dire de la couleur de la paille.

341. L'adjectif *possible,* qui s'accorde avec le nom auquel il est joint : *tous les malheurs possibles,* devient invariable lorsqu'il tient la place d'un membre de phrase tout entier. Exemple : *Il leur a fait le plus de maux possible* (c'est-à-dire le plus de maux qu'il était possible de leur faire).

L'adjectif *proche,* qui s'accorde avec le nom auquel il est joint : *les maisons proches de la ville,* devient invariable lorsqu'il est employé comme préposition. Exemple : *Ces maisons sont proche de la ville, ont été bâties proche des remparts.* Mais il vaut mieux se servir d'une préposition véritable et dire *près de la ville, près des remparts.*

L'adjectif *plein,* qui s'accorde avec le nom auquel il est joint : *il a ses poches pleines d'argent,* devient invariable lorsqu'il est employé comme préposition. Exemple : *Il a de l'argent plein ses poches.*

ADJECTIFS COMPOSÉS.

342. Lorsqu'un adjectif est composé de deux adjectifs ou d'un adjectif et d'un participe réunis par un trait d'union, les deux parties sont soumises à l'accord Exemples : *Des cerises aigres-douces, les fils premiers-nés.*

Cependant *mort* reste invariable dans *mort-né : une brebis mort-née.*

Mi, demi, semi, restent aussi toujours invariables dans

les adjectifs composés. Exemples : *Les avis sont mi-partis; une femme demi-morte; des fleurs semi-doubles.*

343. Lorsque de deux adjectifs réunis pour former un adjectif composé, le premier est pris adverbialement, le second seul est soumis à l'accord. Exemples : *Des enfants nouveau-nés* (c'est-à-dire nouvellement nés); *de l'avoine clair-semée* (c'est-à-dire semée à clair); *une petite fille court-vêtue.*

OBSERVATIONS SUR LES ADJECTIFS POSSESSIFS.

344. Les adjectifs possessifs du premier ordre, *mon, ton, son,* etc., se remplacent par l'article défini quand il s'agit d'une chose inséparable de la personne et quand le sens indique suffisamment le possesseur. Exemples : *Il s'est cassé la jambe* (et non pas *sa jambe*); *il a perdu la vie* (et non pas *sa vie*). Mais on dirait : *Il a perdu sa fortune, sa réputation*, parce que ces choses ne tiennent pas inséparablement à la personne.

On dit de même : *La jambe lui enfle* (et non pas *sa jambe*), parce qu'il s'agit d'une chose inséparable de la personne, et que le pronom *lui* indique assez le possesseur de la jambe. Mais on dirait : *Sa confiance l'a trompé*, parce que ce n'est pas là une chose qui tienne inséparablement à la personne.

345. Quand on veut désigner une chose habituelle, par exemple une maladie qui revient souvent, c'est l'adjectif possessif, et non pas l'article, qu'il faut employer. Ainsi l'on dira : *J'ai ma migraine, je souffre de mon rhumatisme*, si l'on est sujet à ces maladies; tandis qu'on dirait : *J'ai la migraine, je souffre d'un rhumatisme*, si ces maladies étaient accidentelles.

346. Quelquefois le sens de la phrase change complétement, selon que l'on emploie l'article ou l'adjectif possessif. Ces mots : *Je vous donne la parole, je vous rends la parole*, ont un sens bien différent de ceux-ci : *Je vous donne ma parole, je vous rends votre parole.* Dans le pre-

mier cas il s'agit de la faculté de parler; dans le second il s'agit d'une promesse, d'un engagement d'honneur.

347. Quand on parle de plusieurs possesseurs, le nom de la chose possédée se met au singulier, si elle est possédée en commun ou si le nom ne peut pas se mettre au pluriel. Exemples : *Ils attendent leur voiture* (s'ils n'ont qu'une voiture pour plusieurs); *ils sont mécontents de leur santé.* Mais s'il y a autant d'objets possédés que de possesseurs, le nom doit se mettre au pluriel. Exemples : *Ces dames attendent leurs voitures* (c'est-à-dire, chacune de ces dames attend sa voiture). *Les deux cousins ont perdu leurs pères* (c'est-à-dire, chacun d'eux a perdu son père). — Cependant, avec *chacun* on laisse le nom au singulier, et l'on dirait : *Ces dames attendent chacune leur voiture.*

348. Après *chacun, chacune,* on emploie tantôt l'adjectif *son, sa, ses,* tantôt l'adjectif *leur, leurs.* On emploie *son, sa, ses,* quand il s'agit d'un objet qui ne peut pas être possédé ou d'une chose qui ne peut pas être faite en même temps par plusieurs. Exemples : *Ils ont bâti chacun sa maison ; ils entreront chacun à son tour.* Hors ce cas, on emploie *leur, leurs.* Exemple : *Ils ont chacun leurs habitudes.*

349. Les adjectifs possessifs de la troisième personne, *son, sa, ses, leur, leurs,* se remplacent d'ordinaire par le relatif *en,* suivi de l'article, lorsque l'objet possédé appartient à une chose inanimée. Ainsi l'on dira, en parlant d'une personne : *Je connais ses défauts;* et en parlant d'une chose : *J'en connais les défauts.*

Cependant si le nom de l'objet possesseur et le nom de l'objet possédé se trouvent dans le même membre de phrase, on se sert toujours de l'adjectif possessif. Exemple : *Le séjour de la ville a ses agréments et ses ennuis.* Il en est de même lorsque le nom de l'objet possédé est précédé d'une préposition, parce que dans ce cas l'emploi de *en* est impossible. Exemple : *J'ai parcouru la Suisse et j'ai admiré la beauté de ses paysages.*

ADJECTIF INDÉFINI *QUELQUE* SUIVI DE *QUE*.

350. L'adjectif indéfini *quelque*, suivi de *que* et d'un verbe au subjonctif, est variable s'il se rapporte à un nom. Exemple : *Quelque appui ou quelques amis que vous ayez.*

Devant un adjectif il devient adverbe et reste **invariable**. Exemple : *Quelque puissants et quelque dévoués qu'ils puissent être.* Cependant, si *quelque* se rapporte à un nom qui suit immédiatement l'adjectif, il est variable. Exemple : *Quelques légitimes espérances que vous ayez conçues.*

Quelque reste encore invariable lorsqu'il est employé adverbialement pour signifier *environ*, *à peu près.* Exemple : *Il y avait là quelque vingt personnes* (c'est-à-dire environ vingt personnes).

Mais s'il est suivi immédiatement du verbe au subjonctif, il se partage en deux mots *quel... que*, et la première partie devenue variable s'accorde avec le nom suivant. Exemples : *Quel que soit votre espoir ; quelle qu'ait été votre prudence ; quelles que puissent être vos ressources.*

OBSERVATIONS SUR L'ADJECTIF *TOUT*.

351. *Tout*, devant un adjectif ou un participe, est considéré comme adverbe et reste invariable. Seulement, devant les mots féminins commençant par une consonne ou par une *h* aspirée, on le fait varier comme un adjectif, pour adoucir la prononciation. Exemples : *Je suis tout émerveillé; elle est tout émerveillée, toute surprise ; elles seront toutes honteuses de leur faute.*

Il en est de même devant les noms. Exemples : *Cet homme est tout zèle, tout attention, tout ardeur ; elles étaient tout yeux et tout oreilles ; Dieu est toute bonté* *.

Il en est de même encore lorsque *tout*, devant un adjec-

---

* Cependant on dit en termes de commerce *des étoffes tout laine, tout soie,* c'est-à-dire entièrement de laine, entièrement de soie.

tif ou un participe suivi de *que*, est employé pour *quelque*. Exemples : *Tout savant que vous êtes ; tout aimable et toute spirituelle qu'elle est; toutes jeunes que sont vos sœurs.*

REMARQUE. *Tout* ainsi employé diffère de *quelque*, en ce qu'il renferme une affirmation plus complète ; aussi se fait-il suivre de l'indicatif. Exemple : *Tout grands que sont les rois.* On dirait avec le subjonctif et sans affirmation : *Quelque grands qu'ils soient.*

352. *Tout*, devant un nom de ville, s'écrit toujours au masculin. Exemple : *Tout Rome*, c'est-à-dire tout le peuple de Rome.

353. *Tout*, suivi de l'adjectif *autre*, ne varie pas s'il modifie cet adjectif : *C'est tout autre chose* (c'est-à-dire une chose tout à fait autre) ; mais s'il modifie le nom qui suit l'adjectif *autre*, il s'accorde avec ce nom : *Demandez-moi toute autre chose* (c'est-à-dire toute chose autre que celle que vous me demandez).

IV. — ACCORD DU PRONOM.

1° ACCORD DU PRONOM PERSONNEL.

354. Le pronom personnel s'accorde en genre, en nombre et en personne, avec le nom qu'il représente. Ainsi, *je* ou *moi* est à la première personne du singulier masculin, si c'est un homme qui parle ; féminin, si c'est une femme ; *nous* est à la première personne du pluriel masculin si ce sont plusieurs hommes qui parlent, etc.

Lors même que le pronom est de forme invariable, on le considère comme soumis à l'accord. Ainsi dans *il s'aime*, c'est-à-dire *il aime soi*, le pronom *se* ou *soi* est, comme le pronom *il*, à la troisième personne du singulier masculin. Dans *elles se connaissent*, c'est-à-dire *elles connaissent soi*, le pronom *se* ou *soi* est, comme le pronom *elles*, à la troisième personne du pluriel féminin.

Quand le pronom remplace deux ou plusieurs noms, il suit pour le genre et pour le nombre la règle des ad-

jectifs. Ainsi le pronom *nous* sera du masculin, si c'est
un homme et une femme qui parlent, ou plusieurs hommes
et plusieurs femmes.

355. Quand le pronom remplace deux ou plusieurs
noms de personnes différentes, il se met à la première
personne, s'il y en a une ; sinon, il se met à la deuxième.
Exemples : *Vous, lui et moi, nous sommes heureux; vous
et lui, vous êtes heureux.*

EMPLOI DES PRONOMS PERSONNELS EN GÉNÉRAL

356. Les pronoms personnels, en général, ne peuvent
se rapporter qu'à un nom précédé d'un article ou d'un
adjectif pronominal. Exemples : *Il a étudié sa leçon et il
la sait; je vous ai prêté mon livre, et vous ne me le rendez pas.*

Il serait incorrect de dire : *Quand on est en santé il faut
tâcher de la conserver,* parce que le nom *santé* n'est pas
déterminé. On ne dira pas non plus : *Vous les avez reçus
avec politesse qui les a charmés,* parce que le nom *politesse*
n'est pas déterminé. Il faudra dire : *Quand on possède la
santé, il faut tâcher de la conserver; vous les avez reçus
avec une politesse qui les a charmés.*

357. Il faut éviter de répéter le même pronom dans la
même phrase en le rapportant à des personnes ou à des
objets différents. Ainsi l'on ne pourra pas dire : *Samuel
offrit son holocauste à Dieu, et il lui fut si agréable, qu'il
lança au même moment le tonnerre contre les Philistins,*
parce que le premier *il* se rapporte à *holocauste* et le second à *Dieu.* Mais il faudra dire : *Samuel offrit son
holocauste à Dieu, et Dieu le trouva si agréable, qu'il
lança,* etc.

358. Lorsque plusieurs verbes ont le même sujet, et
qu'ils sont unis par un des adverbes conjonctifs *et, ou, ni,
mais,* on peut se dispenser de répéter le pronom devant
chaque verbe. Exemples : *Je le plains et tâche de le con-*

soler ; *il étudie et fait de rapides progrès ; il ne boit ni ne mange.*

Mais quand les verbes sont unis par une conjonction, la répétition du pronom est indispensable. Exemple : *Il fait des progrès, parce qu'il étudie bien.*

Elle est encore indispensable quand le pronom est sujet de deux verbes dont l'un se trouve sous la forme négative et l'autre sous la forme affirmative. Exemples : *Tu n'as pas d'ailes et tu veux voler; vous le dites et vous ne le pensez pas.*

ACCORD DU PRONOM *LE*.

359. Le pronom *le*, quand il tient la place d'un adjectif, est invariable. Exemples : *Madame, êtes-vous malade? je le suis* (c'est-à-dire je suis cela, malade). *Soldats êtes-vous prêts? nous le sommes.* Il est encore invariable, quand il tient la place d'un nom, si ce nom désigne la qualité et non la personne. Exemples : *Madame, êtes-vous reine? je le suis.*

Mais il est variable, quand c'est la personne et non la qualité qu'on désigne. Exemples : *Êtes-vous la reine? je la suis* (c'est-à-dire je suis elle). *Êtes-vous la malade dont on m'a parlé? je la suis.*

2° ACCORD DU PRONOM RELATIF.

360. Le pronom relatif s'accorde, comme le pronom personnel, en genre, en nombre et en personne, avec le nom qu'il représente, c'est-à-dire avec son antécédent. Exemples : *L'homme qui raisonne;* le pronom *qui* est au singulier masculin de la troisième personne, parce qu'il représente *l'homme. Les années qui passent;* le pronom *qui* est au pluriel féminin de la troisième personne, parce qu'il représente *les années. Moi qui vous parle;* le pronom *qui*, représentant le nom de la personne qui dit *moi*, est à la première personne du singulier masculin, si c'est un homme qui parle ; à la première personne du singulier féminin, si c'est une femme.

361. Pour bien comprendre l'accord du pronom relatif, il faut le tourner par *lequel, laquelle*, suivi de l'antécédent répété. Exemples : *L'homme qui raisonne*, tournez
l'homme, lequel homme raisonne. Les années qui passent,
tournez *les années, lesquelles années passent. Moi qui vous
parle*, tournez *moi, lequel moi vous parle. Mon père et
ma mère qui sont venus*, tournez *mon père et ma mère,
lequel père et laquelle mère sont venus.*

Il en est de même avec les formes *dont* et *que*,
toutes deux appartenant au pronom *qui*. Exemples : *Les
personnes dont je vous ai parlé*, tournez *les personnes,
desquelles personnes je vous ai parlé. Les lettres qu'on
m'écrit*, tournez *les lettres, lesquelles lettres on m'écrit*.
Dans ces deux exemples, *dont* et *que* sont au pluriel féminin de la troisième personne.

3° ACCORD DES AUTRES PRONOMS.

362. Les pronoms autres que les pronoms personnels
et relatifs sont toujours de la troisième personne, et ils
s'accordent en genre et en nombre avec le nom qu'ils re-
présentent. Exemples : *Ce livre est plus beau que celui de
mon frère; ces rues sont aussi belles que celles de Paris.*

363. Les pronoms qui ne se rapportent à aucun nom
déterminé restent au masculin. Exemples : *Quelqu'un
est venu; chacun fut surpris; cela est beau; on est heureux; personne n'est parfait.*

V. — ACCORD DU VERBE.

364. Le verbe s'accorde avec son sujet en nombre et en
personne. Exemples : *Dieu est grand; les hommes sont
mortels.*

365. Le sujet se place toujours avant le verbe. Cependant on le met après dans certaines phrases interrogatives
ou exclamatives : *Que vous écrit votre père? Puisse Dieu
bénir vos efforts!* et dans les petits membres de phrase

que l'on intercale pour indiquer que l'on rapporte les paroles de quelqu'un : *La colère, a dit un ancien sage, est une courte folie.*

366. Dans les interrogations, quand le sujet reste avant le verbe, on est obligé de le répéter après, en le remplaçant par le pronom. Exemples : *Quelle nouvelle ce vaisseau nous apporte-t-il? Quels regrets cette imprudence ne vous causera-t-elle pas?* Et dans ce cas, si le verbe est à un temps composé, le pronom se place après l'auxiliaire. Exemples : *Quels regrets cette imprudence ne vous a-t-elle pas causés? Votre ami n'en sera-t-il pas affligé?*

367. Le même sujet peut servir à plusieurs verbes, pourvu que ces verbes se trouvent dans la même phrase et marquent l'action ou l'état de la même personne ou de la même chose. Exemples : *Je suis arrivé hier et repartirai demain; les étoiles se lèvent le soir et se couchent le matin.*

368. Le verbe qui a deux ou plusieurs sujets de la même personne se met au pluriel et à la même personne. Exemple : *Le ciel et la terre passeront.*

369. Le verbe qui a deux ou plusieurs sujets de personnes différentes suit la même règle que les pronoms (§ 355). Exemples : *Vous et moi sommes persuadés; vous et votre frère vîntes à Paris.*

REMARQUE. Il faut dire *vous et moi sommes persuadés,* et non pas *moi et vous sommes persuadés,* parce que la politesse exige que l'on nomme d'abord la personne à qui l'on parle, et qu'on se nomme soi-même en dernier.

370. Le verbe se met également au pluriel et suit pour la personne la règle des pronoms, lorsque le sujet est un pronom relatif qui a pour antécédent plusieurs noms ou pronoms de personnes différentes. Exemples : *Ce sera vous et moi qui partirons; c'est votre frère et vous qui viendrez.*

371. *Qui,* précédé de deux noms ou pronoms, ne se rapporte souvent qu'à l'un des deux; alors le verbe s'ac-

corde avec celui des noms auquel le relatif *qui* se rapporte. Ainsi l'on dira, en mettant le verbe au singulier : *C'est un de vous qui me trompe ;* et en mettant le verbe au pluriel : *Vous êtes un de ceux qui m'ont trompé.*

372. Quand le pronom *vous* est employé pour *toi* par politesse, le verbe se met au pluriel ; mais le participe ou adjectif qui suit le verbe *être* ou les verbes analogues reste au singulier. Exemples : *Vous êtes convenu avec moi,* en parlant à un homme ; *vous paraissez émue,* en parlant à une femme.

OBSERVATIONS SUR L'ACCORD DU VERBE
AVEC PLUSIEURS SUJETS.

373. Quand le verbe a deux ou plusieurs sujets au singulier qui signifient à peu près la même chose, et qui ne sont pas unis par l'adverbe conjonctif *et,* on peut le laisser lui-même au singulier. Exemple : *Sa douceur, sa bonté, lui a gagné tous les cœurs.*

Il en est de même quand les sujets forment une gradation dont le dernier terme efface en quelque sorte les autres. Exemple : *Ce sacrifice, votre intérêt, votre honneur, Dieu vous le commande.*

Enfin, quand les sujets forment une énumération résumée par un des mots *aucun, chacun, tout, rien,* etc., le verbe se met toujours au singulier. Exemples : *Femmes, enfants, vieillards, tout fut massacré sans pitié ; prières, larmes, reproches, rien ne l'émeut.*

374. La règle de l'accord du verbe avec deux ou plusieurs sujets s'observe, quel que soit l'adverbe conjonctif, *et, ou, ni.* Exemples : *Vous et moi sommes accusés ; vous ou votre frère avez fait cela ; ni la douceur ni la force n'y peuvent rien.*

Néanmoins avec *ni* on peut toujours laisser le verbe au singulier, lorsqu'il n'a pas pour sujets des pronoms personnels. Exemple : *Ni Paul ni Henri n'a fait son devoir.* On peut également avec *ou* laisser le verbe au singulier, si les deux sujets s'excluent l'un l'autre, c'est-à-dire si la même chose ne peut convenir aux deux à la fois. Exemple : *La force ou le droit l'emportera.*

Cette exception, toujours applicable à la troisième personne, peut aussi s'appliquer à la deuxième, sinon pour le verbe, du moins pour l'adjectif ou participe qui le suit, parce que *vous* peut s'employer au singulier. Exemple : *Vous ou votre frère êtes coupable.*

Mais elle n'est pas applicable à la première personne, et alors il faut nécessairement mettre le verbe et l'adjectif au pluriel. Exemple : *Vous ou moi nous sommes coupables.*

375. *L'un et l'autre* veut le verbe au pluriel; *l'un ou l'autre* et *ni l'un ni l'autre* veulent le verbe au singulier. Exemples : *L'un et l'autre pensent de même; l'un ou l'autre avait tort; ni l'un ni l'autre ne veut ceder.* Mais le nom qui suit *l'un et l'autre* reste toujours au singulier. Exemple : *L'un et l'autre parti sont convenables.*

376. Quand au lieu de *et,* pour unir deux sujets, on emploie *comme, ainsi que, de même que, aussi bien que, non plus que, plutôt que,* le verbe est censé n'avoir qu'un seul sujet, le premier des deux, et par conséquent s'accorde avec lui. Exemples : *Mon amitié, ainsi que mon estime, vous est assurée* (et non pas *vous sont assurées*)*; le menteur, comme le voleur, est méprisé de tout le monde* (et non pas *sont méprisés*).

ACCORD DU VERBE AVEC LES NOMS COLLECTIFS OU PARTITIFS.

377. En général les noms collectifs prennent l'article indéfini : *une foule d'hommes;* les noms partitifs prennent l'article défini : *la plupart des hommes.*

378. Après un nom collectif ou partitif suivi d'un pluriel, le verbe et l'adjectif ou participe qui le suit se mettent eux-mêmes au pluriel. Exemples : *Une foule d'hommes en sont persuadés; la moitié de nos hôtes sont arrivés.*

379. Après un nom collectif accompagné de l'article défini, le verbe et l'adjectif ou participe qui le suit se mettent au singulier. Exemple : *La foule des spectateurs s'est dissipée.*

380. Les adverbes de quantité suivis d'un pluriel sont considérés comme des noms collectifs ou partitifs. Exemple : *Beaucoup de choses arriveront et beaucoup sont déjà arrivées.*

381. Après *le peu* suivi d'un pluriel, le verbe se met au singulier, si l'on a en vue le petit nombre des objets. Exemple : *Le peu d'amis qu'il avait, fut remarqué.* Il se met au pluriel, si l'on a en vue les objets eux-mêmes. Exemple : *Le peu d'amis qu'il avait, intercédèrent pour lui.*

382. Après *la plupart, peu, beaucoup*, employés absolument pour signifier le plus grand nombre d'hommes, peu d'hommes, beaucoup d'hommes, le verbe se met au pluriel. Exemples : *La plupart pensent ainsi; beaucoup ont péri, peu se sont échappés.*

383. Après *plus d'un*, qui éveille cependant l'idée d'un pluriel, le verbe se met au singulier. Exemple : *Plus d'un vous le dira.*

ACCORD DU VERBE *ÊTRE* ENTRE UN NOM SINGULIER ET UN NOM PLURIEL.

384. Quand le verbe *être* se trouve placé entre un nom singulier et un nom pluriel se rapportant tous deux au même objet, il se met au pluriel. Exemples : *Leur nourriture sont des ignames; la conscience de bien faire sont les délices du juste* *.

Mais cela n'a lieu qu'en parlant des choses : si l'on parle des personnes, le verbe doit rester singulier. Exemple : *L'empereur Titus fut les délices du genre humain.*

Cela n'a lieu non plus qu'avec le verbe *être* : tout autre

---

* Toutefois cette tournure, quoique très-correcte, est peu usitée.

verbe resterait au singulier, ou bien il faudrait changer la tournure. Exemple : *Cela s'appelle de grandes injustices*, ou *voilà ce qu'on appelle de grandes injustices* *.

ACCORD DES VERBES UNIPERSONNELS.

385. Les verbes unipersonnels, ou employés comme tels, n'ayant pas de pluriel, restent invariables, lors même qu'ils sont suivis d'un nom au pluriel. Ils sont censés s'accorder alors avec le pronom *il*, qui leur sert de sujet. Exemples : *Il vint plusieurs personnes ; il tomba des torrents de pluie ; il y a plusieurs difficultés.*

Le verbe *être* employé comme verbe unipersonnel, sans le pronom *ce*, reste toujours invariable. Exemple : *Il est des circonstances où la résignation est difficile.*

48ᵉ Exercice.

Appliquez les règles d'orthographe et les règles d'accord à tous les mots laissés en italique.

LES INSECTES.

Jeter [2ᵉ personne du pluriel de l'impératif] les *œils* sur les êtres *le* plus faibles que la nature se soit plu à créer, sur ces atomes animés, pour lesquels une fleur est un monde et une goutte d'eau un océan. *Quelque brillant* tableaux que se soit formés notre imagination, la réalité sera plus admirable encore. L'or, le saphir, le rubis, ont été prodigués à des insectes invisibles. Les *un* marchent le front couronné de panaches, sonnant la trompette, et il semble qu'ils soient armés pour la guerre ; d'autres portent des turbans *tout* enrichis de pierreries, leurs robes sont *tout étincelant* d'azur et de pourpre. Ils ont *des* [ou *de*] *long* lunettes comme pour découvrir *leur* ennemis, et des boucliers pour s'en défendre. Il en est qu'on *voir* [présent] avec des ailes de gaze, des casques d'argent, des épieux *noir* comme le fer, effleurant les ondes, *voltiger* [participe présent] dans les prairies, *s'élancer* dans les airs. Ici on va *exercer* [participe présent] *tout* les arts, *tout* les industries : c'est un monde qui a ses maçons, ses tisserands, ses architectes. *Tout surprenant* que sont déjà ces spectacles, en voici *de* [ou *des*] plus *étonnant* encore. Ce sont des voyageurs qui *aller* [présent] à la découverte, des pilotes qui, sans [avec ou

---

* Pour l'accord du verbe *c'est*, voyez les *Idiotismes*.

sans l'article] voile et sans [avec ou sans l'article] boussole, voguent
sur une goutte d'eau à la conquête d'un nouveau monde. *Quel* est
le sage qui les éclaire, le héros qui les guide? Qui leur a enseigné
les règles de l'harmonie? Ont-ils donc parmi eux des *Orphée* ou des
Lycurgue? Contemplons ces petits ménages, ces hordes semblables à
celles des Arabes : une mite va occuper *tout* entière cette pensée
qui calcule la grandeur des astres, émouvoir ce cœur que rien ne
peut remplir, étonner cette admiration accoutumée aux prodiges.
Un insecte, *tout* impur qu'il nous *paraître* [présent du subjonctif],
s'enveloppe d'un tissu de soie et se repose sur une tente. Une arai-
gnée *tendre* [présent] sous le feuillage des filets d'or dont les reflets
sont semblables à ceux des *arc-en-ciel.* Mais, *quelque* brillantes que
soient ces richesses, elles sont effacées par des richesses nouvelles.
Voici des insectes à qui l'aurore semble avoir prodigué ses rayons
le plus doux. Voyez cette mouche qui *luire* [présent] d'une clarté
semblable à celle de la lune; elle porte avec elle un phare qui *devoir*
[présent] la guider.

49e Exercice.

Faites le même travail que sur l'exercice précédent.

LES SAUVAGES.

Les philosophes, qui *peindre* [présent] l'homme à l'état sauvage
comme excellent, *faire leur* livres au coin de *leur* feu, et je voyage
depuis trente ans; je suis témoin des injustices et de la fourberie
de ces hommes qu'on nous *peindre* [présent] si *bon*, parce qu'ils
sont très-*proche* de la nature. Il est impossible que l'on *pénétrer*
[présent du subjonctif] dans les bois que la main de l'homme civi-
lisé n'a point élagués, que l'on *traverser* les plaines remplies de
pierres et de rochers, et inondées de marais impraticables, que l'on
faire enfin société avec l'homme de la nature, parce qu'il est méchant, barbare et fourbe. Des Indiens, dans *leur* pirogues, étaient
sans cesse autour de nos frégates; ils y *paraître* [imparfait] trois
ou quatre heures avant de commencer l'échange de *quelque* poissons
ou de deux ou trois *peau* de loutre. Ils *saisir* [imparfait] *tout* les
occasions de nous voler; ils arrachaient le fer qui *leur* était facile à
enlever, et ils examinaient surtout par quels moyens ils *pouvoir*
[conditionnel], pendant la nuit, tromper notre vigilance.

50e Exercice.

Faites le même travail que sur les exercices précédents.

LES FRANÇAIS.

Voyagez beaucoup, et vous ne trouverez pas de peuple aussi doux,
aussi affable, aussi franc, aussi poli, aussi spirituel que le Français.

Il s'affecte avec [avec ou sans l'article] vivacité et [avec ou sans l'article] promptitude, et quelquefois pour les choses *le plus* frivoles, **tandis** que des objets importants, ou le touchent peu, ou n'excitent que sa plaisanterie. Le ridicule est son arme *favori*, et *le plus* redoutable pour lui-*même* et pour les autres. Il passe rapidement du plaisir à la peine et de la peine au plaisir. Cette légèreté est la source d'une espèce d'égalité dont il n'existe *aucun* trace ailleurs; elle *mettre* [présent] de temps en temps l'homme du commerce qui a de l'esprit au niveau du grand seigneur. Il est brave, il est plutôt indiscret que confiant. Il perfectionne *tout* ce que les autres inventent. En résumé, il me semble que le jeune Français, gai, léger, plaisant et frivole, est l'homme aimable de sa nation, et que le Français mûr, instruit et sage, qui a conservé *quelque* agréments de sa jeunesse, est l'homme aimable et estimable de *tout* les pays.

51ᵉ Exercice.

Modifiez comme il convient les mots en italique.

LES PATRIARCHES.

Les patriarches étaient laborieux, toujours à la campagne, *logé* sous *leur* tentes, *changer* [participe présent] de demeure suivant la commodité de *leur* pâturages, par conséquent souvent occupés à camper et à décamper, et souvent en marche; car ils ne *pouvoir* [imparfait] faire que de [ou *des*] petites journées avec un grand attirail. Ce n'est pas qu'ils ne *pouvoir* [plus-que-parfait du subjonctif] bâtir aussi bien que les habitants des *même* pays, mais ils préféraient cette manière de vivre; elle est sans doute *le plus ancien*, puisqu'il est plus aisé de dresser des tentes que de bâtir des maisons, et elle a toujours passé pour *le plus parfait*, comme attachant moins les hommes à la terre. Aussi elle marquait mieux l'état des patriarches qui *n'habitait* cette terre que comme voyageurs, attendant les promesses de Dieu, qui ne *devoir* [imparfait] s'accomplir qu'après *leur mort*. Les *premier* villes furent bâties par des méchants : par Caïn et par Nemrod. Ce sont eux les *premier* qui se sont enfermés et fortifiés, pour éviter la peine de *leur* crimes et en faire impunément de [ou *des*] nouveaux. Les gens de bien *vivre* [imparfait] à découvert et ne *craindre* rien. La *principale* occupation des patriarches était le soin de *leur* troupeaux; on le *voir* [présent] par *leur* histoire. *Quelque* innocents que soient les travaux de l'agriculture, la vie *pastoral* est plus *parfait*. Elle a quelque chose de plus simple et de plus noble; elle est moins pénible, et toutefois elle est d'un plus grand profit. Le vieux Caton *mettre* [imparfait] l'entretien des *troupeau*, *même* médiocres, avant le labourage, qu'il préférait à *tout* les moyens de s'enrichir. Cette première simplicité s'est conservée longtemps chez les Grecs, dont nous estimons nous-*même* la politesse avec tant de raison. Homère en fournit partout, des exemples, et les poésies *pastoral* n'ont point d'autre fondement.

52ᵉ Exercice.

Faites le même travail que sur les exercices précédents.

LE MONDE.

Qu'est-ce que le monde pour les mondains eux-*même* qui l'aiment, qui *paraître* [présent] enivrés de ses plaisirs, et qui ne *pouvoir* [présent] se passer de lui? C'est une servitude *éternel* où nul ne vit que pour soi, et où, pour être heureux, il faut que l'on *pouvoir* [présent du subjonctif] baiser ses fers et aimer son esclavage. C'est une révolution *journalier* d'événements qui *révéler* [présent] tour à tour dans le cœur de ses partisans, les passions *le* plus violentes et *le* plus tristes : des haines *cruel*, des perplexités *odieux*, des craintes *amer*, des jalousies *dévorant*, des chagrins *accablant*. C'est une terre de malédiction où les plaisirs *même* portent avec eux *leur* épines et *leur* amertumes. Le jeu lasse par ses fureurs et ses caprices, les conversations *ennuyer* [présent] par les oppositions d'humeur et la contrariété des sentiments; et les passions et *leur* attachements *criminel* ont *leur* dégoûts, *leur* contre-temps, *leur* ennuis de *tout* nature; les spectacles dressent continuellement des piéges à l'innocence. Le monde enfin est un lieu où l'espérance *même*, qu'on regarde comme une passion si *doux*, rend tous les hommes malheureux, où ceux qui n'*espérer* [présent] rien se *croire* [présent] encore plus misérables, où *tout* ce qui *plaire* [présent] ne *plaire* [présent] jamais longtemps, et où l'ennui est presque la destinée *le* plus *doux* et *le* plus supportable qu'on *pouvoir* [présent du subjonctif] y attendre. Voilà le monde, et ce n'est pas ce monde obscur qui ne *connaître* [présent] ni les grands plaisirs, ni les charmes de la prospérité, de la faveur et de l'opulence, c'est le monde dans son beau, c'est le monde de la cour.

53ᵉ Exercice.

Faites le même travail que sur les exercices précédents.

BOSSUET.

Bossuet, un des plus grands génies dont s'honore l'humanité, *naître* [prétérit] à Dijon, l'an *mille six cent vingt-sept*. Il entra dans les ordres à l'âge de vingt-cinq ans et s'*acquérir* [prétérit] promptement une grande réputation par *quelque* uns de ses sermons prêchés devant le roi et la reine mère. Nommé évêque de Condom en l'an *mille six cent soixante-neuf*, il *mettre* [prétérit] le comble à sa réputation par les deux *premier* de ses oraisons funèbres. Bientôt le roi le nomma précepteur du dauphin, son fils aîné; il remplit ces fonctions pendant *onze* ans, il composa pour son élève plusieurs de ses *principal* ouvrages, entre autres le Discours sur l'histoire *universel*. En *seize cent quatre-vingt-un*, Bossuet fut nommé à l'évêché de **Meaux**; depuis lors il *partager* [prétérit] *tout* son temps entre les soins de l'épiscopat, la prédication et la publication d'écrits sur la religion. La mort le trouva, à l'âge de près de *quatre-vingt* ans, toujours plein d'ardeur et de génie.

54ᵉ Exercice.

Faites le même travail que sur les exercices précédents.

[*La*] *premier* et [*la*] seconde ligne des ennemis cédèrent facilement. — Cet homme parle trois langues, [*l'*] espagnole, [*l'*] italienne, [*l'*] allemande, avec autant de facilité que la sienne propre. — [*Le*] dix-septième et [*le*] dix-huitième siècle ont produit beaucoup d'écrivains illustres. — [*Le*] dixième et [*le*] onzième chapitre de *cet* ouvrage sont *le* plus instructifs. — [*La*] couleur rouge et [*la*] verte se marient agréablement. — Si l'on ne *juger* [imparfait] que sur les apparences, on serait exposé souvent à confondre [*les*] hommes vertueux et [*les*] pervers. — [*Les*] princes faibles et [*les*] mauvais *faire* [présent] le malheur de *leur* sujets. — [*Le*] quinze et [*le*] trente de chaque mois, nous étions *forcés* de réciter *tout* les leçons que nous avions apprises dans la quinzaine. — [*Le*] Grand-Belt et [*le*] Petit-Belt unissent le Cattégat et la mer Baltique. — [*La*] *premier* et [*la*] seconde année du règne de ce prince ne furent marquées par aucun événement de *quelque* importance. — [*L'*] armée *turc* et [*l'*] armée russe étaient depuis longtemps en présence l'une de l'autre. — Quel charme la vie *pouvoir* [présent]-elle avoir pour un malheureux qui n'a plus *de* [ou *des*] parents ni *de* [ou *des*] amis? — Le sage n'a point *de* [ou *des*] richesses à donner; il se donne lui-même à ceux qui l'approchent.

55ᵉ Exercice.

Faites le même travail que sur les exercices précédents.

Plus *de* [ou *de l'*] inquiétude, plus *de* [ou *de la*] crainte, le ciel a exaucé nos vœux. — Comment les empiriques politiques de Rome auraient-ils sauvé l'État? c'étaient partout, du haut en bas, *même* mœurs, *même* corruption, *même* sentiments d'inhumanité. — N'avez-vous pas *de* [ou *des*] livres à me prêter? — Votre bibliothèque est riche; ne renferme-t-elle pas *de* [ou *des*] ouvrages que je n'aie pas encore lus? — Pourquoi vous abandonner au désespoir? ne vous reste-t-il pas *de* [ou *des*] amis, *de* [ou *des*] parents? — Tel *croire* [présent] rendre *de* [ou *des*] grands services, qui *faire* de grands maux qu'il ne voit pas pour un petit bien qu'il *apercevoir*. — Des arbres majestueux, associant *leur* ombres, mariant *leur* rameaux, formaient, par la variété de *leur* feuillages, un mélange rare et frappant; plus loin, *de* [ou *des*] élégants arbustes couronnés de fleurs charmaient et attiraient la vue; là, des prairies odorantes répandaient *de* [ou *des*] doux parfums. — La gloire *de* [ou *des*] bons rois *croître* [présent] d'âge en âge. — L'estime et le respect sont la récompense *de* [ou *des*] bonnes actions. — *De* [ou *des*] plate-bande, entretenues avec [avec ou sans article] soin, offraient une riche variété de fleurs. — *De* [ou *des*] jeunes gens revenaient du travail. — La fatuité *de* [ou *des*] *petit-maître* est insupportable.

56ᵉ Exercice.

Faites le même travail que sur les exercices précédents.

INCONSTANCE DE LA FORTUNE.

Dans *cet* inconstance *de* [ou *des*] choses *humain*, et parmi tant *de* [ou *des*] violentes agitations qui nous troublent ou nous menacent, celui-là me semble heureux qui peut avoir un refuge : sans cela nous sommes trop en butte aux attaques de la fortune pour pouvoir trouver *du* [ou *de*] repos. Par exemple, vous *vivre* [présent] ici dans la cour; et, sans entrer plus avant dans l'état de vos affaires, je *vouloir* [présent] croire que la vie vous y semble *doux*; mais certes, vous n'avez pas si fort oublié les tempêtes dont cette mer est si souvent *agité*, que vous osiez vous fier tout à fait à *ce* bonace. C'est pourquoi je ne vois point d'homme sensé qui ne *croire* [présent du subjonctif] devoir se destiner un lieu de retraite qu'il regarde de loin comme un port dans lequel il se *jeter* [futur] quand il sera poussé par les *vent* contraires. Mais cet asile que vous vous préparez contre la fortune est encore de son ressort; et, *quelque* loin que vous *étendre* [présent du subjonctif] votre prévoyance, jamais vous n'égalerez ses bizarreries. Vous penserez vous être muni d'un côté, la ruine *venir* [futur] de l'autre. Vous aurez *tout* assuré aux environs, l'édifice *fondre* [futur] soudain par le fondement. Si le fondement est solide, un coup de foudre *venir* [futur] d'en haut, qui renversera *tout* de fond en comble. Je *vouloir* [présent] dire simplement et sans figure que les malheurs nous *assaillir* [présent] et nous *pénétrer* par trop d'endroits pour pouvoir *prévoir* [infinitif présent passif] et arrêtés de *tout* parts. Il n'y a rien ici-bas sur quoi nous nous *appuyer* [présent du subjonctif] sûrement; emplois, dignités, *ami*, enfants *même*, il n'y a rien qui non-seulement ne *pouvoir* [présent du subjonctif] manquer, mais encore qui ne *pouvoir* nous tourner en une amertume infinie; et nous serions trop novices dans l'histoire de la vie *humain*, si nous avions encore besoin qu'on nous *prouver* [imparfait du subjonctif] *ce* vérité. Posons donc que ce que vous *voir* [parfait] *mille* fois arriver aux autres, vous arrive aussi à *vous-même*. Car sans doute vous n'avez pas parmi vos titres de sauvegarde contre la fortune, vous n'avez point de privilége ni d'exemption contre les *commun* faiblesses. *Mettre* [1re personne de l'impératif] donc qu'il arrive que l'espérance de votre fortune, que votre bonheur, vos établissements soient troublés, renversés par *quelque* disgrâces imprévues ; que votre famille soit désolée par *quelque* morts *désastreux*, et votre santé ruinée par *quelque cruel* maladies ; si vous n'avez *quelque* lieu d'abri où vous vous *mettre* [présent du subjonctif] à couvert, vous *essuyer* [futur] *tout* du long la fureur des vents et de la tempête.

57e Exercice.

Faites le même travail que sur les exercices précédents.

LE LAPIN.

Le lapin, comme le lièvre, a la lèvre *supérieur* fendue jusqu'aux narines, les oreilles allongées, les jambes de derrière plus *long* que celles de devant, et la queue *court*. Il y a sur le lapin, comme sur le lièvre, deux sortes de poils, l'un plus long et un peu plus ferme que l'autre, qui est doux comme du duvet. Le dos, les hanches, le haut des côtés du corps sont *noir fauve*, et *paraître* [présent] *gris*, quand on ne les examine pas de près. La plupart des poils *le* plus *long* et *le* plus fermes sont *fauve* à leur extrémité, *noir* au-dessous du *fauve*, et *cendré* jusqu'à la racine. Les autres n'ont point de *fauve* à la pointe, et sont seulement *noir* et *cendré*. Les *œil* sont environnés d'une bande *blanchâtre* qui s'étend en avant jusqu'à la moustache, en arrière jusqu'à l'oreille. La partie *antérieur* de la face externe des oreilles est mêlée de teintes *jaune brun*, la partie *postérieur* a une couleur *grisâtre*, et l'extrémité de l'oreille est *noirâtre*. Les lèvres, le dessous de la mâchoire *inférieur*, les aisselles, la partie *postérieur* de la poitrine, le ventre, la face interne des cuisses et des jambes sont *blanc cendré*. L'entre-deux des oreilles et la face *postérieur* du cou sont *fauve roussâtre*. Les côtés et le dessous du cou, la partie *antérieur* de la poitrine, les épaules, les bas côtés du corps et les aines sont *fauve clair*, presque *blanchâtre*. La face *supérieur* de la queue a du *noir* et un peu de *fauve* dans *quelque* endroits ; la face *postérieur* est *blanc*.

58e Exercice.

Faites le même travail que sur les exercices précédents.

LA CHASSE AU LAPIN.

Lorsque le fusil à silex *remplacer* [prétérit antérieur] les arquebuses à rouet et à mèche, avec lesquelles peut-être il *être* [2e forme du conditionnel antérieur] un peu présomptueux de coucher en joue un lapin qui déboulait, cet animal fit *de* [ou *des*] notables progrès dans l'estime des chasseurs. En *même* temps Olivier de Serre *jeter* [imparfait] les bases de l'art d'élever des lapins et de s'en faire *trois mille* livres de rentes! Il avait exposé dans son livre comment une garenne de *trois* ou *quatre* hectares pouvait sûrement produire *deux cent* douzaines de lapins par année, c'est-à-dire donner un revenu net de *quelque vingt-quatre mille* livres! Il *falloir* [2e forme du conditionnel antérieur] ne pas avoir *quatre* hectares de terre dans son fief pour se refuser le luxe d'une garenne ; on ne *voir* [prétérit] plus de gentilhommière qui n'*avoir* [imparfait du subjonctif] la sienne; elles se *propager* [prétérit] d'autant plus que généralement on perfectionnait économiquement le plan d'Olivier de Serres. Celui-ci avait recommandé d'enfermer les lapins entre *quatre* murailles, assez profondément enfoncées dans la terre pour défier les *travail* souterrains de ces artistes de la mine et de la sape ; de plus, il *prendre* [imparfait] le soin de les nourrir. Sa garenne forcée se métamorphosa presque partout en garennes ouvertes, presque partout on compta sur les récoltes du fermier ou du prochain pour nourrir la gent *lapinier*. Abandonnés ainsi à *eux-même*, ils produisaient moins sans doute, mais ils revenaient beaucoup moins *cher* aussi. Dieu sait de combien de plaintes plus ou moins fondées, et plus ou moins déclamatoires, les garennes ouvertes *devenir* [prétérit] l'occasion ou le prétexte! Enfin la loi du *onze* août *mille sept cent quatre-vingt-neuf* rendit les lapins à la libre pratique, et depuis lors ils *croître* [parfait] de plus en plus dans l'estime et la considération *public*.

59e Exercice.

Faites le même travail que sur les exercices précédents.

En *mille huit cent quarante-sept*, on comptait *trois cent quarante-deux mille* ouvriers environ attachés à l'industrie *parisien*, sur lesquels *deux cent cinquante mille* hommes, les apprentis *exceptés*, ne gagnaient que *deux* francs *quarante-neuf* centimes par jour, tandis que le salaire de *cent treize mille* femmes ne dépassait pas *un* franc *sept* centimes. — Du temps de la ligue le parti des *seize* avait pris son nom des capitaines de milice ou de garde *bourgeois* des *seize* quartiers de Paris. — Il y aura *mille soixante-cinq* ans à Noël que Charlemagne fut couronné empereur d'Occident. — Bien que la ville ne soit qu'à *quelque mille* du rivage, les routes, dans ces contrées, sont si mal entretenues, qu'il nous fallut deux jours pour arriver à la mer. — Si Paris s'est tellement accru depuis *quelque* années, qui peut prévoir ce qu'il sera dans *quelque* siècles d'ici, ou même l'an *deux mille huit cent*? — C'était une opinion répandue dans *tout* l'Europe que l'an *mille* verrait arriver la fin du monde, ou *tout* au moins *quelque* grandes catastrophes. — *Quelque* chronologistes font remonter jusqu'à l'an *mille deux cent* avant notre ère, le fameux siége de Troie par les Grecs. — On disait autrefois *six vingt* ans pour *cent vingt* ans.

60ᵉ Exercice.

Faites le même travail que sur les exercices précédents.

IMMENSITÉ DU CIEL.

Pour avoir *quelque* notions de l'étendue du ciel, observons que le soleil, qui nous *paraître* [présent] y occuper si peu de place, est un million de fois plus grand que le globe de la terre, dont le circuit est de *neuf mille* lieues. C'en est déjà assez pour nous faire juger, en général, de la *prodigieux* distance qui est entre le soleil et la terre, et de l'étendue immense des *ciel*. Mais il est bon là-dessus d'écouter un habile astronome qui a examiné quel temps un boulet de canon *mettre* [conditionnel] à parcourir l'espace jeté entre le soleil et la terre, en conservant toujours la *même* vitesse avec laquelle il *parcourir* [présent] les *deux premier* hectomètres depuis sa sortie du canon. Il est prouvé par plusieurs expériences que ce boulet fait les *deux premier* hectomètres en *un* seconde; c'est la *soixantième* partie d'*un* minute, ou un battement d'artère. En continuant donc de se mouvoir avec la *même* vitesse, il ferait *trois* lieues en *un* minute, *cent quatre-vingt* lieues en *un* heure, et *quatre mille trois cent vingt* en un jour. Or, cet auteur, par la connaissance *exact* que les principes de l'astronomie lui donnent de la distance de la terre au soleil, trouve qu'il *falloir* [conditionnel] *vingt-cinq* ans à ce boulet pour venir du soleil à la terre. Mais *quelque* grands que *paraître* [présent du subjonctif] ces chiffres, cette distance n'est rien auprès de celle qui sépare le soleil des *derniers* étoiles visibles.

61ᵉ Exercice.

Faites le même travail que sur les exercices précédents.

IMMENSITÉ DU CIEL (SUITE).

Supposons une meule de moulin qui tombe du ciel sur la terre; donnons-lui *le* plus *grand* vitesse qu'elle soit capable d'avoir, celle que n'ont pas *même* les corps tombant de fort haut; supposons encore qu'elle conserve toujours cette *même* vitesse sans en acquérir et sans en perdre, qu'elle parcoure *quinze* toises par chaque seconde de temps, c'est-à-dire la moitié des plus hautes tours, et ainsi *neuf cent* toises en une minute pour une plus grande facilité. *Mille* toises font une demi-lieue *commun*; ainsi, en deux minutes la meule fera *un* lieue, et en *un* heure elle en fera *trente*, et en *un* jour elle fera *sept cent vingt* lieues. Or, elle en a *trente million* à traverser avant que d'arriver à la terre ; il lui faudra donc *quarante et un mille six cent soixante-dix* jours, qui font plus de *cent quatorze* années, pour faire ce voyage. Ne vous *effrayer* [impératif] pas ; écoutez-moi : la distance de la terre à Saturne est au moins decuple de celle de la terre au soleil ; c'est vous dire qu'elle ne peut être moindre que de *trois cent million* de lieues, et que cette pierre *employer* [conditionnel] plus de *onze cent quarante* ans pour tomber de Saturne en terre. Je n'ai pas *tout* dit : savez-vous que cette distance de *trente million* de lieues, qu'il y a de la terre au soleil, et celle de *trois cent million* de lieues de la terre à Saturne, sont si peu de chose, comparées à l'éloignement qu'il y a de la terre aux étoiles, que pour les astronomes ce n'est pas *même* s'énoncer assez *juste* que de se servir, sur le sujet de ces distances, du terme de comparaison? *Quel* proportion à la vérité de choses qui se mesurent, *quelque* grandes qu'elles puissent être, avec ce qui ne se mesure pas?

62ᵉ Exercice.

Faites le même travail que sur les exercices précédents.

LA HONGRIE.

La Hongrie, qui attire si vivement aujourd'hui l'attention de l'Europe, est une des régions *le* moins connues du public. *Quelque* mots sur sa géographie paraissent donc à propos. La Hongrie, *appeler* [participe passé] par les Hongrois *Maggyar-Orszag* (pays des Maggyars), et par les Allemands *Ungarn*, s'étend au cœur *même* de l'empire d'Autriche et du bassin du Danube ; les monts Carpathes l'enveloppent au nord et à l'est ; les derniers rameaux des Alpes *styrien s é ever* [présent] sur ses frontières *occidental*. *Quelque* rivières aussi marquent ses limites : au nord-ouest, la Morava ; au sud, la Drava, le Maros et une partie du Danube. Néanmoins, dans *ce dernier* direction, les confins de la Hongrie sont difficiles à préciser ; car, suivant les réclamations des Hongrois, il faut regarder comme des annexes de leur pays le royaume de Croatie, l'Esclavonie, les confins militaires de la voïvodie de Serbie et le banat de Témès : alors ce royaume *aller* [conditionnel] jusqu'à la Save et à la partie du Danube qui franchit la Porte-de-Fer ; mais selon la division *administratif* établie dans l'empire par le gouvernement autrichien à la suite des événements de *mille huit cent quarante-neuf*, le royaume de Croatie et l'Esclavonie, la voïvodie de Serbie avec le banat de Témès, et enfin les confins militaires, forment *trois* provinces tout à fait *distinct* de la Hongrie, qui s'arrête, dans ce cas, au Maros et à la Drave. C'est l'*ancien* Hongrie proprement dite, et ce pays *contenir* [présent] encore, sans les annexes réclamées, *deux cent mille* kilomètres carrés et *huit million* d'habitants. De vastes plaines occupent *tout* la moitié *méridional* de la Hongrie. Ces plaines sont des steppes *nu*, *imprégné* de sel et de natron, qui *rappeler* les déserts de la Russie *méridional* ou ceux de *quelque* parties de l'Asie et de l'Afrique ; tantôt des marais insalubres ; tantôt des champs fertiles, qui se couvrent d'abondantes moissons, ou bien de verts pâturages où errent de nombreux *troupeau* de *bœuf* vigoureux, d'énormes moutons aux cornes roulées en spirale, et de magnifiques chevaux, tels que ceux du célèbre haras de Mezoc-Hegyes.

63ᵉ Exercice.

Faites le même travail que sur les exercices précédents.

Le soleil se couvre ; *de* [ou *des*] lointains rugissements se font entendre, les crocodiles y répondent par *de* [ou *des*] sourds rugissements, *de* [ou *des*] immenses colonnes de nuages s'étendent au nord-est et au sud-est. — On fit un crime au gouverneur de la place d'avoir capitulé ; n'avait-il pas *de* [ou *du*] pain, *de* [ou *de la*] poudre et *de* [ou *du*] plomb ? — *De* [ou *des*] bons mots peuvent faire rire, mais ils ne prouvent rien. — Le propre *des* [ou *de*] grandes douleurs est de nous plonger dans un morne abattement. — Cet homme a l'air d'un échappé *de* [ou *des*] petites maisons. — Ces vignes ne sont pas assez exposées au soleil pour donner *du* [ou *de*] bon raisin. — *D'* [ou *des*] énormes *chauve-souris* passaient si près de nous, qu'elles nous frôlaient de *leur* ailes. — La France produit les vins *le* plus estimés. — C'est quand les vins ont vieilli un temps plus ou moins long qu'ils sont *le* plus estimés. — C'est en été que les fleurs sont *le* plus parfumées. — La rose est la fleur *le* plus parfumée de nos jardins. — Les étoffes *le* plus grossièrement travaillées excitaient l'admiration de ces pauvres sauvages. — Les ennemis attaquèrent la ville du côté où elle était *le* moins fortifiée. — Souvent la fortune est *prêt* à nous abandonner quand elle nous paraît *le* plus favorable. — Boire, manger, dormir, c'est ce que je fais *le* mieux. — Les étoffes qui sont faites *le* plus grossièrement, indiquent encore chez l'ouvrier une *certain* habileté. — Les fruits, c'est ce que j'aime *le* plus. — De *tout* les sciences, la géographie et la chronologie sont celles qui m'*agréer* [présent] *le* moins. — La colère est, de *tout* les passions, celle qui cause *le* plus de maux.

64ᵉ Exercice.

Faites le même travail que sur les exercices précédents.

Au moment où nous nous *croire* [imparfait] *le* plus près d'atteindre le rivage, un coup de vent nous re,eter [présent] en *plein* mer. — C'est à cette époque de l'année que les fruits sont *le* meilleurs. — *Certain* plantes servent à guérir les blessures. — *Nul* vaisseau n'aborde sur cette plage *inhospitalier*. — *Chaque* [ou *chacun*] de nous a en soi un guide infaillible, la conscience. — Rien de plus flatteur qu'une *tel* louange. — Il m'a rendu service en *maint* circonstances. — *Tout* chose a du bon et du mauvais. — *Aucun* funérailles ne furent célébrées avec plus d'éclat. — C'est *quelque chose* de *bon* assurément que d'être content de soi. — *Quelque chose* que nous avons *vu* [masculin ou féminin], nous n'avons pu être distraits de nos préoccupations. — *Quelque chose* que vous me disiez, je [*le* ou *la*] trouve toujours bien *dit*. — Bien que les accusés se flattent d'être acquittés, je ne puis croire qu'ils *le* soient. — Êtes-vous la femme dont on m'a parlé? Oui, je *le* suis. — Nous ne sommes pas encore savants, mais nous espérons *le* devenir à force de persévérance et de travail. — Vous êtes sans doute les savants dont le voyage au pôle a excité un si vif intérêt en Europe? Oui, nous *le* sommes. — Moi, souris! je ne *le* suis point, voyez mes ailes. — Votre mère est-elle délivrée de *tout* les ennuis que lui a causés sa nouvelle installation? Non, mais je *espérer* [présent] qu'elle *le* sera bientôt. — Êtes-vous parents de cette personne qui portait le même nom que vous, et que j'ai beaucoup connue dans ma jeunesse? Nous *le* sommes. — Êtes-vous les parents du défunt? Nous *le* sommes. — Avez-vous connu *feu* ma mère? — Votre *feu* mère avait pour moi *tout* sortes de bontés.

65° Exercice.

Faites le même travail que sur les exercices précédents.

LOUIS XIV.

On doit cette justice aux hommes *public* qui ont fait du bien à leur siècle, de regarder le point dont ils sont partis, pour mieux voir les changements qu'ils ont faits dans *leur* patrie. La postérité *leur* doit une *éternel* reconnaissance des exemples qu'ils ont donnés, lors *même* qu'ils sont surpassés. Cette juste gloire est *leur* unique récompense. Il est certain que l'amour de *ce* gloire anima Louis XIV, lorsque, *commencer* [participe présent] à gouverner lui-même, il voulut réformer son royaume, embellir sa cour et perfectionner les arts.

Non-seulement il s'imposa la loi de travailler régulièrement avec chacun de ses ministres, mais *tout* les hommes connus pouvaient obtenir de lui une audience *particulier*, et *tout* les citoyens avaient la liberté de lui présenter des requêtes et des projets. Les *plácet* étaient *recevoir* [participe passé] d'abord par un maître des requêtes qui les rendait apostillés; ils furent dans la suite renvoyés aux bureaux des ministres. Les projets étaient examinés dans le conseil, quand ils méritaient de *l'être*; et *leur* auteurs furent admis plus d'une fois à discuter *leur* propositions avec les ministres, en présence du roi.

A peine Colbert eut-il rétabli l'ordre dans les finances, que le roi

remettre [prétérit] au peuple *tout* ce qui était *devoir* [participe passé]
d'impôts depuis *neuf* ans, notamment *trois million* de tailles.

66° Exercice.

Faites le même travail que sur les exercices précédents.

L'AMÉRIQUE MÉRIDIONALE.

Dans l'Amérique *méridional*, la culture, les arts, les richesses que
produit le travail de l'homme, sont moins développés que dans l'A-
mérique *septentrional*. Mais la nature, prodigue de *tout* ses *mille*
trésors dans ces régions *équinoxial*, semble avoir reculé les bornes
de sa puissance. *Quelque* soient la magnificence et la grandeur des
créations de l'homme, que sont-elles, comparées à ces prodiges nés
d'une terre privilégiée? Que sont les tours, les flèches si élégantes
et si sveltes de nos églises, comparées aux cimes des bois du nouveau monde élevées dans les airs à *deux cent* pieds de haut? Là se
balancer [présent] l'arbre à cire et le bambou; l'acajou et le cam-
pêche étalent partout *leur précieux* rameaux; les hautes régions des
montagnes sont tapissées des bosquets du myrte qui donne le pi-
ment; et les flancs sont décorés par le quinquina *tout* aussi beau à la
vue que salutaire à la santé. Toujours avide de produire, toujours
inépuisable, la terre est *tout* hérissée de cactus, d'aloès gigantesques,
dont nos serres ne nous offrent que des images *tout* rabougries; elle
est toujours parée de lauriers et *même* de *datura* odorant, d'orchi-
dées aux *vif* nuances et de lianes grimpantes qui courent suspendre
leur guirlandes, comme une parure, aux escarpements des *mont* ou
à la tige *altier* des arbres. *Quelque riche* que *soit* les langues *humain*, *quelque* féconde que *soit* l'imagination, elles ne pourront jamais ni dire, ni se figurer la splendeur de ces contrées. *Quelque*
grandes ressources que la peinture donne à l'esprit, *il* ne pourra
non plus retracer avec son pinceau le charme et la grandeur de ces
spectacles purs de *tout* profanation *humain*.

67° Exercice.

Faites le même travail que sur les exercices précédents.

CHASSE AUX LOUPS NOIRS SUR LA GLACE.

Quel ne fut pas notre surprise de voir les deux garçons rendus
presque à l'extrémité du lac et patinant de *tout leur* force de notre
côté! En *même* temps nous *apercevoir* [prétérit] derrière eux *quelque* chose de terrible. *Tout* près d'eux, en *quelque* sorte sur *leur*
talon, se trouvait une bande de loups. Ce n'étaient pas de ces petits
loups de la prairie, qu'un enfant peut chasser avec un bâton; ceux-
ci appartenaient à *un* espèce connue sous la désignation de grand

loup noir des montagnes Rocheuses. Il y en avait *six* en *tout*. Ils
étaient au moins deux fois gros comme les loups de la prairie. *Leur*
grands corps noirs, *tout* décharnés par la faim, *tout* hérissés de la tête
a la queue, donnaient à ces animaux un aspect effrayant. Ils cou-
raient les oreilles *tout* couchées sur le cou et la gueule *tout* grande
ouverte, montrant *leur* langue rouge et *leur* dents *blanc*.

Nous ne nous *arrêter* [prétérit] pas un moment, et nous *courir*
vers le lac. Je *jeter* [prétérit] la corde que je *tenir* [imparfait]; je
saisir le premier morceau de bois venu, tandis que Cudjo s'*élancer*
[imparfait] en avant en brandissant sa lance. Marie eut la présence
d'esprit de retourner à la maison prendre *un* carabine.

Henri était en avant, tête *nu*; Frank était sur le point d'être
atteindre par les loups. Cela nous *paraître* [imparfait] étrange, car
Frank était un excellent patineur. Nous l'*appeler* [prétérit] *tout*
ensemble, l'*encourager* [participe présent] par nos cris Il *courir* [im-
parfait] le plus grands dangers. Les loups étaient *proche* de lui,
sur ses talons. « Grand Dieu, ils *aller* [présent] le devorer! » m'é-
criai-je dans mon désespoir, et je m'attendais à le voir tomber sur
la glace. *Quel* fut ma joie, quand il tourna *court* dans une *tout*
autre direction, en poussant un cri de triomphe! Les loups ainsi
évités se précipitèrent sur les traces d'Henri. Nous *trembler* [prétérit]
alors pour lui. Déjà ces terribles animaux le pressaient, lorsque,
exécutant la même manœuvre que son frère, il laissa passer devant
lui les loups *emporté* par la rapidité de leur course. Ceux-ci se
retournèrent bientôt, et comme Henri se trouvait le plus rapproché,
ils galopèrent après lui. Alors Frank, retournant sur ses pas, *courir*
[prétérit] derrière eux en *jeter* [participe présent] des cris *tout*
haut, à *tue-tête* comme pour les déranger de leur poursuite. En ce
moment Henri tourna *court* encore une fois et *suivre* une *tout* autre
direction.

Cependant Frank criait à son frère de gagner le bord. Pour lui, il
passa à la tête des loups, et, tandis qu'Henri s'éloignait, il attira
tout la bande sur ses pas. Serré de près, il *changer* [prétérit] une
autre fois de direction.

68ᵉ Exercice.

Faites le même travail que sur les exercices précédents.

CHASSE AUX LOUPS NOIRS SUR LA GLACE (SUITE).

Il y avait près du bord un grand trou dans la glace : c'était de ce
côté que le jeune garçon *venir* [imparfait] de s'élancer. Nous *croire*
[prétérit] qu'il ne l'avait pas *apercevoir* [participe passé], et nous lui
crier de prendre garde au trou. Mais il *savoir* [imparfait] bien ce qu'il
faire. Comme il *aller* toucher le bord du trou, il tourna à angle droit,
et *venir* [prétérit] de notre côté. Les loups, qui le serraient de près,
étaient *lancé* à fond de train et trop animés pour voir le danger.

D'ailleurs ils ne *pouvoir* [conditionnel antérieur] s'arrêter à temps. Aussi les *voir* [prétérit]-nous, en un clin-d'œil, disparaître *tout* les six dans le gouffre ouvert sous *leur* pas.

Je *courir* avec Cudjo, et nous *commencer*, lui avec sa lance, moi avec mon tronc d'arbre, à *leur* livrer un rude combat. Cinq d'entre eux furent ainsi assommés en *quelque* instants. Le sixième réussit à sortir du trou; il était *tout* transi de froid et de frayeur. Je croyais qu'il *aller* [imparfait] nous échapper, lorsque j'*entendre* [prétérit] un coup de carabine derrière moi, et je *voir* l'animal tomber en poussant un hurlement de douleur. Je me retournai et j'*apercevoir* [prétérit] Henri, ma carabine en main. Marie avait eu le bon esprit de la lui donner, *savoir* [participe présent] qu'il était un excellent tireur. Le loup était seulement blessé, il regimbait avec fureur sur la glace. Mais Cudjo arriva, et d'un coup de lance *achever* la bête.

Ce fut une journée d'émotion dans notre communauté. Frank ici avait été le héros du jour. Quoi qu'il *garder* [imparfait du subjonctif] le silence, il n'en était pas moins fier de son exploit, et il y avait de quoi; car sans ses habiles manœuvres le pauvre Henri *être* [2e forme du conditionnel antérieur] inévitablement la proie de ces animaux féroces.

69e Exercice.

Faites le même travail que sur les exercices précédents.

CHASSE AUX CASTORS.

Au bout de *trois* ans, nos castors s'étaient tellement multipliés que nous *penser* [prétérit] tous qu'il était temps d'en prendre *quelque* uns et de commencer notre provision de fourrures. Ils étaient *tout familiarisé* avec nous, et presque tous *docile*. Ils venaient prendre la nourriture que nous *leur* présentions nous-*même*, sans toutefois se jamais laisser toucher. Il n'était donc pas difficile de nous emparer, sans effrayer les autres, de ceux que nous *vouloir* tuer. Nous *construire* [prétérit] dans ce dessein un petit réservoir communiquant avec le lac au moyen d'une sorte d'écluse. C'était là que d'habitude nous donnions *quelque* aliment à nos animaux. Chaque fois que nous *jeter* [imparfait] dans le bassin des racines de sassafras, les castors *accourir* en foule, en sorte que nous n'avions rien autre chose à faire que de fermer l'écluse pour les prendre *tout* à notre aise. Cela se faisait sans bruit, et comme aucun de ceux que nous *prendre* ne retournait raconter la chose aux autres, que d'ailleurs la trappe restait *tout* ouverte le reste du temps, les castors, malgré *tout leur* sagacité, ne pouvaient se douter du sort de *leur* compagnons. Aussi notre piège ne *leur paraître* [prétérit]-il point suspect, et ils s'y laissèrent toujours prendre à notre gré.

Dans notre *premier* campagne nous *avoir* [prétérit] au moins pour *douze mille* francs de peaux. La seconde année nous *produire* [prétérit] *quelque vingt-cinq mille* francs.

70ᵉ Exercice.

Faites le même travail que sur les exercices précédents.

LA FÊTE TSING-MING EN CHINE.

Cette commémoration des morts se prolonge à Ningpo depuis la fin de la seconde division de l'année jusqu'au commencement de la quatrième lune, mais elle est dans *tout* sa vivacité entre les *cinquième* et *dixième* jour de la troisième. Des familles *tout entier* vêtues de *leur* plus beaux habits, et le maintien grave, *aller* [imparfait] hors de la ville visiter les tombeaux de famille qui étaient *nettoyer* [participe passé] et *mettre* en ordre à *cet* occasion.

Le saule est dans les idées chinoises l'emblème de la vie et de la santé : aussi y eut-il, pendant *ce* période, prodigalité de branches, de feuilles et de bourgeons de saule. Hommes, femmes, petits enfants, animaux *même*, étaient ornés de ce symbole significatif. On le *mettre* [imparfait] dans les cheveux, on le suspendait au cou, on le *placer* sur le chambranle des portes, en guise de *ciel de lit*, dans *tout* les coins de l'appartement.

Et comme les esprits des morts *devoir* [présent] être fournis d'aliments et de *tout* autres nécessités, on brûle du papier d'or et d'argent sous la forme de pièces de monnaie, afin que ces objets passent à travers la fumée à un monde invisible où ils *reprendre* [présent] *tout* la consistance des *métal*. Habits, chaises à porteurs, ustensiles, maisons, buffles, et *même* chevaux, faits en papier ou en carton, s'*envoyer* [présent] de la *même* manière à la terre des nuages.

71ᵉ Exercice.

Gardez intacts ou changez comme il conviendra les mots en italique.

LA FÊTE TSING-MING (SUITE).

C'est l'époque aussi des examens militaires et littéraires, présidés par des commissaires, spécialement députés sous le sceau impérial de Sa Majesté.

L'examen militaire eut lieu le premier, et se *faire* [prétérit] en plein air. Le lieu choisi était un champ de manœuvres en dehors des murs de la ville. A l'une des extrémités était un bâtiment, d'une étendue assez considérable. Le prévôt de la ville était assis sous un superbe dais de soie *jaunâtre écru.* Il était entouré d'un groupe orné de boutons, fumant de [ou *des*] *long* pipes avec un air solennel, et *tout* préoccupés de faire repousser *quelque* intrus qui se faufilaient dans l'enceinte. Le président avait devant lui une table de tabellion ou de *garde-note.* Tandis qu'autour de lui, on était *tout* yeux, *tout* oreilles, attentif aux préliminaires des jeux, lui gravement examinait les compétiteurs, *leur* donnait des notes, bonnes, mauvaises ou indifférentes. Il y avait au bas des degrés qui conduisaient à son siége, *vingt-deux* candidats seulement pour les honneurs militaires. Ils portaient, les uns des robes de soie *jaune écru*, les autres des robes de satin de diverses couleurs, *orange, rouge cerise, marron clair* ou *marron foncé, vert, bleu, bleu clair, gris, gris cendré, brun, jonquille, amarante, pourpre, aurore, fauve* ou *jaune tendre. Leur* bonnets de cérémonie avaient des houppes de soie, et ils étaient armés *d'* [ou *des*] arcs et *de* [ou *des*] flèches. La lice occupait *un* espace *long* de *plusieurs* centaines de mètres sur *quatre-vingt* pieds de large seulement. Les hommes et les femmes étaient rangés des deux côtés, avides de contempler le spectacle, et ne se gênant pas pour exprimer *tout haut*, par *leur* cris et *leur* huées, l'impression que *leur* causaient l'échec ou le succès des compétiteurs.

72ᵉ Exercice.

Faites le même travail que sur l'exercice précédent.

FÊTE DE TSING-MING (SUITE).

Pour maintenir l'ordre *plusieur* hommes de la police se *tenir* [imparfait] le long de la lice, vis-à-vis du dais du président; mais ils ne *servir* guère qu'à exciter les rires et les *quolibet* de la multitude; à l'autre bout de la lice, vis-à-vis du dais du président, était le point de départ des archers montés. Lorsque les épreuves commencèrent, un crieur *s'avancer* [prétérit] et cria le titre de chaque division et le nom de chaque candidat. Ceux-ci *répondre* [prétérit] un à un, en mettant *le* [ou *leur*] genou droit en terre et en inclinant *la* [ou *leur*] tête. Chaque compagnie *recevoir* [prétérit] ensuite l'ordre. La *premier* épreuve était celle des archers montés : et c'était peut-être *le* plus intéressante. On les *envoyer* [prétérit] à l'autre bout de la lice. *Sauf* une ou deux exceptions, *leur* montures étaient *de* [ou *des*] tristes échantillons de la race *chevalin* en Chine. Les chevaux étaient caparaçonnés de la manière *le* plus fantastique, les selles montées *haut* et *gauche*, les brides *épais*, rouillées et *grossier*, les étriers *de* [ou *d'une*] *vilain* forme. Au moment où le candidat montait à cheval, *deux* trompettes *public, tiré* de la milice, sonnaient et donnaient le signal. Ce n'était point une lutte entre les compétiteurs ; c'était un essai de *leur* adresse à tirer à cheval. La carrière à fournir avait plus de *deux cent* mètres; sur la droite étaient placés à *égal* distances trois grands cylindres de serge *brut noir*, dans chacun desquels étaient tracés trois globes *rouge*. Celui du milieu était le but *offrir* [participe passé] à l'adresse des archers. Lorsque l'un d'eux était parti, on agitait un petit drapeau pour l'animer. Si sa flèche *atteindre* [imparfait] le but, on *battre* le tambour, en inclinant une grande bannière. Pour manier l'arc et la flèche, pendant que le cheval était au grand galop, il fallait au candidat beaucoup *d'* [ou *de l'*] adresse,

puisqu'il n'y avait pas moyen de tenir la bride. La plupart des archers *faire* [prétérit] preuve de coup d'œil. Chacun *devoir* [imparfait]
parcourir la lice trois fois; et à chaque fois il *venir* au tribunal recevoir des reproches ou des éloges.

73ᵉ Exercice.

Faites le même travail que sur les exercices précédents.

LA FÊTE DE TSING-MING (SUITE).

Venir [prétérit] ensuite le tour des archers à pied. Les candidats
étaient divisés en compagnies de [ou *des*] quatre. *Chaque* [ou *chacun*] homme *envoyer* [imparfait] ses six flèches à la distance de
cent mètres. Lorsqu'il touchait le but, on en *prendre* [imparfait] note,
et le nombre des marques indiquait le degré d'adresse. Le troisième
exercice consistait à bander des arcs *très-fort*, *exiger* [participe pré-
sent] une force de *quatre vingt* à *cent vingt* livres. Le quatrième
exercice était le maniement du sabre. La cinquième épreuve consistait à soulever de [ou *des*] gros pierres, et à manier de [ou *des*] pe-
sants marteaux. L'examen se terminait par là. Les épreuves littéraires avaient aussi attiré beaucoup de monde, *tout* Ningpo y était,
comme *tous* Rome assistait aux spectacles de gladiateurs. Je de-
mandai à y être admis, mais à plusieurs reprises on me refusa
obstinément, quoique avec une politesse *exquis*. Le premier degré
auquel visent les aspirants littéraires et qui conduit aux emplois *le*
plus importants, est celui de *Siéou-Tsaï*, *rejetons élégants*.

74ᵉ Exercice.

Faites le même travail que sur les exercices précédents

SOUVENIRS D'UN VOYAGE AU BRÉSIL.

Une des parties *le* plus riches et *le* moins connues de l'Amérique
du sud est *ce* immense triangle dont la base, *s'appuyer* [participe
présent] sur le revers occidental des Andes, *descendre* [présent] d'é-
tages en étages pour aller se perdre dans les eaux de l'Atlantique.
Un seul empire, le Brésil, englobe presque *tout ce* région, tandis
que les deux plus grands fleuves du monde lui *servir* à la fois d'entrée et de barrière, et le fertilisent de *leur* innombrables affluents.

Si les habitants de ce pays n'ont pas à redouter les tremblements
de terre, en revanche ils sont sous le coup d'un fléau non moins
terrible, celui des inondations. Pendant six mois consécutifs, les
orages du solstice *jeter* [présent] tout à coup à la surface du sol des
masses de vapeurs, que les vents alizés poussent vers les Andes, et
que la Cordillère *renvoyer* à l'Océan. Bientôt les ruisseaux *le* plus
petits deviennent torrents. Dans *tout* les contrées *montueux*, les

terres, *délayer* [participe passé] par l'action des pluies, se changent en boue. *Quelque* ils soient, les arbres des rives sont entraînés chacun à *leur* tour. Arrivés au but de *leur* course et trouvant *leur* embouchures barrées par les eaux du fleuve, ces torrents *tout* improvisés *s'épandre* [présent] en nappes *profond* sur le fond de la vallée et en font un lac.

75ᵉ Exercice.

Faites le même travail que sur les exercices précédents.

SOUVENIRS D'UN VOYAGE AU BRÉSIL (SUITE).

Les grandes plaines voient se produire les *même* phénomènes, mais dans des proportions quelquefois désolantes. Les *mille* rivières qui sillonnent ces immenses bassins, bien que d'un cours moins impétueux, *acquérir* bientôt un énorme volume, et entraînent non plus des arbres, mais même des forêts *tout* entières. C'est alors une vague irrésistible qui, dans ses *brutal* colères, chasse devant elle les îles qu'elle a déposées les années précédentes, et les *jeter* pêle-mêle au milieu des sables et des débris de montagnes que roulent ses flots fangeux. Les bords flottants et indécis de *ce* mer *houleux* s'avancent dans les terres voisines et couvrent *de* [ou *des*] immenses espaces ainsi *submergé*. Des touffes d'arbres qui surnagent comme autant de panaches verdoyants *rappeler seul* que ces eaux vagabondes *appartenir* à un fleuve sorti de son lit. Parfois, il arrive qu'un ouragan, poussant devant lui un pan de forêt, rencontre un courant en sens inverse. Les deux flots se heurtent, tourbillonnent sur *eux-même* et cherchent à se confondre au m lieu d'effroyables tempêtes. Quand les vagues se sont retirées, on peut juger de la hauteur qu'elles ont atteinte par les débris arrachés aux sommets *même* des arbres gigantesques qui bordent les rives. Il se produit alors un phénomène étrange. *Certain* branches peu élevées, mais robustes comme la plupart des plantes *ligneux* qui *naître* [présent] sous les tropiques, *soutenir* une énorme roche sur laquelle s'épanouit une végétation *nouveau*. D'autres, plus hautes et moins solides, supportent comme une *grossier* charpente de poutres équarries et offrent l'aspect *de* [ou *des*] jardins suspendus.

76ᵉ Exercice.

Faites le même travail que sur les exercices précédents.

LES VENDANGES.

Sur un coteau bien exposé, un riche et immense vignoble étale le plus de trésors *possible*. De joyeux vendangeurs ont déjà signalé, depuis l'aube du jour, *leur* bruyante allégresse par *leur* chants et *leur* ritournelles; et les *actifs* vendangeuses détachent les grappes *parfumé* et les entassent dans *de* [ou *des*] paniers; ensuite des enfants et *de* [ou *des*] jeunes filles les versent dans des hottes déjà *tout* humides et *tout* arrosées de ce jus, dont l'innocence apparente et la perfide douceur *receler* [présent] trop souvent les éléments du délire et des querelles *odieux*. Non loin de là on voit *un couple* d'autres jeunes filles qui s'amusent à charger un pauvre villageois dont la physionomie *quelque* peu *naïf* excite le rire et la malice *naturel* de l'essaim folâtre. Il fléchit sous le faix, il *chanceler*, le coteau est rapide ; mais il se cramponne, il s'arrête à propos, et *parvenir* sans accident jusqu'à la cuve, où il *jeter* d'un seul coup d'épaule son lourd fardeau.

———

Prenez toutes les précautions *possible* pour qu'à ma mort vous puissiez avoir la *nu* propriété de mon domaine, dont vous avez déjà la jouissance. — Quand j'ai mes poches *plein* d'argent, du vin *plein* ma bouteille, une bonne santé et un beau soleil, disait un épicurien, je me crois l'un de ces *demi*-dieux si fort célébrés parmi les hommes. — On a pris maintenant l'habitude d'écrire toutes les lettres *franc de port*. — Les journaux ne reçoivent pas les lettres qu'on *leur* adresse, à moins qu'on ne les *leur* envoie *franc de port*.

77ᵉ Exercice.

Faites le même travail que sur les exercices précédents.

LES VACANCES DE PAQUES (SUITE) *.

Le second jour de *leur* pèlerinage, nos trois étourneaux, contre *leur* prévisions de la veille, avaient dormi *le* plus d'heures *possible*. *Quelque* haut que fût déjà le soleil sur l'horizon, *tout* joyeux que brillassent ses rayons au ciel, les voyageurs n'étaient pas encore levés. Un seul d'entre eux, depuis une heure et *demi*, était dehors. Il s'était assis, *nu-pieds*, ou du moins sans chaussure, sur une grosse pierre adossée à un noyer rabougri, en face de la croix du hameau. Ses yeux erraient vagues et mélancoliques sur les *quelque* petites croix de bois *noir* dont s'émaillait si tristement le rustique cimetière. Son corps à *demi* appuyé au tronc de l'arbre séculaire laissait pendre languissamment ses membres *appesanti*, son front était morne, son regard presque *éteindre* [participe passé]. Qu'avait-il donc à rêver ainsi, tête *nu*, en plein air, devant une croix et un cimetière ?

———

* Voyez, page 20, le commencement de ce récit.

78ᵉ Exercice.

Faites le même travail que sur les exercices précédents.

LES VACANCES DE PAQUES (SUITE).

A la fin pourtant il se retourna vers la maison où il avait passé la nuit. Ses deux amis en sortaient, [*les* ou *leur*] œil bouffis, [*la* ou *leur*] jambe traînante, et le sac sur [*le* ou *leur*] dos. Quand ils furent *proche* de *leur* camarade, l un d'eux se mit à rire, en voyant sa pose *méditatif* et son visage allongé. « Eh bien ! dit-il, combien de *pater* et d'*ave* en attendant notre petit lever ? — Combien de *miserere* plutôt et de *de profundis !* répliqua-t-il ; car le vent pour moi ne souffle pas aux *Te Deum* et aux actions de grâces. J'ai l'estomac d'une tristesse noire. Ce n'est pas bien à vous de m'avoir laissé endormir hier avant d'avoir fini mon souper. — Eh, que nous chante-t-il là ! il a mangé comme un ogre, sans dire un mot, sans prendre garde à la complaisance et à la prestesse *merveilleux* des deux filles de la maison, de nos deux *gentil* aides de cuisine, aux propos maternels de notre hôtesse et *cuisinier*. Il s'est couché, il a ronflé comme *un* orgue d'église des plus *triomphant*, sans se soucier des deux carreaux cassés, qui faisaient des *œil-de-bœuf* dans notre dortoir et nous soufflaient l'air froid de la nuit ; et, en se levant, il se *plaindre*, il est de mauvaise humeur ! Allons, allons, nous te remettrons nous-mêmes tes souliers, et tu seras plus raisonnable. — Ne touchez pas à mes pieds, malheureux. J'ai eu la malencontreuse idée de m'embarquer avec des chaussettes de fil *écru*, et mes pieds sont *tout* meurtris. — Moi, dit le second, j'ai pris des bas de laine *gris*; et je n'en *valoir* [présent] guère mieux. — Moi, ajouta le troisième, des chaussettes de coton *bleu* et mes pieds sont *moudre* [participe passé]. »

79ᵉ Exercice.

Faites le même travail que sur les exercices précédents.

LES VACANCES DE PAQUES (SUITE).

« De sorte qu'en réalité, si nous voulons raisonner *juste*, il nous faut accuser la longueur de la route et la dureté des pierres du chemin. Voilà du moins mon avis, *sauf* plus ample information. Un temps de galop nous déroidira (*les* ou *nos*) jambes et nous remettra [*les* ou *nos*] pieds. — Et déjeuner ! reprit avec angoisse l'affamé, vous avez donc résolu de me faire tomber de besoin sur la route? Je vous l'assure, je *ne pas devoir* [parfait] finir de souper hier soir. Aussi bien moi, je ne marche pas (*le* ou *mon*) ventre vide. — Sommes-nous des *Crésus* pour vivre en *Sardanapale* et faire trois repas par jour? se hâta de dire le trésorier de la troupe; nous déjeunerons à Gex, une des jolies *sous-préfecture* de ce département qui eut l'honneur de donner au monde Brillat-Savarin, de mémoire si réjouissante aux estomacs *tout* épris d'eux-*même* et de *leur gastro-nomique* satisfactions. Si mes notes sont *juste*, nous y arriverons à *onze* heures et *demi*. » Et il tendait en même temps à ses deux amis un bout de papier où se trouvait tracé leur itinéraire. « Une carte qui m'a coûté *cher*, ajouta-t-il, qui m'a valu bien des *pensum*, quand j'étais pris à la confectionner au lieu de faire ma besogne du jour, une carte que vous avez juré de suivre exactement. — Allons, dit l'affamé, je mourrai d'inanition sur la route, mais je serai fidèle au serment; ce sera bien, à coup sûr, un des plus longs *Benedicite* que j'aie dits avant de déjeuner. »

Il remit ses souliers; puis reprenant chacun (*leur* ou *son* bâton), clopin-clopant d'abord, ils descendirent la rampe qui conduit au pied de la Faucille.

80e Exercice.

Faites le même travail que sur les exercices précédents.

LES VACANCES DE PAQUES (SUITE).

Une *demi*-heure après, par l'effet même de la marche, *tout* étaient redevenus *ingambe* et avaient recouvré *leur joyeux* humeur d'éco-liers. Ils allaient, chacun à (*leur* ou *sa*) fantaisie, devant ou derrière, faisant voler les cailloux avec *leur* bâtons ou abattant capricieuse-ment les têtes des chardons que l'hiver avait laissés debout. Les haies avaient déjà *leur* aubépines en fleur, *leur* violettes *blanc* ou *bleu tendre*, les prés *leur* verdure naissante en touffes *dru* et effilées, *leur reine-marguerite rouge sang* à l'extrémité, *blanc mat* à la base; *tout* la campagne enfin avait ses senteurs *printanier* et ses parfums. A l'horizon, ils voyaient s'élever le Reculet, le point culminant du Jura, où les neiges *étinceler* [indicatif présent] encore dans cette saison au soleil.

« Quand tu seras là-haut, dit le trésorier à l'affamé, tu seras à *quelque dix-sept cent* mètres au-dessus du niveau de la mer ! — J'aimerais mieux être à un pied au-dessus de mon appétit, » répon-dit l'autre. Et comme ils touchaient, vers le bas de la rampe, aux rives de la Valserine, d'un vert si étrange que les peintres ne le rencontrent que là et au pied des glaciers, *un couple de martin-pê-cheur*, trois ou quatre *tout* au plus, se glissèrent furtivement à tra-vers les branches encore *tout* dépouillées. « Tiens, s'écria l'affamé, vois ces *martin-pêcheur*, de [ou *des*] grands chasseurs à coup sûr, mais aussi de [ou *des*] *vrai* enfants de la nature ; instinct, raison-nement ou sagacité *merveilleux*, *leur premier* pensée est de déjeuner. »

81ᵉ Exercice.

Faites le même travail que sur les exercices précédents.

LES VACANCES DE PAQUES (SUITE).

Pourtant on continuait à marcher d'un bon pas. Quand ils furent de l'autre côté de la rivière, la tâche parut plus *dur*. Il fallait grimper le revers occidental de la Faucille. Les dos se tendaient en *arcboutant*, les pas *s'allonger* et les figures se contractaient péniblement. Le paysage n'était plus aussi riant, l'herbe était encore *vert roux* et les sapins étalaient *leur* sombres *éventail* sur nos trois têtes attristées. Le trésorier, toujours attentif aux intérêts généraux, *songer* à remonter le moral de sa troupe. Il s'arrêta et se prit à dire : «César *devoir* [indicatif parfait] passer par là pour courir vers la Saône à la suite des Helvètes et les traiter à la romaine aux environs de Cussy-la-Colonne. » Personne ne répondit. Il continua en se retournant vers la rampe qu'ils avaient descendue : « *Quel* scène splendide, *quel* hymne *religieux* que ces puissants contrastes, la verdure vigoureuse de la Valserine, le mystère des sapins et la désolation du Reculet couvert de ses neiges d'hiver ! » Pas un mot ne fit écho à sa poésie. « Et dire, ajouta-t-il, que nous allons voir de nos yeux *tout* la chaîne des Alpes *neigeux*, le grand ruban du lac Léman, que nous *côtoyer* [futur] dans un moment la majestueuse allée où Voltaire promena ses boutades et ses rêveries, et que ce soir, pas plus loin, nous entrerons dans Genève, la reine du Léman, la capitale du calvinisme, la patrie de Jean-Jacques, l'horloger philosophe, debout sur *le* plus magnifique des *terre-plein*, enfin la patrie d'adoption de Calvin, l'enfant de Noyon, que....., — Aïe, aïe, cria l'affamé en s'adressant au troisième voyageur ; *prête*-moi *un* aide secourable et *fraternel*, je me meurs ; son histoire, sa rhétorique me creusent l'estomac de la façon *le* plus lamentable. »

82ᵉ Exercice

Faites le même travail que sur les exercices précédents.

LES VACANCES DE PAQUES (SUITE).

Heureusement les écureuils se chargèrent de faire diversion aux *tragi-comédie* de la route. On les voyait, tapis sur la terre ou le long des sapins, regarder curieusement les visiteurs. *Leur* minces échines *brun fauve* ou *marron foncé*, abritées de *leur* queues en panaches, glissaient, sautillaient et disparaissaient perdues vers la cime des arbres gigantesques. *Leur* manœuvres *capricieux* furent longtemps le texte de mille propos joyeux. On *atteindre* [prétérit] le milieu de la rampe et on entra dans une forêt de sapins *plein* de

clairières où l'herbe avait au moins pu commencer à pousser. « Oh !
le magnifique jardin anglais naturel ! se hâta de dire le trésorier.
— Magnifique, c'est le mot, *reprendre* [prétérit] l'affamé ; on y dé-
jeunerait comme des dieux ou des écureuils avec un pain et des noi-
settes. — Et un *casse-noisette*, » ajouta celui qui n'avait encore rien
dit et qui se plaisait à faire ressortir combien son ami aimait *tout*
ses aises. La petite caravane avait l'air *abattu*, mais avançait toujours, *tout* péniblement que ce fût.

Quand on vint au sommet de la *long* et pénible rampe, à l'endroit
où, entre deux immenses arrachements, la vue plonge sur le bassin
du lac de Genève, ce fut un ébahissement et une stupéfaction *général*
dans le petit groupe. On ne disait rien d'abord, on était *tout* yeux,
tout admiration. Soixante lieues d'azur déroulaient devant eux le
plus majestueux de *tout* les *panorama*. Le soleil, qui éclairait ces
cimes lointaines au bout de l'horizon, variait les teintes des immen-
sités neigeuses, ici *blanc mat* ou *blanc brillanté*, plus loin *blanc
jaune*, ailleurs *blanc rosé*, *aurore*. Au pied c'était la ceinture *bleu*
du Léman, puis la grande cité de Genève, et plus *proche* du Jura,
les riantes perspectives du pays de Gex et du pays de Ferney, avec
leur végétation naissante, *leur* bourgeons de vigne déjà *rougissant*.

83ᵉ Exercice.

Faites le même travail que sur les exercices précédents.

LES VACANCES DE PAQUES (SUITE).

La petite ville de Gex était là presque sous la main, rayant de son
unique et longue rue l'extrémité de la route qui *mener* [présent] à Genève. Nos trois voyageurs n'en avaient, semblait-il, que pour *quelque*
enjambées. Les sacs furent rajustés, et, *tout* en contemplant le singulier paysage, ils *redescendre* [prétérit] *tout* joyeux de toucher au
but. Mais *quelque* alertes qu'ils se fissent, au bout d'une *demi-heure*
de lacets autour de la montagne, les courroies déchiraient les épaules,
les jambes rentraient dans le ventre à chaque secousse de la des-
cente, et les pieds, tout endoloris à force de glisser à demi sur la
pente solidement macadamisée, s'engourdissaient. On avait d'abord
essayé de soutenir le sac en passant [*sa* ou *la*] main derrière le
dos. *Quelque* prunelles oubliées par l'hiver et *confis* par la gelée,
quelque épine-vinette flétries par le froid avaient bien servi à se
distraire de la faim et des longueurs de la marche, mais la terrible
bande *blanc s'allonger* [imparfait] toujours aussi interminable devant
les voyageurs. Un moment on avait espéré couper court à la difficulté,
en prenant les *spéculations* ou petits chemins frayés par les paysans
sur la croupe de la montagne, pour abréger les contours et les *zig-
zag* de la route Napoléon. Il *falloir* [plus-que-parfait] y renoncer,
tant on trouvait pénibles à parcourir les accidents irréguliers de ces

sentiers de hasard. Les trois pèlerins s'étaient résignés à suivre *tout* bourgeoisement le grand chemin. On *devoir* [prétérit] marcher ainsi, *tout* une heure mortelle, *morne, silencieux, affaissé.*

84ᵉ Exercice.

Faites le même travail que sur les exercices précédents.

LES VACANCES DE PAQUES (SUITE).

En approchant de la ville, *tout* paraissait mort, sans mouvement. Seulement à l'entrée de la rue on pouvait apercevoir, rangés sur un banc de bois le long d'une maison à volets *vert*, six hommes en blouse *bleu.* Ils semblaient aussi immobiles que le reste de la ville. Seule, la houppe de *leur* bonnets de coton *bleu* se *balancer* [indic. imparfait] selon le caprice du vent. Ils ne disaient pas un mot; *leur* jambes croisées l'une sur l'autre formaient une ligne symétrique de *genou saillant,* et *leur* têtes, comme plongées dans une *demi-somno-lence,* conservaient, invariables dans leur attitude, les distances que la taille de chacun mettait entre elles. On les *croire* [2ᵉ forme du con-ditionnel antérieur] pétrifiés, si de temps en temps un double nuage de fumée *bleu* n'était parti de chaque bouche et *tout* à la fois de la *petit* pipe *court recouvert* d'un chapeau de cuivre *jaune,* que nos six hommes tenaient uniformément serrée aux lèvres.

85ᵉ Exercice.

Faites le même travail que sur les exercices précédents.

LES VACANCES DE PAQUES (SUITE).

Les trois écoliers ne les quittaient pas des yeux, chacun se livrant à *ses* [ou *leurs*] conjectures particulières. *Leur apartê* furent subi-tement interrompus par un incident qu'ils ne prévoyaient plus. Le pas régulier des trois piétons sur la route frappa sans doute l'oreille des six hommes aux bonnets *bleu. Tout* firent machinalement le même mouvement de tête pour voir ce que signifiait ce bruit. Habitude ou hasard, les six houppes *bleu* et les six *petit* pipes *noir* conservè-rent *leur* distances. « Belle manœuvre! s'écria le le trésorier, superbe alignement! magnifique ensemble! » Cette boutade *suffire* [plus-que-parfait] à ranimer les piétons. Ils marchèrent d'un pas plus relevé vers le bas de la ville, quand ils entendirent sonner *onze* heures et *demi.* L'affamé releva brusquement la tête en s'écriant : « *Quelque* tu sois, horloge *harmonieux,* exact *réveille-matin* ou pendule *élégant,* toi qui sonnes les *demi,* salut; salut messieurs à la merveilleuse ma-chine qui sonne les *demi* où l'on déjeune. » Ils ôtèrent *leur* chapeaux de paille en criant, et ils se précipitèrent comme des chevaux échappés

vers une *gras* hôtellerie, sans prendre garde à une petite fille de
quatre ans qui jouait sur la porte, *bel* enfant, *insouciant* et *joufflu*,
qu'ils faillirent renverser. (Voir la suite page 269).

CHAPITRE DEUXIÈME.

SYNTAXE DE RÉGIME.

386. Le *régime* est la dépendance d'un nom ou
d'un pronom par rapport à un autre mot de la même
phrase.

Ainsi quand je dis : *Obéissons aux lois*, le mot *lois* dépend du verbe *obéissons*.

Quand un mot dépend ainsi d'un autre, on dit qu'il est
régi ou *gouverné* par lui.

On appelle aussi *régime* le mot régi par un autre mot.

387. Il y a deux sortes de régimes : le *régime direct* et
le *régime indirect*.

Le *régime direct* est celui qui s'unit sans préposition
au mot dont il dépend, comme *j'aime Dieu, j'observe les
lois.*

Le *régime indirect* est celui qui s'unit par le moyen
d'une préposition (ordinairement *de* ou *à*) au mot dont
il dépend, comme *aimé de Dieu, j'obéis aux lois.*

I. — RÉGIME DU NOM.

388. Le régime du nom est ordinairement marqué par
la préposition *de*. Exemple : *L'amour de Dieu.*

389. Cependant les noms , lorsqu'ils viennent d'un
verbe, ont souvent un second régime, qui est celui de ce
verbe. Exemple : *L'obéissance d'un fils à ses parents,* parce
qu'on dit *obéir à ses parents.*

Souvent le second régime reste seul. Exemple : *L'obéissance aux parents.*

II. — RÉGIME DE L'ADJECTIF.

390. Le régime de l'adjectif est ordinairement marqué par les prépositions *de* ou *à*. Exemples : *Avide de louanges ; utile à son pays.*

Cependant quelques adjectifs prennent d'autres prépositions. Exemples : *Ardent pour la gloire; habile dans les arts.*

391. Le comparatif n'a pas, à proprement parler, de régime, mais il se fait toujours suivre de la conjonction *que.* Exemples : *Plus savant que moi; moins sage que vous; aussi grand que lui.*

392. Le superlatif relatif prend seul un régime, et ce régime est toujours marqué par la préposition *de.* Exemples : *Le plus heureux des hommes; le plus riche de la ville.*

Le superlatif, quand le régime est au pluriel, prend d'ordinaire le genre de ce régime. Exemple : *La plus tendre des mères.*

III. — RÉGIME DU PRONOM.

393. Les pronoms en général n'ont pas de régime; ceux qui en ont un, comme *celui, celle, quelqu'un, chacun,* s'unissent à ce régime par la préposition *de.* Exemples : *Mon habit est aussi beau que celui de Pierre; quelqu'un de vous; chacun de ces deux hommes.*

IV. — RÉGIME DU VERBE.

RÉGIME DE LA VOIX ACTIVE.

1° VERBES ACTIFS.

394. Les verbes actifs sont les seuls qui aient un régime direct. Exemples : *J'aime Dieu; j'observe les lois.*

Quelquefois le régime direct est sous-entendu. Exemple : *La vertu honore,* c'est-à-dire *honore les hommes.* Le régime *hommes* est sous-entendu.

395. Les verbes actifs, outre le régime qui leur est propre, ont souvent un régime indirect, marqué par les prépositions *de* ou *à*. Exemples : *Combler quelqu'un de bienfaits ; donner l'aumône à un pauvre.*

Le régime indirect peut aussi quelquefois être marqué par d'autres prépositions. Exemples : *Affermir quelqu'un dans sa résolution ; échanger un habit contre un autre.*

396. *Du, de la, des*, employés comme article indéfini, malgré la préposition qu'ils contiennent, sont considérés comme régime direct. Exemple : *J'achète du pain.* Demande : *Qu'est-ce que vous achetez?* Réponse : *Du pain.* Donc *du pain* est régime direct. Autre exemple : *J'attends des amis.* Demande : *Qu'est-ce que vous attendez?* Réponse : *Des amis.* Donc *des amis* est régime direct.

2° VERBES NEUTRES.

397. Le régime des verbes neutres qui expriment une action indirecte est marqué généralement par les prépositions *de* ou *à*. Exemples : *Profiter des circonstances ; songer à la mort.*

Mais il peut aussi être marqué par d'autres prépositions. Exemples : *Régner sur ses semblables ; lutter contre les difficultés.*

398. Certains verbes sont à la fois actifs et neutres, mais avec des significations différentes. Ainsi :

Aider quelqu'un, c'est fournir à ses besoins : *Aider ses parents dans leur vieillesse.* — *Aider à quelqu'un*, c'est prendre part à son travail : *Aidez-lui à soulever ce fardeau.*

Hériter est neutre, lorsqu'il est suivi d'un seul régime : *Il a hérité de son père ; il héritera d'une grande fortune.* — Il est actif, lorsqu'il est suivi de deux régimes ; mais alors c'est toujours le nom de la chose qui est régime direct, tandis que le nom de la personne est toujours régime indirect. Exemples : *Il n'a rien hérité de son père ; c'est une qualité qu'il a héritée de sa mère.*

Imposer est actif : *On vous impose là une dure condition.*

Mais il peut s'employer comme neutre avec le sens de *commander le respect, inspirer l'admiration.* Exemple : *Son nom seul impose au peuple.* Lorsqu'il est précédé du mot *en*, il prend la signification de *tromper.* Exemple : *La flatterie en impose aux gens crédules.*

Penser, lorsqu'il est actif, signifie *avoir une idée* ou *une opinion.* Exemples : *Voilà ce que j'ai pensé; que pensez-vous de cette proposition?* Lorsqu'il est neutre, il veut la préposition *à*, et signifie *réfléchir à, se préoccuper de.* Exemples : *J'ai pensé à ce que vous m'avez dit; pensez à tenir votre promesse.* Suivi d'un infinitif sans préposition, il signifie *faillir, être sur le point de.* Exemple : *J'ai pensé tomber.*

Suppléer, lorsqu'il est actif, signifie remplacer quelqu'un dans ses fonctions. Exemple : *Un soldat ne peut suppléer son général.* Lorsqu'il est neutre, il signifie *tenir lieu d'une chose, fournir l'équivalent d'une chose qui manque.* Exemple : *Le talent ne peut suppléer à la vertu.*

399. D'autres verbes, qui sont toujours actifs ou neutres, changent de signification selon que leur régime indirect est marqué par des prépositions différentes. Ainsi :

Partager est toujours actif; mais lorsque son régime indirect est marqué par la préposition *avec*, il signifie *entrer en partage d'une chose, en recevoir* ou *en donner une part.* Exemple : *Je consens à partager ma fortune avec vous.* Lorsque son régime indirect est marqué par la préposition *entre*, il signifie *distribuer.* Exemple : *Il a partagé ses biens entre ses enfants.*

Participer est toujours neutre; mais avec la préposition *à*, il signifie *prendre part à quelque chose.* Exemple : *Nous participerons à vos bienfaits.* Avec la préposition *de*, il signifie *tenir de la nature d'une chose.* Exemple : *Cette maladie participe de la folie.*

Avoir affaire à quelqu'un signifie avoir à lui parler, à traiter, à lutter avec lui. Exemple : *J'ai affaire à des gens*

difficiles, à un ennemi puissant. — *Avoir affaire de* signifie
avoir besoin. Exemples : *Il a affaire d'urgent; j'ai bien af-*
faire d'un pareil auxiliaire !

RÉGIME DE LA VOIX PASSIVE.

400. Le régime des verbes passifs est marqué par les
prépositions *de* ou *par.* Exemples : *Être accablé de maux;*
être trompé par quelqu'un.

Après les verbes passifs, on emploie surtout *de* pour
exprimer un sentiment, et *par* pour exprimer une action.
Exemples : *Être consumé de chagrin ; être trahi par ses*
amis.

Avec le mot *Dieu,* c'est toujours *de* que l'on emploie.
Exemples : *Il est aimé de Dieu; il sera puni de Dieu.*

401. Les verbes passifs, outre leur régime propre, en
ont souvent un autre qui répond au régime indirect des
verbes actifs. Exemples : *Être comblé par quelqu'un de*
bienfaits; l'aumône donnée par cet enfant à un pauvre.

RÉGIME DE LA VOIX RÉFLÉCHIE.

402. Les verbes réfléchis portent avec eux leur pronom régime, tantôt direct, comme dans *je m'afflige,*
c'est-à-dire *j'afflige moi;* tantôt indirect, comme dans *je*
me plais, c'est-à-dire *je plais à moi.*

Le pronom régime se place toujours avant le verbe,
comme dans *il s'afflige,* excepté à l'impératif : *affligeons-*
nous, affligez-vous.

403. Les verbes réfléchis dont le pronom est régime
direct prennent souvent un second régime, qui est alors
toujours indirect, comme dans *je m'oppose à cela.*

Les verbes réfléchis dont le pronom est régime indirect, prennent souvent un second régime, qui est alors
toujours direct, comme dans *je me permets cela.*

404. Il faut distinguer avec soin les deux verbes réfléchis *se rappeler* et *se souvenir.* Le verbe *se rappeler*

signifie *rappeler à soi,* et par conséquent veut toujours un régime direct. Exemples : *Je me le rappelle parfaitement ; je ne me rappelais pas cette circonstance.* Cependant quand son régime est un infinitif, on peut faire usage de la préposition *de.* Exemple : *Je me rappelle de l'avoir vu.* — Le verbe *se souvenir* veut toujours un régime indirect marqué par la préposition *de.* Exemples : *Je me souviens de ce fait ; je me souviendrai toujours de vous.*

405. Les verbes réciproques, comme les verbes réfléchis, portent avec eux leur pronom régime ; mais ils ont souvent aussi un double régime, ce qui arrive lorsqu'ils sont accompagnés des mots *l'un l'autre, les uns les autres.* Exemples : *Ils s'aiment l'un l'autre* (c'est-à-dire, *l'un aime l'autre*) ; dans cette phrase, *l'un* est sujet du verbe, *l'autre* est régime direct. *Ils se préfèrent les uns aux autres* (c'est-à-dire, les uns se préfèrent aux autres) ; dans cette phrase, *les uns* est sujet du verbe, *aux autres* est régime indirect.

406. En général, dans toutes les phrases où l'on emploie les mots *l'un l'autre, les uns les autres, l'un* est toujours sujet ; *l'autre* est toujours régime, direct ou indirect. Ne dites donc pas : *Ils se préoccupent de l'un l'autre ;* il faut dire *l'un de l'autre,* puisque *l'autre* seul est régime indirect. Ne dites pas non plus : *Ils se nuisent l'un l'autre ;* il faut dire : *l'un à l'autre,* puisque *l'un* est sujet et que *l'autre* est régime indirect.

407. Lorsque ces mots, *l'un l'autre, les uns les autres,* ne se suivent pas immédiatement, comme dans les exemples ci-dessus, c'est qu'ils sont employés simplement pour distinguer deux objets dont on vient de parler, et alors ils sont tantôt sujets, tantôt régimes, comme dans ces phrases : *Les vieillards sont timides, les jeunes gens présomptueux ; les uns hésitent toujours, les autres ne doutent de rien ; la confiance manque aux uns, la prudence aux autres.* Dans ces sortes de phrases, *l'un* ou *les uns* se rap-

porte toujours à l'objet nommé le premier, et *l'autre* ou *les autres*, à l'objet nommé le second*.

RÉGIME DES VERBES UNIPERSONNELS.

408. Les verbes unipersonnels en général n'ont pas de régime : mais certains verbes employés comme unipersonnels prennent un régime indirect. Exemples : *Il dépend de vous ; il importe à tous les hommes ; il lui semble que cela est.*

Le verbe *il faut* est quelquefois suivi d'un régime direct, parce qu'on sous-entend le verbe *avoir*. Exemple : *Il faut du courage,* c'est-à-dire *il faut avoir du courage.*

DES RÉGIMES COMMUNS A PLUSIEURS VERBES.

409. Plusieurs verbes peuvent avoir un régime commun, pourvu que ces verbes n'exigent pas des régimes de nature différente. Exemple : *Les ennemis assiégèrent et prirent la ville.*

Mais on ne pourrait pas dire : *Les ennemis assiégèrent et s'emparèrent de la ville,* parce que le verbe *assiéger* veut un régime direct, et le verbe *s'emparer* un régime indirect. Il faudrait dire : *Les ennemis assiégèrent la ville et s'en emparèrent.*

On ne dirait pas non plus : *Il aime le chant et à dessiner,* bien que le verbe *aimer* puisse se faire suivre à volonté d'un nom régime direct ou d'un infinitif précédé de la préposition *à.* Il faudra dire : *Il aime le chant et le dessin,* ou *il aime à chanter et à dessiner.*

Enfin on ne dira pas : *Il n'a mis qu'un jour pour aller et revenir de Dieppe,* parce que le verbe *aller* veut un régime marqué par la préposition *à,* et le verbe *revenir* un régime marqué par la préposition *de.* Il faudra dire : *Il n'a mis qu'un jour pour aller à Dieppe et en revenir.*

---

* L'adjectif *un,* employé ainsi avec l'article, est, comme l'adjectif *autre,* un adjectif indéfini.

DES PRONOMS PERSONNELS EMPLOYÉS COMME RÉGIMES DES VERBES.

410. Les pronoms personnels employés comme régimes, quand ils sont placés immédiatement à côté du verbe, prennent presque toujours la forme abrégée ou adoucie, *me* pour *moi, à moi; te* pour *toi, à toi; le* pour *lui; nous* pour *à nous; vous* pour *à vous,* etc. Exemples : *Cela me chagrine,* c'est-à-dire *chagrine moi; cela me déplaît,* c'est-à-dire *déplaît à moi,* etc.

411. Quand il y a deux pronoms régimes, le pronom régime direct se place le plus près du verbe. Exemples : *Je vous le donne; donnez-le-moi.*

Cependant quand les deux pronoms sont de la troisième personne non réfléchie, comme *le lui, le leur, la lui, la leur, les lui, les leur,* le régime direct se met toujours le premier. Exemples : *Je les lui donne; donnez-les-lui.*

412. *En* et *y* employés comme pronoms personnels sont régimes indirects et ne se disent bien qu'en parlant des choses. Exemples : *Contez-moi cette histoire, j'en suis curieux,* c'est-à-dire *je suis curieux de cette histoire; j'y ferai attention,* c'est-à-dire *je ferai attention à cette histoire.*

En et *y* employés comme pronoms personnels avec un autre pronom régime, se placent toujours au second rang. Exemples : *Je t'en avertis; je vous y engage; passez-vous-en; résignez-vous-y*[*].

413. Les pronoms régimes directs ou indirects se placent toujours avant le verbe quand on emploie la forme abrégée ou adoucie, *me* pour *moi* ou *à moi, te* pour *toi* ou *à toi,* etc.; mais quand on n'emploie pas cette forme abrégée ou adoucie, le pronom régime indirect se place ordinairement après le verbe. Exemples : *Nous parlions de lui; je pensais à vous.*

---

[*] Néanmoins on évite de dire *m'y, t'y, l'y;* on cherche alors une autre tournure. Exemples : *Résigne-toi à cela,* et non pas *résigne-t'y; préparez-le à cela,* et non pas *préparez l'y.*

414. Les pronoms régimes directs ou indirects se placent également après le verbe, quand le verbe est à l'impératif. Exemples : *Faites-le ; envoyez-le-leur.* Cependant, si le verbe à l'impératif est accompagné d'une négation, les pronoms régimes se placent avant le verbe. Exemples : *Ne le faites pas ; ne le leur envoyez pas.*

415. Lorsque le même pronom est régime de plusieurs verbes, si ces verbes sont à un temps simple, la répétition du pronom régime est de rigueur. Exemple : *Il les voit, les poursuit, les atteint.* Mais si les verbes sont à un temps composé, et que l'on ne répète pas l'auxiliaire, le pronom régime ne se répète pas non plus. Exemple : *Il les a vus, poursuivis, atteints.*

PLACE DU RÉGIME.

416. Les régimes autres que les pronoms personnels se placent ordinairement après le verbe, et alors, s'il y a deux régimes, c'est tantôt le régime direct qui se place le premier, tantôt le régime indirect. Exemple : *Il donne de bons conseils à ses amis,* ou *il donne à ses amis de bons conseils.*

Ordinairement, c'est le régime le plus court qui se place le premier. Exemples : *Dieu donne aux rois de grandes et terribles leçons ; la paresse conduit les hommes aux excès les plus honteux.*

417. Par exception, le régime indirect se place quelquefois avant le verbe. Exemples : *De tout cela je n'ai rien retenu ; aux riches il conseillait la modération.* Et alors le sujet se transporte souvent après le verbe. Exemple : *A Dieu seul appartient la gloire.*

418. Les pronoms ou adjectifs relatifs et interrogatifs, aussi bien comme régimes que comme sujets, se placent toujours avant le verbe, et au commencement du membre de phrase dont ils font partie. Exemples : *Dieu que nous adorons ; les peines dont nous sommes accablés ; à quelle fin sommes-nous destinés ?*

Quand les pronoms ou adjectifs relatifs et interrogatifs sont placés comme régimes avant le verbe, le sujet se transporte souvent après le verbe. Exemples : *Le palais qu'habite le prince; quelle nouvelle apporte cet homme? que me dites-vous?*

V. — RÉGIME DE L'ADVERBE.

419. Les adverbes prennent rarement un régime. Quand ils en ont un, il est toujours indirect, et ordinairement c'est le régime de l'adjectif dont ils sont formés. Exemples : *Indépendamment de ce motif; conformément aux lois**.

Le régime des adverbes de quantité, lorsqu'ils en prennent un, est toujours marqué par la préposition *de*. Exemples : *Plus de gloire; moins de bonheur; autant de richesses.*

VI. — RÉGIME DE LA PRÉPOSITION.

420. La préposition est toujours suivie immédiatement de son régime. Exemples : *A l'ombre, dans l'ombre, sous l'ombre.*

Cette règle est propre aux seules prépositions, et non pas aux adverbes qui en sont formés. Ainsi *dedans, dessus, dessous,* qui sont des adverbes formés des prépositions *dans, sur* et *sous,* ne peuvent prendre un régime direct. On ne peut pas dire *dedans la terre;* il faut dire *dans la terre* ou *en dedans de la terre.*

421. Les prépositions composées qui se forment des adverbes *dedans, dessus, dessous, dehors,* etc., comme *au dedans de* ou *en dedans de, au-dessus de, au-dessous de, au dehors de* ou *en dehors de,* etc., sont toutes terminées par *de*, excepté *de dedans, de dessus, de dessous, par dedans, par-dessus, par-dessous,* qui ne se font pas suivre

---

* Si les adverbes ne prennent pas de régime, c'est que tout adverbe tient la place d'une préposition suivie de son régime. Ainsi *justement, sagement* signifient *d'une manière juste, sage.*

de la préposition *de*. Exemples : *De dedans la ville, par-dessus le mur*, etc.

422. *Hors de* est une préposition composée; *dehors* est un adverbe. Exemples : *Il est allé hors de la ville; mettez-le dehors.*

Autour de est une préposition composée; *alentour* est un adverbe. Exemples : *On se pressait autour de lui; on faisait cercle alentour.*

Avant est une préposition; *auparavant* est un adverbe. Exemples : *J'aurai fini avant la nuit; je l'avais vu auparavant.*

En face de, vis-à-vis de, sont des prépositions composées; *en face, vis-à-vis*, sont des adverbes, mais qui servent aussi de prépositions, au moins dans la conversation familière : *en face l'église, vis-à-vis l'horloge.*

Au travers prend toujours la préposition *de*. Exemple : *Il lui passa son épée au travers du corps*. Mais *à travers* ne la prend jamais. Exemple : *Courir à travers la campagne.*

423. Quelques prépositions, telles que *après, devant, depuis*, s'emploient comme des adverbes, c'est-à-dire sans se faire suivre d'un régime. Exemples : *Partez devant, j'irai après; je ne l'ai pas revu depuis.*

424. Une préposition peut être suivie de plusieurs régimes. Exemples : *Malgré son courage et son adresse; avec un parent et un ami.*

Mais les prépositions *de, à* et *en* se répètent toujours devant chaque régime. Exemples : *A force de courage et d'adresse; céder à la justice et à la raison; voyager en Asie et en Afrique.*

Il en est ordinairement de même avec les autres prépositions d'une seule syllabe. Exemples : *Par ruse et par adresse; pour vous et pour moi*, etc.

Il en est de même avec toutes les prépositions quand on veut insister séparément sur chaque régime ou exprimer une opposition entre deux termes. Exemples : *Malgré son bon droit et malgré toutes ses observations ; dans la paix et dans la guerre; pendant le calme et pendant la tempête.*

425. La préposition *entre* ne se répète jamais, à cause du sens qu'elle exprime. Exemples : *Entre vous et moi; entre la vérité et l'erreur.*

La préposition, quelle qu'elle soit, ne se répète non plus jamais quand elle a pour régime plusieurs noms réunis pour désigner un seul objet, par exemple le titre d'un ouvrage. Ainsi l'on ne dira pas : *La meilleure édition de Paul et de Virginie;* il faut dire : *La meilleure édition de Paul et Virginie; la fable du Meunier, son fils et l'âne.*

426. Toutes ces règles s'observent également quand les prépositions sont suivies d'infinitifs. Exemples : *Jaloux de briller et de plaire; s'obstiner à jouer et à perdre; entre tout approuver et tout blâmer, il y a un juste milieu.*

427. Après les prépositions *à, de, en* et *sans*, le nom régime se met au singulier, s'il est pris dans un sens général et indéterminé. Exemples : *Aller à pied; un lit de plume; une statue en marbre; une maison en ruine; des gens sans pain.* Mais il se met au pluriel s'il est pris dans un sens particulier et déterminé. Exemples : *Un homme à préjugés* (c'est-à-dire qui a certains préjugés); *un paquet de plumes* (c'est-à-dire qui est composé d'un certain nombre de plumes); *une mer féconde en naufrages; un pauvre sans habits, sans souliers.*

428. Deux prépositions peuvent quelquefois n'avoir qu'un seul et même régime. Exemple : *Il a parlé tout à la fois pour et contre vous.*

429. Les interjections en général n'ont pas de régime. Lorsqu'elles en prennent un, ce régime est marqué par les prépositions *de* ou *à*. Exemples : *Fi du plaisir ! Malheur à moi!*

Quelques-unes cependant se font suivre d'un nom sans

préposition, mais qui n'est pas un véritable régime, comme *ô mon père ! oh ! le méchant ! fi, le vilain !*

Les interjections *voici, voilà*, prennent un régime direct, parce qu'elles renferment le verbe *voir*. Exemples : *Voici l'ennemi; voilà le loup.*

430. *Voici* désigne un objet rapproché ou une chose dont on va parler. Exemples : *Voici un livre; voici mon avis.*

Voilà désigne un objet éloigné ou une chose passée. Exemples : *Voilà le clocher de ce village ; voilà ce que j'avais à vous dire.*

Mais *voilà* s'emploie souvent pour *voici*. Exemples : *Voici ma main* ou *voilà ma main.*

Voici et *voilà*, quand ils ont pour régime un membre de phrase tout entier, se font suivre de la conjonction *que*. Exemples : *Voici qu'il vient; voilà qu'on sonne; voilà que j'ai fini.*

RÈGLES DU PARTICIPE.

I. — PARTICIPE PRÉSENT.

431. Le participe présent est invariable; dans certains cas cependant il peut se changer en adjectif.

432. Pour que le participe présent puisse se changer en adjectif, il faut :

1° Qu'il exprime non pas une action, mais un état habituel et permanent ou une qualité. Ainsi l'on dira avec le participe présent : *J'ai vu des enfants courant dans le jardin;* mais il faudra dire avec l'adjectif verbal : *Les eaux courantes sont plus saines que les eaux dormantes,* parce qu'il s'agit d'un état habituel.

2° Qu'il ne soit pas précédé de la préposition *en* ou de l'adverbe négatif *ne,* parce qu'alors il exprime toujours une action. Exemple : *Les jeunes gens s'instruisent en lisant; ces enfants, ne sachant que faire, iront dormir.*

3° Qu'il ne soit pas suivi d'un régime, parce qu'alors

aussi il exprime toujours une action. Exemple : *Les en-nemis, prévoyant une vive résistance, se retirèrent.*

Lorsque le participe présent prend la forme variable, c'est-à-dire lorsqu'il se change en adjectif verbal, il suit toutes les règles des adjectifs.

II. — PARTICIPE PASSÉ.

433. Le participe passé, quand il n'est pas précédé d'un verbe, est toujours employé sous sa forme variable, et suit les règles d'accord, comme un adjectif. Exemples : *Mérite reconnu; vertu récompensée; travaux accomplis.*

434. Le participe passé précédé du verbe *être* sans aucun pronom régime est toujours employé sous la forme variable et s'accorde avec le sujet comme un adjectif. Exemple : *Le procès est fini; la cause est jugée.*

Il en est de même avec les verbes analogues au verbe *être.* Exemple : *Elles restèrent consternées.*

435. Après le verbe auxiliaire *avoir*, dans les temps composés des verbes actifs, le participe s'emploie sous sa forme invariable. Exemples : *Nous avons aimé, elles ont aimé.*

436. Cependant, dans ces mêmes temps, c'est-à-dire dans les temps composés des verbes actifs, le participe prend la forme variable et s'accorde avec le régime direct du verbe, quand ce régime est placé devant lui. Exemple : *Quelle leçon avez-vous apprise?* Dans cette phrase, le participe *apprise* est au singulier féminin, comme se rapportant au régime direct *leçon*, placé devant lui. Autre exemple : *Quels beaux dessins il nous a montrés!* Dans cette phrase, le participe *montrés* est au pluriel masculin, comme se rapportant au régime direct *dessins*, placé devant lui.

437. Quand le régime est indirect, le participe ne prend jamais la forme variable. Exemple : *A ces raisons qu'a-t-il opposé?* Dans cette phrase, *opposé* ne s'accorde pas avec le régime *raisons* placé devant lui, parce que ce régime est indirect.

Par conséquent, lorsque le verbe est neutre, l'accord n'a jamais lieu, puisque le régime des verbes neutres est toujours indirect. Exemple : *De tous ces maux j'ai bien souvent gémi* [*].

L'accord n'a jamais lieu non plus quand le participe appartient à un verbe unipersonnel ou employé comme unipersonnel. Exemples : *Les grandes chaleurs qu'il a fait; il est arrivé d'heureuses nouvelles.*

438. Les règles précédentes s'appliquent particulièrement aux pronoms personnels placés comme régimes devant le verbe. Exemples : *Il m'a appelé*, si c'est un homme qui parle; *il m'a appelée*, si c'est une femme, parce que le pronom *me*, placé devant le verbe, est ici régime direct : *Il m'a appelé*, c'est-à-dire *il a appelé moi*.

Mais on dira *il m'a résisté*, quelle que soit la personne qui parle, homme ou femme, parce que le pronom *me*, placé devant le verbe, est ici régime indirect : *Il m'a résisté*, c'est-à-dire *il a résisté à moi*.

439. Ces règles s'appliquent aussi aux pronoms ou adjectifs relatifs, placés comme régime devant le verbe. Ainsi on dira *celui que vous avez appelé*, *celle que vous avez appelée*, parce que le relatif *que* est régime direct.

Mais on dira *les ennemis auxquels vous avez résisté*, parce que le relatif *auxquels* est régime indirect.

440. *En* et *y*, employés comme pronoms, sont toujours régimes indirects, et par conséquent sont toujours suivis du participe sous sa forme invariable. Exemples : *Ces*

---

[*] Certains verbes neutres, tels que *vivre*, *dormir*, ou employés comme neutres, tels que *travailler*, *manger*, etc., peuvent être suivis d'un nom sans le secours d'une préposition (§ 150, note 1), comme quand on dit : *Il a vécu cinquante ans; il a travaillé dix heures.* Mais lors même que le nom serait placé avant le verbe, comme il est régime d'une préposition sous-entendue, le participe ne s'accorderait pas. Ainsi l'on écrira : *Les cinquante ans qu'il a vécu* (c'est-à-dire pendant lesquels il a vécu); *les sept heures que j'ai dormi* (c'est-à-dire pendant lesquelles j'ai dormi), etc.

faits dont vous parlez, j'y ai assisté, j'en ai gémi; il a élevé plus de monuments que d'autres n'en ont détruit.

Mais si les mots *en* ou *y* étaient précédés d'un régime direct, le participe s'accorderait avec ce régime, selon la règle générale. Exemples : *Le fâcheux personnage! vous nous en avez débarrassés; ces périls, c'est vous qui nous y avez exposés.*

441. Dans les verbes réfléchis, où le verbe *être* est employé comme auxiliaire pour le verbe *avoir*, le participe suit les mêmes règles que lorsqu'il est joint au verbe *avoir*. Exemple : *A quel malheur ils se sont exposés!* Dans cette phrase, le participe *exposés* s'accorde avec *se*, parce que le pronom *se*, placé devant le verbe, est ici régime direct : *Ils se sont exposés*, c'est-à-dire *ils ont exposé soi* ou *eux-mêmes*.

Mais si l'on dit : *Quel malheur ils se sont attiré!* le participe *attiré* ne s'accorde pas, parce que le pronom *se*, placé devant le verbe, est ici régime indirect : *Ils se sont attiré*, c'est-à-dire *ils ont attiré à soi* ou *à eux-mêmes*.

Ce n'est pas alors avec le pronom *se*, mais c'est avec *malheur* que le participe doit s'accorder, le régime direct étant *malheur*, et non pas *soi*. Ainsi l'on dirait au pluriel : *Quels malheurs elle s'est attirés!* c'est-à-dire *elle a attiré à soi ces malheurs.*

442. Quand le participe est suivi d'un infinitif, et quand le régime se trouve ainsi placé devant deux verbes, pour savoir si le participe est variable ou invariable, il faut examiner de quel verbe le régime dépend. Exemple : *La femme que j'ai entendue chanter.* Dans cette phrase, le participe s'accorde, parce qu'on veut dire *j'ai entendu cette femme chanter*; le pronom relatif est régime direct du verbe *j'ai entendu*. Autre exemple : *La romance que j'ai entendu chanter.* Dans cette phrase, le participe ne s'accorde pas, parce qu'on veut dire *j'ai entendu chanter cette romance*; le pronom relatif est régime du verbe *chanter*, et non pas du verbe *j'ai entendu*.

De même on écrira, en faisant accorder le participe :
Je les ai laissés sortir, parce que le pronom *les* est ici régime direct du verbe *laisser ;* et sans faire accorder le participe : *Je les ai laissé emmener*, parce que le pronom *les*
est ici régime direct du verbe *emmener.*

443. La même règle s'observe lorsque l'infinitif qui suit
le participe en est séparé par une préposition. Ainsi l'on
écrira sans faire accorder le participe : *Les raisons qu'il a*
refusé d'écouter, parce qu'on veut dire *il a refusé d'écouter*
ces raisons, et qu'alors le relatif *que* est régime direct
du verbe *écouter ; les sentiments que j'ai cherché à vous*
inspirer, parce qu'on veut dire *j'ai cherché à vous inspi-*
rer ces sentiments. On écrira, au contraire, en faisant accorder le participe : *La faute que j'ai faite de refuser*,
parce que le relatif *que* est régime direct du verbe *faire ;*
les démarches que je les ai engagés à faire, parce que *les*
est régime direct du verbe *engager.*

Ainsi l'on écrira, sans accord : *Les difficultés que nous*
avons eu à surmonter, parce qu'on veut dire *nous avons*
eu à surmonter des difficultés. On écrira, au contraire,
en faisant accorder le participe : *La peine que j'ai eue à*
sortir, parce qu'on veut dire *j'ai eu de la peine à sortir.*

444. Le participe passé du verbe *faire*, suivi d'un infinitif, reste toujours invariable. Exemples : *Les monu-*
ments qu'il a fait élever ; la maison que vous avez fait
bâtir.

445. Souvent, après certains participes, tels que *dû,*
pu, voulu, cru, désiré, l'infinitif se supprime, mais le
participe n'en reste pas moins invariable. Exemples : *Il*
vous a donné les explications qu'il a dû, c'est-à- dire qu'il
a dû vous donner ; *il a fait tous les efforts qu'il a pu*, c'est-
à-dire qu'il a pu faire. Mais s'il n'y a pas d'infinitif sous-
entendu, le participe prend la forme variable, selon la
règle générale. Exemple : *Les sommes qu'il m'a dues*
Quant au participe *pu*, il est toujours invariable.

446. Le participe est toujours invariable, quand le régime qui le précède est le pronom *le* signifiant *cela*. Exemple : *Sa tranquillité n'est pas aussi grande qu'il l'aurait désiré*, c'est-à-dire *qu'il aurait désiré cela, qu'elle fût grande*.

447. Le participe placé entre un *que* relatif et la conjonction *que*, est aussi toujours invariable. Exemple : *La réponse que j'avais supposé qu'on vous ferait*; c'est comme si l'on disait : *J'avais supposé qu'on vous ferait cette réponse*.

448. Le participe précédé d'un adverbe de quantité s'accorde avec le régime de cet adverbe. Exemples : *Combien de sacrifices il a faits! Autant de lois il a faites, autant de bienfaits il a répandus sur son pays*.

449. Le participe précédé de *le peu de*, avec un régime, s'accorde avec ce régime, lorsque *le peu* signifie *la petite quantité*. Exemple : *Le peu d'affection que vous lui avez témoignée a suffi cependant pour l'encourager*. Mais si *le peu* signifie *le manque*, le participe reste toujours invariable. Exemple : *Le peu d'affection que vous lui avez témoigné l'a découragé*.

450. Les participes *coûté* et *valu* restent invariables lorsqu'ils sont employés dans leur sens propre, pour exprimer *le prix, la valeur*. Exemple : *Les vingt mille francs que cette maison m'a coûté, elle ne les a jamais valu*. Mais lorsqu'ils sont employés dans un sens figuré, pour exprimer l'idée de *causer*, de *procurer*, ils sont variables *. Exemples : *Les soins que vous m'avez coûtés depuis votre enfance; les éloges que sa belle conduite lui a valus*.

451. Le participe du verbe *peser*, lorsqu'il signifie *avoir un certain poids*, reste invariable. Exemple : *Les cent kilogrammes que cet objet a pesé*. Mais lorsque ce

---

* L'usage général est de faire varier le participe *coûté* comme le participe *valu*, bien que ce ne soit pas le sentiment de l'Académie.

verbe signifie *chercher le poids d'un objet*, il est actif, et par conséquent son participe est variable. Exemple : *Les marchandises que l'on a pesées.*

86ᵉ Exercice.

Modifiez, quand il y a lieu, les mots en italique, et faites spécialement attention aux participes.

SAN-FRANCISCO. — LE CAPITAINE YANKEE.

En *mille huit cent cinquante*, la *tumultueux* effervescence des éléments *discordant venu* de *tout* les points du globe pour fonder l'avenir de la Californie, faisait ressembler San-Francisco à un immense creuset en ébullition, plutôt qu'au berceau d'un grand État, et après un séjour de *quelque* heures nous avions hâte de quitter ce théâtre de *sanglant* collisions et ce foyer de *tout* les mauvaises passions. Nous nous embarquâmes à bord d'un pyroscaphe qui faisait les voyages de la ville aux districts *aurifère*.

Après avoir traversé la rade de San-Francisco, en *frayant* notre route au milieu de navires aux couleurs de *tout* les nations, nous gagnâmes l'embouchure du Sacramento, pour remonter le cours de ce fleuve.

Le paysage de ses bords nous offrit *le plus riant* aspects; de chaque côté s'étendaient de [ou *des*] *verdoyant* savanes, de [ou *des*] jolis bois *peuplé* de nombreux troupeaux de cerfs; une suite de collines *couvert* de *bouquet* de chênes égayait la perspective; à l'horizon une ligne de montagnes servait de cadre au tableau.

Nous *naviguer* [imparfait] depuis *quelque* heures, suivant de l'œil ce panorama délicieux, lorsque nous *apercevoir* [prétérit] à une distance d'environ un mille en avant de nous, un brick anglais de commerce qui paraissait à l'ancre; nous le hélâmes pour l'engager à nous laisser le passage libre. Il répondit avec un de ses *porte-voix* en anglais : « Nous sommes *échoué* au milieu du chenal et *tout* les passages sont *obstrué* de [ou *des*] bancs de sable. » Cela ne faisait pas l'affaire de notre capitaine Yankee, qui prit le parti de passer quand *même* par-dessus le corps de l'Anglais, s'il le fallait. Effectivement, à peine avait-il *échangé* avec nous un regard d'intelligence, qu'il commandait au chef mécanicien d'opérer un mouvement rétrograde, puis, *imprimant* à la vapeur toute sa puissance, notre steamer *s'élancer* [prétérit] dans les eaux *jugé* libres entre la rive et le bâtiment *échoué*. Le choc fut terrible, mais nous passâmes, *emportant* avec nous une partie du bordage de tribord du pauvre bâtiment anglais.

87ᵉ Exercice.

Faites le même travail que sur l'exercice précédent.

NAISSANCE ET ACTION DES FLEUVES.

Les eaux *tombant* sur les crêtes et les sommets des montagnes, ou les vapeurs qui s'y condensent, ou les neiges qui s'y liquéfient, descendent par une infinité de filets le long de *leur* pentes; elles en *enlever quelque* parcelles, et y marquent *leur* passage par des sillons légers. Bientôt ces filets se réunissent dans des creux plus *marqué* dont la surface des montagnes est *labouré;* ils s'écoulent par les vallées *profond* qui en entament le pied, et vont former ainsi les rivières et les fleuves, qui reportent à la mer les eaux que la mer avait *donné* à l'atmosphère. A la fonte des neiges, ou lorsqu'il survient un orage, le volume de ces eaux des montagnes, subitement *augmenté,* se précipite avec une vitesse *proportionné* aux pentes; elles vont heurter avec violence le pied de ces croupes de débris qui *couvrir* les flancs de *tout* les hautes vallées; elles entraînent avec elles les fragments déjà *arrondi* qui les composent; elles les émoussent, les polissent encore par les frottements; mais à mesure qu'elles arrivent à des vallées plus *uni,* où leur chute diminue, ou dans des bassins plus larges où il leur est *permis* de s'épandre, elles *jeter* dans la plage *le* plus *gros* de ces pierres qu'elles roulaient: les débris plus petits sont *déposé* plus bas, et il n'arrive guère au grand canal de la rivière que les parcelles *le* plus menues, ou le limon *le* plus imperceptible. Souvent *même* ces eaux, avant de former le grand fleuve inférieur, sont *obligé* de traverser un lac vaste et profond, où leur limon se dépose, et d'où elles *sortir* limpides.

88ᵉ Exercice.

Faites le même travail que sur les exercices précédents.

LE CYGNE.

A sa noble aisance, à la liberté de ses mouvements sur l'eau, on doit reconnaître le cygne, non-seulement comme le premier des navigateurs *ailé,* mais comme le plus beau des modèles que nous ait *offert* la nature pour l'art de la navigation. Son cou *élevé* et sa poitrine *relevé* et *arrondi* semblent, en effet, figurer la proue d'un navire *fendant* l'onde; son long estomac en représente *le* carène; son corps, *penché* en avant pour cingler, se redresse à l'arrière et se relève en poupe; sa queue est un vrai gouvernail; ses pieds sont *de* [ou *des*] larges rames, et ses grandes ailes, *demi-ouvert* au vent et doucement *enflé,* sont les voiles qui poussent le vaisseau vivant, navire et pilote à la fois.

Chez nos *aïeul,* les cygnes étaient en possession de faire l'ornement de *tout* les pièces d'eau; ils animaient, *égayer* les tristes fossés des châteaux, ils décoraient la plupart des rivières, et *même* celle de la capitale.

Les anciens ne s'étaient pas *contenté* de faire du cygne un chantre merveilleux. Seul entre *tout* les êtres qui frémissent à l'aspect de *leur* destruction, il chantait encore au moment de son agonie, et préludait par des sons harmonieux à son dernier soupir. C'était, disaient-ils, près d'expirer, que le cygne rendait ces accents si doux et si *touchant*, et qui, pareils à un léger et doux murmure d'une voix *bas*, *plaintif* et lugubre, formaient son chant funèbre. *Nul* fiction chez les anciens n'a été plus *accrédité;* elle s'était *emparé* de l'imagination *vif* et sensible des Grecs : poëtes, orateurs, philosophes *même* l'*ont adopté*. Il faut bien *leur* pardonner *leur* fables; elles étaient aimables et *touchant*, c'étaient de *vrai* emblèmes pour les âmes sensibles. Les cygnes, sans doute, ne chantent point *leur* mort; mais toujours, en *parlant* du dernier essor et des derniers élans d'un beau génie près de s'éteindre, on *rappeler* [futur] cette expression *touchant :* c'est le chant du cygne!

89ᵉ Exercice.

Faites le même travail que sur les exercices précédents.

LE BLAIREAU.

Le blaireau *appartenir* [présent] à la famille des plantigrades. Sa tête est assez semblable à celle des renards : ses yeux sont petits et ses oreilles *court* et *arrondi*. Il est très-bas sur ses jambes; aussi semble-t-il plutôt ramper que marcher; ses ongles de devant sont éminemment propres à fouir la terre, et il s'en *servir* pour creuser *de* [ou *des*] terriers profonds. Le blaireau est un animal paresseux, *défiant*, solitaire, qui se retire dans les lieux *le* plus *écarté*, dans les bois *le* plus sombres, et s'y creuse une demeure *souterrain*. Il semble fuir la société, *même* la lumière, et passe les trois quarts de sa vie dans ce séjour ténébreux, d'où il ne *sortir* que pour chercher sa subsistance. C'est la nuit seulement que cet animal se hasarde hors de sa retraite : encore faut-il pour cela qu'il ait *épuisé* les provisions que d'ordinaire il y a *amassé*. Il s'éloigne peu et revient au moindre danger. Sans être sujet à l'engourdissement hivernal, le blaireau *dormir* fréquemment et longtemps ; aussi est-il toujours gras, malgré le peu de nourriture qu'il *prendre*. La même cause fait qu'il supporte aisément la diète et qu'il reste souvent trois ou quatre jours sans sortir de son terrier. Il peut passer et passe réellement, presque *tout* les hivers, un long temps sans manger. Il se nourrit alors de *sa* [ou *la*] graisse dont il est, en général, abondamment *fourni* dans *ce* saison. Naturellement frileux, le blaireau garnit sa demeure d'herbes *long* et souples, sur *lequel* il se repose et se *tenir* chaudement. Il *tenir* toujours *sa* demeure fort propre, et n'y fait jamais ses ordures;

mais il a soin de les déposer dans un trou qu'il creuse à côté. Il se nourrit *de* [ou *des*] petits mammifères; il mange aussi *de* [ou *des*] racines et *de* [ou *des*] fruits savoureux. Quelquefois, *pressé* par la faim, il quitte sa retraite pour aller manger *de* [ou *du*] raisin dans les vignes; mais les dommages *insignifiant* qu'il cause ainsi aux cultivateurs ne *devoir* [présent] pas *leur* faire oublier les services qu'il leur *rendre* [présent] en *détruisant* une foule d' [ou *des*] animaux nuisibles. Aussi, loin de le poursuivre comme un ennemi, *devoir* [conditionnel] -on plutôt le protéger comme un auxiliaire.

90ᵉ Exercice.

Faites le même travail que sur les exercices précédents.

LES CASTORS.

De plus, j'*apercevoir* [prétérit] qu'ils étaient *armé* de dents *incisif*. Je voyais ces dents très-distinctement, car ils s'en servaient à chaque instant, et elles formaient saillie, *même* lorsque *leur* bouche était *fermé*. Ils en avaient deux à chaque mâchoire, larges, *fort* et *tranchant* comme des ciseaux. *Leur* oreilles étaient *court* et à *demi caché* sous les poils. *Leur* fourrure était *long* et lisse sur *tout* les parties du corps. Une touffe de poils *hérissé croître* [imparfait] de chaque côté de *leur* nez, comme les moustaches d'un chat. *Leur* yeux étaient petits et *élevé* comme ceux d'une loutre. *Leur* pattes de devant étaient plus *court* que celles de derrière, les unes et les autres *armé* de cinq griffes. Mais les pieds de derrière, grands et larges, *avait* les doigts complètement *uni* par une membrane. C'étaient donc bien eux qui avaient *laissé* les traces que j'avais *observé* en venant au ruisseau. La partie la plus singulière de ces animaux était la queue, tout à fait sans poil, d'une couleur sombre, et qu'on aurait *dit recouvert* en peau de chagrin. Elle pouvait avoir un pied de long, plusieurs pouces en largeur et en épaisseur, et ressemblait assez à une raquette à jouer au volant. Toutefois elle était plus *épais* et plus *arrondi* à l'extrémité. Plus *grand* que les loutres, mais pas aussi *allongé*, ces animaux étaient en même temps plus gros et plus lourds. Quoique je n'eusse jamais *vu* de telles créatures, je ne laissai pas de les reconnaître. L'histoire *naturel* avait toujours eu de l'attrait pour moi, et j'étais assez fort dans cette science. Je savais donc que ces animaux extraordinaires *était* des castors.

91ᵉ Exercice.

Faites le même travail que sur les articles précédents.

L'EMPIRE ROMAIN.

On rencontre parfois, dans les montagnes, des blocs *imposant* par leur masse et qui semblent devoir braver les siècles et les *effort* des

hommes. Mais *leur* molécules, mal *agglutiné*, tombent en poussière
au premier choc qui détruit la faible force de cohésion par laquelle
on les avait *tenu réuni*. Ainsi s'est *écroulé* la puissance romaine, co-
lossal assemblage de parties qui ne s'étaient jamais solidement *fondu*
en un *tout* homogène; l'unité, en effet, n'était qu'apparente. On par-
lait bien partout latin et grec, mais des Romains où en eût-on
trouvé?

Sous l'enveloppe *extérieur* d'une administration qu'on a toujours
vu rester *étranger* et *suspect* aux administrés, était *demeuré* vivace la passion exclusive de la ville *natal*. On était citoyen de
Tours, de Séville, d'Alexandrie ou d'Éphèse, rien de plus, et le dé-
vouement, comme le patriotisme, ne dépassait pas les bornes de la
cité; car ce régime municipal, qui donna tant d'éclat à l'empire,
n'enfantait malheureusement pas ces sentiments *général* qui font res-
sentir, comme une douleur *personnel*, une injure qu'a *reçu* un
autre membre de la communauté, à *quelque cinq cent* lieues de distance.

Un des derniers poëtes qu'ait *eu* Rome se trompe, quand il
glorifie la ville *éternel* d'avoir *fait* d'un monde une cité. Il y avait
mille cités, *étranger* les unes aux autres, jalouses, *rival* et *séparé*,
vers l'an *quatre cent*, par le désert qui s'était *formé* autour de chacune d'elles. Quand les Barbares arrivèrent, ils ne se trouvèrent pas
en présence d'une grande nation, *prêt* à se lever *tout* entière pour sa
défense, mais en face de ces petites républiques, *désaffectionné* parce
qu'elles souffraient, sans esprit militaire, et *placé* encore sous le coup
de l'immense commotion du christianisme qui, au lieu de s'armer
contre les envahisseurs, les *appeler* [prétérit], comme des frères, au
sein de la *nouvel* alliance. Les Barbares *réussir* [prétérit] donc sans
peine, parce que l'État n'était qu'une fiction, et tout, sous leurs
mains, s'*envoler* [prétérit] pièce à pièce. Quatre siècles plus tard,
quand sera *venu* la seconde invasion, le second empire d'Occident s'é-
croulera par les *même* causes politiques et *moral*. Si, au lieu d'élever, oserais-je dire, une pyramide qui n'avait que le sommet et la
base, sans les assises intermédiaires, les premiers empereurs avaient
imité, dans l'organisation politique, ce vaste réseau de voies militaires qu'ils ont *jeté* sur tout l'empire; si, par les institutions *général*,
ils avaient *relié* les unes aux autres toutes ces villes, toutes ces peu-
plades *isolé*, alors il *pouvoir* [2ᵉ forme du conditionnel antérieur] se
former, dans les provinces, un patriotisme romain qui n'exista jamais,
et l'empire, au lieu d'être un colosse *formé* de grains de sable, *devenir* [2ᵉ forme du conditionnel antérieur] un faisceau compacte, au
sein duquel aurait *circulé* une vie *commun*, et qui *être* [2ᵉ forme du
conditionnel antérieur], pour des siècles, indestructible.

92ᵉ Exercice.

Faites le même travail que sur les exercices précédents.

Il y a des *jeu* où dix *personne* mettant *chacun* un franc, il n'y en a qu'*un* qui *gagner* le tout, et toutes les autres *perd* : ainsi chacun risque seulement de perdre un franc et peut en gagner neuf Si l'on ne *considérer* que le gain et la perte en soi, il semblerait que *tout* y ont de l'avantage; mais il faut de plus considérer que, si chacun *pouvoir* gagner neuf *franc*, et en *risquer* un seulement, il est aussi neuf fois plus probable à l'égard de *chaque* (ou *chacun*) qu'il perdra son franc, et ne gagnera pas *le* neuf. Ainsi chacun a pour soi neuf francs à espérer, un franc à perdre, neuf *degré* de probabilité de perdre un franc, et un seul de gagner les neuf *franc* : ce qui met la chose dans *un parfait* égalité.

Tous les jeux qui sont de *ce* sorte sont *équitable*, autant que les jeux peuvent l'être, et ceux qui sont hors de *ce* proportion sont manifestement *injuste :* et c'est par là qu'on peut faire voir qu'il y a *un* injustice grave dans ces espèces de jeux qu'on appelle *loterie*, parce que, le maître de loteries prenant d'ordinaire sur le tout une dixième partie pour son préciput, tout le corps des *joueurs* est dupé de la même manière que si un homme *jouer* à un jeu égal, c'est-à-dire où il y *avoir* autant d'apparence de gain que de perte, dix francs contre neuf. Or, si cela est désavantageux à tout le corps, cela l'est aussi à chacun de ceux qui le *compose*, puisqu'il *arriver* de là que la probabilité de la perte *surpasser* plus la probabilité du gain, que l'avantage qu'on espère ne *surpasser* le désavantage auquel on s'expose, qui consiste à perdre ce qu'on y met. — Ce serait une sottise de jouer vingt *franc* contre un royaume, à condition que l'on ne *pouvoir* le gagner que dans le cas où un enfant, arrangeant au hasard les *lettre d'un* imprimerie, composerait, sans *le* connaître, les vingt *premier* vers de l'Enéide : aussi, sans qu'on y *penser*, il n'y a point de moment dans la vie où *on* ne la hasarde plus qu'un prince ne *hasarder* son royaume en le jouant à cette condition.

93ᵉ Exercice.

Faites le même travail que sur les exercices précédents.

LE REQUIN.

Le requin parvient à une longueur de plus de dix *mètre*. Les anecdotes que nous avons *entendu* raconter sur lui, tous ces actes de férocité qu'on en a *cité*, *effrayer* [indicatif présent] vraiment l'imagination. Sa voracité, son impétuosité en ont toujours *fait* un des poissons *le* plus terribles qu'il y ait jamais *eu*. Combien de voyageurs ont été victimes du peu de précaution qu'ils avaient *eu!*

Et combien il s'en est *trouvé* qui se *baignant* tranquillement dans la mer, ont été *dévoré* par ce monstre sans pouvoir échapper à la rapidité de ses atteintes! Le requin est plus dangereux que la plupart des *cétacé*; il inspire *même* plus d'effroi que les baleines qui, moins bien *armé* et *doué* d'appétits bien différents, ne provoquent jamais ni l'homme ni les grands *animal*. Les requins sont *répandu* dans *tout* les climats; ils se sont *emparé*, pour ainsi dire, de *tout* les mers, et on les a *vu* souvent apparaître au milieu des tempêtes. Ils sont *aperçu* facilement, à cause de l'éclat phosphorique dont ils brillent au milieu *de* [ou *des*] nuits *le* plus orageuses. La gueule à *demi béant*, ils menacent les infortunés voyageurs *exposé* aux horreurs du naufrage; et malgré *tout* les efforts qu'on a *pu* faire pour *leur* échapper, ils viennent presque toujours à bout de la proie qu'ils ont *convoité*. *Quelque* naturalistes ont *ajouté* cette circonstance curieuse, que le requin, même après sa mort, conserve dans ses muscles une telle puissance galvanique, que *quelque* personnes, s'étant imprudemment *empressé* d'enfoncer *leur* bras dans sa gueule, avaient *eu leur* mains *coupé*.

94° Exercice.

Faites le même travail que sur les exercices précédents.

L'AFRIQUE CENTRALE.

Depuis le commencement de ce siècle surtout, *des* [ou *d'*] intrépides explorateurs se sont *succédé* sur le sol de l'Afrique, dont l'intérieur commence à peine à être *connu*. Ces hardies tentatives, que le monde entier a *applaudi*, n'ont pas *tout* été *couronné* de succès. *Quelque* unes ont été *fatal* à *leur* auteurs; d'autres ont tourné au profit de la science et à la gloire *de* [ou *des*] hommes modestes et *dévoué*, dont *tout* les sociétés savantes se sont *plu* à honorer les noms.

L'Afrique, sur laquelle l'histoire avait déjà *ouvert* et *fermé* ses annales, lorsqu'elle eut à s'occuper pour la première fois de notre occident européen, est *resté le* moins *connu* de toutes les parties du monde, et, jusqu'à ces derniers temps, *le* plus *dédaigné*. Les nations classiques de l'antiquité qui colonisèrent ou occupèrent ses côtes *septentrional* avaient *leur* grands intérêts *tourné* vers l'Orient et le Nord, et n'ont guère *connu* du monde africain que l'*étroit* lisière *soumis* immédiatement à l'action de *leur* planteurs, de *leur* trafiquant et de *leur* chasseurs d'hommes et de bêtes fauves. *Excepté* ces derniers, qui, *de* [ou *des*] nombreux vestiges en font foi, pénétrèrent en avant au sud de l'Atlas et des montagnes de la Tripolitaine, *excepté* encore *quelque* rares esprits d'élite, l'Afrique *intérieur* demeura pour les anciens la région du mystère et des fables. L'étrange et souvent hideux aspect qu'y *revêtir* [présent] la nature et l'homme ; des contrées immenses entièrement *abandonné* au parcours et à la dent des bêtes féroces ; par delà, d'incommensurables déserts de sable ; le destin funeste des éclaireurs qui osaient s'y aventurer ; tout enfin se réunissait pour élever d'*effrayant* barrières au sud de la zone méditerranéenne du continent africain.

95ᵉ Exercice.

Conservez tels qu'ils sont écrits ou modifiez convenablement les mots
en italique.

Combien en a-t-on *vu*, je dis des plus *huppé*,
A souffler dans *leur* doigts dans ma cour *occupé* !

Le peu d'encouragements que le prince Eugène avait *reçu* à la cour de France, le décida, dit-on, à prendre du service chez l'empereur d'Allemagne. — Autant de jours a *vécu* Titus, autant d'heureux il a *fait*. — Le peu de soldats que les Romains avaient *laissé* dans la place donna aux barbares l'espoir de la surprendre. — Combien de choses nécessaires et agréables à la vie humaine la nature prodigue a-t-elle *placé* dans ces contrées à la portée de notre main ! Que d'habitations impénétrables à la pluie et aux rayons du soleil ne nous a-t-elle pas *ménagé* sous les rameaux épais de ces arbres qui forment, par *leur* nombreuses arcades, des palais de verdure ? Que de retraites heureuses eussent *trouvé* dans ces îles fortunées nos pauvres soldats et nos pauvres paysans sans possessions ! Que de petites seigneuries y fussent *devenu* les récompenses ou de braves officiers ou de bons citoyens ! Que d'habiles marins s'y seraient *formé* par la pêche des tortues dont les écueils marins sont *couvert*, ou par celle des moules du banc de Terre-Neuve, encore plus abondante ! — Vous trouverez *ci-inclus* la lettre que j'avais *pensé* que vous recevriez avant mon arrivée ici. — Je me laissai enlever de l'hôtellerie au grand déplaisir de l'hôte, qui se voyait par là sevré de la dépense qu'il avait *compté* que je ferais chez lui. — Ne comptez pas sur la pitié que vous avez *espéré* qu'exciteraient votre jeunesse et votre malheur ; votre naissance est aux yeux des Grecs un crime qu'ils ne vous pardonneront jamais. — Il ne rougissait point de défauts qu'il aurait *dû*, selon lui, à l'éducation ; il était fier de ses qualités qui, à ses yeux, n'étaient *dû* qu'à lui-même. — Turenne n'abandonnait rien au hasard ; il n'*engager* jamais une action sans avoir *pris* toutes les dispositions qu'il avait *pu* pour en assurer le succès. — Je puis dire que j'ai été très-heureux de trouver dans les anciens cette autre Iphigénie que j'ai *pu* représenter telle que je l'ai *voulu*.

96ᵉ Exercice.

Faites le même travail que sur l'exercice précédent.

UN BRETON AU PIED DES MONTAGNES ROCHEUSES.

Vers les six heures j'arrivai près d'un joli petit cours d'eau *ombragé* de saules et de *jeune* chênes. La position me sembla *charmant* pour y établir mon campement : de chaque côté, le ruisseau était *bordé* d'un beau tapis de gazon *émaillé* de fleurs *frais* comme l'aurore ; après avoir *déchargé* mon mulet, mon vieux camarade d'aventures, et l'avoir *laissé* paître sur ces bords *charmant*, je m'étendis moi-même sur le gazon, *humant* avec de [ou *des*] *singuliers* délices les senteurs *embaumé* de la forêt. Quand mes membres furent un peu *reposé*, je pris un bain sous un de ces *arceau* naturels de branchages et de *fleur*, et dans cette baignoire je réparai mes forces en *rendant* à mes articulations la souplesse que leur *enlever* toujours une course de la longueur de celle que j'avais *fait* ; car, pour ménager mon mulet et plus encore par goût de chasseur, j'avais *fait* la route *à pied*.

Mon premier soin fut d'allumer du feu, de plumer deux colins ou perdrix *californien*, qui, une fois *vidé*, furent *embroché* sur une branche de chêne *déposé* elle-même sur deux fourches *piqué* en terre devant le brasier ; comme elles étaient fort *gras*, je mis ma poêle dessous pour en recevoir la graisse. Je *faire* [2ᵉ forme du conditionnel antérieur] un repas délicieux, si, pour le compléter, j'avais eu une chopine de cidre de Bretagne. Je dus remplacer ce nectar national des vieux Kimris par l'eau du ruisseau, qui était au moins limpide et *frais*, qualités qu'ont toujours dans ces régions les eaux *descendant* des montagnes Rocheuses. Le soir, je disposai mon hamac entre deux branches de cèdre, ne *voulant* pas trop me fier aux *trompeur* délices d'une nuit *passé* sur le gazon, au bord d'un ruisseau dont le doux murmure devait me bercer. Je coupai avec ma hache une bonne quantité de branches de la même essence, qui *entretenir* [prétérit] pendant *tout* la nuit un magnifique foyer, sauvegarde contre les visites *indiscret* des bêtes féroces. Je me réveillai avec l'aurore ; les oiseaux chantaient dans les bosquets et donnaient à mon cœur, par *leur* doux accords, cette quiétude, ce courage si *nécessaire* à l'homme *perdu* dans les forêts, à plusieurs milliers de lieues de sa patrie. Tout ce qui m'entourait était si beau, si suave, que j'ai souvent *regretté* de n'être pas *né* dans ces régions *primitif*, pour y vivre dans une *continuel* contemplation des beautés de la nature.

97ᵉ Exercice.

Faites le même travail que sur les exercices précédents.

UNE GROTTE.

On arriva à la porte d'une grotte, où l'on fut *surpris* de voir, avec *un* apparence de simplicité rustique, des objets propres à charmer les yeux. Il est vrai qu'on n'y voyait ni or, ni argent, ni marbre, ni *tableau*, ni statues : mais cette grotte était *taillé* dans le roc, en voûte *plein* de rocailles et de coquilles ; elle était *tapissé* d'une jeune vigne qui étendait ses branches souples également de *tout* côtés. Les doux zéphyrs *conservait* en ce lieu, malgré les ardeurs du soleil, une *délicieux* fraîcheur ; des fontaines *coulant* avec un doux murmure sur des prés *semé* d'amarantes et de violettes, formaient en divers lieux des bains aussi purs et aussi *clair* que le cristal ; *mille* fleurs *naissant* émaillaient les tapis *vert* dont la grotte était *environné*. Là on trouvait un bois de ces arbres touffus qui portent des pommes d'or, et dont la fleur, qui se *renouveler* dans *tout* les saisons, *répandre* le plus doux de *tout* les parfums ; ce bois semblait couronner ces belles prairies, et formait une nuit que les rayons du soleil ne pouvaient percer. Là on n'entendait jamais que le chant des *oiseau*, ou le bruit d'un ruisseau, qui se *précipitant* du haut d'un rocher, tombait à gros *bouillon* pleins d'écume et *s'enfuir* au travers de la prairie.

98ᵉ Exercice.

Faites le même travail que sur les exercices précédents.

LES TROIS JOURS DE CHRISTOPHE COLOMB.

Menacé de la mort par ses matelots qui voulaient retourner en Europe, Christophe Colomb *leur* avait *demandé* trois jours encore, espérant que ce temps lui suffirait pour découvrir la terre. Au lever du soleil du deuxième jour, des joncs fraîchement *déraciné* apparurent autour des vaisseaux. Une planche *travaillé* avec la hache, un bâton artistement *ciselé* à l'aide d'un instrument *tranchant*, une branche d'aubépine en fleur, enfin un nid d'oiseau *suspendu* à une branche *rompu* par le vent, rempli *d'œuf* que la mère couvait encore au doux roulis des vagues, flottèrent successivement sur les eaux. Les matelots recueillirent à bord ces témoins écrits, *parlant* et *vivant*, d'une terre voisine. Les séditieux tombèrent à genoux devant l'homme *outragé* la veille, et entonnèrent *un* hymne de reconnaissance au ciel qui les avait *associé* à son triomphe. La nuit tomba sur ces chants. Colomb ne dormit point ; il était en proie à l'angoisse, lorsqu'un coup de canon, *retentissant* sur l'Océan, à peu de distance de lui, le fit tressaillir. C'était le signal de découverte *donné* par un des vaisseaux de la petite flotte. Aussitôt *tout* les matelots poussèrent ensemble le cri d'arrivée : « Terre! terre! » L'Amérique était *découvert*.

99ᵉ Exercice.

Faites le même travail que sur les exercices précédents.

LA FEUILLE DE PAPIER.

La feuille de papier, que vous avez *dû* remplir, n'est pas *sorti tout fait, tout préparé* des mains de la nature. Elle n'est pas une production de la terre, mais l'œuvre d'une industrie que les hommes ont *créé*, et que l'expérience a *rendu* peu à peu plus *parfait*. Ces débris de *tout* sorte que vous avez *vu dispersé* dans les rues, que vous aviez *cru* sans doute inutiles, un chiffonnier les a *recueilli* avec soin. Voyez les avantages qu'on a *su* en tirer! Après les avoir *broyé* et *détrempé* dans l'eau, on en a *fait* une pâte. Dès qu'on l'a *vu* se ramollir, on y a *plongé* un cadre *formé* de fils de fer *croisé* entr'eux et assez *serré*. Quand on l'a *retiré*, il est resté à la surface une légère couche de cette pâte, qu'on a *eu* soin d'égaliser et de rendre parfaitement *uni*. On l'a *laissé* durcir : on l'a ensuite *détaché* du cadre et *fait* sécher : et voilà une feuille de papier *tout créé, tout* prête à recevoir l'écriture, c'est-à-dire à fixer la pensée. On a *perfectionné* cette industrie, en *faisant* passer la feuille encore humide entre deux cylindres de fer qui la rendent plus *poli* et plus parfaitement *égal* en épaisseur, et qui permettent de plus de l'allonger autant qu'on le veut.

100ᵉ Exercice.

Faites le même travail que sur les exercices précédents.

MORT DE RACINE.

Les douleurs de mon père *commençant* à devenir très-*aigu*, il les *recevoir* [prétérit] de la main de Dieu avec autant de douceur que de soumission. *Tout* ceux qui étaient *venu* le consoler étaient d'autant plus *édifié* de sa patience, qu'ils connaissaient la vivacité de son caractère. *Tourmenté* pendant trois semaines d'une *cruel* sécheresse de langue et de gosier, il se contentait de dire : « J'offre à Dieu cette peine : puisse-t-elle expier les plaisirs que j'ai souvent *trouvé* aux tables des grands! »

J'étais souvent dans la chambre d'un malade si cher, et ma mémoire me *rappeler* [présent] les fréquentes lectures de piété qu'il me faisait faire auprès de son lit.

On s'était enfin *aperçu* que cette maladie était *causé* par un abcès au foie; et quoiqu'il ne *être* [imparfait du subjonctif] plus temps d'y apporter un remède, on *résoudre* [prétérit] de lui faire l'opération. Il s'y prépara avec une grande fermeté, et en même temps il se prépara à la mort. Il en avait *eu tout* sa vie d'extrêmes frayeurs que la religion a *dissipé* tout à fait dans cette *dernier* maladie. Il s'occupa toujours de son dernier moment qu'il vit arriver avec une tranquillité qui surprit et édifia *tout* ceux qui *savoir* combien il l'avait *appréhendé*. L'opération fut *fait* trop tard ; et trois jours après il mourut, le *vingt et un* avril *mille six cent quatre-vingt dix-neuf*, *âgé* de *cinquante-neuf* ans, après *recevoir* [parfait de l'infinitif] les sacrements avec de grands sentiments de piété, et après avoir *recommandé* à ses enfants beaucoup d'union entre eux et de respect pour leur mère.

101ᵉ Exercice.

Faites le même travail que sur les exercices précédents.

Le détroit de Sicile ne semble-t-il pas nous apprendre que la Sicile était autrefois *joint* à l'Apulie, comme l'antiquité l'a toujours *cru ?* — Les renforts que j'avais *supposé* qu'on enverrait n'étant pas encore *arrivé*, je n'étais pas en état de tenir la campagne devant des ennemis si nombreux et si bien *approvisionné*. — Calculez les sommes folles qu'a *coûté* aux rois d'Égypte la construction des pyramides et les malédictions qu'elle ont *valu* à leurs auteurs, et voyez s'il n'est pas plus facile de rendre les hommes heureux que malheureux. — Vous me rappelez sans cesse les *cent* soixante livres que j'ai *pesé* jadis ; si vous me *voir* [imparfait] maintenant, vous seriez bien surpris de me trouver si maigre et si décharné. — Les serpents paraissent *privé* de tout moyen de se mouvoir, et uniquement *destiné* à vivre sur la place où le hasard les a *fait* naître. — Tous les soldats que les généraux athéniens avaient *laissé* aller à terre, ne purent rejoindre à temps les vaisseaux, et furent *fait* prisonniers. — Une violente tempête a jeté à la côte deux embarcations ; toute la population les a *vu* périr sans pouvoir sauver ceux qui les montaient. — Tous les arguments qu'il a *su* trouver pour défendre sa cause, sont plus spécieux que solides. — Les malheurs d'Ulysse sont *connu* par toute la terre. Quelle nation barbare ne les a pas *entendu* raconter ? — Alexandre avait *vaincu* tous les ennemis qu'il avait *eu* à combattre, *conquis* toutes les contrées qu'il avait *eu* à traverser. — La guerre ne se faisait pas alors comme nous l'avons *vu* faire du temps de Louis XIV. — Le fils d'Ulysse comprit la faute qu'il avait *fait* d'attaquer ainsi le frère d'un des rois alliés qu'il était *venu* secourir. — Les combats éternels que cette âme avait *eu* à soutenir du côté de ses passions sont *fini*. — L'Europe a *reconnu* que Pierre le Grand avait *aimé* la gloire, mais qu'il l'avait *mis* à bien faire. — Bérénice, Atalide, Aricie, étaient *perdu* sans un prodige de l'art, prodige d'autant plus grand qu'il n'étonne point, qu'il *plaire* par sa simplicité, et que chacun croit que, s'il avait *eu* à faire parler ces personnages, il les aurait *fait* parler de même. — Pénélope ne voyant revenir ni lui, ni moi, n'aura *pu* résister à tant de prétendants, son père l'aura *contraint* d'accepter un autre époux.

102ᵉ Exercice.

Faites le même travail que sur les exercices précédents.

LES NIDS.

Aussitôt que les arbres ont *développé leur* feuilles, *mille* ouvriers commencent *leur* travaux. Ceux-ci portent de *long* pailles dans le trou d'un vieux mur; ceux-là *maçonner* des bâtiments aux fenêtres d'une église; d'*autre* dérobent un crin à une cavale, ou les brins de laine que la brebis a *laissé suspendu* à la ronce. Il y a des bûcherons qui croisent des branches dans la cime d'un arbre; il y a des filandières qui *recueillir* la soie sur un chardon. *Mille* palais *s'élever*, et chaque palais est un nid; chaque nid voit des métamorphoses *charmant :* un œuf *brillant*, ensuite un petit, couvert de duvet. Ce nourrisson prend des plumes; sa mère lui apprend à se soulever sur sa couche. Bientôt il *aller* [présent] jusqu'à se percher sur le bord de son berceau, d'où il *jeter* un premier coup d'œil sur la nature. *Effrayé* et *ravi*, il se précipite parmi ses frères, qui n'ont pas encore *vu* ce spectacle; mais *rappeler* [participe passé] par la voix de ses parents, il *sortir* une seconde fois de sa couche, et ce jeune roi des airs, qui *porter* encore la couronne de l'enfance autour de sa tête, ose déjà contempler le vaste ciel, la cime *ondoyant* des pins, et les abîmes de verdure au-dessus du chêne paternel.

103ᵉ Exercice.

Conservez ou modifiez convenablement les mots en italique.

LES DEUX FRÈRES.

L'un de ces frères était *marié* et avait plusieurs enfants, l'autre était seul; ils cultivaient en commun les champs qu'ils avaient *hérité* de *leur* mère. La moisson *venu*, les deux frères lièrent *leur* gerbes et en firent deux tas *égal* qu'ils laissèrent sur le champ. Pendant la nuit, celui des deux frères qui n'était pas marié eut une bonne pensée; il se dit à lui-même : « Mon frère a une femme et des enfants à nourrir, il n'est pas juste que ma part soit aussi forte que la sienne; allons, *prendre* de mon tas *quelque* gerbes que j'ajouterai ainsi secrètement aux siennes; il ne s'en *apercevoir* [futur] pas, et ainsi ne *pouvoir* [futur] pas me refuser. » Et il fit comme il avait pensé. La même nuit, l'autre frère s'éveilla et dit à sa femme : « Mon frère est jeune; il *vivre* seul et sans compagne, il n'a personne pour l'assister dans son travail et le consoler de ses fatigues; il n'est pas juste que nous *prendre* [présent du subjonctif] du champ autant de gerbes que lui, levons-nous, *aller*, et portons secrètement à son tas un certain nombre de gerbes, il ne s'en *apercevoir* [futur] pas demain, et ainsi ne *pouvoir* pas le refuser. » Et ils firent comme ils avaient *pensé*. Le lendemain, chacun des deux frères se *rendre* [présent] au champ, et *être* bien *étonné* de voir que les deux tas étaient toujours pareils; ni l'un ni l'autre ne *pouvoir* [imparfait] intérieurement se rendre compte de ce prodige. Ils firent de *même* pendant plusieurs nuits de suite. Mais comme chacun d'eux *porter* [imparfait] au tas de son frère le *même* nombre de gerbes, les tas demeuraient toujours *égal*; jusqu'à ce qu'une nuit, *tout* deux s'étant *mis* en sentinelle pour approfondir la cause de ce mystère, ils se rencontrèrent *portant chacun* les gerbes qu'ils se destinaient mutuellement.

104ᵉ Exercice.

Faites le même travail que sur l'exercice précédent.

PLANTATIONS DE PAUL.

La main *laborieux* de Paul avait *répandu* la fécondité jusque dans les lieux *le* plus stériles de cet enclos. *Divers* espèces d'aloès, la raquette *chargé* de fleurs *jaune fouetté de rouge*, des cierges épineux s'élevaient sur les têtes *noir* des rochers et semblaient vouloir atteindre aux *long* lianes *chargé* de fleurs *bleu* ou *écarlate*, qui pendaient çà et là, le long des escarpements de la montagne.

Il avait *disposé* ces végétaux de manière qu'on pouvait jouir de *leur* vue d'un seul coup d'œil. Il avait *planté* au milieu de ce bassin les herbes qui *s'élever* [présent] peu, ensuite les arbrisseaux, puis les arbres moyens, et enfin les grands arbres, qui en bordaient la circonférence; de sorte que ce vaste enclos paraissait de son centre comme un amphithéâtre de verdure, de fruits et de fleurs, *renfermant* des plantes *potager*, des lisières de prairies et des champs de riz et de blé. Mais en *assujettissant* ces *végétal* à son plan, il ne s'était pas *écarté* de celui de la nature. *Guidé* par ses indications, il avait *mis* dans les lieux *élevé* ceux dont les semences sont *volatile*, et sur le bord des eaux, ceux dont les graines sont *fait* pour flotter. Ainsi chaque *végétal* croissait dans son site propre, et chaque site recevait de son végétal sa parure *naturel*. Les eaux qui descendaient du sommet de ces rochers formaient au fond du vallon, ici des fontaines, là *de* [ou *des*] larges miroirs *répétant*, au milieu de la verdure, les arbres en fleurs, les rochers et l'azur des *ciel*.

105ᵉ Exercice.

Faites le même travail que sur les exercices précédents.

LE VOLEUR ET SON OMBRE.

Un maraudeur de profession entra, une nuit, dans le jardin d'un château. Après avoir franchi les murs qu'il avait *réussi* à percer d'une étroite ouverture, il *cueillir* [prétérit] les plus belles pommes, en remplit deux sacs, et, ayant *chargé* l'un sur son dos, il se disposait à l'aller jeter par-dessus les murs. A ce moment, minuit sonna, heure terrible pour les gens *superstitieux*. Le silence régnait partout, et la lune, *perçant* les nuages, éclairait mystérieusement les objets que la nuit avait jusque-là *rendu indistinct*. Notre voleur suivait, inquiet et tremblant, l'allée *aboutissant* au mur. Tout à coup, en *regardant* de côté, il lui sembla voir un fantôme qui s'approchait du sac *laissé* à terre. Il se baisse pour n'être point *apercevoir* [participe passé] ; le fantôme se baisse aussi, et *disparaître* sous terre. Le peureux s'enfuit, sans en demander plus, *abandonnant* les pommes qu'il avait *eu* tant de peine à recueillir. Le lendemain, il racontait à qui voulait l'entendre qu'un fantôme lui avait *volé* deux sacs ; mais il se garda bien de dire en quelle circonstance. *Quelque* heures après un magistrat le fit appeler. «Voilà, lui dit-il, les deux sacs que vous aviez *prétendu* vous avoir été *volé*. Quant à vous-*même*, non-seulement vous ne jouirez pas des fruits que vous aviez *cru* vous approprier à si bon marché, mais vous irez dès ce soir coucher en prison. Là vous n'aurez pas à redouter les fantômes : celui qui vous a *fait* si peur n'était autre chose que votre ombre. Ainsi les malfaiteurs se *trahir* eux-*même* ; leur conscience *troublé* leur *créer* toujours des accusateurs. »

106e Exercice.

Faites le même travail que sur les exercices précédents.

INÉPUISABLE FÉCONDITÉ DE LA TERRE.

Toutes les choses que la terre a *produite* se *corrompant* et *rentrant* dans son sein, *devenir* le germe d'une *nouveau* fécondité. Plus elle donne, plus elle *reprendre* ; et elle ne s'épuise jamais, pourvu qu'on *savoir* [présent du subjonctif], dans la culture, lui rendre ce qu'elle a donné. Confiez à la terre des grains de blé : en se *pourrissant* ils germent, et cette mère féconde vous rend *cent* fois plus de ces grains qu'elle n'en a *reçu*. Creusez dans ses entrailles : vous y trouverez la pierre et le marbre pour *le* plus superbes édifices. Voyez tant de *métal* précieux et utiles, tant de *minéral destiné* à la commodité de l'homme. Admirez les plantes *naissant* de la terre : elles fournissent des aliments aux sains et des remèdes aux malades. *Leur* espèces et *leur* vertus sont innombrables : elles ornent la terre, elles donnent de la verdure, des fleurs odoriférantes et des fruits délicieux. Les arbres s'enfoncent dans la terre par *leur* racines comme les branches *s'élever* vers le ciel ; *leur* racines les défendent contre les vents, et vont chercher, comme par *de* [ou *des*] petits tuyaux souterrains, tous les sucs *destiné* à la nourriture de *leur* tige ; la tige elle-même se *revêtir* [présent] d'une dure écorce, qui met le bois tendre à l'abri des injures de l'air ; les branches distribuent en divers canaux la séve qu'avaient *réuni* les racines dans le tronc. De plus, les arbres et les plantes, par les fruits et les graines qu'ils ont *laissé* tomber, se sont bientôt *prépare* autour d'eux une nombreuse postérité.

107ᶜ Exercice.

Faites le même travail que sur les exercices précédents.

LE CHEVAL VOLÉ.

Durant une guerre désastreuse, plusieurs régiments de cavalerie étaient *campé* autour d'un village. Comme la discipline ne pouvait être strictement *observé*, un voleur, qui se faisait passer pour maquignon, eut l'adresse de dérober le cheval d'un sous-officier et de le cacher au fond d'une forêt. Lorsque les cavaliers furent *parti*, il se rendit dans une ville assez *éloigné* pour y vendre sa capture. *Arrivé* sur la place publique, il *apercevoir* [présent] un régiment de hussards qui s'était *réuni* pour manœuvrer. Le voleur, que cette rencontre ne rassurait pas, pique vivement les flancs de son cheval. Celui-ci *repartir* [présent] au galop dans une direction *opposé*. Au même moment la trompette *s'est fait* entendre. Aussitôt le cheval *s'arrêter*, tourne bride, et, malgré tous les efforts de son cavalier, *venir* se mettre dans les rangs de ses anciens camarades, *écoutant* la voix de ses chefs, *avançant* ou *reculant* selon les commandements, et exécutant *tout* les manœuvres avec la régularité d'un excellent cheval de régiment. Les militaires et les spectateurs ne pouvaient s'empêcher d'admirer l'instinct de l'intelligent animal, et de rire de la mine *effaré* du cavalier qui tremblait de *tout* ses membres et suait à *gros* gouttes.

Dès que les évolutions furent *terminé*, bourgeois et soldats complimentèrent le cavalier sur sa bonne tournure et sur l'excellence de son cheval. Notre voleur ne *savoir* [imparfait] trop s'il devait prendre pour argent *comptant* ces compliments *empressé*, lorsque *survenir* [prétérit] le colonel : il demanda au cavalier comment il s'était *procuré* un cheval si bien *dressé*. Le fripon *surpris* pâlit, ne put répondre. Cheval et cavalier furent *arrêté*, et bientôt la fraude fut *découvert*.

108ᵉ Exercice.

Faites le même travail que sur les exercices précédents.

LE RÊVE.

Quand il m'arrive de fermer les yeux pour rêver un monde idéal, je ne vois pas un lac artificiel entouré de chalets factices, des allées où roulent *d'* [ou *des*] innombrables calèches *acheté* d'hier et qui seront probablement *revendu* demain, *tout* une foule *oisif* et *doré* au milieu de paysages *ravissant* mais faux. Je vois la réalité au lieu de l'apparence, une véritable campagne *arrosé* par une véritable rivière, *semé* d'habitations rustiques et *peuplé* de familles *laborieux*. L'art de l'homme, *corrigeant* les inégalités de la nature, y a *trouvé* l'union de l'utile et du beau. La rivière, *contenu* dans son lit, roule en paix des eaux transparentes, et féconde par des dérivations *latéral* les plaines qu'elle traverse, au lieu de les dévaster par des inondations. Les prairies, *tout* aussi *vert* que les pelouses, s'étendent à perte de vue, et *fertilisé* par la culture *le* plus *attentif*, nourrissent d'innombrables animaux, moutons *chargé* de laine, *cheval* à la course rapide, vaches aux mamelles *gonflé* de lait. Les routes, non moins bien *entretenu* que des allées de parc, serpentent au milieu des champs *couvert* de blé et des vignes *couvert* de fruits; les chars qui portent la moisson ou la vendange se croisent facilement en *tout* sens. Les maisons, *tout* aussi élégantes, mais plus commodes que les chalets *le* mieux *découpé*, s'entourent aussi *de* [ou *des*] fleurs ou d' [ou *des*] ombrages. A peu de distance apparaît la ville, qui, aussi bien *pavé*, aussi bien *éclairé* qu'une capitale, n'a que *quelque* milliers d'habitants, *tout livré* à la pratique des arts, des sciences, des industries, et *garanti* par *leur* petit nombre et par *leur* épargnes contre les dangers des grandes agglomérations. Partout la richesse par le travail et l'honnêteté; *nul* part la corruption, le luxe et le jeu.

109e Exercice.

Faites le même travail que sur les exercices précédents.

L'HISTOIRE.

Ce n'est pas sans raison que l'histoire a toujours été *regardé* comme la lumière des temps, la dépositaire des événements, le témoin fidèle de la vérité, la source de tous conseils et de toute prudence, la règle de la conduite et des mœurs. Sans elle, *renfermé* dans les bornes des siècles et des pays où nous *vivre*, *resserré* dans le cercle étroit de nos connaissances particulières et de nos propres réflexions, nous demeurons toujours dans une espèce d'enfance, qui nous laisse étrangers à l'égard du reste de l'univers, et dans une profonde ignorance de tout ce qui nous a *précédé* et de tout ce qui nous environne. Qu'est-ce que ce petit nombre d'années dont est *composé* la vie *le* plus *long*? Qu'est-ce que l'étendue du pays que nous pouvons occuper ou parcourir sur la terre, sinon un point imperceptible à l'égard de ces vastes régions de l'univers et de cette longue suite de siècles qui se sont *succédé* depuis l'origine du monde? Cependant c'est à ce point imperceptible que se bornent nos connaissances, si nous n'*appeler* à notre secours l'étude de l'histoire, qui nous *ouvrir* tous les siècles et tous les pays; qui nous met sous les yeux toutes leurs actions, les entreprises dont on les a *loué*, leurs vertus, leurs défauts, *quelque* ils soient, et qui, par les sages réflexions qu'elle nous a *suggéré*, nous procure en peu de temps une prudence *anticipé*, fort *supérieur* aux leçons des plus habiles maîtres. Bien *enseigné*, l'histoire devient une école de morale pour tous les hommes. Elle décrie les vices et démasque les *faux* vertus. Par elle les erreurs et les préjugés sont *dissipé*, de même que le prestige enchanteur des richesses et de tout ce vain éclat qui éblouit le vulgaire. Enfin elle démontre par mille exemples plus persuasifs que tous les raisonnements, *quelque* en *paraître* [subjonctif] la force, qu'il n'y a de grand et de louable que l'honneur et la probité.

110ᵉ Exercice.

Faites le même travail que sur les exercices précédents.

Les *garde-côte* toujours guettant, toujours *épiant*, ne prennent pas de repos que la contrebande *signalé* ne soit *tombé* entre *leur* mains ou n'ait définitivement *pénétré* dans l'intérieur. Le meilleur des *passe-partout* qu'on ait jamais *employé* avec eux, c'est l'audace *aidé* de la ruse.

Un pauvre *croque-note*, distrait et *songe-creux*, *sortant* d'un de ces *pied-à-terre* peu hospitaliers, qu'on se procure à beaux deniers *comptant* dans les campagnes, faillit être victime d'un horrible *guet-apens*. Il avait *oublié*, autant qu'il l'avait *pu*, une aventure désagréable qu'il avait *eu quelque* jours auparavant avec une sorte de *fier-à-bras*, un ancien *porte-faix*. Il l'avait, en effet, *surpris battant* à *tour de bras* deux enfants maigres et chétifs, vrais *souffre-douleur* qu'il avait *rejoint* dans la *grand'rue* du *chef-lieu* de canton. *Avisant* alors un des *garde-chasse* du château qui passait par là, le *croque-note* lui avait *dénoncé* notre *coupe-jarret*. Justement un des petits malheureux criait alors à *tue-tête* : « Pitié, monsieur, il m'a *frappé*, de son bâton, me voilà *brèche-dent*! » Le garde veut intervenir, l'homme résiste et menace. Le garde tient bon, et le mendiant quitte la place, en lançant à l'indiscret *croque-note* un de ces regards de *pince-sans-rire* qui n'annoncent rien de bon pour l'avenir. Deux ou trois jours cependant s'étaient *passé*, sans qu'il en *résulter* [plus-que-parfait du subjonctif] rien. Mais enfin, comme il quittait son auberge où il avait *mangé* à *bouche que veux-tu*, un mendiant l'aborde. Quel *crève-cœur*! il n'avait rien à lui donner. Il entre en *pourparler* alors avec le misérable, et consent à le suivre jusque chez lui, où il se promettait bien de revenir une autre fois avec *quelque* secours. Mais, en entrant dans le réduit, quelle métamorphose! Notre *va-nu-pied* avait *ôté* sa fausse barbe, et, se *posant* devant le *croque-note* au milieu de son *coupe-gorge* : « A nous deux maintenant, mon petit-maître, beau défenseur des *meurt-de-faim* et des *gâte-métier*, s'écria notre homme! personne ici pour crier des *qui-vive*, tous les *blanc-bec* de la police sont loin. Exécutez-vous donc simplement. Vous aurez par là *abrégé* un des plus fâcheux *tête-à-tête* de votre vie. Quand vous m'aurez *signé* deux ou trois *blanc-*

seing que je tiens en réserve pour mes amis, et que je remplirai à mon aise, par manière de *passe-temps* à mes moments *perdu*, vous ne serez plus *forcé* de rester là à me faire *vis-à-vis*. » Et notre mendiant brandissait le plus affreux des *casse-tête*. Pauvre *croque-note!* il regardait les *blanc-seing*, puis le *casse-tête*, puis l'homme, puis tous les coins du *rez-de-chaussée fermé* par deux vieux *contrevent*, vermoulus il est vrai, mais qui suffisaient à isoler les scènes du *coupe-gorge. Excepté* la fenêtre, pas d'issue possible. Elle était *fermé* à l'intérieur par deux *arc-boutant tout rouillé.* Notre prisonnier se jette à corps *perdu* sur les *contrevent*, fait sauter les *arc-boutant*, d'un bond s'élance dehors, et tombe dans le plus horrible des *cul-de-sac*, en criant à *plein poumon.* En une *demi*-minute il se vit *entouré* de gens *accouru* à son appel. Le *tire-laine* sans doute avait *eu* peur des commentaires et des *qu'en dira-t-on.* Il s'était *esquivé.*

111ᵉ Exercice.

Faites le même travail que sur les exercices précédents.

LES FORÊTS AGITÉES PAR LES VENTS.

Qui pourrait décrire les mouvements que l'air communique aux végétaux? Combien de fois, loin des villes, dans le fond d'un vallon solitaire *couronné* d'une forêt, *assis* sur le bord d'une prairie *agité* des vents, ne nous sommes-nous pas *plu* à voir les moissons *doré*, les trèfles *empourpré* et les *vert* graminées former des ondulations semblables à des flots et présenter à nos yeux une mer *agité* de fleurs et de verdure, les vents enfin *balançant* sur nos têtes les cimes *majestueux* des arbres! Le frémissement de *leur* feuillage faisait paraître chaque espèce de deux *vert* différents. Chacun a son mouvement. Le chêne au tronc roide ne courbe que ses branches, l'élastique sapin balance sa haute pyramide, le peuplier robuste agite son feuillage mobile, et le bouleau laisse flotter le sien dans les airs, comme une longue chevelure. Quelquefois un vieux chêne *élever* au milieu de la forêt ses longs bras *dépouillé* de feuilles et immobiles; comme un vieillard, il ne prend plus de part aux agitations qui l'environnent : il a *vécu* dans un autre siècle. Cependant, de ces grands corps insensibles, il *sortir* [présent] des bruits profonds et mélancoliques. Ce ne *être* pas des accents distincts; ce *être* des sons monotones, parmi lesquels se font entendre des notes *sourd* et profondes, qui nous *jeter* dans une tristesse *plein* de douceur; ainsi les murmures d'une forêt accompagnent les accents mélodieux du rossignol. C'est un fond de concert qui fait ressortir les chants *éclatant* des oiseaux, comme la *doux* verdure est un fond de couleur sur lequel se détache l'éclat des fleurs et des fruits.

Le bruissement des prairies, les gazouillements des bois, ont des charmes que je *préférer* aux *brillant* accords; mon âme s'y abandonne, elle se berce avec les chevelures *ondoyant* des arbres, elle se *lever* avec leur cime vers les cieux, elle se transporte dans les temps qui les ont *vu* naître et dans ceux qui les verront mourir.

112ᵉ Exercice.

Faites le même travail que sur les exercices précédents.

LA GÉOLOGIE.

L'astronomie *excepté*, de toutes les sciences assurément celle qui nous intéresse *le* plus, c'est la géologie. *Quelque* soit cependant l'ardeur de ceux qui s'y sont *livré*, les savants n'ont point encore *atteint tout* les résultats qu'ils ont *voulu*. C'est une science *tout nouveau* encore. L'étude des astres et de *leur* mouvements, celle des êtres *vivant*, de *leur* caractères et de *leur* mœurs, études *tout* d'observation, *devoir* [parfait] captiver l'attention de l'homme bien avant celle des roches et des pierres, sur la nature desquelles on n'avait encore que les notions *le* plus *imparfait*. Ces origines de notre globe, les révolutions immenses qui en ont *modifié* la configuration, *changé* la surface pour la constituer en l'état où nous *le* voyons, les savants ne s'en sont guère *préoccupé* avant les approches du dix-septième siècle. Les *Leibnitz*, les *Buffon*, les *Werner*, les de *Saussure*, les *Cuvier* ont *fait* pour les progrès de cette science *tout* les efforts qu'ils ont *pu*. Les phénomènes, mieux *observé*, ont *permis* de corriger les premiers systèmes, et les opinions actuellement *admis* offrent de grandes probabilités d'exactitude : car on ne peut trop espérer une certitude *complet* quand il s'agit de faits *accompli* avant l'apparition de l'homme sur la terre, et dont on ne retrouve l'enchaînement que par le raisonnement *appuyé* sur l'observation des phénomènes actuels et sur les résultats des phénomènes anciens.

113ᵉ Exercice.

Faites le même travail que sur les exercices précédents.

LES PHÉNOMÈNES NEPTUNIENS.

Malgré les difficultés qu'il y a *eu* à recueillir et à coordonner tous les phénomènes géologiques, on est *parvenu* à rapporter les grandes révolutions du globe à deux causes *général*, le feu et l'eau. L'arrachement de certains terrains, *délayé*, puis *entraîné*, le transport et le dépôt de sédiments divers dépendent ainsi de ce qu'on *a peler* les effets neptuniens, tandis que les éruptions volcaniques, les tremblements de terre, les épanchements intérieurs de matières analogues à la lave, et les soulèvements qui ont *produit* les chaînes de montagne *ont apparu* comme les résultats de la chaleur propre du globe, et ont *reçu* le nom d'effets vulcaniens. Les traces des profondes modifications du globe ont été d'ailleurs aussi *frappant* que

la science l'a *désiré*. A chaque pas nombre de preuves se sont *rencontré* devant les explorateurs du sol. Les amas de coquilles, évidemment d'origine *marin*, qu'on a *vu* apparaître dans la terre, en
Touraine, à *quelque* quarante lieues de la mer, ont d'abord *attiré*
l'attention. Ces faluns, comme on les appelle, forment une masse de
près d'un milliard de mètres cubes. D'une épaisseur *d'un à vingt*
mètres, il y a plus d'un siècle qu'on les a *employé*, autour de Sainte-
Maure, à l'amendement des terres. Sur le versant des Alpes, dans
les Pyrénées, dans les Apennins, dans presque *tout* les chaînes de
montagnes, ces coquilles *tout* marines ont été *découvert* en grande
abondance, formant des couches d'une épaisseur quelquefois très-
considérable, parfois *horizontal*, le plus souvent *incliné*. Elles sont
presque toujours *enfoui* sous d'autres dépôts, dont l'épaisseur s'élève
à plusieurs centaines de mètres. Ces divers dépôts *superposé*, qu'un
œil *exercé* a *pu* facilement distinguer les uns des autres, renferment
aussi des coquilles d'espèces différentes; quelques-uns ne contiennent plus que des coquilles d'eau *doux*. Dans les profondeurs des
mines, ce sont encore des amas de même nature.

114e Exercice.

Faites le même travail que sur les exercices précédents.

LES PHÉNOMÈNES NEPTUNIENS (SUITE).

La mer a-t-elle donc *recouvert* autrefois la surface de la terre?
Mais pourquoi alors des dépôts du même genre à plusieurs milliers
de mètres au-dessus du niveau actuel des mers? pourquoi aussi à
des profondeurs considérables au-dessous du *même* niveau? Pourquoi des amas *incliné* et des amas *horizontal?* Et puis que serait
devenu l'effroyable masse d'eau, en *se retirant* des lieux *laissé* à
découvert?

L'hypothèse que les derniers géologues ont *cru* pouvoir mettre en
avant, paraît beaucoup plus raisonnable. Le niveau général des mers
n'aurait pas beaucoup *varié;* mais, à certaines époques, de prodigieux
bouleversements auraient *changé* le relief de la surface, en *soulevant*
à de grandes hauteurs des parties du sol alors *couvert* par la mer, en
même temps qu'ils *plonger* d'autres parties du continent sous les
eaux, dont le lit se trouvait ainsi *déplacé*. Les portions *submergé* se
recouvraient à leur tour seulement de dépôts *laissé* par les eaux et
des dépouilles d'animaux à coquilles; puis survenait une nouvelle
catastrophe qui *changer* encore la figure du sol, *submerger* [participe
présent] des terrains élevés, ou *faisant* surgir du sein des eaux de
nouvelles montagnes.

L'étude de ces soulèvements successifs du sol a été *fait* avec une
telle sagacité que l'on a *pu*, avec une certitude à peu près *complet*,
indiquer l'âge relatif des *divers* chaînes de montagnes.

115ᵉ Exercice.

Faites le même travail que sur les exercices précédents.

LE FRAISIER.

Un jour d'été, j'aperçus sur un fraisier, qui était *venu* par hasard sur ma fenêtre, de petites mouches si jolies, que l'envie me prit de les décrire. Le lendemain j'en ai *vu* d'une autre sorte, que je décrivis encore. J'en ai *observé* pendant trois semaines trente-sept espèces, *tout* différentes.

Les mouches que j'avais *observé* étaient *tout distingué* les unes des autres par *leur* couleurs, *leur* forme et *leur* allures. Il y en avait *de* [ou *des*] doré, d' [ou *des*] argenté, de [ou *des*] bronzés, de [ou *des*] tigré, de [ou *des*] rayé, de [ou *des*] bleu, de [ou *des*] vert, de [ou *des*] rembruni, de [ou *des*] chatoyant. Les unes avaient la tête *arrondi* comme un turban; d'autres *allongé* en pointe de clou. A quelques-unes elle paraissait obscure comme un point de velours noir; elle *étinceler* à d'autres comme un rubis. Il n'y avait pas moins de variété dans *leur* ailes : quelques-unes en avaient de [ou *des*] longues et de [ou *des*] *brillant* comme des lames de nacre; d'autres *de* [ou *des*] *court* et de [ou *des*] larges, qui ressemblaient à des réseaux de la gaze *le* plus fine. *Chaque* [ou *chacune*] avait sa manière de les porter et de s'en servir.

116ᵉ Exercice.

Faites le même travail que sur les exercices précédents.

VENISE.

La vue de Venise est plus *étonnant* qu'agréable : on croit voir d'abord une ville *submergé*, et la réflexion est nécessaire pour admirer le génie des mortels qui ont *conquis* cette demeure sur les eaux. Le silence est profond dans cette ville, dont les *rue* sont des canaux, et le bruit *de* rames est l'unique interruption de ce silence. Ces *noir* gondoles *glissant* sur les canaux ressemblent à des cercueils ou à des *berceau*, à la dernière ou à la première demeure de l'homme. Le soir, on ne voit passer que les reflets des lanternes *éclairant* les gondoles; car, de nuit, leur couleur noire empêche de les distinguer. On dirait que ce *être* des ombres *glissant* sur l'eau, *guidé* par une petite étoile.

117ᵉ Exercice.

Faites le même travail que sur les exercices précédents.

LETTRE DE MADAME DE SÉVIGNÉ A MADAME DE GRIGNAN.

Je reçois votre lettre, comme vous avez reçu ma bague ; je *fondre* [présent] en larmes en la *lisant;* il me semble que mon cœur vou-

loir [présent du subjonctif] se fendre par la moitié ; on croirait que vous m'écrivez des injures, ou que vous êtes malade, ou qu'il vous est arrivé quelque accident ; et c'est tout le contraire : vous m'aimez, *mon cher* enfant, et vous me le *dire* d'une manière que je ne puis soutenir sans des pleurs en abondance. Vous me *faire* sentir pour vous tout ce qu'il est possible de tendresse ; mais si vous songez à moi, soyez *assuré* que je pense continuellement à vous. Rien ne me donne de distraction ; je vois ce carrosse qui avance toujours et qui n'approchera jamais de moi ; je suis toujours dans les grands chemins, il me semble que j'ai quelquefois peur que ce carrosse ne verse ; les pluies qu'il *a fait* depuis trois jours me mettent au désespoir ; le Rhône me fait une peur étrange. J'ai une carte devant les yeux, je sais tous les lieux où vous couchez : vous êtes ce soir à Nevers, vous serez dimanche à Lyon, où vous recevrez cette lettre. Je n'ai *pu* vous écrire qu'à Moulins ; je n'ai *reçu* que deux de vos lettres ; peut-être que la troisième viendra, c'est la seule consolation que je souhaite ; pour d'autres, je n'en cherche pas. Je n'ai *vu* Adhémar qu'un moment ; je m'en *aller* lui écrire pour le remercier de son lit ; je lui en suis plus *obligé* que vous. Si vous voulez me faire un véritable plaisir, ayez soin de votre santé, *dormir* dans ce joli petit lit, mangez du potage, et *servir*-vous de tout le courage qui me manque. Continuez à m'écrire. Toutes les amitiés que vous avez *laissé* ici sont *augmenté*. Je ne finirais point à vous faire des compliments et à vous dire l'inquiétude où l'on est de votre santé.

118ᵉ Exercice.

Faites le même travail que sur les exercices précédents.

LES CANARDS SAUVAGES.

A peine l'hirondelle s'est-elle *enfui* loin de nos climats, qu'on voit s'avancer sur les vents du nord une colonie qui vient remplacer les voyageurs du midi, afin qu'il ne reste aucun vide dans nos campagnes. Par un temps grisâtre d'automne, lorsque la bise souffle sur les champs, que les bois *perdre leur* dernières feuilles, une troupe de canards sauvages, *tout rangé* à la file, traversent en silence un ciel mélancolique. S'ils *apercevoir* [présent] du haut des airs *quelque* manoirs gothiques *environné* d'étangs et de forêts, c'est là qu'ils se préparent à descendre : ils attendent la nuit, et font des évolutions au-dessus des bois.

Aussitôt que la vapeur du soir enveloppe la vallée, le cou *tendu* et l'aile *sifflant*, ils s'abattent sur les eaux *retentissant*. Un cri général, suivi d'un profond silence, *s'élever* dans les marais. *Guidé* par une petite lumière, qui peut-être brille à l'étroite fenêtre d'une tour, ces voyageurs*ailé* s'approchent des murs, à la faveur des roseaux et des ombres. Là, *battant* des ailes et *poussant* des cris par intervalles, au milieu du murmure des vents et des pluies, ils saluent l'habitation de l'homme.

119ᵉ Exercice.

Faites le même travail que sur les exercices précédents.

L'INGRATITUDE.

La plupart des moralistes se sont *plaint* du petit nombre d'hommes généreux et bons qu'ils avaient *rencontré* en ce monde, et ils se sont *plu* à dire que la bienfaisance était chose rare. En effet, il est beaucoup de cœurs secs qu'on n'a jamais *vu attendri* par les maux d'autrui, *quelque* ils fussent, et qui n'ont jamais *éprouvé* le charme d'avoir *fait quelque* heureux. Mais *quelque* grand que soit le nombre des égoïstes, le nombre des ingrats est-il moindre? S'il y a des gens qui, *quelque favorisé* qu'ils soient des biens de la fortune, ne s'en trouvent jamais assez *comblé* pour en donner une part à autrui, *quelque* faible qu'elle soit, n'y a-t-il pas aussi des gens qui oublient les bienfaits qu'ils ont *reçu*, ou qui, s'ils en gardent le souvenir, les regardent comme une dette qui leur a été *payé* et non comme une dette qu'ils ont *contracté* envers leur bienfaiteur? *Quelque* soit votre rang dans le monde, *quelque* soit votre fortune, vous pouvez exercer ces deux vertus si belles, la bienfaisance et la reconnaissance. Car, ne croyez point que faire du bien soit l'apanage exclusif de la richesse et de la puissance! Ce sont des égoïstes ceux qui se sont *imaginé* que la bienfaisance n'était *permis* qu'aux riches.

120ᵉ Exercice.

Faites le même travail que sur les exercices précédents.

CONNAIS-TOI TOI-MÊME.

Jetons un peu la vue sur nos ans qui se sont *écoulé*, nous désapprouverons tous nos desseins, si nous sommes juges un peu équitables. La plupart des choses que nous avons *fait*, les avons-nous *choisi* par une mûre délibération? N'y avons-nous pas *plutôt* été *engagé* par une certaine chaleur inconsidérée, qui donne le mouvement à tous nos desseins? Et dans les choses *même* dans lesquelles nous croyons avoir *apporté le* plus de prudence, qu'avons-nous *jugé* par les vrais principes? Avons-nous jamais *songé* à faire les choses par *leur* motifs essentiels et par *leur* véritables raisons? Quand avons-nous *cherché* la bonne constitution de notre âme? Quand nous sommes-nous *donné* le loisir de considérer quel devait être notre intérieur, et pourquoi nous étions dans ce monde? Nos amis, nos prétentions, nos charges, nos emplois, nos divers intérêts, que nous n'avons jamais *entendu*, nous ont toujours *entraîné*; et jamais nous ne sommes *poussé*

que par des considérations étrangères. Ainsi se passe la vie, parmi
une infinité de vains projets et de *fou* imaginations; si bien que *le*
plus sages, après que cette première ardeur qui donne l'agrément
aux choses du monde est un peu *tempéré* par le temps, s'étonnent *le*
plus souvent de s'être si fort *travaillé* pour rien. Et d'où vient cela?
N'est-ce pas manque d'avoir bien *compris* les solides devoirs de
l'homme et le vrai but où nous devons tendre?

121ᵉ Exercice.

Faites le même travail que sur les exercices précédents.

LES PYRAMIDES D'ÉGYPTE.

La main du temps, et plus encore celle des hommes, qui ont
ravagé tous les monuments de l'antiquité, n'ont rien *pu* jusqu'ici
contre les pyramides. La solidité de leur construction et l'énormité
de leur masse les ont *garanti* de *tout* atteinte, et semblent *leur* assurer
une durée *éternel*. Les voyageurs en ont *tout* parlé avec enthousiasme, et cet enthousiasme n'est pas *exagéré;* l'on commence à voir
ces montagnes *factice* dix-huit lieues avant d'y arriver. Elles semblent s'éloigner à mesure qu'on s'en approche; on est encore à une
lieue, et déjà *elle* dominent tellement sur la tête, qu'on croit être à
leur pied; enfin l'on y touche, et rien ne peut exprimer la variété
des sensations qu'on y éprouve; *le* hauteur de leur sommet, la rapidité de leur pente, l'ampleur de leur surface, le poids de leur assiette,
la mémoire des temps qu'elles *rappeler*, les travaux qu'elles ont
coûté, l'idée que ces immenses rochers sont l'ouvrage de l'homme,
si petit et si faible, qui rampe à leur pied, tout saisit à la fois et le
cœur et l'esprit d'étonnement, de terreur, d'humiliation, d'admiration, de respect. Mais il faut l'avouer, bien vite les sentiments se sont
succédé les uns aux autres, et ce premier transport *céder* la place à
une *tout* autre impression. Après avoir *pris* une si grande opinion de
la puissance de l'homme, quand on *venir* à méditer l'objet de son
emploi, on ne *jeter* plus qu'un œil de regret sur son ouvrage; on
s'afflige de penser que, pour construire un vain tombeau, il a *fallu*
tourmenter vingt ans un nation *tout* entière; on gémit sur la foule
d'injustices et de vexations qu'ont *coûté* les corvées onéreuses et du
transport, et de la coupe, et de l'entassement de tant de matériaux.

122ᵉ Exercice.

Faites le même travail que sur les exercices précédents.

UN VILLAGE DE NEIGE CHEZ LES ESQUIMAUX.

Des voyageurs anglais arrivèrent un jour dans un village d'Esqui-
maux. Ils furent bien *étonné* en *voyant* cet établissement de six

huttes vastes, *spacieux*, *renfermant* une population de soixante personnes, avec tout leur attirail de chiens, de *traineau* et de canots. Leur étonnement s'accrut encore en *examinant* l'intérieur de ces demeures extraordinaires dans la construction *desquels* il n'était pas *entré* d'autres matériaux que la neige et la glace. On y pénétrait en rampant par une allée *cintré*, *étroit*, *haut* de trois pieds au plus, *taillé* ou *creusé* dans la neige, et *aboutissant* à une chambre circulaire, dont la forme était exactement *celui* de nos fours de boulangerie. Elle donnait accès dans trois pièces semblables, *placé* l'une en face de l'entrée, les deux autres sur les côtés, chacune *servant* d'habitation à une famille. Les huttes ne *différait* entre elles que par le nombre de pièces dont elles se composaient, *quelque*-unes n'en *ayant* que deux et *même* une seule. Chaque chambre avait quatorze ou quinze pieds de diamètre sur sept d'élévation au milieu. Le tout était artistement *construit* de blocs de neige convenablement *façonné* et *placé* les uns sur les autres. La clef de voûte était un gros bloc de neige *équarri*, et un jour semblable à celui que laisse passer une vitre *dépoli* pénétrait dans chaque pièce à travers une table de glace circulaire de *quelque* deux pieds de diamètre et *encadré* dans le plafond. Deux hommes, l'un *préparant* les moellons de neige et l'autre les *mettant* en place, suffisaient pour élever en moins de deux heures de temps une des demeures de ces tribus *errant*.

123ᵉ Exercice.

Faites le même travail que sur les exercices précédents.

ALEXANDRE.

Alexandre ne laissa pas seulement aux peuples *vaincu leur* mœurs, il *leur* laissa aussi *leur* lois civiles, et souvent même les rois et les gouverneurs qu'il avait *trouvé*. Il mettait les Macédoniens à la tête des troupes, et les gens du pays à la tête du gouvernement, *aimant* mieux courir risque de *quelque* infidélités *particulier* que d'une révolte *général*. Il respecta les traditions *ancien* et tous les monuments de la gloire ou de la vanité des peuples. Les rois de Perse avaient *détruit* les temples des Grecs, des Babyloniens et des Égyptiens : il les rétablit. Peu de nations se sont *soumis* à lui sur les autels desquelles il ne *faire* [imparfait du subjonctif] des sacrifices : il semblait qu'il ne *conquérir* [plus-que-parfait du subjonctif] que pour être le monarque particulier de chaque nation et le premier citoyen de chaque ville. Les Romains ont tout *conquérir* pour tout détruire; il a *voulu* tout conquérir pour tout conserver; et *quelque* pays qu'il *parcourir* [imparfait du subjonctif], ses premières idées, ses premiers desseins ont toujours été de faire quelque chose qui *pouvoir* [imparfait du subjonctif] en augmenter la prospérité et la puissance. Il en a *trouvé* les premiers moyens dans la grandeur de son génie; les seconds, dans sa frugalité et son économie *particulier;* les troisièmes, dans son immense prodigalité pour les grandes choses; sa main était toujours *fermé* pour les dépenses *privé, ouvert* pour les dépenses *public.* Fallait-il régler sa maison, c'était un Macédonien. Fallait-il payer les dettes des soldats, faire part de sa conquête aux Grecs, faire la fortune de chaque homme de son armée, il était Alexandre.

124e Exercice.

Faites le même travail que sur les exercices précédents.

LA POUDRE A CANON.

Comme toutes les grandes inventions, la poudre à canon a été le texte de *mille* exagérations, de *mille* erreurs. Les historiens s'en sont *donné* à cœur joie. Ils n'ont *ménagé* ni les phrases vides, ni les enflures de style. Ils ne se sont *refusé* ni les suppositions gratuites, ni les traditions légèrement *accueilli.* L'inventeur, ce ne fut pas Roger Bacon, le savant moine du treizième siècle, comme la plupart se sont *plu* à le répéter. Ce ne fut pas davantage Berthold Schwartz, le moine cordelier de Fribourg, qui a *vécu* vers l'an *mille trois cent cinquante,* et à qui quelques-uns en ont *attribué* la première idée. Ici, comme en *tout* choses, le grand inventeur a encore été celui que les Allemands ont depuis longtemps *appelé* Monsieur Tout le monde. Le récit des tâtonnements qu'il a *fallu* traverser, des transformations infinies qu'on a *eu* à parcourir, avant que la poudre *devenir* [imparfait du subjonctif] ce qu'elle est aujourd'hui, tiendrait tout un volume. L'homme a *perfectionné* petit à petit, selon le besoin et les circonstances; et pour la poudre, ainsi que pour *mille* autres inventions, les grands initiateurs ont été la nature et le hasard. Toujours dans l'Asie se sont *rencontré* en grande profusion les combustibles naturels; naphte, bitume ou asphalte, huile de pétrole, nitre ou salpêtre. *Mêlé* à du goudron et à des huiles *gras,* ces substances sont *devenu* entre les mains des Chinois, des Indiens et des Mongols, depuis les époques *le* plus *reculé,* des engins *fait* pour être *lancé* contre des objets inflammables, s'y attacher et y mettre le feu. Callinique, un architecte syrien, avait *appris* à connaître ces mélanges incendiaires, vers le septième siècle, au moment où les Arabes ont *forcé* l'entrée du Haut-Orient, et mis ainsi en rapport deux mondes presque *inconnu* jusque-là l'un à l'autre. Il les avait *introduit* chez les Grecs du Bas-Empire d'abord, puis de là en Europe, où ils furent *désigné* par les Tartares occidentaux sous le nom générique de feu grégeois.

125e Exercice.

Faites le même travail que sur les exercices précédents.

LA POUDRE A CANON (SUITE).

La composition de ce fameux feu grégeois, qui a longtemps *passé* à tort pour impossible à éteindre *même* dans l'eau, n'est plus aujourd'hui un secret pour personne. Huile de naphte, huile de goudron, huiles *végétal*, graisses, sucs *desséché* de *quelque* plantes, on les y avait *fait* entrer, *mêlé* à certains *métal* combustibles *réduit* en poudre. Dans les combats de terre on s'en était *fait* un puissant agent d'étonnement et de terreur. Pour les combats *naval*, on l'avait *enfermé* dans des tubes de cuivre ou d'airain *établi* à la proue des bâtiments, ou l'on avait *construit* des brûlots pour attacher le feu aux flancs des navires ennemis. Dans les siéges, afin d'incendier les tours en bois et les travaux de défense, on avait *imaginé* d'en charger les balistes et les arbalètes qui l'*envoyer* au loin.

Au treizième siècle le soufre, le charbon étaient *entré* dans la composition du feu grégeois jusque-là *employé* exclusivement contre les Arabes envahisseurs par les Grecs du Bas-Empire. Le salpêtre, que les Chinois avaient *su* les premiers joindre aux mélanges primitifs, y fut *ajouté* par les Arabes, alors maîtres à leur tour du grand secret de Constantinople, et rapprocha notablement les mélanges incendiaires de la haute Asie de la poudre à canon des temps modernes. La propriété du nitre ou salpêtre, azotate de potasse ou de soude, n'est *ignoré* de personne. Ce corps fuse, c'est-à-dire active prodigieusement la combustion des matières inflammables, soufre, charbon, matières *gras* ou *résineux*. Des efflorescences de nitre se sont *rencontré* de *tout* temps en grande abondance à la surface du sol chinois. De bonne heure on a *recueilli* les terres *chargé* de salpêtre, on les a *délayé* dans l'eau chaude qui *dissoudre* [présent] ce sel, et la dissolution *évaporé* a *donné* du salpêtre encore impur, mais suffisant pour fuser.

126e Exercice.

Faites le même travail que sur les exercices précédents.

LA POUDRE A CANON (SUITE).

De là un feu grégeois plus puissant et les arbalètes à tour, les flèches à feu, les lances à feu que l'on a *vu* entre les mains des Arabes dans leurs luttes contre les chrétiens en Orient. La plus prestigieuse de ces machines *employé* par les Sarrasins, la plus féconde en terreurs fantastiques, *c'était* les massues à asperger, dont il est *fait* mention dans Joinville. Quand l'ennemi en était *frappé*, la massue, en se *brisant*, le couvrait de feu grégeois *brûlant*. Des cavaliers aussi se sont *vu* à cette époque, *portant* avec eux des flacons de verre *rempli* de ce mélange incendiaire ; le bout du verre était *enduit* de soufre ; à un moment *donné*, le feu était *mis* au soufre, le flacon se brisait en *tombant*, et le cheval et son cavalier *enveloppé* de flammes, allaient répandre l'épouvante dans les rangs ennemis. *Quelque* fussent d'ailleurs les perfectionnements chimiques *apporté* par les Arabes à la préparation du salpêtre, et par conséquent à la composition de la poudre, l'épuration du salpêtre n'était pas encore assez *complet* au quatorzième siècle pour donner à la poudre de guerre une grande force de projection. Sans doute il y a *eu* dès ce moment brusque déflagration du mélange, subite expansion des gaz *formé* par la combustion, et les projectiles ont *pu* être *chassé* au loin. On s'en est *servi* pour charger les *bombardes* ou canons *composé* de pièces de fer *relié* entre elles par des liens circulaires ; mais ces bombardes ne lançaient primitivement que du feu grégeois ou de grosses pierres, sous le poids desquelles s'effondraient *écrasé* les édifices et les remparts des villes *assiégé*. La poudre *préparé* au quatorzième siècle n'aurait *pu* imprimer aux projectiles une vitesse assez considérable pour percer les armures *massif* des hommes d'armes de cette époque.

En *mille trois cent vingt-cinq* déjà, dans la ville de Florence, deux officiers *chargé* de faire fabriquer des boulets de fer et des canons pour la défense des châteaux, étaient *nommé* par le gonfalonier et les douze bons hommes de la république. En *mille trois cent trente-neuf*, les murs de Cambrai étaient *battu* en brèche à coups de canon par Édouard III d'Angleterre. Enfin en *mille trois cent quarante-cinq*, Cahors avait *installé* sa fabrique de canons, de boulets et de balles de plomb pour les canons.

127° Exercice.

Faites le même travail que sur les exercices précédents.

LA POUDRE A CANON (SUITE).

Les Anglais ont alors *imaginé* les petits boulets de fer à lancer contre les masses *armé*. Les premiers, ils se sont *servi* de canons en *ras* campagne. C'est à leurs trois petits canons, *employé* à Crécy, en *mille trois cent quarante-six*, qu'on a *attribué* le désastre de Philippe VI. La chose était si *nouveau* qu'elle *paraître* [prétérit] *monstrueux*. La féodalité condamna l'emploi de l'artillerie contre les hommes comme une félonie, et le concile de Latran interdit de tourner contre les gens d'*arme* ces machines trop *meurtrier* et *déplaisant* à Dieu. L'usage de l'artillerie ne s'en est pas moins *généralisé* dès lors dans toute l'Europe, et quand Berthold Schwartz eut *imaginé* pour les Vénitiens un alliage dur, élastique, très-résistant, très-propre à fabriquer de très-bons canons, l'artillerie fut régulièrement *organisé* dans les armées de tous les grands États. Charles VIII

lui *devoir* [parfait] sa rapide conquête du royaume de Naples, et
François Ier rendit la première ordonnance relative à l'institution de
l'administration des poudres et salpêtres.

Le mélange des corps solides, soufre, charbon et salpêtre, est *fait*
par le procédé des pilons le plus ancien, et par celui des meules
pour la poudre de chasse. Quand la combustion est *provoqué*, le
charbon cède son oxygène au salpêtre et au soufre; les corps solides primitifs sont *transformé* brusquement en gaz acide carbonique
et en gaz azote *développé* par la chaleur de la combustion dans des
proportions telles qu'un litre de poudre, en *brûlant*, le fait a été *constaté*, donne *huit mille* litres de gaz. Cette prodigieuse augmentation
des volumes primitifs, *opéré* tout d'un coup, explique les effets singuliers de la poudre.

128e Exercice.

Conservez ou modifiez convenablement les mots en italique.

LA VALLÉE DE JOSAPHAT.

L'aspect de la vallée de Josaphat est *désolé;* le côté occidental est
une haute falaise de craie où sont *appuyé* les murs gothiques de la
ville, au-dessus desquels on *apercevoir* Jérusalem; le côté oriental
est *formé* par le mont des Oliviers et par la montagne du Scandale,
ainsi *nommé* de l'idolâtrie du roi Salomon. Ces deux montagnes, qui
se touchent, sont presque *nu* et d'une couleur rouge et sombre; sur
leur flancs déserts on voit çà et là *quelque* vignes *noir* et *brûlé*,
quelque bouquets d'oliviers sauvages, des friches *couvert* d'hysope,
des chapelles, des oratoires et des mosquées en ruine. Au fond de la
vallée, on découvre un pont d'une seule arche, *jeté* sur la ravine du
torrent de Cédron. Les pierres du cimetière des Juifs se montrent
comme un amas de débris au pied de la montagne du Scandale, sous
le village arabe de Siloan. On a peine à distinguer les masures du
village des sépulcres dont elles sont *environné*. Trois monuments
antiques, les tombeaux de Zacharie, de Josaphat et d'Absalon — se
font remarquer dans ce champ de destruction. A la tristesse de
Jérusalem, dont il ne *s'élever* aucune fumée, dont il ne *sortir*
aucun bruit; à la solitude des montagnes, où l'on *n'apercevoir* pas un
être vivant; au désordre de toutes ces tombes *fracassé*, *brisé*, *demi-
ouvert*, on dirait que la trompette du jugement dernier s'est déjà
fait entendre et que les morts *aller* se lever dans la vallée de Josaphat. Cette vallée est encore *appelé* dans l'Écriture vallée de Savé,
vallée du Roi, vallée de Melchisédech.

Ce fut dans la vallée de Melchisédech que le roi de Sodome cher-
cha Abraham pour le féliciter de la victoire *remporté* sur les cinq
rois. Elle prit ensuite le nom de Josaphat, parce que le roi de ce
nom y fit élever son tombeau.

129ᵉ Exercice.

Faites le même travail que sur l'exercice précéden

LE GUI.

On sait en *quel* vénération était le gui chez les Gaulois, nos ancêtres. C'est une plante vivace et *ligneux*, qui ne *croître* point dans la terre, mais sur les branches des arbres où elle semble *greffé*; elle y *végéter* dans toutes les saisons, et s'y nourrit de *leur* séve par ses racines *fixé* dans *leur* écorce. Les fleurs, *taillé* en cloche, jaunes et *ramassé* en bouquet, *paraître* à la fin de l'hiver, en février ou en mars, quand les forêts sont encore *dépouillé* de *leur* feuilles. Lorsque les druides, prêtres des Gaulois, avaient *rencontré* cette plante sur un chêne, leur arbre sacré, ils se rassemblaient pour l'aller cueillir en grande pompe. C'était le sixième jour de la lune que le gui devait être *coupé*, et il devait tomber, non sous le fer, mais sous le tranchant d'une faucille d'or. Une foule immense *accourir* [imparfait] de toutes parts pour assister à la fête. A l'instant *marqué*, un druide en robe *blanc* montait sur l'arbre, la serpe d'or à la main, et tranchait la racine de la plante, que d'autres druides recevaient dans une saie *blanc*, car il ne fallait pas qu'elle *toucher* la terre. Alors on immolait deux taureaux blancs, dont les cornes étaient *lié* pour la première fois, et l'on priait le ciel de rendre ce présent salutaire à ceux qu'il en avait *gratifié*.

130ᵉ Exercice.

Faites le même travail que sur les exercices précédents.

LA FRANCE.

Parcourez la France du nord au sud, votre étonnement et votre plaisir *aller* [futur] toujours *croissant*. Les gras pâturages, les fertiles champs de blé de la Flandre et de la Beauce, les beaux vergers de la Normandie et les champs de lin de la Bretagne se seront *succédé* sous vos yeux. Sur les côtes de cette dernière province, vous aurez *retrouvé* les tableaux mélancoliques de l'Écosse et de la Norvége, *adouci* par un climat *tempéré*. Des célèbres coteaux de la Marne et des vues majestueuses du Rhin vous aurez *pu* passer aux vignobles de Bourgogne, non moins *célébré* de tout le monde. Les bords délicieux de la Loire *arrêter* [conditionnel] vos pas, si déjà les rochers *volcanisé* de l'âpre et salubre Auvergne, les basaltes du Velay et du Vivarais et les sites helvétiques du Jura, ne s'étaient *disputé* vos regards. Alors *même* que vous auriez *voyagé* dans les montagnes, le Dauphiné vous a *ménagé* des surprises : ces rochers *nu* et stériles, *bornant* des vallées fécondes, le climat rude de ces hauteurs *dominant* une température délicieuse, les superbes bois de mélèzes et de sapins et la variété des plantes et des *minéral*, seront encore nouveaux pour vous. Si vous n'avez pas *visité* l'Italie et l'Espagne, vous serez *consolé*, lorsque les orangers et les oliviers, les plantations de mûriers et les jardins *embaumé*, sous le soleil de la Provence et du Languedoc, se seront *étalé* à vos regards. Vous concevrez alors pourquoi ces contrées ont *inspiré* plus de troubadours que le reste de la France. La Garonne enfin est *franchi*, et il vous est *donné* de vous abreuver des eaux salutaires des Pyrénées, au milieu des sites *le* plus pittoresques, où des physionomies un peu moresques frapperont votre vue et où des sons étranges vous *rappeler* l'Espagne. Quelle foule d'objets curieux s'offriront dans ce voyage à vos regards *étonné !*

131e Exercice.

Faites le même travail que sur les exercices précédents.

BLANCHIMENT DES TOILES PAR LA ROSÉE ET LE CHLORE.

Les toiles de lin, de chanvre, de coton, sont toujours, au moment où elles *sortir* des mains du tisserand, *imprégné* de substances insolubles dans l'eau, et de natures très-*divers*, qui donnent aux toiles une couleur *brun* plus ou moins *foncé*. Parmi ces substances, les unes sont des matières *colorant* propres à la matière textile elle-même, et que le rouissage n'a pas *fait* entièrement disparaître ; les autres ont été *amené* sur la fibre par le travail même du tissage. Ainsi, pour donner plus de fermeté, plus de *serré* à la trame, le tisserand a *enduit* ses fils d'une colle farineuse, à *demi fermenté*, *appelé* le *parou*. Puis quand il *s'apercevoir* que le parou s'est *desséché* et que les fils sont *devenu* arides et *cassant*, il leur donne de la souplesse en les *graissant*. Cette graisse, pendant les heures de repos, forme, au contact des dents en cuivre du peigne, un savon de cuivre insoluble.

Pour éliminer toutes ces substances, quand les toiles ont *digéré* pendant deux ou trois heures dans l'eau *bouillant* et qu'à plusieurs reprises elles ont été *lavé* à l'eau froide, elles doivent bouillir dans un lait de chaux qui *dissoudre* [présent] le parou, et former avec la matière *gras* un savon calcaire insoluble dans l'eau. On laisse alors l'étoffe dans une lessive alcaline faible, qui décompose à la fois le savon calcaire et le savon cuivreux. Ainsi on a *fait* dissoudre le savon calcaire. La pièce est *étalé* dans ces conditions sur un pré. Sous l'influence de l'air, qui doit jouer en dessus et en dessous de la toile, sous l'influence de la rosée et de la lumière, les substances *résineux* et la matière *colorant* brune s'oxydent et *devenir* solubles dans les lessives alcalines faibles. L'exposition à l'air et le lavage à l'eau alcaline *alterné* ainsi et *répété* à plusieurs reprises, la toile devient tout à fait *blanc*.

132ᵉ Exercice.

Faites le même travail que sur les exercices précédents.

Ceux qui veulent jouer *juste* au billard doivent s'appliquer à prendre la bille *fin* ou *plein*, en tête ou en dessous, *haut* ou *bas* ou de côté, de façon à lui faire faire toujours ses évolutions comme ils l'auront *désiré*. — *Supposé* la gravitation un principe vrai, tous les phénomènes physiques s'expliquent avec la plus grande facilité. — Vous recevrez *ci-joint* ampliation du travail que j'ai *préparé*. — Je ne vous envoie pas *ci-inclus* la nomination de votre protégé, *attendu* son incapacité notoire. — *Vu* votre distraction habituelle, vous ne m'en voudrez pas de vous rappeler la promesse que vous m'avez *fait* de venir passer *quelque* jours près de nous ; je vous attendrai jusqu'au mois d'octobre, cette semaine-ci *excepté*.

133ᵉ Exercice

Faites le même travail que sur les exercices précédents.

LA GLOIRE.

La gloire qui doit finir avec nous est toujours *faux*. Elle était *donné* à nos titres plus qu'à nos vertus. C'était un faux éclat qui environnait nos places, mais qui ne sortait pas de nous *même* ; nous étions sans cesse *entouré* d'admirateurs, et vides au-dedans des qualités qu'on admire. Cette gloire était le fruit de l'erreur et de l'adulation, et il n'est pas *étonnant* de la voir finir avec elles. Telle est la gloire de la plupart des princes et des grands ; on honore *leur* cendres encore *fumant* d'un reste d'éloges ; on ajoute encore cette *vain* décoration à *celui* de leur pompe funèbre ; mais tout s'éclipse et s'évanouit le lendemain. On a honte des louanges qu'on *leur* a *donné* ; c'est un langage suranné et insipide, qu'on n'oserait plus parler. On en voit presque rougir les monuments *public* où elles sont encore *écrit*, et où elles ne semblent subsister que pour rappeler publiquement un souvenir qui les désavoue. Ainsi les adulations ne survivent jamais à *leur* héros, et les éloges mercenaires, loin d'immortaliser la gloire des princes, *n'immortalise* que la bassesse, l'intérêt et la lâcheté de ceux qui ont été capables de *le* donner. Pour connaître la grandeur véritable des souverains et des grands, il faut la chercher dans les siècles qui sont *venu* après eux. Plus même ils s'éloignent de nous, plus *leur* gloire *croître* et *s'affermir*, lorsqu'elle a *pris* sa source dans l'amour des peuples.

134ᵉ Exercice.

Faites le même travail que sur les exercices précédents.

Vu de près, la prospérité n'est pas toujours tout ce qu'on l'avait *cru* d'abord. — Tous les priviléges qu'il a *voulu*, on les lui a *accordé*,

mais non pas de la manière qu'il aurait *souhaité*. — Que de dignités
il a *revêtu* en sa vie, que jamais il n'a *su* porter convenablement !
— Les fruits, j'en ai toujours *raffolé*; plus on m'en a *servi*, plus j'en
ai *mangé*. — Vos notes, en réalité, à quoi nous ont-elles *servi?* —
De vieux domestiques, *attaché* de longue main à une maison, à la
bonne heure ! C'est d'eux que l'on dit toujours : Comme ils nous ont
bien *servi!* — Autant que je l'ai *pu*, je *leur* ai *aidé* à sortir de ce
mauvais pas; je les ai *aidé* de ma bourse, de mon crédit, de mes
bons offices. — Par son orgueil, son faste, son arrogance, il nous a
insulté dans notre modeste situation. — Non-seulement ce brutal nous
a *insulté*, il nous a *maltraité, battu*.

135ᵉ Exercice.

Faites le même travail que sur les exercices précédents.

AVENTURE DANS L'AMÉRIQUE DU NORD.

Ma peau d'ours *plié* en quatre me fit un bât des plus confor-
tables, que je fixai sur le dos de mon mulet avec une sangle de la tente
que mes associés avaient *abandonné* à Grass-Valey, lors de leur
départ. Un bridon et des étrivières furent *confectionné* par le même
moyen. Dans cet équipage nous *prendre* [prétérit] le chemin du marais, où nous ne serions certes pas *arrivé* avant l'aube du jour, sans
un mineur qui eut l'obligeance de me mettre dans mon chemin.

A *quelque* cent mètres du bord, nous fûmes *assailli* par une nuée
de canards et de sarcelles, qui, de la pointe de *leur* ailes, venaient
m'effleurer le visage, puis se balançaient, *bercé* par les eaux. J'en abattis
même plusieurs avec le canon de mon fusil; mais ce n'était pas à la
gent *emplumé* que j'en voulais. De temps en temps nous étions *obligé*
de changer de place, car le fond n'étant pas très-solide, je risquais
de voir mon mulet s'embourber, si nous n'avions *eu* recours à cette
précaution. Le jour commençait déjà à paraître, quand mon attention fut *attiré* par des bruits vagues *venant* de la montagne à laquelle
était *adossé* le marais. Deux balles que j'avais à peine *eu* le temps
d'ajouter à celles qui étaient déjà dans mon fusil, y étaient *descendu*,
lorsqu'une magnifique troupe de cerfs et de biches déboucha sur la
lisière de la forêt. A leur tête, à dix pas en avant, marchait un superbe cerf dix-cors, qui, *s'arrêtant* avec l'air inquiet, leva sa belle
tête en reniflant. Je compris à son inquiétude que nous avions été
éventé, et dans la crainte de les voir rentrer sous bois, je fis feu de
mes deux coups. Quelle avait été la justesse du tir? je n'en avais *pu*
juger, car je me sentis *lancé* dans l'espace, et ne m'arrêtai qu'au
fond du marais. C'était ma scélérate de bête qui, *effrayé* par l'explosion de mon arme à feu, s'était *dérobé* par un vigoureux écart et
s'était *séparé* de moi. Une fois sur mes pieds, je l'*apercevoir* [pré-
térit] qui pointait vers la forêt. Je *pouvoir* cependant l'atteindre,

grâce à son bridon dans lequel elle s'était *pris* une jambe, ce qui la réduisait à galoper sur trois pieds. Quoique je fusse *couvert* de vase et *trempé* jusqu'aux os, je me *diriger* [prétérit] vers l'endroit de la forêt où m'avaient *apparu* les cerfs, et j'y trouvai un des plus beaux du troupeau *étendu* sur le sol, une de mes balles lui ayant *traversé* le flanc.

CHAPITRE TROISIÈME.

SYNTAXE DE SUBORDINATION.

452. La *subordination* est la dépendance d'un verbe par rapport à un autre mot de la même phrase.

Ainsi quand je dis : *Je crains qu'on ne m'accuse,* le verbe *accuser* est subordonné au verbe *craindre*.

453. La subordination d'un verbe s'indique de cinq manières : 1° par le participe; 2° par l'infinitif; 3° par une conjonction; 4° par un relatif; 5° par un interrogatif*.

I. — EMPLOI DU PARTICIPE.

454. Le verbe subordonné sous forme de participe équivaut à l'indicatif ou au subjonctif précédé d'un relatif. Exemples : *Un enfant craignant Dieu;* c'est comme s'il y avait : *un enfant qui craint Dieu. Un roi craint de ses sujets;* c'est comme s'il y avait : *un roi qui est craint de ses sujets**.*

455. Le mot auquel se rapporte le participe est ordinairement sujet ou régime du verbe principal. Exemples :

---

* Ainsi toutes les fois qu'un verbe est au participe ou à l'infinitif, toutes les fois qu'il est précédé d'une conjonction, d'un relatif ou d'un interrogatif, il est subordonné. Mais il arrive assez souvent que le premier verbe ou verbe principal est sous-entendu. Exemples : *Qu'il s'en aille,* on sous-entend *j'ordonne* ou *je veux,* comme si l'on disait : *Je veux qu'il s'en aille. Qui vous a dit cela?* On sous-entend le verbe principal *je vous demande,* comme si l'on disait : *Je vous demande qui vous a dit cela.*

** Quand le participe passé n'a pas de régime, on peut le considérer comme un simple adjectif.

Un enfant craignant Dieu est toujours sage; je plains l'enfant privé de ses parents.

456. Le participe suit presque toujours le nom auquel
il se rapporte. Exemples : *L'enfant abandonné, l'homme
craignant Dieu.* Quand il le précède, c'est qu'il se rapporte au sujet du verbe principal. Exemple : *Ayant appris
cela il en fut affligé.* Dans cette phrase, *ayant appris* se
rapporte à *il*, sujet du verbe principal *être affligé.*

457. Quand le sujet servant à la fois pour les deux verbes a été exprimé devant le participe, il ne faut pas le répéter ensuite, ni le remplacer par le pronom *il, elle.* Ainsi
l'on ne dira pas : *L'ennemi ayant pris la ville il la mit au
pillage;* il faut dire : *L'ennemi ayant pris la ville la mit
au pillage.*

458. Mais quelquefois le mot suivi d'un participe n'est
ni sujet ni régime d'aucun verbe : c'est ce qu'on appelle
participe absolu. Exemples : *Tout étant prêt, on se mit en
route; cela dit, il se retira.*

459. Après le participe absolu, rien n'empêche d'employer le pronom *il, elle*, puisqu'il ne se rapporte pas
à un nom déjà exprimé comme sujet. On peut dire : *La
ville étant tombée au pouvoir de l'ennemi, il la mit au
pillage.*

Le participe absolu n'est pas toujours placé au commencement de la phrase; il peut aussi se trouver au
milieu ou à la fin. Exemples : *Les ennemis, toute résistance
étant impossible, se décidèrent à mettre bas les armes. On
se retira, tout étant dit.*

II. — EMPLOI DE L'INFINITIF.

460. Le verbe subordonné sous forme d'infinitif équivaut à l'indicatif ou au subjonctif précédé de la conjonction *que.* Exemples : *Je crois avoir*, c'est-à-dire *je crois
que j'ai; j'espère obtenir*, c'est-à-dire *j'espère que j'obtien-*

drai; avant de finir, c'est-à-dire *avant que je finisse; pour ainsi dire*, c'est-à-dire *pour que je dise ainsi**.

461. Le verbe subordonné sous forme d'infinitif peut être aussi considéré comme un nom, et comme tel il sert quelquefois de sujet à un autre verbe. Exemple : *Travailler est un plaisir*, comme si l'on disait : *Le travail est un plaisir*.

462. Mais le plus souvent il est employé comme régime, soit direct, soit indirect. Exemples : Après un nom : *Le désir d'avancer*, comme si l'on disait *le désir de l'avancement*. Après un adjectif : *Avide de s'instruire*, comme si l'on disait *avide d'instruction ; prêt à combattre*, comme si l'on disait *prêt au combat*. Après un verbe (régime direct) : *Je désire connaître*, comme si l'on disait *je désire la connaissance*. Après un verbe (régime indirect) : *Je m'abstiens de parler*, comme si l'on disait *je m'abstiens de la parole ; je renonce à parler*, comme si l'on disait *je renonce à la parole*. Après certaines prépositions : *Sans combattre*, comme si l'on disait *sans combat ; pour s'amuser*, comme si l'on disait *pour son amusement ; après avoir travaillé*, comme si l'on disait *après le travail*.

463. Le régime indirect se marque par une préposition, ordinairement *de* ou *à*, devant l'infinitif comme devant les noms.

Cependant *de* et *à*, devant l'infinitif, n'ont souvent aucune valeur, et n'empêchent pas l'infinitif d'être régime direct. Exemples : *Je cesse de travailler*, comme si l'on disait *je cesse le travail*, régime direct ; *il aime à jouer*, comme si l'on disait *il aime le jeu*, régime direct.

Au contraire, l'infinitif seul se place quelquefois après un verbe neutre, et alors il est régime indirect. Exemple :

---

* L'infinitif est toujours subordonné, même dans les locutions où il paraît employé pour le futur de l'indicatif. Exemples: *Comment lui prouver ma reconnaissance ?* c'est-à-dire comment puis-je lui prouver ma reconnaissance? *Que faire ?* c'est-à-dire que puis-je faire? ou que ferai-je?

Je vais jouer, comme si l'on disait, *je vais au jeu*, régime indirect.

464. Pour savoir si l'infinitif est régime direct ou régime indirect, il faut faire les mêmes questions que pour les noms ou pronoms régimes : *qu'est-ce que?* régime direct; *de quoi, à quoi?* régime indirect. Exemples : *Il aime à travailler*. Demande : *Qu'est-ce qu'il aime?* réponse : *Le travail*, régime direct. Autre exemple : *Il s'applique à étudier*. Demande : *A quoi s'applique-t-il?* Réponse : *A l'étude*, régime indirect.

DE L'EMPLOI DES PRÉPOSITIONS DEVANT L'INFINITIF.

465. Parmi les verbes qui prennent pour régime un autre verbe à l'infinitif, les uns veulent une préposition avant cet infinitif, les autres n'en veulent point.

Les principaux verbes qui se font suivre d'un infinitif sans préposition, sont : *aller, compter, croire, daigner, devoir, entendre, espérer, faire, falloir, laisser, oser, pouvoir, savoir, sembler, sentir, voir* et *vouloir.* Exemples : *Il va partir; je compte arriver bientôt; vous croyez réussir.*

Un grand nombre de verbes exigent la préposition *de,* comme *s'abstenir, accuser, achever, défendre, éviter, féliciter, manquer, ordonner, prier,* etc. Exemples : *Abstenez-vous de répondre; il vous accuse de mentir; achevons de lire; défendez-lui de courir.*

D'autres exigent la préposition *à,* comme *aimer, s'abaisser, exceller, parvenir, servir, travailler,* etc. Exemples : *Il aime à parler; ne vous abaissez pas à supplier; il excelle à peindre.*

Plusieurs verbes, tels que *commencer, continuer, demander, obliger,* etc., prennent tantôt *de* et tantôt *à.* Exemples : *Je commence à écrire; il commençait de parler; continuez à bien travailler; il continue de jouer.*

466. Dans l'usage des meilleurs écrivains, le verbe

unipersonnel *c'est*, dans les locutions *c'est à moi*, *c'est à vous*, etc., prend indifféremment devant l'infinitif la préposition *de* ou la préposition *à*. Ainsi *c'est à vous de parler, de jouer*, et *c'est à vous à parler, à jouer*, signifient également bien c'est votre tour de parler, de jouer, ou c'est à vous qu'il appartient de parler, de jouer, c'est vous qui avez le droit de parler, de jouer.

DU SUJET DE L'INFINITIF.

467. Le sujet du verbe à l'infinitif doit être le même que celui du verbe principal. Ainsi dans *je crois avoir*, le sujet du verbe *avoir* est le même que celui du verbe *croire*, c'est-à-dire *je* ou *moi*. *Vous voulez être heureux;* le sujet du verbe *être* est le même que celui du verbe *vouloir*, c'est-à-dire *vous*. *Personne ne s'accoutume à recevoir des affronts;* le sujet du verbe *recevoir* est le même que celui du verbe *s'accoutumer*, c'est-à-dire *personne*.

C'est donc une faute d'employer le verbe à l'infinitif avec un autre sujet que celui du verbe principal. Ainsi ne dites pas : *On le renvoya sans avoir rien obtenu*. Il faut dire : *On le renvoya sans qu'il eût rien obtenu*, ou *il fut renvoyé sans avoir rien obtenu*.

468. Cependant après les verbes *laisser*, *faire*, *conseiller*, *ordonner*, *promettre*, et autres semblables, le sujet du verbe à l'infinitif est ordinairement, non le sujet, mais le régime du verbe principal. Exemples : *Laissez-le partir*, c'est-à-dire *laissez-le qu'il parte*. *Faites-la disparaître*, c'est-à-dire *faites-la* (de manière) *qu'elle disparaisse*. *Je vous conseille d'obéir*, c'est-à-dire *je vous conseille que vous obéissiez*. *On lui permit de partir*, c'est-à-dire *on lui permit qu'il partît*.

Le sujet du verbe à l'infinitif diffère encore du sujet du verbe principal après les verbes unipersonnels ou employés comme tels. Exemples : *Il importe de savoir*, c'est-à-dire *il importe que l'on sache*. *Il est honteux de mentir*, c'est-à-dire *il est honteux que l'on mente*. Dans ces sortes de phrases, le sujet du verbe à l'infinitif est toujours *on*, c'est-à-dire *quelqu'un*.

469. Quand le participe présent est précédé de la préposition *en*, il remplit la fonction non de participe, mais d'infinitif: *en aimant*, c'est-à-dire *dans l'aimer*, *pendant que j'aime*. Il est alors soumis aux mêmes règles que l'infinitif, c'est-à-dire qu'il doit avoir le même sujet que le verbe principal. Ne dites donc pas : *Cela s'apprend en étudiant;* car le sujet du verbe *s'apprendre* est *cela*, qui n'est pas le sujet du verbe *étudier*. Il faut dire : *On apprend cela en étudiant*.

III. — EMPLOI D'UNE CONJONCTION.

470. Après une conjonction, le verbe subordonné se met tantôt à l'indicatif, comme : *Je crois qu'il viendra;* tantôt au subjonctif, comme : *Je doute qu'il vienne.*

471. Après les verbes *déclaratifs*, c'est-à-dire ceux qui ont le sens de *dire, croire, savoir, espérer, promettre*, et autres sens analogues, le verbe subordonné se met à l'indicatif. Exemples : *Je sais que Dieu est bon; j'espère que vous pourrez venir.*

472. Après les verbes qui expriment une volonté, un désir ou une tendance, le verbe subordonné se met au subjonctif. Exemples : *Je veux qu'il parte; je désire que vous veniez; je ferai en sorte que cela réussisse.*

473. Le verbe subordonné se met encore au subjonctif après les verbes négatifs ou employés négativement, et après ceux qui expriment un doute ou une crainte. Exemples : *Je nie que cela soit; je ne crois pas qu'il vienne; je doute qu'il y consente; je crains qu'il ne fasse pas beau.*

Le verbe *supposer* veut le subjonctif quand il exprime une supposition douteuse. Exemple : *Je suppose que vous réussissiez.* Il veut l'indicatif quand il exprime une supposition probable. Exemple : *Je suppose que vous m'avez compris.*

474. Les verbes unipersonnels ou employés comme tels veulent généralement le verbe subordonné au subjonctif. Exemples : *Il importe que vous y soyez; il suffit que vous l'ordonniez; il est impossible que vous y alliez.* — Cependant après les verbes *il s'ensuit, il résulte, il arrive,* le verbe subordonné ne se met au subjonctif que s'il y a interrogation ou négation. Exemples : *Il arrive qu'on est trompé; il n'en résulte pas que vous ayez raison; s'ensuit-il que cela soit vrai?*

475. Quand la conjonction *que,* suivie d'un verbe subordonné, est placée avant le verbe principal, le verbe subordonné se met toujours au subjonctif, parce qu'il ne peut exprimer qu'une supposition douteuse, tant que le verbe principal ne l'a pas confirmée. Exemple : *Que tout homme fuie la douleur, cela est certain.* On dirait, au contraire, avec l'indicatif : *Il est certain que tout homme fuit la douleur.*

476. La conjonction *que,* placée seule au commencement de la phrase pour exprimer un désir, un ordre, une défense, veut le subjonctif, à cause d'un verbe principal sous-entendu. Exemples : *Qu'il vienne, qu'il approche, que Dieu vous entende!* c'est-à-dire *j'ordonne qu'il vienne, qu'il approche; je désire que Dieu vous entende.*

477. Les conjonctions composées de *que* supposent en général un verbe principal exprimé ou sous-entendu. Ainsi *afin que* renferme l'idée *d'obtenir, de faire en sorte; de peur que* renferme l'idée de *craindre; plutôt que* renferme l'idée de *préférer,* etc. C'est pourquoi plusieurs de ces conjonctions veulent toujours au subjonctif le verbe subordonné; on dit alors qu'elles régissent le subjonctif.

Les conjonctions qui renferment l'idée de tendance, de but, de désir, ou au contraire d'empêchement, de crainte, régissent le subjonctif. Exemples : *Afin qu'il vienne; de peur qu'il ne s'en aille.*

Les conjonctions *quoique, soit que, pourvu que, à moins*

ue, *plutôt que*, régissent le subjonctif. Exemples : *Quoi-qu'il soit jeune ; à moins qu'il n'ait changé de conduite.*

Les conjonctions *en sorte que, de sorte que, de manière que*, quand elles expriment un but, une intention, régissent aussi le subjonctif. Exemples : *Faites en sorte qu'il vienne; arrangez-vous de manière que cela finisse.* Mais elles veulent l'indicatif quand elles expriment un effet, un résultat. Exemple : *Vous vous êtes conduit de manière que tout le monde a été content de vous.*

La conjonction *avant que* régit le subjonctif. Exemple : *Avant qu'il fasse jour.* Au contraire la conjonction *après que* veut l'indicatif. Exemple : *Après que le soleil fut levé.*

Les conjonctions *quand, comme* et *si* régissent toujours l'indicatif. Exemples : *Quand il vous plaira ; comme vous voudrez; s'il vous plaît.*

478. Au lieu de répéter une conjonction devant plusieurs membres de phrase, on ne l'exprime ordinairement qu'une fois au premier membre, et on la remplace aux membres suivants par la conjonction *que* suivie du même mode. Exemples : *Quand il fit jour et que le soleil fut levé; quoique je l'aime et qu'il me soit attaché; soit qu'il parle ou qu'il se taise.*

On peut également employer *que* pour éviter de répéter la conjonction *si*; mais alors le mode change, et le verbe précédé de *que* se met au subjonctif. Exemple : *Si vous faites cela et que je le sache.*

RÈGLE D'ATTRACTION.

479. Quand le verbe subordonné doit être au subjonctif, il se met au temps indiqué par le verbe principal; c'est ce qu'on appelle la *règle d'attraction*, qui se partage elle-même en deux règles :

1° Si le verbe principal est au présent ou à l'un des deux futurs, le verbe subordonné se met au présent ou au parfait du subjonctif. Exemples : *Je défends qu'il vienne; j'empêcherai qu'il ne sorte; quand j'aurai obtenu qu'il parte ; je ne crois pas , je ne croirai jamais qu'il ait commis un tel crime.*

2° Si le verbe principal est à un temps passé ou à l'un des deux conditionnels, le verbe subordonné se met à l'imparfait ou au plus-que-parfait du subjonctif. Exemples : *Je défendais, je défendis, j'avais défendu qu'il vînt ; j'ai empêché qu'il ne fît une sottise ; je ne voudrais pas, je n'aurais pas voulu qu'il eût fait cette faute.*

Mais si le verbe subordonné exprime un fait permanent, il se met au présent du subjonctif, quel que soit le temps du verbe principal. Exemple : *Dieu a donné à l'homme la liberté pour qu'il connaisse et pratique le bien*.*

480. La règle d'attraction s'observe quelquefois même lorsque le verbe subordonné doit être à l'indicatif. Si le verbe principal est à un temps passé, le verbe subordonné se met à l'imparfait, ou au plus-que-parfait, ou au conditionnel. Exemples : *Je savais que vous étiez malade,* et non pas, *que vous êtes malade ; je pensais, j'ai pensé, j'avais pensé, que vous étiez mécontent, que vous aviez été mécontent, que vous seriez ou que vous auriez été mécontent.*

481. Néanmoins cette règle n'est pas aussi générale à l'indicatif qu'au subjonctif. On ne l'observe pas quand le verbe subordonné exprime un fait indépendant du verbe principal, ou quand il s'agit d'une pensée générale, d'un fait constant et permanent. Exemples : *On m'a dit que vous viendriez certainement. Je vous disais que les hommes sont trompeurs. Je savais que Dieu est bon. Copernic découvrit que la terre tourne autour du soleil.*

On ne l'observe pas non plus après les conditionnels. Exemple : *Vous me répéteriez cent fois que cela n'est pas, je croirais toujours que vous vous trompez.*

---

* Après le présent de l'indicatif accompagné d'une négation, l'imparfait du subjonctif peut tenir lieu du conditionnel. Exemple : *Je ne crois pas que vous fussiez mécontent si cela arrivait.*

EMPLOI DES TEMPS APRÈS LA CONJONCTION SI.

482. Le futur et le conditionnel ne s'emploient jamais après la conjonction *si*. On emploie le présent au lieu du futur ; l'imparfait au lieu du conditionnel ; le parfait au lieu du futur antérieur ; le plus-que-parfait au lieu du conditionnel antérieur. Exemples : *Si le vin est bon cette année* (et non pas *s'il sera bon*). *Si vous arriviez de bonne heure* (et non pas *si vous arriveriez*). *Si j'ai fini mon ouvrage quand vous viendrez* (et non pas *si j'aurai fini*). *Si je n'avais pas fini* (et non pas *si je n'aurais pas fini*).

Mais lorsque la conjonction *si* est précédée d'un verbe qui exprime la négation, l'interrogation ou le doute, on peut employer le futur et le conditionnel. Exemples : *Je me demande si je le pourrai ; je ne sais si je pourrais, si j'aurais pu me taire.*

IV. — EMPLOI D'UN RELATIF.

483. Après un relatif, dans les phrases qui expriment la négation, l'interrogation ou le doute, le verbe subordonné se met au subjonctif. Exemples : *Je ne connais personne qui soit plus savant ; connaissez-vous quelqu'un qui se dise heureux ?*

Cependant si, malgré la négation, l'interrogation ou le doute exprimé par les mots précédents, le verbe subordonné renfermait une affirmation absolue, il resterait à l'indicatif. Exemple : *Comment témoigner ma reconnaissance à un homme qui m'a sauvé la vie ?*

484. Après un relatif, dans les phrases qui expriment la volonté, le désir ou la tendance, le verbe subordonné se met au subjonctif. Exemples : *Je veux un ami qui me soit fidèle ; je cherche un endroit où je puisse me reposer.*

Cependant, si malgré la tendance indiquée par les mots précédents, le verbe subordonné renfermait une affirmation absolue, il resterait à l'indicatif. Exemple : *Je cherche un homme qui m'a rendu service.*

485. Après un relatif précédé d'un superlatif ou du mot *seul*, le verbe subordonné se met au subjonctif. Exemples : *Le plus grand que je connaisse; le seul qui soit venu.*

Cependant après ces mots, si le verbe subordonné renfermait une affirmation absolue, il resterait à l'indicatif. Exemples : *On arrêta le premier qui entra; envoyez-moi le meilleur que vous trouverez.*

486. Les règles données pour les relatifs s'appliquent également aux adverbes relatifs de lieu. Exemples : *Il n'est point d'asile où l'on soit en sûreté; c'est le seul endroit où je me plaise.*

V. — EMPLOI D'UN INTERROGATIF.

487. Les interrogatifs placés entre deux verbes veulent toujours le verbe subordonné à l'indicatif. Exemples : *Dites-moi où vous allez, où vous irez; ne me demandez pas qui je suis.*

488. Les pronoms relatifs ainsi que les adjectifs et les adverbes relatifs, placés entre deux verbes, tiennent souvent lieu d'interrogatifs : il suffit pour cela que le verbe principal contienne l'idée de *savoir* ou d'*ignorer*, d'*apprendre* ou de *faire savoir*. Exemples : *Vous savez qui je suis; j'ignore quel sort m'attend; dites-moi quand vous viendrez.* Dans ces phrases, les relatifs *qui, quel, quand,* tiennent lieu d'interrogatifs.

136ᵉ Exercice.

Appliquez aux mots laissés en italique les règles de la syntaxe d'accord et de la syntaxe de subordination.

PAROLES DE MENTOR.

A la vue d'Idoménée les alliés sentirent que leur courroux se *rallumer;* mais les paroles de Mentor éteignirent ce feu prêt à éclater. Que *tarder*-vous, dit-il, à conclure cette alliance dont les dieux seront les témoins et les défenseurs? Qu'ils la *renger*, si jamais quelque impie *oser* la violer, et que tous les maux horribles de la guerre, loin d'accabler les peuples fidèles et innocents, *retomber* sur la tête parjure et exécrable de l'ambitieux qui foule *au pied* les droits sacrés de cette alliance; qu'il *être détesté* des dieux et des hommes; qu'il ne *jouir* jamais du fruit de sa perfidie; que les furies infernales, sous les figures *le plus* hideuses, *venir* exciter sa rage et son désespoir; qu'il *tomber* mort sans aucune espérance de sépulture; que son corps *être* la proie des chiens et des vautours; et qu'il *être* aux enfers, dans *le* plus profonds abîmes du Tartare, *tourmenté* à jamais plus rigoureusement que Tantale, Ixion et les Danaïdes! Mais plutôt que cette paix *être* inébranlable comme les rochers de l'Atlas qui soutient le ciel; que tous les peuples la *révérer* et *goûter* ses fruits; que les noms de ceux qui l'auront *juré être* avec amour et vénération dans la bouche de nos derniers neveux; que cette paix *fondé* sur la justice et la bonne foi *être* le modèle de toutes les paix qui se feront à l'avenir chez toutes les nations de la terre; et que tous les peuples qui voudront se rendre heureux en se *réunissant*, *songer* à imiter les peuples de l'Hespérie.

137ᵉ Exercice.

Faites le même travail que sur l'exercice précédent.

AFFAIRE DE HOLLANDE.

Le roi donna hier audience à l'ambassadeur de Hollande. L'ambassadeur présenta sa lettre au roi qui ne le lut pas, mais alors il s'étendit fort sur les justifications qui y étaient *contenu*, disant que messieurs des États *s'examiner* [plus-que-parfait] scrupuleusement pour voir ce qu'ils *pouvoir* [conditionnel antérieur] faire qui *déplaire* à Sa Majesté; qu'ils *ne* jamais *manquer* [plus-que-parfait] de respect, et que cependant ils entendaient dire que tout ce grand armement n'*être fait* que pour fondre sur eux; qu'ils *être* [imparfait] prêts à satisfaire Sa Majesté dans tout ce qu'il lui plairait d'ordonner, et qu'ils la *supplier* de se souvenir des bontés que les rois, ses prédécesseurs, avaient *eu* pour eux, et auxquelles ils devaient *tout leur* grandeur. Le roi répondit qu'il *savoir* [imparfait] qu'on *exciter* [imparfait] ses ennemis contre lui; qu'il *croire* [plus-que-parfait] qu'il *être* de la prudence de ne pas se laisser surprendre, et que c'*être* là ce qui l'avait *obligé* de se rendre si puissant sur la mer et sur la terre, afin d'être en état de se défendre; qu'il lui *rester* encore *quelque* ordres à donner, et qu'au printemps il *faire* ce qu'il trouverait de plus avantageux pour sa gloire et pour le bien de son État. Il fit comprendre ensuite à l'ambassadeur, par un signe de tête, qu'il ne *vouloir* point de réplique. La lettre s'est *trouvé* conforme au discours de l'ambassadeur, hormis qu'elle *finir* par assurer Sa Majesté qu'ils *faire* tout ce qu'elle ordonnerait, pourvu qu'il ne leur en *coûter* point de se brouiller avec *leur* alliés.

<h2 style="text-align:center">138e Exercice.</h2>

Faites le même travail que sur les exercices précédents.

<h3 style="text-align:center">STRATAGÈME D'ANNIBAL.</h3>

Pour sortir du défilé où ses troupes se trouvaient *engagé*, Annibal ordonna qu'on *attacher* aux cornes de deux mille bœufs des torches ou des fagots de sarments, et prescrivit qu'on les *allumer* à un moment donné. Ces dispositions ainsi *pris*, il fit en sorte que ces animaux *être conduit* en silence jusqu'auprès du camp des ennemis. Là il recommanda qu'on *mettre* le feu aux torches et qu'on *pousser* les bœufs en avant, ne *doutant* pas que dès l'instant que les flammes arriveraient aux parties vives de ces bêtes, elles ne les *mettre* en furie, qu'enfin elles ne se *répandre* parmi les ennemis épouvantés et ne les *forcer* à prendre la fuite sans combat.

———

Que j'*avoir* voulu mal faire, je ne saurais le nier; mais ma volonté n'a point passé les bornes d'une première pensée. — Qu'il *falloir* du courage pour vivre chaque jour, c'est ce que personne ne conteste; mais en même temps que les déboires, les encouragements nous viennent de partout. — Qu'il *agir* ainsi, c'était bien; mais il fallait savoir sortir d'un mauvais pas. — Que je *devoir* lui donner raison, j'y consens; encore serait-il bon qu'à son tour il y *mettre* de la condescendance. — Qu'Alexandre *avoir* une vie extraordinaire, je ne le conteste pas; on voudrait toutefois qu'il *mourir* autrement. — Que César *mourir* d'une façon malheureuse, j'en conviens; mais *quel* avait été sa vie jusque-là? — Que la république romaine nous *paraître agité*, c'est possible; mais aussi *quel imposant* grandeur! — Que le sénat romain *montrer* une merveilleuse constance, personne ne le nie; pourtant *quel* impitoyable cruauté vis-à-vis des vaincus!

<h2 style="text-align:center">139e Exercice.</h2>

Faites le même travail que sur les exercices précédents.

<h3 style="text-align:center">LES RELIGIEUX DU SAINT-BERNARD.</h3>

Rien de si digne qu'on l'*aller* voir que, dans les jours de grand passage, tous ces bons religieux *empressé* à recevoir les voyageurs, à les réchauffer, à les entourer, à soigner ceux que la vivacité de l'air ou la fatigue *épuiser* [parfait] ou *rendre* malades. Pourvu qu'ils *servir* avec un égal empressement et les étrangers et *leur* compatriotes, sans distinction *de* [ou *de l'*] état, *de* [ou *du*] sexe ou *de* [ou *de la*] religion, ils sont heureux. On ne les voit jamais demander à ceux qu'ils servent *quel être* leur patrie ou leur religion. Il *leur* suffit que l'on *avoir besoin* ou que l'on *souffrir*, voilà les premiers titres pour avoir droit à *leur* soins.

Lorsqu'ils *être obligé* d'être en plein air dans les grands froids et que la quantité de neige les *empêcher* de marcher assez vite pour se réchauffer, ils frappent continuellement *leur* pieds et *leur* mains contre les grands bâtons *ferré* qu'ils portent toujours avec eux; autrement ces extrémités s'engourdissent et se *geler* sans que l'on s'en *apercevoir*. *C'être* surtout dans la recherche des malheureux passagers *entraîné* par les avalanches et *enseveli* dans les neiges, que *briller* le zèle et l'activité des bons religieux. Lorsque les victimes de ces accidents n'*être pas enfoncé* bien profondément dans la neige, les chiens du couvent les découvrent. Mais lorsqu'il *manquer* des gens que les chiens ne peuvent pas retrouver, les religieux *aller* avec de grandes perches sonder de place en place; l'espèce de résistance qu'éprouve l'extrémité de *leur* perche *leur* fait connaître si *c'être* un rocher ou un corps humain qu'ils rencontrent; dans ce dernier cas, ils *déblayer* promptement la neige, et ils ont souvent la consolation de sauver des hommes qui sans eux n'auraient jamais *revu* la lumière. Ceux qui se trouvent *blessé* ou *mutilé* par la gelée, ils les gardent chez eux et les soignent jusqu'à *leur* entière guérison.

140ᵉ Exercice.

Faites le même travail que sur les exercices précédents.

PRISE DE JÉRUSALEM.

Quoique la rébellion des juifs *attirer* sur eux les armes romaines, et qu'ils *secouer* témérairement un joug sous lequel tout l'univers avait *ployé*, Titus ne voulait pas les perdre; au contraire, il *leur* fit souvent offrir le pardon, non-seulement au commencement de la guerre, mais encore lorsqu'ils ne *pouvoir* plus échapper de ses mains. Il avait déjà *élevé* autour de Jérusalem une longue et vaste muraille, *muni* de tours et de redoutes aussi fortes que la ville *même*, quand il leur *envoyer* [prétérit] Josèphe, *leur* concitoyen, un de *leur* capitaines, un de *leur* prêtres, qui avait été *pris* dans cette guerre, en *défendant* son pays. Que ne *leur dire*-il pas pour les émouvoir? Par combien de fortes raisons les *inviter*-il à rentrer dans l'obéissance? Il *leur* fit voir le ciel et la terre *conjuré* contre eux, leur perte inévitable dans la résistance, et *tout* ensemble leur salut dans la clémence de Titus. « Sauvez, *leur* disait-il, la cité sainte, sauvez-vous vous-*même*; sauvez ce temple, la merveille de l'univers, que les Romains *respecter*, et que Titus ne *voir* renverser qu'à regret. » Mais le moyen de sauver des gens si *obstiné* à se perdre? *Séduit* par *leur* faux prophètes, ils n'écoutaient pas ces sages discours. Ils étaient *réduit* à l'extrémité : la faim en tuait plus que la guerre, et les mères *manger leur* propres enfants. Titus, *touché* de *leur* maux, prenait ses dieux à témoin qu'il n'*être* pas cause de leur perte. Durant ces malheurs, ils ajoutaient foi aux *faux* prédictions qui *leur* promettaient l'empire de l'univers. Bien plus, la ville était *pris*, le feu y était déjà de *tout* côtés, et ces insensés *croire* encore les faux prophètes, qui les assuraient que le jour du salut *venir*, afin qu'ils *résister* toujours, et qu'il n'y *avoir* plus pour eux de miséricorde. En effet, tout fut massacré ; la ville fut *renversé* de fond en comble, et, à la réserve de *quelque* restes de tours que Titus *laisser* pour servir de monument à la postérité, il n'y demeura pas pierre sur pierre.

141ᵉ Exercice.

Faites le même travail que sur les exercices précédents.

L'AMOUR-PROPRE.

Notre amour-propre nous fait tout rapporter à nous-*même; nous faisons servir tout ce qui nous environne à nous *autre*, comme si tout était créé pour nous; nous ne comptons tout ce qui se passe dans le monde que par rapport à nous; en un mot, nous *vivre* comme si nous *être* seuls dans l'univers, et que l'univers ne *être* que pour nous *seul*. Ainsi, nous qui ne sommes que des atomes imperceptibles au milieu du globe, nous voudrions en faire mouvoir la machine *tout* entière au gré de nos désirs; nous voudrions que tous les événements *s'accommoder* à nos vues, que le soleil ne se *lever* et ne se *coucher* que pour nous seuls; nous voudrions être la fin de *tout* les desseins de la nature, comme nous nous établissons nous-*même* la fin unique de tous nos *projet* sur la terre. Qu'espérons-nous trouver dans les espaces sans bornes où nous *courir* sans cesse, toujours avides et jamais *satisfait?*

142ᵉ Exercice.

Faites le même travail que sur les exercices précédents.

POLITESSE, PROPRETÉ, EXACTITUDE.

La politesse *extérieur* est une des qualités que les parents désirent *le* plus dans *leur* enfants, et à laquelle ils sont d'ordinaire plus sensibles qu'à *tout* les autres. Le cas qu'ils en font est basé sur l'usage qu'ils ont du monde, où ils *savoir* qu'on *juger* presque toujours par le dehors. En effet, le manque de politesse *rabattre* beaucoup du mérite *le* plus solide, et fait que la vertu même *paraître* moins estimable et moins aimable. Un diamant brut ne saurait servir d'ornement; il faut le polir pour le faire paraître avec avantage. Quand je parle ainsi, je n'entends pas qu'on *devoir* beaucoup exercer les enfants sur tous les raffinements de la civilité, ni qu'on *devoir* les dresser par mesure et par méthode à *tout* ces cérémonies *compassé* qui *régner* dans le monde. D'ailleurs, cette civilité méthodique, qui ne consiste qu'en des formules de compliments fades, et cette affectation de tout faire par règle et par mesure, est souvent plus *choquant* qu'une rusticité *tout naturel*. Il ne faut donc pas tourmenter beaucoup les enfants, ni les chagriner pour des fautes qui *leur* auraient *échappé* sur cette matière. Un abord peu gracieux, une révérence mal *fait*, un chapeau *ôté* de mauvaise grâce, un compliment mal *tourné*, tout cela mérite qu'on *leur donner quelque* avis *assaisonné* de douceur et de bonté, mais non qu'on les *gronder* vivement ou qu'on *leur* en *faire* honte devant les compagnies, et encore moins qu'on les en *punir* avec sévérité. L'usage du monde aura bientôt *corrigé* ces défauts.

143ᵉ **Exercice.**

Faites le même travail que sur les exercices précédents.

LE LAPIN.

Le lapin est d'origine *étranger* ; il est probable que les Grecs ne le *connaître* pas ; il n'en est pas question dans Aristote. Il est originaire d'Afrique, d'où il se *répandre* en Espagne. Là il se multiplia si rapidement qu'il *devenir* bientôt un danger pour les populations qui l'avaient adopté ; non pas qu'il *falloir* prendre à la lettre les hyperboliques amplifications de Pline, lorsqu'il *prétendre* que les lapins *renverser* en les *minant* les remparts de Tarragone ; que les habitants de Minorque en *être* tellement *infecté*, qu'ils *demander* à l'empereur Auguste une légion pour les détruire, mais on doit croire bien plutôt que ces myriades de lapins *récoltant* avant ceux qui avaient *semé*, *menacer* probablement d'affamer *leur* hôtes.

144ᵉ **Exercice.**

Faites le même travail que sur les exercices précédents.

LES DÉSERTS DE L'ARABIE.

Qu'on se *figurer* un pays sans verdure et sans eau, un soleil *brûlant*, un ciel toujours sec, des plaines *couvert* de sable, des montagnes encore plus arides, sur lesquels l'œil *s'étendre* et le regard se *perdre*, sans qu'il *pouvoir* s'arrêter sur aucun objet *vivant*, une terre *mort*, et pour ainsi dire *écorché* par les vents, laquelle ne *présenter* que des ossements et des cailloux, des rochers debout ou *renversé*, un désert entièrement découvert, où le voyageur n'a jamais *respiré* sous l'ombrage, où rien ne *l'accompagner*, rien ne lui *rappeler* la nature *vivant* ; solitude *absolu*, mille fois plus affreuse que celle des forêts : car les arbres sont encore des êtres pour

l'homme qui se *voir* seul. Plus *isolé*, plus *perdu* dans ces lieux vides
et sans bornes, il *voir* partout l'espace comme son tombeau. La
lumière du jour, plus triste que l'ombre de la nuit, ne vient que
pour éclairer sa nudité, son impuissance, et pour lui présenter
l'horreur de sa situation, en *reculant* à ses yeux les barrières du
vide, en *étendant* autour de lui l'abîme de l'immensité qui le sépare
de la terre *habité* : immensité qu'il tenterait en vain de parcourir;
car, la faim, la soif et la chaleur *brûlant* pressent tous les instants
qui lui restent entre le désespoir et la mort.

145e Exercice.

Faites le même travail que sur les exercices précédents.

PUISSANCE DE LA VOLONTÉ.

On passe toute sa vie dans des miracles continuels, qu'on ne
remarquer même pas. J'ai un corps, et sans que je *connaître aucun*
des organes de ses mouvements, je le retourne, je le remue, je le
transporte où je *vouloir*, seulement parce que je le *vouloir*. Je voudrais remuer devant moi une paille; elle ne s'ébranle en aucune
sorte. Je veux remuer ma main, mon bras, ma tête, les autres
parties plus pesantes qu'à peine *pouvoir*-je porter, si elles *être détaché;* aussitôt les mouvements que je commande se font comme
par eux-mêmes, sans que je *connaître aucun* des ressorts de cette
admirable machine; je sais seulement que je *vouloir* me remuer de
cette façon ou d'une autre, tout suit naturellement. J'articule *cent* et
cent paroles, et je fais autant de mouvements *connu* ou *inconnu* des
lèvres, de la langue, du gosier, de la poitrine. Qui *donner* [parfait]
cet empire à ma volonté? et comment *pouvoir* [présent]-je *mouvoir* également ce que je connais et ce que je ne connais pas? Je res-
pire sans y penser, et en *dormant*, et quand je *vouloir*, ou je *suspendre*, ou je hâte la respiration. Pour parler d'un ton ou plus haut,
ou plus bas, je dilate, ou je resserre dans le gosier une partie qu'on
appeler trachée-artère, quoique je ne *savoir* même pas si j'en *avoir*
une. En un moment je fais distinctement *mille* mouvements dont je
n'ai nulle connaissance *distinct*, ni même *confus*, le plus souvent,
puisque je ne *savoir* pas si je les *faire*, ou s'il *falloir* les faire.
Tout cela est l'effet d'un secret concert établi entre nos volontés et
les mouvements de nos corps; concert inviolable du jour où l'âme a
été *mis* dans le corps pour le régir.

146e Exercice.

Faites le même travail que sur les exercices précédents.

LE COUGUAR ET LES PÉCARIS.

Je craignais vivement que nous n'*atteindre* pas les premières
branches de l'arbre avant que le pécari ne *arriver* au bas. Notre

bonne étoile fit que je *pouvoir* jucher mon fils d'abord, et monter
moi-même ensuite. Le pécari débucha avec toute sa famille et *s'asseoir* dans la clairière ; je ne doutai pas cependant qu'à la longue il
ne se *fatiguer* d'attendre, ne *partir* et ne nous *délivrer*. Mais quel
ne fut pas mon désappointement, quand, quelques minutes après,
je *voir* briller les yeux d'un couguar arrêtés pleins de colère et de
convoitise sur les pécaris ?

Le couguar savait que, s'il ne *surprendre* son ennemi et ne *sauter*
sur son dos d'un seul bond, il *avoir* à redouter les effets des terribles défenses de sa proie. Il était encore trop loin pour l'atteindre
d'un seul élan, et il semblait qu'il *chercher* le moyen de s'approcher
sans être découvert. C'est alors qu'il *apercevoir* les branches d'un
arbre qui s'étendaient au-dessus du pécari. Son parti fut aussitôt
pris. Il se retourna tout doucement, se glissa en arrière sans faire de
bruit, fit un détour de façon qu'il se *trouver* vers le côté opposé de
l'arbre. Il s'approcha du tronc et *s'élancer*, rapide comme un trait de
lumière. Nous *entendre* [prétérit] le bruit de ses griffes qui s'accro-
chaient à l'écorce. Le pécari l'*entendre* également, car il leva la tête
en *grognant*, et regarda un moment en l'air. Mais il s'imagina peut-
être que c'*être* un écureuil, et il reprit son attitude.

147ᵉ Exercice.

Faites le même travail que sur les exercices précédents.

LE COUGUAR ET LES PÉCARIS (SUITE).

Cependant le couguar grimpait derrière le tronc et se glissait avec
précaution sur les branches. Arrivé à son but, il se ramassa sur
lui-même comme un chat, et, *poussant* un cri terrible, il *s'élancer*
sur le dos de sa victime. Je vis alors que ses griffes *pénétrer* du
premier coup dans la nuque du pécari, et que son corps *s'allonger*
collé sur celui de son adversaire. Le pécari effrayé *jeter* un cri d'angoisse et *chercher* à se débarrasser du couguar. Il en résulta qu'ils se
rouler tout deux sur la terre; le pécari poussait des gémissements
qui faisaient retentir tous les échos des bois. Ses petits, *effaré*, cou-
raient de *tout* côtés, *prenant* part au combat et *criant* comme *leur*
mère. Le couguar était le seul qui *demeurer* silencieux. Il n'avait
pas fait entendre un cri depuis que la lutte *commencer*. Il n'avait
pas lâché prise. Ses griffes et ses dents restaient toujours *enfoncé*
dans les flancs de sa victime.

Le combat ne fut pas de *long* durée. Il arriva que le pécari *cesser*
de gémir et *tomber* sur le côté, sans qu'il *pouvoir* se débarrasser un
instant de son terrible ennemi. Celui-ci, quand il *déchirer* les veines
du cou, se *mettre* à boire le sang tout chaud qui coulait à grands flots.
Nous ne supposâmes pas qu'il *être* prudent d'intervenir à notre tour.
Nous savions que le féroce animal nous *faire* subir le même sort,

s'il nous *trouver* à sa portée. Aussi restâmes-nous *perché* sur notre
arbre, sans que nous *oser* faire un mouvement. Il n'était pas à plus
de trente pas de nous, car, dans la lutte, il s'était rapproché de
l'arbre. J'aurais bien essayé de le tirer pendant qu'il *s'occuper* à
dévorer sa proie, mais je craignais qu'une seule balle ne *être* insuf-
fisante pour tuer un animal si fort, et je *résoudre* de le laisser
achever son festin, et s'éloigner ensuite sans que nous y *mettre* obstacle.

148e Exercice.

Faites le même travail que sur les exercices précédents.

LE COUGUAR ET LES PÉCARIS (SUITE).

Les circonstances ne *permettre* [prétérit] pas que nous nous *abandonner* longtemps à nos réflexions. Le combat était à peine terminé
que des cris étranges *parvenir* à nos oreilles. On eût dit qu'ils *sortir*
des bois qui nous entouraient. Il était impossible que le couguar ne les
entendre pas comme nous. Aussi se dressa-t-il tout à coup sur ses
jambes et se prit-il à écouter avec inquiétude. Il hésita un moment,
regardant autour de lui et *reportant* ses yeux sur la bête qu'il venait
d'égorger. Alors, *prenant* une résolution *subit*, il *enfoncer* ses dents
dans le corps du pécari, et *jeter* [participe présent] le cadavre sur
ses épaules, il se *mettre* en devoir d'abandonner la place.

Il avait à peine fait *quelque* pas, lorsque le bruit qui nous avait
frappé devenir plus distinct ; soudain, nous *voir* [prétérit] plusieurs
objets noirs qui *s'élancer* dans la clairière. Nous *reconnaître* d'un
seul coup d'œil que *c'être* des pécaris. Ils étaient au moins vingt ou
trente, *tout accouru* aux cris *pousser* par celui qui venait d'être
tué. Ils arrivaient de tous côtés, au pas de course, *faisant* entendre
des grognements furieux. Ils s'étaient *avancé* entre le couguar et les
arbres, avant que ce dernier *avoir* le temps de s'y réfugier. En un
clin d'œil, ils formèrent autour de lui un cercle si menaçant qu'il
n'y *avoir* plus moyen de le franchir sans livrer combat.

Le couguar, sentant que la retraite *être coupé*, se débarrassa du
cadavre qu'il emportait, et *s'élancer* sur le plus proche de ses ennemis, qu'il *terrasser* d'un seul bond. Mais il n'avait pas eu le temps
de se retourner que lui-même *être* déjà saisi par plusieurs pécaris,
et que son sang *couler* sur la terre. Il s'arrangea pourtant de telle
façon qu'il *tenir* ses adversaires *quelque* minutes en échec ; mais le
cercle se resserrait à chaque moment davantage. Il en résulta que
plusieurs *être* mis hors de combat, et le couguar essaya de franchir
la barrière vivante qui s'opposait à ses efforts. Les pécaris suivaient
tous ses mouvements, et il en trouvait toujours plusieurs sur son
passage, tandis que les autres l'*attaquer* à belles dents. Enfin, par
un suprême effort, il fit si bien qu'il *réussir* à se dégager un instant ; mais *quel être* notre terreur en le voyant se diriger du côté
de l'arbre où nous nous *trouver* !

149ᵉ Exercice.

Faites le même travail que sur les exercices précédents.

LE COUGUAR ET LES PÉCARIS (SUITE).

J'armai ma carabine avec un sentiment de désespoir; mais, avant que je *pouvoir* l'ajuster, il avait passé comme une flèche à plus de vingt pieds au-dessus de notre tête. Ses griffes nous frôlèrent de si près qu'elles *toucher* le canon de ma carabine, et que je *sentir* son haleine sur ma figure. Les pécaris le *poursuivre* jusqu'au pied de l'arbre, et *s'arrêter* devant cet obstacle qu'ils ne pouvaient franchir. Les uns tournaient autour de l'arbre et *regarder* en haut; les autres *mordre* l'écorce avec colère, et tous *pousser* des cris de désappointement et de fureur.

La terreur nous rendit muets pendant *quelque* instants, mon fils et moi. Nous ne *savoir* quel parti prendre. Le couguar nous *lancer* des regards furieux, et d'un seul bond il pouvait nous atteindre. Nous *croire* [prétérit] un moment qu'il *aller* s'élancer sur nous. En bas, nous avions de nombreux ennemis, non moins redoutables et qui nous *mettre* en pièces, si nous *avoir* seulement *voulu* prendre pied à terre. Nous étions *placé* dans une épouvantable alternative, et il me fallut quelque temps avant que je *pouvoir* prendre une résolution.

Il était toutefois impossible que je me *dissimuler* que notre péril le plus pressant était la présence du couguar. En *restant perché*, nous étions *garanti* des pécaris, tandis que nous *être* à la merci de l'autre, tant que nous *être* sur l'arbre. Il était donc nécessaire que nous *faire* tous nos efforts pour nous débarrasser de ce redoutable ennemi. Le couguar demeurait toujours immobile sur la branche où il *se réfugier*. Il *ne pas manquer* de nous attaquer, sans l'effroi que lui causaient les pécaris, au milieu desquels il pouvait tomber en *s'élançant* sur nous. C'est cette crainte qui le faisait rester tranquille; mais je savais bien quel sort nous *attendre* aussitôt que ces animaux *quitter* la place.

Mon fils était sans armes. Il n'avait emporté avec lui que son arc et ses flèches; encore étaient-ils *resté* au pied de l'arbre, et les pécaris les avaient déjà *mis* en pièces. Je pris mes dispositions pour qu'il *être* derrière moi, afin qu'il ne se *trouver* pas sur le chemin du couguar, dans le cas où je ne *parvenir* qu'à blesser l'animal. Cette manœuvre s'exécuta en silence, le plus doucement *possible*, car il importait que nous n'*effrayer* pas l'animal qui *gronder* au-dessus de nous. Dès que je *être* prêt, je saisis ma carabine avec précaution, je m'épaulai solidement contre une branche et visai le couguar à la tête. C'était la seule partie de l'animal que le feuillage me *permettre* d'apercevoir. Je lâchai la détente; la fumée m'aveugla *quelque* instants, et je ne pus juger des effets de mon coup : j'entendis plusieurs craquements comme ceux que *faire* la chute d'un corps *pesant* sur les branches de l'arbre, et puis le bruit de ce même corps *tombant* sur le sol. Aussitôt ce *être* un grand tumulte parmi les pécaris. Je regardai en bas. Le couguar, *ensanglanté*, se débattait au milieu d'eux; la lutte ne fut pas longue : en *quelque* secondes, il fut *terrassé* et *déchiré*.

150e Exercice.

Faites le même travail que sur les exercices précédents.

ASSIÉGÉS DANS UN ARBRE (SUITE DU MORCEAU PRÉCÉDENT).

Nous *croire* [prétérit] un moment que nous *être sauvé*. Nous nous disions que les pécaris *aller* bientôt se disperser et rentrer dans le bois, maintenant que leur ennemi *être mort*. Mais *quel être* notre consternation, en voyant que nous nous *tromper!* Bien loin qu'ils *se retirer* après *assouvir* leur vengeance sur le couguar, ils entourèrent l'arbre de nouveau, nous *regardant* avec fureur et *mordant* l'écorce en *poussant* des cris sauvages. Ils paraissaient *déterminé* à nous dévorer, s'ils le *pouvoir*. Nous étions sur *le plus bas* branches, de façon que nous les *distinguer* parfaitement. Il nous *être* [deuxième forme du conditionnel antérieur] facile de grimper plus haut; mais cela était inutile, parce qu'ils ne *pouvoir* nous atteindre. Le danger était que nous en *être réduit* à périr de faim et de soif, s'ils *continuer* ainsi à nous bloquer, et d'après ce que je *entendre* dire de ces animaux, cette appréhension n'était pas tout à fait *dénué* de fondement. D'abord, je ne voulais pas faire feu sur eux, pensant qu'au bout d'un certain temps leur colère *s'apaiser* et qu'ils se *disperser*. Frank et moi, nous grimpâmes un peu plus haut, afin que les branches nous *dérober* entièrement aux regards. Au bout de deux heures, nous nous *apercevoir* que cela ne nous *servir* de rien, car les pécaris, quoiqu'ils *être* plus tranquilles, formaient toujours un cercle *menaçant* autour de l'arbre, et semblaient *résolu* à poursuivre le siége. Quelques-uns *même* s'étaient *couché* par terre, pour passer le temps plus à *leur* aise; mais nul n'avait quitté la partie.

La patience commençait à me manquer. Je *savoir* que la famille *devoir* être *inquiet* de notre absence *prolongé*, je craignais surtout que Henri et Codjo ne *se mettre* à notre recherche, et qu'*arrivant* à pied, ils ne *pouvoir* grimper, comme nous, assez vite pour que ces bêtes féroces ne pas *avoir* le temps de se jeter sur eux. Je *résoudre* alors d'essayer l'effet que *produire* un ou deux coups de fusil sur la bande. Je descendis sur *le plus bas* branche, afin que mon coup *être* plus sûr, et je *commencer* à faire feu. Je choisissais chaque fois un de ces animaux que je visais *le plus* près *possible* du cœur. Je tirai cinq fois, et chaque coup *abattre* un des pécaris. Les autres, bien loin que je les *épouvanter* de mon ravage au milieu d'eux, se précipitaient avec furie sur le corps de *leur* compagnons, et, se *ruant* ensuite sur le tronc de l'arbre, le frappaient de *leur* pieds cornés. Il semblait qu'ils *vouloir* monter jusqu'à nous.

151e Exercice.

Faites le même travail que sur les exercices précédents.

ASSIÉGÉS DANS UN ARBRE (SUITE).

En *prenant* ma carabine pour la sixième fois je m'aperçus avec consternation qu'il ne me *rester* qu'une seule balle. Je la coulai dans le canon, et, tirant encore une fois sur la bande, j'*abattre* un autre pécari. Mais à quoi cela nous *servir*-il? ces animaux paraissaient indifférents à la mort. Je ne savais plus quel moyen mettre en œuvre, et je remontai sur les hautes branches, où je m'*asseoir* près de mon fils. Nous n'avions plus qu'à attendre avec patience, dans l'espoir que la nuit *venir* nous délivrer de ces singuliers *assiégeant*. Nous les entendions toujours au-dessous de nous, *jetant* des cris sauvages et *grattant* l'écorce de l'arbre, mais nous n'y *faire* plus attention, et, tranquillement *perché* sur notre branche, nous laissâmes à la fortune le soin de nous délivrer.

Nous étions dans cette position depuis *quelque* temps, lorsque nous *apercevoir* de la fumée qui montait jusqu'à nous. D'abord nous *penser* que c'*être* la fumée de la poudre un moment *suspendu* qui s'élevait ainsi peu à peu ; mais elle devint de plus en plus *épais*, et nous remarquâmes qu'elle n'*avoir* pas du tout la couleur de celle que *produire* l'explosion de la poudre. Cette fumée était d'une nature telle qu'elle nous *prendre* à la gorge et aux yeux, nous *aveugler* et nous *faire* tousser à la fois. Bien que je *regarder* en bas, je ne pouvais distinguer ni la terre ni les pécaris : un nuage épais entourait l'arbre. J'entendais les cris de ces bêtes féroces; mais il semblait que le bruit *changer* de nature. Je compris que la bourre de ma carabine *mettre* le feu à la mousse. En effet, lorsque la fumée *se dissiper*, une belle flamme claire s'éleva tout à coup. Nous *voir* en même temps qu'elle ne *pouvoir* envelopper l'arbre où nous *être*, et que le feu *être* concentré du côté où se *trouver* nos provisions de mousse. Nous montâmes *tout* deux dans *le* plus *haut* branches, de sorte que nous nous *trouver* ainsi hors de la portée de la fumée. Nous avions pourtant encore à craindre que le feu ne se *communiquer* jusqu'à nous par les branches *pendant* et ne nous *forcer* à descendre au milieu de nos ennemis.

152e Exercice.

Faites le même travail que sur les exercices précédents.

ASSIÉGÉS DANS UN ARBRE (SUITE).

Quand nous *être* [prétérit] hors du nuage de fumée, nous *pouvoir* distinguer les pécaris *formant* une masse *compact* à quelque distance de l'arbre, et évidemment *effrayé* à la vue du feu. Je me disais que maintenant nous *aller* être *délivré* d'eux, qu'ils *être* assez loin de nous pour que nous n'en *être* pas, *aperçu* à travers la fumée. Je pris donc mes dispositions de manière que je *reconnaître* les lieux, et que j'*étudier* la direction du vent qui emportait d'épais nuages de fumée. Il n'y avait pas d'animaux de ce côté et, si nous *pouvoir* descendre sans que les pécaris nous *voir*, nous avions la chance de nous échapper. Nous nous apprêtions à gagner une branche plus *bas* pour exécuter notre projet, lorsque le bruit d'un aboiement *parvenir* jusqu'à nous. Il nous remplit d'une terrible appréhension. Nous avions *reconnu* la voix de nos dogues. Il n'était pas douteux que Henri ou Codjo, peut-être *tout deux*, ne les *suivre*. Si les chiens *aller* être *égorgé* par la bande furieuse, et que le pauvre Henri *être mis* en pièces! A cette affreuse pensée, le cœur nous battit à rompre notre poitrine. Oui, c'*être* les chiens! *Leur* aboiements se rapprochaient de plus en plus, et déjà il nous semblait que nous *distinguer* la voix *de* [ou *des*] gens qui les excitaient par derrière. Ce ne pouvait être que celle d'Henri et de Codjo qui *venir* à notre recherche. Je ne savais que faire. Devais-je les laisser approcher, et, tandis que les chiens *être* un moment *engagé* dans la lutte avec les pécaris, jeter des cris pour les avertir de se diriger du côté des arbres? Je songeai que Frank *pouvoir* rester où il *être*, et qu'il ne m'*être* pas impossible de m'élancer à travers la fumée et d'aller les avertir, avant que les pécaris s'*apercevoir* de ma course. Justement j'entendais *leur* voix dans une direction favorable, et je pouvais les rejoindre sans que je *être* poursuivi.

153e Exercice.

Faites le même travail que sur les exercices précédents.

ASSIÉGÉS DANS UN ARBRE (FIN).

Je confiai donc à Frank ma carabine *déchargé*, et, *prenant* mon couteau à la main, je m'*élancer* à travers la fumée et la mousse à *demi consumé*. C'est à peine si mes pieds *toucher* la terre. A une distance de deux *cent* pas j'*apercevoir* les chiens et puis Henri avec Codjo. Mais, en même temps, la peur que les pécaris ne *être* sur mes talons me fit retourner; toute la bande accourait *haletant*, *hurlant*. J'avais eu le temps d'avertir nos deux nouveaux compagnons qui, me *voyant* saisir une branche au moment où les pécaris *aller* m'entourer, grimpèrent comme moi sur un arbre à *leur* proximité. Les chiens se ruèrent sur la bande, et *vouloir* livrer bataille. Cette fantaisie *leur* passa aux premiers coups de dents, et ils s'enfuirent du côté de Codjo et d'Henri. Heureusement pour les pauvres bêtes que les branches *être* très-peu *élevé*, ce qui permit que Codjo les *hisser* près de lui. Sans cela ils *subir* certainement le sort du couguar. Les pécaris, en effet, furieux de *leur* attaque, les poursuivirent jusqu'à ce qu'ils *être* au pied de l'arbre, qu'ils entourèrent en *poussant* de grands cris, et sur lequel ils *grimper* sûrement, s'ils en *être* capables. Je *commencer* à respirer un peu. De l'endroit où je me *trouver* je ne pouvais voir ni Henri ni Codjo, ni les chiens; mais je distinguais très-nettement la bande *noir* qui les entourait. Les cris d'Henri, de Codjo, l'aboiement des chiens et les sourds grondements des pécaris formaient un concert formidable et sauvage. Il y eut une explosion de la petite carabine, et l'un des pécaris roula sur la terre. Codjo criait de toutes ses forces, et je voyais que sa *long* lance *s'abaisser* par intervalles sur la bande *enragé*, et se *relever tout ruisselant* de sang. A chaque coup le nombre des ennemis diminuait. Tous deux firent si bien, l'un avec son fusil, l'autre avec sa lance, qu'au bout de *quelque* minutes la terre *être jonché* de cadavres, et que peu de pécaris *rester* debout. Ceux-là *même* commençaient à redouter qu'on ne *leur faire* subir le sort de *leur* compagnons. Ils ne tardèrent pas à tourner le dos et à s'enfuir dans les bois. La déroute était *entier*, et il ne paraissait guère qu'ils *avoir* envie de nous inquiéter. *Confiant* dans cette pensée, nous descendîmes *tout* les *quatre* des arbres où nous *être perché* et nous reprîmes *le* plus vite *possible* le chemin de la maison. Il est arrivé souvent depuis cette aventure que nous *rencontrer* des pécaris dans nos excursions de chasse, que nous *avoir même* la chance de prendre *quelque*-uns de *leur* petits *vivant*; mais jamais ces animaux n'ont *cherché* à nous attaquer. C'est qu'il *être* dans *leur* habitudes de combattre bravement jusqu'à ce qu'ils *être vaincu*, et de fuir une fois qu'ils *avoir* le dessous. Du reste, il paraît qu'il n'y en a *avoir* qu'une seule bande dans la vallée, et, comme elle *être* en grande partie *détruit*, nous n'eûmes pas à en être *inquiété*.

154e Exercice.

Faites le même travail que sur les exercices précédents.

Je suppose qu'il n'y *avoir* que deux hommes sur la terre, qui la *posséder* seuls et qui la *partager tout* entre eux deux; je suis persuadé qu'il *leur naître* bientôt quelque sujet de rupture, quand ce ne *être* que pour les limites.

Je suppose que vous *être* accusé d'un crime dont vous n'êtes pas l'auteur; que *plusieur témoin* affirment sous serment qu'ils vous ont vu et qu'*il* vous *reconnaît*; que vous ne *pouvoir* expliquer d'une manière *précis* l'emploi de votre temps le jour où se sont *passé* les faits qui vous sont *imputé*; que des paroles dont vous ne pouvez nier la signification *ait* été *prononcé* par vous et *semble* annoncer une préméditation bien *déterminé*; que tout se *réunit* pour vous accabler : comment établirez-vous votre innocence? *Quel* arguments devra employer votre avocat pour convaincre le jury? S'il vous fait

acquitter en employant des *mouvement pathétique,* l'opinion *public*
vous absoudra-t-elle en même temps que le verdict des *juré?* —
Réunissez en un même moment par la pensée *le* plus beaux accidents de la nature; supposez que vous *voir* à la fois toutes les
heures du jour et toutes les saisons.... vous aurez alors une idée
juste du spectacle de l'univers.

155e Exercice.

Faites le même travail que sur les exercices précédents.

LES PUITS ARTÉSIENS.

Pour peu qu'on *étudier* [parfait] la physique, on sait que dans les
vases *communiquant* les liquides, par une tendance *primordial, se
mettre* en équilibre, c'est-à-dire au même niveau dans les deux
branches de l'appareil. Si donc on imagine, ce qui se rencontre en effet
dans la nature, qu'une nappe d'eau *être* en suspension et *circuler*
dans une couche de terrain perméable *placé* elle-même entre deux
couches imperméables, qui seraient comme les parois de vases *communiquant* dont la couche perméable *figurer* le vide, les choses se passeront de la même façon, et l'eau *s'élever* [futur] au même niveau dans
toutes les parties de la couche perméable. Qu'on *faire* une ouverture
au point le plus bas de cette couche, et l'eau, cherchant à se mettre
en équilibre, jaillira, et, si elle *être maintenu* par un tube, tendra
par ce passage à gagner la ligne du niveau *établi* dans les deux extrémités de la couche. Pourvu qu'on *réunir* ces conditions, il est toujours possible, avec des moyens de forage ou de sondage suffisants,
qu'on *avoir* un de ces puits *appelé* artésiens. D'ordinaire la couche
perméable est sablonneuse, mais il arrive parfois qu'elle *être formé*
de calcaire *désagrégé,* ou même *composé* de roches *compact présen-
tant* des fissures profondes. Les couches imperméables, au contraire,
sont du granit, de l'argile, de la marne, de la craie, ou *tout* autre
roche *compact* sans fissures.

156e Exercice.

Faites le même travail que sur les exercices précédents.

LES PUITS ARTÉSIENS (SUITE).

Mais il est rare qu'un bassin naturel *réunir* exactement toutes ces
conditions, *être* ainsi bien clos et demi-circulaire, de façon qu'il
avoir deux extrémités *élevé* et un bas-fond d'où l'eau *jaillir.* Les
bassins se rencontrent de forme plus ou moins *irrégulier,* souvent
coupé, interrompu par mille accidents de terrain, en sorte qu'une
partie de la nappe d'eau *souterrain s'échapper.* par des fissures *latéral.* Il s'ensuit que l'eau ne *pouvoir* s'élever justement à la hauteur
de ses deux points de départ, ou à la hauteur qu'elle occupe dans

es deux branches du vase naturel qui la contient. Le frottement que l'eau éprouve, avant qu'elle *aboutir* au trou de sonde, diminue aussi la hauteur de la colonne *jaillissant*. Il est impossible, en effet, que l'eau se *mouvoir* régulièrement dans des canaux irréguliers et *encombré* de détritus qui lui opposent une grande résistance.

Aussi M. Degousée, un de ceux qui *faire* [parfait] faire le plus de progrès à l'art du forage et du sondage des puits artésiens, a-t-il eu soin d'indiquer les meilleures conditions qu'on *devoir* rechercher pour l'établissement d'une sonde à eaux *jaillissant*. « Pour trouver des eaux *jaillissant*, écrit-il, je voudrais qu'on *rechercher* ces espaces plus ou moins *encaissé* dans des saillies *dominant*, vers lesquelles les couches de la plaine se relèvent quelquefois de manière qu'elles *présenter* leur tranche. Il résulte en effet de cette disposition que les eaux *extérieur s'infiltrer* dans les couches perméables, et *affleurer* en *venant* s'appuyer sur les coteaux de bordure. N'est-il pas naturel de plus qu'elles *suivre* avec ces couches les inflexions du fond, et *être* dès lors d'autant plus susceptibles de remonter par les trous de sonde et de donner naissance à des puits artésiens, que les points d'infiltration *être* plus *élevé* et les points de déperdition plus *éloigné* ? »

157e Exercice.

Faites le même travail que sur les exercices précédents.

LES PUITS ARTÉSIENS (SUITE).

Quelque exactement qu'on *déterminer* [parfait] de nos jours la théorie des puits artésiens, il ne faudrait pourtant pas s'imaginer que c'*être* une pratique nouvelle. On ne doute plus aujourd'hui que les Chinois, ce peuple extraordinaire qui, malgré le mystère et le silence de son isolement, *revendiquer* une si grande part dans toutes les merveilleuses inventions de l'esprit humain, ne *pratiquer* de temps immémorial le forage des sources *jaillissant*. Qu'on *parcourir* la province d'Outong-Kiao, sur une étendue de dix lieues de longueur et de quatre de largeur, et l'on comptera plus de dix *mille* puits dont la profondeur *pouvoir* atteindre parfois jusqu'à trois *mille* pieds.

S'ils *arriver* aux *mêmes* résultats que nous, ils ont eu recours à des moyens particuliers. Il est constant qu'ils *se servir*, au lieu de sonde, d'un appareil à percussion, dont on ne *connaître* toutefois qu'imparfaitement les dispositions. On sait seulement que la pièce *principal être* un cylindre cannelé en fonte *pesant* de un à trois quintaux, et soutenu par une corde *attaché* à un arbre horizontal dont le pied est *assujetti* au sol. Moyennant que des hommes *ployer* sous leur poids, puis *laisser* remonter le grand arbre de suspension *incliné*, le mouton danse au fond du puits, comme un pilon au fond d'un mortier. Mais il s'en faut bien que la sonde elle-même ne *être mis* en usage que de notre temps, pour la recherche des eaux artésiennes.

Son emploi remonte aux temps *le* plus reculés. Il s'est rencontré en Syrie, en Égypte, dans les oasis de l'ancienne chaîne Libyque, *des* générations entières, que la nécessité *conduire* aux *même* procédés que nous. Il n'est pas rare que dans ces pays le voyageur *avoir* à s'étonner de trouver des puits *obtenu* à l'aide de la sonde. Olympiodore, qui vivait dans le cinquième siècle à Alexandrie, dit positivement que dans les oasis il y *avoir* des puits *creusé* à *trois cent* et *même à cinq cent* aunes (*quarante-huit* et *quatre-vingt* mètres), qui *lancer* des rivières à la surface du sol.

158ᵉ Exercice.

Faites le même travail que sur les exercices précédents.

LES PUITS ARTÉSIENS (SUITE).

Il n'est personne qui ne *savoir* que les anciens puits de l'Artois, encore *subsistant* aujourd'hui et *foré* à la sonde, *être le* plus anciens que l'on *connaître* en France. Ce fut au temps de Louis le Gros, en *mille cent vingt-six*, que le premier puits artésien *être creusé* au couvent des Chartreux de Lillers, dans le département actuel du Pas-de-Calais. On n'ignore pas que cette fontaine *ne cesser pas* de donner de l'eau, sans qu'elle *imposer* à la commune d'autre dépense que de remplacer *tous* les *vingt-cinq* ans le tubage en bois. Mais ces premiers types n'ont pas empêché que l'illustre Bernard de Palissy *s'occuper* de la même question, et *concevoir* un instrument, dont notre sonde *actuel* n'*être* que le perfectionnement. « En plusieurs *lieu*, écrit-il, les pierres sont fort tendres, et singulièrement quand elles *être* encore dans la terre ; pourquoi il me semble qu'une torsière la *percer* aisément, et après la torsière on *pouvoir* mettre l'autre tarière et, par tel moyen, on *pouvoir* trouver du terrain de marne, voire des eaux pour faire puits, lesquelles bien souvent *pouvoir* monter plus haut que le lieu où la pointe de la tarière les *trouver*, et cela se pourra faire moyennant qu'elles *venir* de plus haut que le fond du trou que tu *faire*. »

Il n'est pas sans importance que l'on *savoir* que le premier puits artésien creusé à Paris *être* celui que *faire* creuser Jacques Deborgne, dans l'hôpital des Enfants-Rouges, fondé par la duchesse d'Alençon, sœur de François Iᵉʳ. Ce qui n'empêcha pas que Louis XIV, plus tard, *appeler* d'Italie en France Dominique Cassini, afin qu'il *faire* connaître chez nous les procédés dont il *se servir*, dans sa première patrie, pour construire les puits *foré*. Dans le nord de l'Italie, en effet, il semble que l'usage des puits artésiens *être* depuis longtemps fort répandu, si toutefois on s'en rapportait aux armes de la ville de Modène, *composé* de deux tarières de fontainier. L'ouvrage le plus ancien d'ailleurs dans lequel on *pouvoir* trouver *quelque* données certaines sur l'emploi de la sonde pour le percement des puits, est celui que *publier* en *mille six cent quatre-vingt-onze* Bernardini Ramazzini, professeur au lycée de médecine de Modène.

159ᵉ Exercice.

Faites le même travail que sur les exercices précédents.

LES PUITS ARTÉSIENS (SUITE).

Il serait superflu d'établir combien, depuis le premier quart du dix-neuvième siècle, le nombre des puits artésiens *s'accroître* en France, en Allemagne, en Prusse, et dans la plupart des pays de l'Europe. Mais *quelque être* le succès des tentatives *antérieur*, *nul* n'a paru plus digne qu'on l'*admirer* que le forage entrepris en *mille huit cent quarante-quatre* par M. Mulot, à Grenelle ; nul n'a davantage *éveillé* l'attention et l'intérêt *public*.

On désirait depuis longtemps qu'il y *avoir* aux portes de Paris d'autres ressources pour l'approvisionnement de la ville que les eaux de la Seine. On en *venir* à songer à un forage artésien. Les connaissances géologiques du bassin avaient constaté que Paris *reposer* sur des couches de craie et d'argile imperméables, dont l'affleurement se *voir* en Champagne, par conséquent à une altitude plus grande que celle du point de sonde ; qu'au-dessous on *rencontrer* une couche *épais* de sable vert essentiellement perméable et renfermant une puissante nappe d'eau *alimenté* par les pluies qui s'y *rendre tout* le long du bassin, pendant soixante lieues de pays environ, depuis le plateau de Langres, où se *trouver* l'affleurement à la surface des grès verts. Il semblait d'autre part que cette nappe naturelle *passer* par Bar-sur-Seine, Lusigny, Troyes, Nogent-sur-Seine, Provins. On avait ainsi, pour favoriser le jaillissement, une différence de niveau considérable, puisque Paris n'*être* qu'à soixante mètres au-dessus du niveau de la mer, tandis que l'altitude du plateau de Langres *être* de *quatre cent soixante-treize* mètres. Arago calcula d'une manière approximative qu'à Paris, l'épaisseur des couches à traverser pour atteindre les sables verts, c'est-à-dire la couche aquifère du plateau de Langres, *être* de *quatre cent soixante* mètres. M. Mulot crut alors qu'il *pouvoir* se mettre à l'œuvre, et le forage *commencer* le trois novembre *mille huit cent trente-trois*. Les travaux furent *poussé* avec une telle activité que deux ans plus tard on *atteindre* une profondeur de *quatre cent* mètres ; mais alors le malheur voulut qu'une cuiller ou cylindre d'un poids énorme *tomber* au fond du puits, sans qu'on *pouvoir* la retirer autrement qu'en la *brisant* par morceaux avec des ciseaux et des limes. A une si grande profondeur, il fallut quatorze mois avant que ce travail *être terminé*.

160ᵉ Exercice.

Faites le même travail que sur les exercices précédents.

LES PUITS ARTÉSIENS (FIN).

On ne croyait pas alors dans le public que l'entreprise *devoir* aboutir. Le huit avril *mille huit cent quarante*, M. Héricart de Thury annonça dans un rapport *quel être* le nombre et la nature des couches de terrain à traverser, et à quelle profondeur on *trouver* l'eau. Il avait affirmé que l'eau *jaillir* des grès verts à *cinq cent soixante-quinze mètres* environ ; que la source *donner quatre mille* litres par minute, que l'eau *avoir* une température de trente degrés, qu'elle *être doux, dissoudre* parfaitement le savon et *convenir* à tous les usages domestiques. Il n'y eut dans ces prédictions rien qui ne se *réaliser* en *mille huit cent quarante et un*, quand le forage *parvenir* à *cinq cent quarante-huit mètres*. Un volume d'eau considérable jaillit en effet. Mais il fallut attendre un an que le puits de Grenelle *lancer* l'énorme quantité de graviers provenant de la dégradation de ses parois. Enfin il arriva qu'il se *dévier* de sa direction perpendiculaire *primitif*, et qu'il *lancer*, en vingt-quatre heures, *quatre millions* cinq *cent mille* litres d'une eau limpide dont la température *s'élever* à *vingt-sept* degrés. Le jet atteint aujourd'hui *quatre-vingt-seize* pieds au-dessus du sol.

L'instrument de forage était une sorte d'énorme *tire-bouchon*. Depuis, pour atteindre la même nappe d'eau des hauteurs *même* de Passy, M. Kind, un habile ingénieur saxon, a eu recours à un ciseau ou trépan pesant *dix-huit cent* kilogrammes, armé de sept dents en acier fondu et suspendu par une *long* tige de fer à des tiges de bois de dix mètres de longueur *vissé* l'une à l'autre.

161ᵉ Exercice.

Faites le même travail que sur les exercices précédents.

Encore que les rois de Thèbes *être le* plus puissants de tous les rois d'Égypte, jamais ils n'ont entrepris sur les contrées voisines. — Socrate donnait pour maxime que chacun *suivre* la religion de son pays. — Quel est l'homme qui a osé dire : « Je suis trop grand pour que la fortune *pouvoir* me nuire? » — *Quelque* jours après, soit que Valentinius *s'accommoder* aux nécessités des affaires, ou qu'il *résoudre* de satisfaire ses troupes, soit qu'il *vouloir* adroitement faire agréer le dessein qu'il avait d'associer son frère, il assembla les chefs de l'armée et leur demanda conseil sur le choix qu'il avait à faire. — Après que je *prononcer* ces mots, tout le peuple ému s'écria qu'il fallait faire périr le fils de ce cruel Ulysse dont les artifices avaient *renversé* la ville et le roi. — Un philosophe de l'antiquité disait que rien n'*être* plus difficile que de garder un secret. — J'ai longtemps *soupiré* après la justice et la liberté ; mais je ne savais pas alors ce que *c'être* d'être juste et libre. — La nature a voulu que tous les organes de l'homme *être* doubles. — Les Français sont le seul peuple dont les mœurs *pouvoir* se dépraver, sans que le fond du cœur se *corrompre*.

162ᵉ Exercice.

Faites le même travail que sur les exercices précédents.

LES VACANCES DE PAQUES (SUITE) *.

Comme deux heures *sonner* à l'église de Gex, les trois écoliers paraissaient sur la porte de l'auberge, *tout boursouflé* de nourriture, les yeux *luisant* et l'oreille rouge. Pendant qu'ils *boucler leur* sacs sur le palier, une bonne grosse maman, qui les avait *accompagné* jusqu'au seuil, *leur* faisait les mille recommandations qu'elle aurait *fait* à ses propres enfants. C'était *leur* hôtesse du jour. Elle avait l'air *doux* et *décidé* tout à la fois, les manières pleines de rondeur naturelle. Quand ils *être* prêts, le pied déjà sur les marches, elle les salua d'un dernier Dieu vous *bénir*, et resta plantée là à les regarder s'éloigner.

« Oh ! l'excellente femme et le fameux dîner ! s'écria l'affamé du matin. Qu'on en *prendre* à *bouche que veux-tu*, cela se voit ; mais manger comme des *Gargantua* et payer comme des ladres et des *fesse-mathieu*, c'est plus rare. Rigide trésorier, roi des *Harpagon*, es-tu content, voyons ? On a *gorgé* nos estomacs, sans qu'on *se croire* le droit de faire crier ta caisse. Moi, d'abord, je me sens *tout* autre. Ce matin, j'étais piteux, les montagnes m'écrasaient, et il me semblait juste qu'elles *n'avoir* aucune considération pour trois *meurt-de-faim*. A présent, j'ai un sang chaud, de la force dans tous les membres, de l'ambition au cerveau, de la fierté au cœur, la nature ne m'impose pas, je marche la tête haute, le regard assuré, et pour peu que le mont Blanc en personne se *présenter* sur le chemin, je lui ferais des *pied-de-nez*. Qu'on y *prendre* garde, messieurs, moi, je suis plein d'expansion quand je *digérer*, j'ai des provisions d'admiration à fendre l'âme, je m'attendris sur les *reine-marguerite*, je songe profondément devant un caillou, je m'ébahis à la vue d'un monument historique, je scande mes phrases dans les *Muséum*, et il ne serait pas étonnant que je me *pâmer* en présence du Léman. Voyez si mon langage ne *s'élever* pas à la plus haute correction, naturellement, par la seule force du sang qui afflue au cœur et au cerveau ! » En disant ces mots, il piqua une pointe en avant, exécuta cent *jeté-battu*, autant de *chassé-croisé*, *pirouetter*

---

* Voyez pages 20 et suivantes, et pages 182 et suivantes, le commencement de ce récit.

sur ses talons, et termina ses évolutions en *envoyant* un coup de son *chasse-mouche* sur une pierre de la route qui n'en pouvait mais.

163e Exercice.

Faites le même travail que sur les exercices précédents.

LES VACANCES DE PAQUES (FIN).

Six jours plus tard, les trois écoliers avaient épuisé et *leur* temps et *leur* bourse, et rentraient en toute hâte dans *leur famille*. Après qu'ils *voir* Genève dans *tout* ses coins et recoins, ils avaient *visité* les bords du lac, Lausanne, Vevay, Thonon, puis avaient repris *leur* chemin par Saint-Cergues, d'où ils avaient *pu*, une dernière fois, se donner le grandiose spectacle du mont Blanc. Depuis qu'ils *avoir* l'imagination et les yeux *tourné* du côté de *leur* petite ville, un grand changement *se faire* dans *leur* allures. Ils semblaient qu'ils *être* habituellement plus *recueilli* et plus graves. Les accidents de la route, la marche, la nouveauté des spectacles les avait bien *pu* distraire un moment des sentiments qu'ils croyaient *laisser* derrière eux au départ. Mais il était naturel qu'ils y *revenir* avec d'autant plus de violence quand ils *songer* à tout ce qu'ils allaient retrouver.

Ils gravissaient donc *haletant* le revers de la dernière rampe du Jura. Lorsqu'ils *arriver* au sommet, ils eurent devant eux, à une heure dans la plaine, tous les lieux familiers de leur enfance, la petite ville *massé* au pied de la côte, le clocher, les campagnes si souvent *parcouru*, les vignes *étalé* comme une verte ceinture à la montagne, les villages *semé* dans les champs. Il semblait que l'air leur *être* plus bienfaisant, plus hospitalier, et cependant ils avaient peine à respirer. Après qu'ils *donner* quelques instants à cette muette contemplation, si *émouvant* pour eux, ils se mirent, le cou tendu, le dos courbé sous le sac, à arpenter l'interminable route blanche qui aboutissait aux faubourgs. S'il se *présenter quelque* sentier qui *abréger* les longs circuits du grand chemin, ils le prenaient comme d'un commun accord, sans se rien dire, et continuaient *leur course* forcenée. A l'entrée de la ville, ils se serrèrent la main, silencieux, et chacun *s'élancer* par la voie *le* plus *court* vers la maison où était sa mère.

TROISIÈME PARTIE.

ANALYSE LOGIQUE.

489. L'*analyse logique* est la partie de la grammaire qui traite de la manière dont les mots se combinent pour former un sens.

490. La plus simple combinaison de mots, pour former un sens complet, est la *proposition*.

Toute phrase se compose d'une ou de plusieurs propositions.

CHAPITRE PREMIER.

DE LA PROPOSITION EN GÉNÉRAL.

491. La *proposition* est l'expression de la convenance de deux idées.

Ainsi quand je dis : *Dieu est bon*, j'exprime la convenance entre les deux idées *Dieu* et *bon*.

492. Lors même que la proposition est négative, c'est-à-dire contient une négation, on peut toujours la ramener à une proposition affirmative.

Ainsi quand je dis : *L'homme n'est pas parfait*, c'est comme si je disais : *L'homme est le contraire d'un être parfait*, ou *l'homme est imparfait*. La convenance a lieu entre l'idée d'*homme* et l'idée d'un être *imparfait*.

DES TERMES ESSENTIELS DE LA PROPOSITION.

493. La proposition se compose de trois termes essentiels, savoir : le *sujet* et l'*attribut*, que l'on compare; le *verbe*, qui exprime qu'ils se conviennent.

1º DU SUJET.

494. Le *sujet* de la proposition est ce dont on affirme qu'une chose lui convient.

Ainsi quand je dis : *Dieu est bon*, j'affirme de Dieu qu'une chose lui convient, c'est d'être bon*.

495. Le sujet de la proposition est toujours le même que celui du verbe. C'est donc un nom, comme dans *Dieu est bon*; ou un pronom, comme dans *je suis heureux*; ou un infinitif tenant la place d'un nom, comme dans *mentir est honteux*.

2º DE L'ATTRIBUT.

496. L'*attribut* est ce que l'on affirme convenir au sujet.

Ainsi, quand je dis : *Dieu est bon*, ce que j'affirme de Dieu, c'est qu'il est *bon*; c'est la qualité que je reconnais en lui : *bon* est l'attribut*.

497. L'attribut exprime une qualité du sujet. C'est donc ou un adjectif, comme dans *Dieu est bon*; ou un participe, comme dans *Dieu est adoré*; ou un nom tenant la place d'un adjectif, comme dans *je suis homme*.

3º DU VERBE.

498. Le *verbe* est le terme qui marque la convenance entre le sujet et l'attribut.

Ainsi quand je dis : *Dieu est bon*, c'est le mot *est* qui marque la convenance entre les mots *Dieu* et *bon*.

499. A la rigueur, il n'y a qu'un seul verbe, qui est le verbe *être*, à quelque mode, ou à quelque temps, ou sous quelque forme qu'il se montre, comme dans *je suis heureux, nous serons heureux, soyez heureux*.

---

* On peut dire aussi plus simplement : Le *sujet* de la proposition est ce dont on affirme quelque chose.

** On peut dire aussi plus simplement : L'*attribut* est ce que l'on affirme du sujet.

Cependant on distingue en analyse logique deux sortes de verbes, le verbe *substantif* et le verbe *attributif*.

500. Le *verbe substantif* n'est autre chose que le verbe proprement dit, ou le verbe *être*.

501. Le *verbe attributif* est celui qui contient en soi le verbe substantif et l'attribut.

Ainsi quand je dis : *Je languis*, c'est comme si je disais : *Je suis languissant*.

Quand je dis : *Le travail fortifie*, c'est comme si je disais : *Le travail est fortifiant*.

502. L'attribut contenu dans le verbe attributif est toujours le participe présent de ce verbe, comme *languissant, fortifiant*.

503. Tous les verbes, excepté le verbe substantif, sont attributifs.

504. Le verbe *être* lui-même est attributif quand il signifie *exister* ou *appartenir*.

Ainsi, *Dieu est* signifie *Dieu existe* ou *Dieu est existant*. *Ce livre est à Pierre*, signifie *ce livre appartient à Pierre* ou *est appartenant à Pierre*.

505. Dans le verbe attributif, c'est l'attribut qui forme le corps du mot, sa partie principale : le verbe *être*, avec ses temps et ses personnes, est renfermé dans la terminaison.

Ainsi dans *fuyez*, l'attribut est contenu dans *fuy;* la terminaison *ez* contient le verbe *être*, à la deuxième personne du pluriel de l'impératif : c'est comme si l'on disait *fuyant soyez* ou *soyez fuyant*.

506. On compte dans une phrase autant de propositions qu'il y a de verbes à un temps quelconque, même à l'infinitif ou au participe. Ainsi dans cette phrase : *Je vais jouer*, on compte deux propositions; c'est comme si l'on disait : *Je vais pour que je joue*. Ainsi, dans cette phrase : *Elle revint en pleurant*, on compte encore deux

propositions ; c'est comme si l'on disait : *Elle revint tandis qu'elle pleurait.*

Néanmoins, dans les temps composés, le participe passé joint à l'auxiliaire ne compte avec lui que pour un seul verbe. Ainsi dans ces phrases *j'ai aimé*, *je suis tombé*, *je suis aimé*, etc., on ne compte qu'un seul verbe et par conséquent une seule proposition.

De même les participes employés sans régime, en qualité d'adjectifs, comme *chéri*, *distingué*, *languissant*, etc., ne comptent point comme propositions.

DES TERMES SOUS-ENTENDUS DANS LA PROPOSITION.

507. Le sujet est ordinairement sous-entendu à l'impératif. Exemple : *Soyez heureux ;* dans cette phrase, le sujet *vous* est sous-entendu ; c'est comme si l'on disait : *Que vous soyez heureux.*

508. Le verbe aussi est quelquefois sous-entendu. Exemple : *Heureux les justes ;* dans cette phrase, le verbe *sont* est sous-entendu ; c'est comme si l'on disait : *Les justes sont heureux.*

509. Mais l'attribut ne saurait être sous-entendu, parce que c'est lui qui exprime le jugement porté sur le sujet.

TERMES ACCESSOIRES OU COMPLÉMENTS.

510. Les *termes accessoires* ou *compléments* de la proposition sont des idées secondaires qui s'ajoutent aux idées principales pour les compléter ou les modifier.

Ainsi, quand je dis : *Dieu est bon*, la proposition ne contient que les termes essentiels. Mais quand je dis : *Le Dieu tout-puissant est bon pour ses créatures*, ces mots *le, tout-puissant*, complètent l'idée que j'ai de Dieu ; ces mots *pour ses créatures* modifient l'idée que je veux donner de sa bonté : et tous ces mots sont des *compléments.*

511. Les compléments se rattachent toujours au suje

ou à l'attribut, et jamais au verbe, qui est toujours simplement le verbe *être*.

Ainsi dans cette phrase : *J'attends une lettre*, *lettre* est le complément de l'attribut *attendant*, renfermé dans le verbe *attendre;* c'est comme si l'on disait : *Je suis attendant une lettre.*

Ainsi dans cette phrase : *L'impie n'est pas heureux*, la négation *ne pas* se rattache en qualité de complément à l'attribut *heureux ;* c'est comme si l'on disait : *L'impie est non heureux* ou *l'impie est malheureux.*

512. Aux compléments se rattachent souvent d'autres compléments, qui prennent alors le nom de *compléments secondaires*.

Ainsi dans cette phrase : *Dieu récompense les justes fidèles à sa loi*, *les justes* sont le complément principal de l'attribut *récompensant*, contenu dans le verbe ; *fidèles* et *à sa loi* sont des compléments secondaires, dont le premier se rattache à *justes* et le second à *fidèles*.

513. Dans la proposition, un terme *complexe* est celui qui contient un ou plusieurs compléments.

Quand, au contraire, un terme n'est accompagné d'aucun complément, on dit qu'il est *incomplexe*, comme dans cette proposition : *Dieu est bon.*

CHAPITRE DEUXIÈME.

MANIÈRES D'UNIR LES PROPOSITIONS.

514. Souvent plusieurs propositions s'unissent ensemble pour former une phrase.

515. Les propositions sont unies *sans subordination*, c'est-à-dire sans dépendre l'une de l'autre, ou *avec subordination*, c'est-à-dire en dépendant l'une de l'autre.

Cette distinction est absolument la même que pour les verbes.

PROPOSITIONS UNIES SANS SUBORDINATION.

516. Les propositions sont unies sans subordination par un adverbe conjonctif.

Ainsi dans cette phrase : *Dieu est grand et sa miséricorde est infinie*, il y a deux propositions, toutes deux principales, car elles ne dépendent nullement l'une de l'autre, et cependant elles sont unies ensemble par l'adverbe conjonctif *et*.

517. Tantôt l'adverbe conjonctif est exprimé, tantôt il reste sous-entendu.

Il est exprimé dans les phrases suivantes : *Il l'a dit et le fera. Vous croyez cet homme, mais il vous trompe. Vous vous fâchez, donc vous avez tort.*

Il est sous-entendu dans les phrases suivantes : *Dieu parle, l'univers entend sa voix*; c'est comme s'il y avait : *Dieu parle, et l'univers entend sa voix. Vous le voulez, j'obéis*, c'est comme s'il y avait : *Vous le voulez, donc j'obéis.*

518. Deux ou plusieurs propositions non subordonnées, mais ayant un terme commun, peuvent se fondre en une seule, le terme commun servant alors à la fois pour deux ou plusieurs termes unis par un adverbe conjonctif.

Ainsi au lieu de dire : *La bienfaisance est un devoir, la bienfaisance est aussi un plaisir;* on dira : *La bienfaisance est un devoir et un plaisir.* Ici les propositions sont unies par le sujet et n'en font plus qu'une seule.

Au lieu de dire : *Le courage est nécessaire, la résignation aussi est nécessaire*, on dira : *Le courage et la résignation sont nécessaires.* Ici les propositions sont unies par l'attribut et n'en font plus qu'une seule.

519. Un terme *multiple* est celui qui en comprend plusieurs unis ensemble sans être subordonnés l'un à l'autre.

Plusieurs sujets unis par un seul attribut forment ce qu'on appelle un *sujet multiple.*

Plusieurs attributs unis par un seul sujet forment ce qu'on appelle un *attribut multiple*.

Quand il n'y a qu'un sujet ou qu'un attribut, on dit qu'il est *simple*.

520. Les propositions unies ainsi par un terme commun n'en forment qu'une quand elles n'ont ensemble qu'un seul verbe.

Mais si elles conservent chacune leur verbe, elles restent distinctes quoique unies; et ce n'est plus alors une seule proposition, mais un assemblage de propositions qu'on appelle *proposition multiple*. Exemple : *La poésie orne, élève, embellit, agrandit toutes choses*. Cette phrase renferme quatre propositions, comme s'il y avait : *La poésie orne toutes choses, elle élève toutes choses*, etc.

PROPOSITIONS UNIES AVEC SUBORDINATION.

521. Les propositions sont unies avec subordination, quand elles dépendent l'une de l'autre.

Il y a alors une *proposition principale* et une ou plusieurs *propositions secondaires*, qui lui sont subordonnées.

Mais souvent une proposition secondaire peut dépendre d'une autre proposition secondaire, comme un complément d'un autre complément, et alors l'une des deux propositions devient principale par rapport à l'autre.

522. La proposition secondaire ou subordonnée se rattache à la proposition principale comme complément du sujet ou de l'attribut, et cela se fait de cinq manières, qui sont les mêmes que pour la subordination des verbes, savoir :

1° Par un participe. Exemple : *L'homme rassuré par sa conscience est exempt de crainte*. Dans cette phrase, la proposition *rassuré par sa conscience* se rattache au sujet; c'est comme s'il y avait : *L'homme qui est rassuré par sa conscience*.

2° Par un infinitif. Exemple : *L'intérêt détourne*

l'homme de faire le bien. Dans cette phrase la proposition *faire le bien* se rattache à l'attribut *détournant*, contenu dans le verbe principal; c'est comme s'il y avait : *L'intérêt est détournant l'homme de ce qu'il fasse le bien.*

3° Par une conjonction. Exemple : *Je crois que Dieu est juste*. Dans cette phrase, la proposition *Dieu est juste* se rattache à l'attribut *croyant*, contenu dans le verbe principal; c'est comme s'il y avait : *Je suis croyant la justice de Dieu.*

4° Par un relatif. Exemple : *Craignez Dieu qui voit tout*. Dans cette phrase, la proposition *qui voit tout* se rattache au complément de l'attribut, *Dieu*, comme ferait un adjectif ou un participe; c'est comme s'il y avait : *Craignez Dieu voyant tout.*

5° Par un interrogatif. Exemple : *Je ne sais qui vous êtes*. Dans cette phrase, la proposition *qui vous êtes*, signifiant *qui êtes-vous ?* se rattache à l'attribut *sachant* contenu dans le verbe; c'est comme s'il y avait : *Je ne sais pas ceci : qui êtes-vous ?*

523. On appelle *proposition participe* toute proposition dont le verbe est un participe.

En analyse logique, toute proposition participe est l'équivalent d'une proposition à l'indicatif ou au subjonctif, précédée d'un relatif ou d'une conjonction. Exemples :

L'homme craignant Dieu, tournez *l'homme qui craint Dieu.*

L'enfant chéri de ses maîtres, tournez *l'enfant qui est chéri de ses maîtres.*

524. Quand le sujet de la proposition participe ne se rattache pas grammaticalement à la proposition principale, c'est-à-dire quand le participe est employé d'une manière absolue, on peut toujours tourner la proposition participe par *quand* ou par *comme*. Exemples : *Les parts étant faites*, tournez *quand les parts furent faites. Cela dit*, tournez *quand cela fut dit. Rien ne m'arrêtant plus*, tournez

comme rien ne m'arrête plus. La passion étant aveugle,
tournez *comme la passion est aveugle.*

525. Le participe précédé de la préposition *en*, tenant
la place d'un infinitif, peut donc toujours se tourner par
une conjonction. Exemple : *En lisant,* tournez *pendant
qu'il lisait* ou *pendant qu'on lit.*

526. On appelle *proposition infinitive* toute proposition
dont le verbe est à l'infinitif.

En analyse logique, toute proposition infinitive est
l'équivalent d'une proposition à l'indicatif ou au subjonctif, précédée d'une conjonction simple ou composée.
Exemples :

Proposition infinitive servant de sujet : *Mentir est honteux;* tournez : *Que l'on mente est chose honteuse.*

Proposition infinitive servant d'attribut : *Le mal est de
mentir;* tournez : *Le mal est que l'on mente.*

Proposition infinitive servant de complément direct :
Je ne veux pas mentir; tournez : *Je ne veux pas que je
mente.*

Proposition infinitive servant de complément indirect :
Je rougirais de mentir; tournez : *Je rougirais de ce que je
mentirais.*

527. Le sujet de la proposition infinitive est rarement
exprimé, parce qu'il est ordinairement le même que celui
de la proposition principale. Exemple : *Je veux aller;
j'espère réussir; il aspire à régner.*

Cependant comme cette règle a des exceptions, on dé-
termine le sujet de la proposition infinitive par la règle
générale en demandant *qui est-ce qui? qu'est-ce qui?*
Exemples : *Je veux aller.* Demande : *Qui est-ce qui ira?*
Réponse : *Moi.* Le mot *moi* est donc le sujet du verbe
aller. Je lui ordonne de venir. Demande : *Qui est-ce qui
viendra?* Réponse : *Lui.* Le mot *lui* est donc le sujet du
verbe *venir. Il est honteux de mentir.* Demande : *Qui
est-ce qui ment?* Réponse : *Quelqu'un.* Le sujet est donc

quelqu'un sous-entendu, et si l'on tourne par *que l'on mente*, le sujet sera *on.*

528. On appelle *proposition conjonctive* toute proposition unie à une autre par une conjonction.

Quand la proposition secondaire est unie à la proposition principale par la conjonction *que*, elle équivaut tout entière à un seul nom, comme dans cette proposition : *Je crois que Dieu est juste*, ces mots, *que Dieu est juste*, équivalent à *la justice de Dieu.* Elle peut donc, comme un nom, se rattacher à la proposition principale en qualité de sujet, d'attribut ou de complément. Exemples :

Proposition secondaire servant de sujet : *Qu'un savant se trompe est chose fort étrange*, comme s'il y avait : *L'erreur d'un savant est chose fort étrange.*

Proposition secondaire servant d'attribut : *Le plus étrange est qu'un savant se trompe*, comme s'il y avait : *La chose la plus étrange est l'erreur d'un savant.*

Proposition secondaire servant de complément direct : *Je comprends qu'un savant se trompe*, comme s'il y avait : *Je comprends l'erreur d'un savant.*

Proposition secondaire servant de complément indirect : *Je ne suis pas étonné qu'un savant se trompe*, comme s'il y avait : *Je ne suis pas étonné de l'erreur d'un savant.*

529. Toutes les conjonctions composées renfermant la conjonction *que*, et même les trois conjonctions simples *quand, comme, si*, pouvant se tourner par *alors que, ainsi que, en cas que*, la proposition qui les suit se rattache à la proposition principale comme un nom qui serait régi par une préposition simple ou composée.

530. On appelle *proposition relative* toute proposition unie à une autre par un relatif.

Les relatifs placés devant une proposition la rattachent tout entière à un mot de la proposition précédente, pour le qualifier ou le mieux déterminer, à peu près comme un adjectif. Exemples : *Dieu qui est bon.* Ces mots *qui est bon* renferment la proposition *il est bon* et la rattachent au mot *Dieu*, comme si l'on disait *Dieu étant bon*, ou simplement *Dieu bon*.

Vous qui m'écoutez. Ces mots *qui m'écoutez* renferment la proposition *vous m'écoutez* et la rattachent au mot *vous* qui précède et qui appartient à une autre proposition.

L'auteur dont j'ai lu les ouvrages. Ces mots *dont j'ai lu les ouvrages* renferment la proposition *j'ai lu ses ouvrages*, et la rattachent au mot *auteur* qui précède.

531. Ainsi quand la proposition secondaire est unie à la proposition principale par un relatif, c'est toujours en qualité de complément. Dans cette phrase : *Je pardonne à l'homme qui m'a trahi*, ces mots *qui m'a trahi*, contenant la proposition secondaire *il m'a trahi*, servent de complément au mot *l'homme*.

Il en est de même des adverbes relatifs. Ainsi dans cette phrase : *Je me plais aux lieux où vous êtes*, ces mots *où vous êtes*, contenant la proposition secondaire *vous êtes dans ces lieux*, servent de complément au mot *lieux*.

532. Quand les mots *qui* et *quiconque* sont employés pour *celui qui*, la proposition secondaire se rattache comme complément au pronom sous-entendu *celui*. Exemples : *Pardonnez à qui vous a offensé*, c'est-à-dire *à celui qui vous a offensé*. *Quiconque a dit cela, s'est trompé*, c'est-à-dire *celui qui a dit cela s'est trompé*.

533. On appelle *proposition interrogative* toute proposition unie à une autre par un interrogatif.

Quand la proposition secondaire est unie à la proposition principale par un interrogatif, cet interrogatif remplace toujours un relatif dont l'antécédent serait sous-entendu. Exemples : *J'ignore qui a dit cela*, c'est-à-dire *j'ignore celui qui a dit cela. Dites-moi qui vous êtes*, c'est-à-dire *dites-moi celui que vous êtes. Je cherche où il est*, c'est-à-dire *je cherche le lieu où il est*.

EMPLOI DES MODES DANS LES PROPOSITIONS.

534. Le verbe de la proposition principale est toujours à un temps de l'indicatif, parce que toute proposition principale a pour but d'affirmer quelque chose; or, l'indicatif est le mode qui affirme.

535. Tout verbe à un autre mode que l'indicatif appartient à une proposition secondaire.

Mais cela ne veut pas dire qu'un verbe à l'indicatif ne puisse pas appartenir à une proposition secondaire, ce qui, au contraire, arrive fréquemment après les conjonctions, après les relatifs et après les interrogatifs.

536. Quand il n'y a qu'un verbe au subjonctif, il dépend d'un indicatif sous-entendu, et il renferme par conséquent deux propositions. Exemples : *Qu'il aille*, c'est-à-dire *je veux qu'il aille*. *Que Dieu vous entende*, c'est-à-dire *je désire que Dieu vous entende*.

537. Quand le verbe est à l'impératif, il dépend aussi d'un indicatif sous-entendu, et il renferme par conséquent deux propositions. Exemple : *Allez*, c'est-à-dire *je veux que vous alliez*.

538. Les interrogatifs non précédés d'un verbe supposent toujours une proposition principale sous-entendue. Exemple : *Qui a dit cela?* comme si l'on disait : *Je demande qui a dit cela. Où êtes-vous?* comme si l'on disait : *Je demande où vous êtes.*

539. Dans certaines phrases, pour exprimer plus vite sa pensée, on sous-entend les verbes, et alors il faut les suppléer par le sens si l'on veut compter rigoureusement les propositions. Exemples : *Je l'aime comme mon fils*, tournez : *Je l'aime comme j'aime mon fils* : deux propositions. *Tant mieux*, tournez : *Cela est d'autant mieux* : une seule proposition. *Au feu!* tournez : *Accourez au feu*, c'est-à-dire *je désire que vous accouriez au feu* : deux propositions.

MODÈLES D'ANALYSE LOGIQUE.

PREMIER MODÈLE.

La terre est ronde.

Cette phrase ne comprend qu'une proposition, puisqu'il n'y a qu'un verbe (506), et cette proposition est principale, puisqu'elle ne dépend d'aucune autre (521).

La proposition a pour sujet *la terre*, sujet simple (519) et incomplexe (513);

Pour attribut *ronde*, attribut simple (519) et incomplexe (513);

Pour verbe, *est*.

DEUXIÈME MODÈLE.

L'immensité des cieux raconte la gloire du Créateur.

Cette phrase ne comprend qu'une proposition, puisqu'il n'y a qu'un verbe (506), et cette proposition est principale, puisqu'elle ne dépend d'aucune autre (521).

La proposition a pour sujet *l'immensité des cieux*, sujet simple (519), et complexe, parce qu'il a les mots *des cieux* pour complément (513);

Pour attribut, *racontant la gloire du Créateur*, attribut simple (519), et complexe, parce qu'il a les mots *la gloire du Créateur* pour complément (513);

Pour verbe, *est*, compris dans le verbe attributif (501).

TROISIÈME MODÈLE.

La patience et la résignation sont des vertus chrétiennes.

Cette phrase ne comprend qu'une proposition, puisqu'il n'y a qu'un verbe (506). Cependant elle est originairement formée de deux propositions, savoir : *La patience est une vertu chrétienne* et *la résignation est une vertu chrétienne*, toutes deux principales et non subordonnées (516); mais unies ensemble par l'attribut commun, elles n'en forment plus qu'une seule (518).

Cette proposition a pour sujet *la patience et la résignation*, sujet multiple (519) ;

Pour attribut, *des vertus chrétiennes*, attribut simple (519), et complexe, parce qu'il a le mot *chrétiennes* pour complément (513) ;

Pour verbe, *sont*.

QUATRIÈME MODÈLE.

L'adversité est l'épreuve de la vertu ; le spectacle le plus agréable à Dieu est celui du juste luttant courageusement contre la fortune.

Cette phrase comprend trois propositions, puisqu'il y a trois verbes (506).

La première consiste dans les mots suivants : *L'adversité est l'épreuve de la vertu.*

La deuxième dans ceux-ci : *Le spectacle le plus agréable à Dieu est celui du juste.*

La troisième est : *Luttant courageusement contre la fortune;* elle équivaut à *qui lutte courageusement contre la fortune.*

La première proposition est une proposition principale, puisqu'elle ne dépend d'aucune autre (521). Elle a pour sujet *l'adversité*, sujet simple (519) et incomplexe (513) ;

Pour attribut, *l'épreuve de la vertu*, attribut simple (519) et complexe (513) ;

Pour verbe, *est*.

La deuxième proposition est aussi une proposition principale, puisqu'elle ne dépend d'aucune autre (521). Elle a pour sujet *le spectacle le plus agréable à Dieu*, sujet simple (519) et complexe (513) ;

Pour attribut, *celui* (c'est-à-dire *le spectacle*) *du juste*, attribut simple (519) et complexe (513) ;

Pour verbe, *est*.

La troisième proposition est une proposition subordonnée sous forme de participe (522, 1°). Elle a pour sujet *qui*, c'est-à-dire *le juste*, complément de la proposition principale, sujet simple (519) et incomplexe (513 ;

Pour attribut, *luttant courageusement contre la fortune*, attribut simple (519) et complexe (513);

Pour verbe, *est*, compris dans le verbe attributif (501).

CINQUIÈME MODÈLE.

Un enfant vertueux s'applique à faire son devoir.

Cette phrase comprend deux propositions, puisqu'il y a deux verbes (506).

La première consiste dans les mots suivants : *Un enfant vertueux s'applique.*

La deuxième dans ceux-ci : *A faire son devoir;* elle équivaut à celle-ci : *à ce qu'il fasse son devoir.*

La première proposition est une proposition principale, puisqu'elle ne dépend d'aucune autre (521). Elle a pour sujet *un enfant vertueux*, sujet simple (519) et complexe (513);

Pour attribut, *s'appliquant*, attribut simple (519) et incomplexe (513);

Pour verbe, *est*, compris dans le verbe attributif (501).

La deuxième proposition est une proposition subordonnée sous forme d'infinitif (522, 2°). Elle a pour sujet *il*, sujet simple (519), et incomplexe (513);

Pour attribut *faisant son devoir*, attribut simple (519) et complexe (513);

Pour verbe, *soit*, compris dans le verbe attributif (501).

SIXIÈME MODÈLE.

On ne doute pas que l'âme ne soit immortelle.

· Cette phrase comprend deux propositions puisqu'il y a deux verbes (506).

La première consiste dans les mots suivants : *On ne doute pas.*

La deuxième dans ceux-ci : *Que l'âme ne soit immortelle.*

La première proposition est une proposition principale,

puisqu'elle ne dépend d'aucune autre (521). Elle a pour sujet *on*, sujet simple (519) et incomplexe (513);

Pour attribut, *ne doutant pas*, attribut simple (519) et complexe (513);

Pour verbe, *est*, compris dans le verbe attributif (501).

La deuxième proposition est une proposition subordonnée par la conjonction *que* (522, 3°). Elle a pour sujet *l'âme*, sujet simple (519) et incomplexe (513);

Pour attribut, *immortelle*, attribut simple (519) et incomplexe (513);

Pour verbe, *soit*.

SEPTIÈME MODÈLE.

La persévérance est nécessaire à l'homme qui se propose un but difficile.

Cette phrase renferme deux propositions, puisqu'il y a deux verbes (506).

La première consiste dans les mots suivants : *La persévérance est nécessaire à l'homme.*

La deuxième dans ceux-ci : *Qui se propose un but difficile.*

La première proposition est une proposition principale, puisqu'elle ne dépend d'aucune autre (521). Elle a pour sujet *la persévérance*, sujet simple (519) et incomplexe (513);

Pour attribut, *nécessaire à l'homme*, attribut simple (519) et complexe (513);

Pour verbe, *est*.

La deuxième proposition est une proposition subordonnée par le relatif *qui* (522, 4°). Elle a pour sujet, *qui*, c'est-à-dire *l'homme*, complément de la proposition principale, sujet simple (519) et incomplexe (513);

Pour attribut, *se proposant un but difficile*, attribut simple (519) et complexe (513);

Pour verbe, *est*, compris dans le verbe attributif.

HUITIÈME MODÈLE.

Qui se croit à l'abri de tout reproche?

Cette phrase renferme deux propositions, bien qu'il n'y ait qu'un verbe, parce que la proposition principale, *je demande*, est sous-entendue (538).

La première proposition, sous-entendue, consiste dans les mots suivants : *Je demande.*

La deuxième dans ceux-ci : *Qui se croit à l'abri de tout reproche.*

Cette dernière proposition est une proposition subordonnée par l'interrogatif *qui* (522, 5°). Elle a pour sujet *qui*, c'est-à-dire *celui* ou *l'homme*, complétement sous-entendu de la proposition principale, sujet simple (519) et incomplexe (513) ;

Pour attribut, *se croyant à l'abri de tout reproche*, attribut simple (519) et complexe (513) ;

Pour verbe, *est*, compris dans le verbe attributif (501).

QUATRIÈME PARTIE.

IDIOTISMES.

540. Les *idiotismes* sont les tournures propres à une langue.

Les idiotismes français s'appellent *gallicismes*.

541. Les principaux gallicismes se rapportent aux espèces de mots suivantes :

1° Pronoms et adjectifs pronominaux;

2° Adverbes, prépositions et conjonctions;

3° Verbes.

CHAPITRE PREMIER.

PRONOMS ET ADJECTIFS PRONOMINAUX.

I. — PRONOMS PERSONNELS.

542. L'emploi du pronom personnel comme second sujet dans les phrases interrogatives (§ 366) est un des gallicismes les plus fréquents. Exemples : *Votre père vous a-t-il écrit ? Comment cette nouvelle vous est-elle parvenue ?*

543. Cet emploi explétif du pronom personnel n'a pas lieu seulement dans les interrogations, mais dans certaines phrases qui commencent par *aussi*, signifiant *c'est pourquoi;* par *peut-être;* et par *encore*, signifiant *et pourtant*, ou bien *remarquez, remarquons.* Exemples : *Il avait plu pendant plusieurs jours, aussi les rivières étaient-elles fort grossies* (au lieu de, c'est pourquoi les rivières étaient fort grossies); *peut-être ce danger se dissipera-t-il* (au lieu de, ce danger se dissipera peut-être); *encore cet enfant est-il* *plus raisonnable que je ne pensais* (au lieu de, et pourtant cet enfant est plus raisonnable que je ne pensais); *le succès fut rapide, et encore nos soldats n'avaient-ils pas déployé toutes leurs forces* (au lieu de, et pourtant nos soldats, et remarquez que nos soldats n'avaient pas déployé toutes leurs forces).

544. L'emploi du pronom *il* devant des verbes qui, ayant d'ailleurs tous leurs temps et toutes leurs personnes, sont traités comme verbes unipersonnels, est encore un gallicisme très-fréquent (§ 245).

Ce n'est pas alors avec le sujet véritable que le verbe s'accorde, mais avec le pronom *il* (§ 385). Ainsi l'on dit : *Il est arrivé des choses surprenantes* (au lieu de, des choses surprenantes sont arrivées); *il est mort plusieurs blessés cette nuit* (au lieu de, plusieurs blessés sont morts cette nuit); *il survient des difficultés* (au lieu de, des difficultés surviennent).

545. Le pronom *le* est explétif avec les trois verbes *céder, disputer, emporter.* Exemples : *Il ne le cède pas à son frère en application; Paris le dispute aux plus belles villes; la force l'a emporté sur le droit.*

546. L'un des gallicismes les plus remarquables et les plus usités consiste dans l'emploi d'adverbes de lieu relatifs tenant la place d'un pronom personnel précédé d'une préposition (§ 75 et 76). *En* signifie proprement *de là, de ce lieu-là; y* signifie *là, à ce lieu* ou *dans ce lieu-là.*

Il en est de même de l'emploi de l'adverbe de lieu relatif *où* tenant la place d'un pronom relatif précédé d'une préposition (§ 114). *Où* signifie *auquel lieu* ou *dans lequel lieu.*

547. Le mot relatif *en*, signifiant *de lui, d'elle, d'eux, d'elles*, est fréquemment employé au lieu d'un adjectif possessif (§ 349), quand il s'agit de choses. Exemples : *J'aime cette rivière, les eaux en sont limpides* (au lieu de, les eaux d'elle ou ses eaux sont limpides).

548. Le mot relatif *en* est employé d'une manière tout à fait explétive, dans un grand nombre de locutions qui forment autant de gallicismes. En voici quelques-unes :

C'en est assez, c'en est trop, au lieu de, c'est assez, c'est trop.

C'en est fait, c'est-à-dire la chose est terminée, ou il n'y a plus de ressource, plus de remède (voy. § 596).

N'en pas devoir à quelqu'un, c'est-à-dire avoir autant que lui de ce dont il s'agit : *Il ne vous en doit pas en perfidie,* c'est-à-dire il est aussi perfide que vous.

En croire quelqu'un, c'est-à-dire simplement croire quelqu'un, ajouter foi à ce qu'il dit.

En venir aux coups, c'est-à-dire simplement venir aux coups.

En agir mal avec ses parents, c'est-à-dire simplement agir mal avec ses parents.

Restons-en là, demeurons-en là, tenons-nous-en là, c'est-à-dire ne continuons pas, plus d'explications, qu'il n'en soit plus question.

Il en tient, c'est-à-dire il est trompé.

Il s'en tient aux paroles, c'est-à-dire il ne va pas plus loin que les paroles.

Je m'en dis plus que vous ne m'en direz, c'est-à-dire je me fais plus de reproches que vous ne m'en ferez.

Il a voulu m'en donner d'une, c'est-à-dire il a voulu me jouer, me duper.

Cela n'a pas réussi, je n'en peux mais, c'est-à-dire je n'en suis pas la cause*.

549. Le mot relatif *en* figure encore dans un certain nombre de gallicismes où sa présence n'est pas tout à fait explétive. Voici quelques exemples :

J'ai fini ce livre, prêtez-m'en un autre, c'est-à-dire un

---

* Ou en tenant un compte plus exact du sens primitif de *mais* : je ne peux pas davantage.

autre livre, ou, si l'on veut tenir compte de *en*, un autre
de ces livres, de vos livres.

Vous avez tant de fleurs, donnez-m'en quelques-unes,
c'est-à-dire quelques-unes de ces fleurs.

Sur deux mille soldats, il y en eut cent de blessés, c'est-
à-dire il y eut cent de ces soldats; mais on pourrait dire
tout aussi bien : *il y eut cent blessés*.

II. — PRONOMS INDÉFINIS.

550. L'emploi du nom féminin *personne* comme pronom
masculin indéfini (§ 97), et l'application du genre masculin au nom *chose* dans la locution *quelque chose* (§ 100),
forment deux gallicismes d'un usage continuel.

L'emploi du pronom indéfini masculin singulier *on* avec
des féminins ou des pluriels (§ 96) est encore un gallicisme *.

III. — ADJECTIFS PRONOMINAUX.

551. L'emploi des adjectifs possessifs masculins *mon*,
ton, *son*, devant les noms féminins commençant par une
voyelle ou par un *h* non aspirée (§ 104), est un gallicisme
qui s'est introduit pour la satisfaction de l'oreille.

552. L'emploi d'un pronom personnel régime indirect
et de l'article défini au lieu d'un adjectif possessif
(§ 344) est encore un gallicisme. Exemple : *Je me suis
foulé le poignet*, c'est-à-dire j'ai foulé mon poignet;
elle s'arrache les cheveux, c'est-à-dire elle arrache ses
cheveux.

Il en est de même lorsque l'article défini remplace
l'adjectif possessif, même sans qu'il y ait lieu d'employer un pronom personnel régime indirect (§ 344).
Exemples : *J'ai mal à la tête*, c'est-à-dire j'ai mal à ma
tête; *elle a une enflure aux yeux*, c'est-à-dire à ses yeux.

---

* Mais voyez aux *Figures de construction*, § 635.

CHAPITRE DEUXIÈME.

ADVERBES, PRÉPOSITIONS ET CONJONCTIONS.

I. — ADVERBES.

553. L'emploi d'un double adverbe négatif, *ne.... pas*, *ne... point*, est tout à fait particulier à la langue française.

554. L'adverbe négatif *ne*, employé dans une foule de locutions où la négation ne semble pas indispensable (§ 271 et suiv.), donne lieu à autant de gallicismes.

555. L'emploi constant d'adverbes de quantité suivis de la préposition *de* et d'un nom régime, dans des cas où les autres langues font généralement usage d'adjectifs, forme encore un gallicisme. Exemples :

J'ai beaucoup d'amis, c'est-à-dire j'ai des amis nombreux.

Il n'a pas assez de ressources, c'est-à-dire il n'a pas de ressources suffisantes.

Vous vous exposez à trop de fatigues, c'est-à-dire à des fatigues excessives.

Il a tant de richesses, c'est-à-dire il a des richesses si grandes.

Elle a plus de qualités que sa sœur, c'est-à-dire des qualités plus nombreuses que sa sœur.

Ayez plus de patience, c'est-à-dire ayez une patience plus grande*.

---

* L'emploi d'adverbes de lieu relatifs tenant la place de pronoms personnels ou d'adjectifs possessifs est un gallicisme déjà signalé (§§ 546, 547).

II. — PRÉPOSITIONS.

1° PRÉPOSITION *DE*.

556. L'emploi de la préposition *de* comme article indéfini devant un nom précédé d'un adjectif (§ 324) est
un gallicisme. Exemples : *Il fréquente de grands personnages* (au lieu de, des grands personnages); *ils n'ont
fait que de sottes réponses* (au lieu de, que des sottes réponses).

Il en est de même après une négation, la préposition *de* étant prise alors dans un sens partitif (§ 323).
Exemples : *Je n'ai pas d'argent; il n'a pas eu de conten-
tement; je n'ai jamais vu de ville plus jolie* *.

557. La préposition *de* s'emploie d'une manière explétive, devant un adjectif, après *personne, rien, quelqu'un,
quelque chose* (§ 100). Exemples : *Personne de discret;
rien de grand; quelqu'un d'instruit; quelque chose de
beau.*

Il en est de même après le pronom interrogatif *quoi*.
Exemples : *Quoi de nouveau* (c'est-à-dire, quelle chose
nouvelle y a-t-il)? *quoi de meilleur qu'une bonne conscience* (c'est-à-dire, quelle chose meilleure y a-t-il)?

Il en est de même encore après le verbe unipersonnel
il y a, précédé de *ce que*. Exemples : *Voilà ce qu'il y a de
vrai* (c'est-à-dire, ce qui est vrai **) ; *je vous écrirai tout ce
qu'il y aura de nouveau.*

558. La préposition *de* s'emploie explétivement entre
deux noms qui désignent le même objet. Exemples : *La
ville de Paris* (c'est-à-dire, la ville qui est Paris); *le fleuve
du Rhin* (c'est-à-dire, le fleuve qui est le Rhin); *les mon-*

---

* On peut considérer encore comme un gallicisme se rapportant à la préposition *de* l'emploi de l'article indéfini *des*, qui la contient, devant un adjectif
numéral. Exemple: *Il passe des six mois* (c'est à-dire jusqu'à six mois) *sans
m'écrire.*

** On pouvait même dire autrefois : *Voilà ce qui est de vrai.*

tagnes des Pyrénées (c'est-à-dire, les montagnes qui sont les Pyrénées).

559. Elle s'emploie encore d'une manière explétive entre deux noms dont le premier qualifie le second. Exemples : *Le fripon d'aubergiste ; ce bourreau de bavard ; un saint homme de chat ; quel diable de vacarme !*

Il en est de même entre un petit nombre d'adjectifs et les noms auxquels ils se rapportent. Exemples : *J'ai une drôle d'idée ; votre imbécile de valet ; sa bavarde de cousine.*

560. La préposition *de* s'emploie d'une manière explétive devant un adjectif ou un participe qui se rapporte à un nom précédemment exprimé ; cela a lieu surtout après le verbe unipersonnel *il y a.* Exemples : *Les caractères sont bien divers, il y en a de tristes, il y en a de gais, il y en a de nobles, il y en a de vils ; il y en eut cinq cents de tués et mille de blessés ; vous m'offrez un autre livre, mais je n'en veux pas d'autre.*

561. L'emploi de la préposition *de* devant *certain* est tout à fait explétif. Exemple : *S'il fallait en croire de certaines gens*.*

562. La préposition *de* s'emploie devant un infinitif pour remplacer *de ce que, parce que,* ou simplement *que,* avec un mode personnel. Exemples : *Il a bien fait de partir* (c'est-à-dire, il a bien fait de ce qu'il est parti ou en ce qu'il est parti) ; *je vous remercie d'être venu* (c'est-à-dire, je vous remercie parce que ou de ce que vous êtes venu).

563. La préposition *de,* après un verbe au futur ou au conditionnel, s'emploie devant un infinitif pour remplacer la conjonction *si* avec un mode personnel. Exemples : *Vous ferez bien de lui répondre* (c'est-à-dire, si vous lui

---

* Cet emploi de *certains* avec la préposition *de,* et de *d'aucuns* (§ 125), est très-rare aujourd'hui.

répondez); *il vous saurait gré de venir* (c'est-à-dire, si vous veniez).

564. La préposition *de* est explétive, devant un infinitif, après les verbes unipersonnels et les locutions qui en tiennent lieu, ainsi qu'après les verbes qui expriment un choix, une préférence. Exemples : *Il convient d'étudier* (c'est-à-dire, étudier convient) ; *il est beau de défendre son pays* (c'est-à-dire, défendre son pays est beau) ; *il choisit de partir ; il aime mieux mourir que d'être esclave.*

Il en est de même après le pronom interrogatif *quoi* suivi d'un comparatif. Exemple : *Quoi de plus vil que de mentir* (c'est-à-dire, quoi est plus vil que mentir) ?

565. La préposition *de* est explétive devant un infinitif, lorsque cet infinitif est régime direct d'un verbe actif (§ 463). Exemple : *Je cesse de lire* (c'est-à-dire, je cesse la lecture).

566. La préposition *de* s'emploie explétivement devant un infinitif qui sert de sujet au verbe de la phrase, ou qui annonce ce qui va suivre. Exemples : *De vouloir toujours blâmer, ce serait se rendre odieux* (c'est-à-dire, vouloir toujours blâmer serait se rendre odieux) ; *de parler beaucoup n'est pas une marque d'esprit ; de savoir les causes des phénomènes célestes, c'est une recherche digne de l'homme*[*].

567. La préposition *de* s'emploie d'une manière explétive devant l'infinitif, dans certaines phrases où un verbe principal semble rester sous-entendu. Exemples : *On les appela, eux de courir* (c'est-à-dire, ils se hâtèrent de courir) ; *il fait une culbute, et les autres de rire* (c'est-à-dire, et les autres commencent de rire ou à rire).

---

[*] Voyez le verbe *c'est* (§ 586).

2° PRÉPOSITION *A*.

568. La préposition *à* marque souvent la destination, l'usage d'un objet. Exemples : *Terre à potier* (c'est-à-dire, terre destinée au potier); *pot à eau* (c'est-à-dire, pot servant pour mettre de l'eau).

Elle marque aussi l'addition, le mélange. Exemples : *Café au lait* (c'est-à-dire, café mélangé avec du lait).

Enfin, elle marque un signe distinctif. Exemples : *Gilet à manches; habit à revers.*

569. Entre le verbe *être* et un infinitif, la préposition *à* marque souvent l'occupation. Exemples : *J'étais à écrire* (c'est-à-dire, j'étais écrivant); *il est à travailler* (c'est-à-dire, il est travaillant).

Elle marque aussi l'obligation. Exemples : *Tout est à faire* (c'est-à-dire, tout doit être fait, rien n'est fait encore); *c'est une chose à remarquer* (c'est-à-dire, c'est une chose qui doit être remarquée, qu'il faut remarquer); *cela serait à désirer* (c'est-à-dire, cela devrait ou doit être désiré).

570. La préposition *à*, devant un infinitif, marque souvent la disposition, la capacité. Exemples : *Je le croyais homme à résister* (c'est-à-dire, disposé à résister); *elle est femme à vous répondre* (c'est-à-dire, capable de vous répondre).

571. La préposition *à*, employée absolument devant un infinitif, remplace souvent la conjonction *si* suivie d'un mode personnel. Exemples : *A l'en croire* (c'est-à-dire, si on l'en croit); *à parler franchement* (c'est-à-dire, si l'on parle franchement).

572. La préposition *à*, entre deux verbes, lorsqu'elle ne marque pas un régime indirect, est tout à fait explétive (§ 463). Exemple : *Aimer à lire* (c'est-à-dire, aimer la lecture).

3° PRÉPOSITION *EN*.

573. La préposition *en*, placée devant le participe présent pour marquer la manière ou l'époque, forme un véritable gallicisme. Exemples : *On s'instruit en lisant* (c'est-à-dire, on s'instruit pendant qu'on lit, *ou* par la lecture); *l'appétit vient en mangeant* (c'est-à-dire, l'appétit vient tandis qu'on mange*).

574. La préposition *en* est souvent employée au lieu de la conjonction *comme*. Exemples : *Il vit en poëte* (c'est-à-dire, il vit comme un poëte vit); *elle était vêtue en duchesse* (c'est-à-dire, comme une duchesse est vêtue).

REMARQUE. Dans ce cas, le nom qui suit la préposition *en* ne prend jamais l'article.

III. — CONJONCTIONS.

CONJONCTION *QUE*.

575. La conjonction *que* s'emploie souvent pour éviter la répétition des conjonctions *comme*, *quand*, *si*, etc. Exemples : *Comme le ciel se couvrait, et que l'on craignait un orage* (c'est-à-dire, et comme l'on craignait un orage); *quand on est jeune et qu'on se porte bien* (c'est-à-dire, et quand on se porte bien); *si vous le voyez et qu'il vous parle de moi* (c'est-à-dire, et s'il vous parle de moi).

576. Après les locutions qui servent à marquer un moment, une époque, la conjonction *que* s'emploie au lieu de *quand* ou *lorsque*. Exemple : *Du temps que les bêtes parlaient.*

La conjonction *que* s'emploie surtout ainsi après *à peine*. Exemple : *A peine étais-je entré qu'il se retira* (c'est-à-dire, lorsqu'il se retira).

577. La conjonction *que*, précédée de l'adverbe négatif

---

* Cette seconde phrase est du petit nombre de celles que l'usage autorise, contrairement à la règle du § 469.

ne, tient la place de *sinon* ou *si ce n'est*. Exemples : *Je ne parle qu'à lui* (c'est-à-dire, je ne parle pas sinon à lui); *on n'entend que cela* (c'est-à-dire, on n'entend rien, sinon cela); *il ne sait que gémir* (c'est-à-dire, il ne sait rien, si ce n'est gémir).

578. La conjonction *que*, suivie de l'adverbe négatif *ne*, remplace souvent *pourquoi*, suivi de *ne pas*. Exemples : *Que ne parliez-vous* (c'est-à-dire, pourquoi ne parliez-vous pas)? *Que n'y est-il allé* (c'est-à-dire, pourquoi n'y est-il pas allé)?

Elle remplace quelquefois aussi la conjonction composée *sans que* (§ 275). Exemple : *On ne peut rien lui dire qu'il ne se fâche* (c'est-à-dire, sans qu'il se fâche).

579. La conjonction *que* remplace souvent l'adverbe de quantité *combien*. Exemples : *Que de richesses* (c'est-à-dire, combien de richesses)! *Que vous êtes heureux* (c'est-à-dire, combien vous êtes heureux)!

580. La conjonction *que* s'emploie quelquefois devant *si* d'une manière explétive *. Exemple : *Que si vous en doutez, je vous en fournirai les preuves* (c'est-à-dire simplement, si vous en doutez) **.

CHAPITRE TROISIÈME.

VERBES.

1° VERBE *ÊTRE*.

581. Le verbe *être*, employé comme unipersonnel, soit avec le pronom *ce*, soit avec le pronom *il*, donne lieu à plusieurs gallicismes remarquables.

---

* C'est proprement un latinisme, fort employé jusqu'à la fin du dix-septième siècle, mais à peu près hors d'usage aujourd'hui.
** Pour les autres gallicismes dans lesquels figure la conjonction *que*, voyez le verbe *c'est*, § 585, 586.

582. Le verbe *c'est* se trouve ordinairement suivi, comme les autres verbes unipersonnels, d'un second sujet, qui n'est que l'explication du pronom *ce*. Exemples : *C'est lui ; c'est mon père ; ce fut sa dernière volonté.*

Si ce second sujet est au pluriel, le verbe se met lui-même au pluriel. Exemples : *Ce sont eux ; ce sont mes parents ; ce n'étaient que des étrangers* *.

583. Le verbe *c'est* se met encore au pluriel quand il est précédé d'un nom au pluriel. Exemple : *Les poëtes les plus célèbres, ce sont Homère, Virgile, Racine,* etc.

Mais cette règle ne s'applique qu'à la troisième personne ; aux autres personnes, le verbe *c'est* reste invariable. Exemples : *C'est moi ; c'est toi ; c'était nous ; ce fut vous.* Le verbe *c'est* reste encore invariable, quand il est suivi de plusieurs noms au singulier. Exemple : *L'aliment de l'âme, c'est la vérité et la justice.*

584. Quand le second sujet est suivi d'un relatif, le verbe qui vient après le relatif s'accorde toujours en nombre et en personne avec ce second sujet. Exemple : *Ce furent les offenseurs qui se plaignirent.* Et cela, lors même que le verbe *c'est* reste invariable. Exemples : *C'est moi qui suis venu ; c'est vous qui m'appelez ; c'est votre frère et votre sœur qui me l'ont dit.*

585. Lorsque le verbe *c'est* n'est pas immédiatement suivi du second sujet, ce second sujet se fait alors précéder de la conjonction *que*. Exemple : *C'est une infamie qu'une telle conduite* (c'est-à-dire, une telle conduite est une infamie).

586. Souvent le second sujet du verbe *c'est* est un infinitif. Si cet infinitif ne vient pas immédiatement après le verbe, il se fait précéder de la préposition *de*. Exemple :

---

* Cette règle, établie aujourd'hui d'une manière absolue par tous les grammairiens, n'était pas obligatoire au dix-septième ni même au dix-huitième siècle, chaque écrivain mettant le verbe au singulier ou au pluriel, tantôt par système, tantôt pour l'oreille.

C'est un plaisir pour moi de vous voir (c'est-à-dire, vous voir est un plaisir pour moi).

Souvent alors la préposition *de* se fait précéder elle-même de la conjonction *que*. Exemple : *C'est se déshonorer que de mentir* (c'est-à-dire, mentir est se déshonorer) *.

587. *C'est que*, suivi de l'indicatif, s'emploie souvent pour donner l'explication, la raison d'une chose. Exemple : *Si je ne suis pas venu, c'est que j'ai été retenu.*

Mais si *c'est que* est employé négativement, le second verbe se met au subjonctif. Exemple : *Si je ne suis pas venu, ce n'est pas que j'aie été retenu.*

588. *Si ce n'est que* marque une restriction ou un empêchement. Exemple : *Il sortirait volontiers, si ce n'est qu'il est encore trop faible.*

Remarque. Cette locution a cela de particulier que, dans le langage familier, lorsque le verbe *être* est à l'imparfait, on peut retrancher la conjonction *si* et le pronom *ce*. Exemple : *Il sortirait volontiers, n'était qu'on le lui a défendu.*

589. La locution *c'est-à-dire* annonce une explication. Exemple : *Les Héraclides, c'est-à-dire les descendants d'Hercule.*

La locution *ce n'est pas à dire* annonce une restriction. Exemple : *Il a beaucoup d'excellentes qualités, mais ce n'est pas à dire qu'il soit complètement exempt de défauts.* On dirait de même sans négation, mais en employant le verbe sous la forme interrogative : *Est-ce à dire qu'il soit complètement exempt de défauts ?*

590. Dans les locutions où le verbe unipersonnel *c'est* se trouve suivi d'une préposition et d'un pronom personnel, comme *c'est à moi, c'est de vous, c'est pour lui*, etc.,

---

* On peut rapprocher de ce gallicisme la locution singulière *si j'étais de vous* ou *si j'étais que de vous*, au lieu de *si j'étais vous*.

on emploie la conjonction *que* pour éviter la répétition de la préposition suivie d'un relatif. Il ne faut donc jamais dire : *C'est à vous à qui je m'adresse, c'est de lui de qui je m'occupe, c'est pour eux pour qui je travaille;* il faut dire : *C'est à vous que je m'adresse, c'est de lui que je m'occupe, c'est pour eux que je travaille*.*

REMARQUE. Le verbe *c'est* suivi d'une préposition, ou d'un infinitif, ou de la conjonction *que*, reste toujours invariable. Exemples : *C'est à eux qu'il appartient de se plaindre; c'est parler, ce n'est pas répondre; c'est qu'ils ont mal vu; c'est qu'ils se sont trompés.*

591. Le verbe unipersonnel *c'est*, devant un adverbe de lieu, comme *c'est ici, c'est là, c'est d'ici, c'est de là*, se fait suivre de la conjonction *que*, au lieu de l'adverbe de lieu relatif *où, d'où*. Il ne faut donc jamais dire : *C'est ici où je vous attends, c'est de là d'où je viens;* il faut dire : *C'est ici que je vous attends,, c'est de là que je viens.*

592. Toutes les règles données pour le verbe *c'est* s'observent également dans la conjugaison interrogative du même verbe. Exemples : *Est-ce moi? est-ce lui? est-ce vous? sont-ce vos parents?*

Mais quand l'oreille ne permet pas d'employer le pluriel, on peut se servir du singulier. Exemples : *Est-ce eux* (plutôt que *sont-ce eux*)? *Fut-ce vos parents? Sera-ce eux qui viendront?*

593. La forme *est-ce* s'emploie souvent après les pronoms ou adjectifs pronominaux interrogatifs. Exemples : *Qui est-ce? qu'est-ce? lequel est-ce?*

Elle s'emploie surtout suivie de la conjonction *que*. Exemples : *Est-ce qu'il pleut* (au lieu de, pleut-il)? *où*

---

* Cette règle n'était pas rigoureusement observée au dix-septième siècle. On peut citer, entre autres, le vers de Boileau :

C'est à vous, mon esprit, à qui je veux parler.

est-ce que vous allez (au lieu de, où allez-vous)? *quand est-ce que vous viendrez* (au lieu de, quand viendrez-vous)?

594. A la place de *qui* interrogatif on emploie souvent *qui est-ce qui?* ou *qui est-ce que?* Et à la place de *quoi* interrogatif, on emploie souvent *qu'est-ce qui?* ou *qu'est-ce que**?

REMARQUE. Ne confondez pas *qui est-ce qui?* avec *qu'est-ce qui?* ni *qui est-ce que?* avec *qu'est-ce que?* — *Qui est-ce?* se dit des personnes. Exemples : *Qui est-ce qui doit venir? qui est-ce que vous attendez? de qui est-ce que vous parlez? à qui est-ce que vous écrivez? Qu'est-ce* (pour *quoi est-ce*)? se dit des choses. Exemples : *Qu'est-ce qui vous occupe? Qu'est-ce que vous voulez?* Mais *que* ne s'emploie pas après une préposition, il faut alors le remplacer par *quoi*. Exemples : *De quoi est-ce que vous vous occupez? à quoi est-ce que vous songez?*

595. Le verbe unipersonnel *il est* suit toutes les règles des verbes unipersonnels. Exemple : *Il est des gens qui le disent.*

596. Le verbe *être*, précédé du mot *en*, donne lieu à un assez grand nombre de gallicismes. En voici quelques-uns : *Il en est ainsi* (c'est-à-dire, la chose est ainsi); *il en est de la vie comme d'un songe* (c'est-à-dire, la vie est comme un songe); *il en est qui le disent* (c'est-à-dire, il y a des gens qui le disent); *quand un malade en est là* (c'est-à-dire, se trouve dans cet état); *voilà où j'en suis* (c'est-à-dire, voilà l'état, voilà l'extrémité où je suis); *il n'en a été que cela* (c'est-à-dire, l'affaire n'a pas eu d'autre conséquence); *j'en ai été pour mon argent* (c'est-à-dire, j'ai perdu mon argent), etc.

---

* C'est ainsi que le français arrive à des formules d'interrogation si compliquées, par exemple : *qu'est-ce que c'est que cela?* au lieu de dire simplement : *qu'est cela?*

2° VERBE *AVOIR*.

597. Le verbe *avoir*, suivi de la préposition *à* et d'un infinitif, marque l'obligation, la nécessité. Exemple : *J'ai à sortir* (c'est-à-dire, j'ai obligation de sortir, il faut que je sorte).

598. Le verbe unipersonnel *il y a* offre un double gallicisme, par le changement de sens du verbe *avoir*, qui prend la signification du verbe *être*, et par la présence de l'adverbe de lieu *y*, signifiant *là*. Ainsi, *il y a des difficultés* est la même chose que *il est là des difficultés* ou *des difficultés sont là*.

599. La locution *avoir beau* signifiait dans l'origine *avoir belle occasion*, *avoir belle facilité*. Exemple : *A beau mentir qui vient de loin*, c'est-à-dire que celui qui vient de loin peut mentir à son aise. Aujourd'hui, *avoir beau* veut dire *faire inutilement*. Exemples : *Vous aurez beau prier, vous ne le toucherez pas; on a beau dire, la patrie ne s'oublie pas**.

3° VERBES *ALLER* ET *VENIR*.

600. Les verbes *aller* et *venir* perdent tous deux leur signification propre, pour exprimer, l'un (§ 208) une chose qui est sur le point de se faire, et l'autre une chose qui s'est récemment faite. Exemples : *Le dîner va être prêt* (c'est-à-dire, sera bientôt prêt); *il va pleuvoir* (c'est-à-dire, la pluie est sur le point de tomber); *il vient de pleuvoir* (c'est-à-dire, il est tombé récemment de la pluie); *le malade vient de mourir* (c'est-à-dire, est mort tout à l'heure).

601. Le verbe *aller*, employé négativement, prend sou-

---

* Cette différence entre les deux sens n'est qu'apparente, et l'explication grammaticale est tout à fait la même : vous crierez tout à votre aise, criez tant qu'il vous plaira ; on peut dire tout ce qu'on veut, qu'on dise ce qu'on voudra, quoi qu'on dise.

vent la signification de *se garder de*, *prendre garde de*.
Exemples : *N'allez pas vous y tromper* (c'est-à-dire, gar-
dez-vous de vous y tromper); *qu'il n'aille pas oublier mes
commissions* (c'est-à-dire, qu'il se garde de les oublier, et
avec une autre nuance de sens, pourvu qu'il ne les oublie
pas).

602. Le verbe *venir*, suivi de la préposition *à* et d'un
infinitif, forme un gallicisme d'une explication assez difficile. Exemples : *S'il vient à savoir qu'on l'a trompé*
(c'est-à-dire, s'il le sait un jour, s'il arrive qu'il le sache);
si je viens à mourir (c'est-à-dire, s'il arrive que je
meure); *le vent vient à s'élever* (c'est-à-dire, commence
de souffler).

603. Le verbe *venir*, suivi de la préposition *à* et d'un
nom ou d'un infinitif, marque souvent un état, une action
où l'on est arrivé progressivement; il se fait alors précéder du mot *en*, qui est tout à fait explétif. Exemples : *On
en était venu là par degrés; on en vint aux injures; ils allaient en venir aux coups.*

604. Les locutions *se faire bien venir* et *se faire mal
venir* signifient faire qu'on soit le bienvenu, le mal venu,
se rendre agréable ou désagréable. Exemples : *Faites-
vous bien venir de ceux qui peuvent vous aia • il s'est
fait mal venir de ses parents même.*

4° VERBE *DEVOIR*.

605. L'emploi du verbe *devoir*, qui marque l'obligation, pour exprimer une simple probabilité (§ 207), est
un gallicisme. Exemples : *Je dois partir ce soir; il doit
être arrivé* (c'est-à-dire, il est probable que je partirai; il
est probable qu'il est arrivé).

5° VERBE *FAIRE*.

606. Le verbe *faire*, en modifiant sa signification pri-
mitive, entre dans une foule de locutions qui forment au-

tant de gallicismes, telles que *faire une maladie, faire du chemin, faire des armes*, etc.

607. L'emploi le plus remarquable du verbe *faire* est celui où il sert à remplacer un autre verbe qu'il faudrait répéter, et où il prend la signification de ce verbe. Exemples : *Je ne vous estime plus autant que je faisais* (c'est-à-dire, autant que je vous estimais); *la douceur obtient plus que ne fait la violence* (c'est-à-dire, plus que la violence n'obtient).

608. Le verbe *faire* s'emploie unipersonnellement pour marquer l'état de l'atmosphère, ou encore les diverses conditions des choses. Exemples : *Il fait jour, il fait beau; il a fait nuit de bonne heure; il faisait bien chaud hier; il fait bon au coin du feu; qu'il fait cher vivre à Paris!*

6° VERBE *FALLOIR*.

609. Le verbe unipersonnel *il faut* s'emploie sous la forme réfléchie, en se faisant accompagner du mot *en*, pour indiquer une différence en moins. Exemples : *Il s'en faut que le compte y soit, que vous ayez raison; il ne s'en est pas fallu l'épaisseur d'un cheveu* ou *de l'épaisseur d'un cheveu; cette proposition n'est pas acceptable, tant s'en faut.*

7° VERBE *LAISSER*.

610. Le verbe *laisser*, sous la forme négative, suivi de la préposition *de* ou de *que de*, s'emploie souvent avec le sens d'un adverbe, tel que *cependant, néanmoins*. Exemples : *Malgré leur brouillerie, il n'a pas laissé de lui écrire* ou *que de lui écrire* (c'est-à-dire, il lui a écrit cependant); *on a beau s'y attendre, cela ne laisse pas que d'étonner* (c'est-à-dire, cela étonne pourtant) *.

---

* Quelques grammairiens expliquent la locution *ne pas laisser de* par l'ellipse des mots *soin* ou *faculté* : ne pas laisser le soin, ne pas laisser la faculté. Explication peu admissible.

8° VERBE *POUVOIR*.

611. Le verbe *pouvoir* s'emploie souvent, surtout sous la forme unipersonnelle, pour marquer une estimation approximative. Exemples : *Il pouvait être six heures* (c'est-à-dire, il était à peu près six heures); *nous pouvions être vingt ou trente personnes à cette réunion* (c'est-à-dire, nous étions à peu près).

9° VERBE *SAVOIR*.

612. Le verbe *savoir*, surtout au conditionnel, s'emploie dans le sens du verbe *pouvoir*. Exemples : *Je ne saurais retenir mes larmes* (c'est-à-dire, je ne peux pas retenir mes larmes); *vous ne sauriez croire à quel degré de bassesse il est descendu.*

613. L'infinitif *savoir*, avec ou sans la préposition *à*, s'emploie pour annoncer une énumération ou pour spécifier ce dont il s'agit. Exemples : *L'ennemi perdit deux mille hommes, savoir (ou à savoir) trois cents tués, cinq cents blessés, et douze cents prisonniers.*

Les mêmes formules, dans le langage familier, marquent quelquefois le doute : *savoir* ou *à savoir s'il osera venir* *.

614. Les locutions *de savoir, pour savoir*, employées d'une manière explétive dans certaines phrases indiquant une alternative, sont encore des gallicismes. Exemples : *La question est de savoir si la force ou le droit triomphera* (c'est-à-dire, la question est si la force ou le droit triomphera); *ils luttent pour savoir à qui appartiendra le prix* (c'est-à-dire, ils luttent à qui appartiendra le prix).

---

* La véritable et ancienne orthographe est *assavoir*, verbe composé du simple *savoir*.

CINQUIÈME PARTIE.

FIGURES DE CONSTRUCTION.

615. On appelle *construction* l'arrangement des mots dans la phrase.

La construction la plus usitée est celle qui consiste à suivre l'ordre des termes dans la proposition, savoir : le sujet, le verbe, l'attribut.

Cette construction s'appelle *construction logique* ou *construction analytique*.

616. Lorsque l'arrangement des mots n'est pas conforme à l'ordre des termes dans la proposition, on dit que la construction est *figurée*.

617. Il y a quatre principales figures de construction : l'*inversion*, l'*ellipse*, le *pléonasme* et la *syllepse*.

1. — DE L'INVERSION.

618. L'*inversion* consiste dans le déplacement de l'un des termes de la proposition.

Il y a des inversions nécessaires et des inversions facultatives.

619. Les inversions nécessaires sont celles qui sont commandées par la grammaire : c'est ainsi que dans la conjugaison interrogative le sujet se transporte toujours après le verbe (§ 209); c'est ainsi encore que les pronoms régimes se placent dans un grand nombre de cas avant le verbe (§ 411 et 413), notamment dans la conjugaison de la voix réfléchie (§ 223).

620. L'inversion, lorsqu'elle n'est pas nécessaire, s'emploie pour donner au style plus de vivacité, ou plus d'énergie, ou plus d'élégance. Exemples : *Déjà prenait l'essor,* *pour se sauver dans les montagnes, cet aigle* dont le vol hardi avait d'abord effrayé nos provinces ; de l'ambition naissent les jalousies dévorantes.*

Dans le premier de ces deux exemples, le verbe est placé, par inversion, avant son sujet ; la construction logique serait : *Déjà cet aigle.... prenait l'essor.* Dans le deuxième exemple il y a une double inversion, le régime précède et le sujet suit le verbe ; la construction logique serait : *Les jalousies dévorantes naissent de l'ambition.*

621. Il y a à la fois inversion et gallicisme dans les phrases où le nom qui est le véritable régime se trouve placé au premier membre et représenté au second par un pronom personnel régime. Ces phrases commencent d'ordinaire par *ce qui, ce que,* ou par un adjectif démonstratif, ou par un adjectif possessif. Exemples : *Ce que j'ai dédaigné, vous le recherchez* (au lieu de, vous recherchez ce que j'ai dédaigné) ; *cette aimable vertu, il la possède au plus haut degré* (au lieu de, il possède au plus haut degré cette aimable vertu) ; *votre patrie, c'est vous qui l'avez trahie* (au lieu de, c'est vous qui avez trahi votre patrie).

622. Il y a inversion entre les propositions elles-mêmes, quand la conjonction *que,* suivie d'un verbe subordonné, est placée avant le verbe principal (§ 475). Exemple : *Que tout homme fuie la douleur, cela est certain* (au lieu de, il est certain que tout homme fuit la douleur).

623. L'inversion est usitée surtout en poésie et dans le langage oratoire.

2. — DE L'ELLIPSE.

624. L'*ellipse* consiste dans le retranchement que l'on fait d'un ou de plusieurs mots, en vue de donner plus de rapidité au discours.

---

* L'aigle de la maison d'Autriche.

Pour que l'ellipse soit permise, il est essentiel que la clarté n'en souffre pas.

625. L'ellipse la plus fréquente est celle du verbe, soit qu'on ne veuille pas le répéter après l'avoir exprimé une fois, soit que, même sans être exprimé, il se présente naturellement à l'esprit. Exemples : *La paix rend les peuples plus heureux et les hommes plus faibles* (au lieu de, et rend les hommes plus faibles); *eh quoi! mon enfant, toujours des larmes* (c'est-à-dire, vous versez toujours des larmes)! *à bon entendeur demi-mot* (c'est-à-dire, un demi-mot suffit à un bon entendeur).

626. Il y a ordinairement ellipse à la fois du verbe et de l'adjectif dans les comparatifs. Exemples : *Je suis plus riche que vous n'êtes* (c'est-à-dire, que vous n'êtes riche); *elle est plus instruite que lui* (c'est-à-dire, elle est plus instruite qu'il n'est instruit).

627. Il faut éviter l'ellipse du verbe dans les phrases où, s'il était deux fois exprimé, ce devrait être à des temps différents. Exemple : *Autrefois je recherchais le monde, aujourd'hui la solitude.* Il faut dire, en répétant le verbe : *aujourd'hui je recherche la solitude.*

Mais l'ellipse peut être admise dans les phrases où le verbe, s'il était deux fois exprimé, se trouverait à des nombres différents. Exemple : *L'homme a la raison, les bêtes l'instinct* (c'est-à-dire, les bêtes ont l'instinct). Cependant il vaut mieux répéter le verbe.

628. Il faut éviter l'ellipse du verbe dans les phrases où, s'il était deux fois exprimé, ce devrait être à des voix différentes. Exemple : *Il loue les autres pour l'être par eux.*

Il faut nécessairement dire, en répétant le verbe : *Il loue les autres pour être loué par eux.*

629. Il faut éviter l'ellipse du verbe dans les phrases où le premier membre est négatif et le second affirmatif. Exemple : *La gloire n'est qu'un vain mot, la vertu un*

bien solide. Il faut dire, en répétant le verbe : *la vertu est un bien solide.*

Cependant l'ellipse est permise, lorsque l'opposition des deux membres de phrase est marquée par *mais.* Exemple : *Il n'a pas trouvé le bonheur, mais la richesse* (c'est-à-dire, mais il a trouvé la richesse).

L'ellipse est encore permise lorsque c'est le premier membre qui est affirmatif, et le second négatif. Exemple : *Il a trouvé la richesse, non le bonheur.*

630. Il y a ellipse du nom dans un certain nombre de locutions où il est aisé de le suppléer. C'est ainsi que l'on dit : *En mil huit cent soixante* (c'est-à-dire, en l'an mil huit cent soixante); *le deux mai* (c'est-à-dire, le deuxième jour de mai); *il demeure au troisième* (c'est-à-dire, au troisième étage); *la saint Louis* (c'est-à-dire, la fête de saint Louis), etc.*

3. — DU PLÉONASME.

631. Le *pléonasme* consiste dans l'emploi de mots inutiles pour le sens, mais qui ajoutent au discours de la force ou de la grâce. Exemples : *Je l'ai vu des mes propres yeux* (il suffisait, si l'on n'avait pas voulu insister, de dire : je l'ai vu); *c'est mon opinion, à moi* (il suffisait de dire : c'est mon opinion).

632. Il faut éviter le pléonasme lorsqu'il rend le discours plus traînant ou lorsqu'il affaiblit la pensée. Ainsi l'on ne dira pas : *Vous n'aviez seulement qu'à parler; j'y ai été contraint malgré moi.* Il faut dire, en retranchant les mots inutiles : *Vous n'aviez qu'à parler; j'y ai été contraint.*

REMARQUE. Il y a pléonasme vicieux dans les locutions *monter en haut, descendre en bas;* mais ces locutions sont autorisées par l'usage.

---

* Voyez, pour d'autres ellipses du verbe et du nom, les §§ 53, 394 et 508.

4. — DE LA SYLLEPSE.

633. La *syllepse* consiste dans un accord des mots conforme à la pensée, mais contraire aux règles grammaticales.

634. Il y a syllepse de nombre, lorsque les deux mots qui s'accordent dans la pensée sont de nombre différent. Exemple : *La foule se grossit et s'augmente; ils entourent le palais.* Le pronom *ils* ne s'accorde pas avec *foule;* mais le nom *foule* éveille une idée de pluralité. Il y a une syllepse semblable dans ces vers de Racine :

> Entre le pauvre et vous, vous prendrez Dieu pour juge,
> Vous souvenant, mon fils, que, caché sous ce lin,
> Comme *eux* vous fûtes pauvre, et comme *eux* orphelin.

635. Il y a syllepse de genre, lorsque les deux mots qui s'accordent ensemble dans la pensée, sont de genre différent. Exemple : *Les personnes d'esprit ont en eux les semences de tous les sentiments**.

---

* La Bruyère. - Voyez § 96 une autre syllepse qui consiste dans l'accord de l'adjectif avec *on*.

DE L'ORTHOGRAPHE

ET DES SIGNES ORTHOGRAPHIQUES.

L'orthographe est la manière d'écrire correctement.
Elle consiste :

1° A écrire chaque mot dans son état simple avec les lettres dont il doit se composer ;

2° A écrire les mots variables avec les modifications qui leur sont propres ;

3° A ajouter aux mots les signes orthographiques qui leur conviennent.

Les signes orthographiques sont : les *accents*, la *cédille*, le *tréma*, l'*apostrophe*, le *trait d'union*, les *signes de ponctuation*.

I. — DES ACCENTS.

Les *accents* sont des signes qui se mettent sur une voyelle pour en faire connaître la prononciation, ou pour distinguer un mot d'un autre mot.

Les accents servent principalement à distinguer les différentes sortes d'*e*, comme dans *bonté*, *procès*, *tempête*.

Il y a trois accents : l'accent aigu (´), qui marque l'*é* fermé, l'accent grave (`) qui marque l'*è* ouvert, et l'accent circonflexe (ˆ), qui se place sur les voyelles *a, e, i, o, u*, pour indiquer que ces voyelles sont longues.

L'*e* muet s'écrit sans accent, comme dans *homme*, *Rome*.

Cependant on écrit aussi sans accent les *é* fermés et ouverts quand leur son est suffisamment déterminé par les consonnes qui les suivent, comme dans *dessin*, *terrain*, *descendre*, *Alexandre*, *accepter*, *rester*.

REMARQUES. En général *e* a le son ouvert à la fin des mots quand il est suivi d'une ou plusieurs consonnes sonnantes, comme dans *enfer*, *avec*, *suspect*. Mais l'*e* suivi d'une consonne muette à la fin d'un mot reste fermé, comme dans *rocher*, *venez*, excepté devant un *t*, comme dans *projet*, *sujet*, etc., et dans les mots en *ès*, comme *procès*, *succès;* ces derniers seuls prennent un accent, qui est nécessaire, pour montrer que l'*e* n'est pas muet.

E a le son ouvert au milieu des mots, quand il est suivi de deux consonnes différentes dont l'une appartient à la même syllabe que l'*e*, comme dans *reste*, *peste*, etc. A moins que les deux consonnes ayant un même son, l'on n'en entende qu'une seule, auquel cas l'*e* prend le son fermé, comme dans *dessin*, *terrain*, *descendre*.

A la fin des mots, devant un *e* muet, l'on entend toujours les deux consonnes, et l'*e* reprend le son ouvert, comme dans *princesse*, *guerre*, etc.

E est toujours fermé devant un *x*, comme dans *exil*, *Alexandre*, excepté à la fin des mots étrangers, *Essex*, *Sussex*, etc.

Dans tous ces cas, l'*e* ayant un son déterminé par la place qu'il occupe dans le mot, ne prend point d'accent, sauf pour les mots en *ès*.

E devant une consonne suivie d'un *e* muet à la fin du mot, a le son ouvert, comme dans *père*, *mère*, *glèbe*, *prière*, excepté dans les mots en *ège*, qui tous ont l'*é* fermé, comme *collége*, *manége*, et à la première personne des verbes conjugués interrogativement, comme *aimé-je*, *puissé-je*, etc. Ces exceptions font que l'*e* suivi d'une consonne et d'un *e* muet porte toujours son accent.

On marque l'accent grave sur l'*a* final de quelques mots, principalement pour les distinguer d'autres mots semblables. Ces mots sont *à* préposition; *là* et ses composés *delà*, *voilà*, *holà;* *çà* (pour *ici*) et ses composés *deçà*, *en deçà; jà* (vieux mot) et son composé *déjà*.

On marque également l'accent grave sur *u* dans *où*, adverbe relatif, pour le distinguer de *ou*, adverbe conjonctif.

On marque l'accent circonflexe sur *u* dans les participes masculins *dû*, *crû*, des verbes *devoir*, *croître*, pour marquer qu'ils sont longs, et pour les distinguer de *du* article, et de *cru* adjectif, ou participe de *croire*

II. — DE LA CÉDILLE.

La *cédille* est un petit signe qu'on place sous le *ç* devant *a, o, u*, pour indiquer qu'il doit prendre le son de l's et non celui du *k*, comme dans *façade, maçon, rinçure*.

III. — DU TRÉMA.

Le *tréma* est un double point qu'on met sur une voyelle immédiatement précédée d'une autre voyelle, pour indiquer qu'elle doit se prononcer séparément, comme dans : *naïf, Saül, ciguë*, qui sans le tréma se prononceraient *nèf, sól, cig.*

L'usage du tréma se voit surtout dans le verbe irrégulier *haïr : je hais, tu hais, il hait* (prononcez comme dans *j'avais*); et au pluriel *nous haïssons, vous haïssez, ils haïssent* (prononcez en faisant sonner l'*i*).

Le tréma se place sur l'*e* après un *o* dans les mots *poële, poëme*, bien que l'on écrive avec un accent aigu *poésie, poétique*, etc.

L'*i* surmonté d'un tréma entre deux voyelles prend un son mouillé sans altérer le son des deux autres voyelles, comme *faïence, païen*. Il diffère de l'*y*, qui change le son de la voyelle précédente, comme dans *payer, envoyer*, etc., et de l'*i* sans tréma employé pour l'*y* devant un *e* muet comme dans *j'envoie, j'essuie*, etc.

IV. — DE L'APOSTROPHE.

L'*apostrophe* est un petit signe qui tient la place d'une voyelle élidée, c'est-à-dire supprimée devant une autre voyelle ou devant une *h* muette, comme dans *l'ami, l'homme*, etc.

A s'élide et se remplace par l'apostrophe dans *la* article, et dans *la* pronom. Exemples : *L'armée, l'habitude; e l'estime* (pour *je la estime*).

E muet s'élide et se remplace par l'apostrophe :

1° Dans les pronoms ou autres mots d'une seule syllabe muette, comme *je, te, me, le, ne, que*, etc. Exemples : *J'arrive ; je t'appelle ; n'oubliez pas ; je crois qu'il viendra.*

2° Dans *lorsque, quoique, puisque*, mais seulement devant l'article indéfini *un, une*, et devant les pronoms *il, elle, on*. Exemples : *Lorsqu'un malheur arrive ; quoiqu'il soit léger ; puisqu'on t'oublie.*

3° Dans *quelque* devant l'article indéfini, c'est-à-dire dans *quelqu'un, quelqu'une.*

4° Dans *entre* préposition, mais seulement dans les composés *s'entr'aimer, s'entr'aider, entr'acte*, etc.

5° Dans *presqu'île*, composé de *presque* et de *île.*

I s'élide et se remplace par l'apostrophe dans *si* devant *il* et *ils*. Exemples : *S'il vient, s'ils viennent, s'il le faut.*

Lorsqu'il y a élision dans le corps d'un mot composé, l'apostrophe remplace non-seulement la voyelle élidée, mais encore le trait d'union qui devait suivre cette voyelle, comme dans *presqu'île, chef-d'œuvre*, etc.

L'*e* muet s'élide quelquefois et se remplace par une apostrophe devant une consonne ; mais cette élision est particulière à l'e final de l'adjectif féminin *grande*, et encore a-t-elle lieu seulement dans les composés *grand'mère, grand'messe*, et dans quelques vieilles expressions que le langage familier a conservées, comme *grand'chose, grand'peine, grand'peur*, etc. *.

V. — DU TRAIT D'UNION.

Le *trait d'union* est un petit trait qui se place entre les parties d'un mot composé, comme dans *s'entre-tuer, chef-lieu, vis-à-vis*, etc.

Il s'emploie souvent pour joindre à un mot, surtout à

---

* Mais ce n'est pas une véritable élision. Anciennement, l'adjectif *grand* était le même au masculin et au féminin, et l'on disait *grand mère* (non *grande mère*), *grand messe* (non *grande messe*), sans apostrophe.

un pronom, un autre mot qui en devient inséparable, comme *celui-ci, celui-là, moi-même, toi-même: cet arbre-ci, cette maison-là*, etc.

Il se place dans les superlatifs après le mot *très*, parce que le mot *très* ne pouvant s'employer seul est considéré comme inséparable de l'adjectif. Exemples : *Très-sage, très-riche*, etc.

Il se place dans les nombres entre les dizaines et les unités qui ne sont pas unies par l'adverbe conjonctif *et*. Exemples : *Dix-sept, vingt-huit, quarante-cinq, quatre-vingts*. Mais pour compter les centaines, les mille, etc., on écrit sans trait d'union *deux cent, trois mille*, etc.

Enfin le trait d'union se place entre le verbe et le pronom qui le suit en qualité de sujet ou de régime. Exemples : *Irai-je? viendrez-vous? croyez-moi; venez-y*. Et de même quand il y a plusieurs pronoms : *donnez-le-moi; allez-vous-en*. On sépare aussi dans ce même cas le *t* euphonique par deux traits d'union. Exemples : *M'aime-t-il? viendra-t-il? de qui parle-t-on?*

Quand la dernière voyelle d'un des pronoms est élidée, le trait d'union se remplace par l'apostrophe. Exemples : *Dispensez-m'en; menez-l'y*.

Dans *va-t'en*, le *t* n'est pas euphonique; c'est le pronom *toi* élidé, puisqu'on dirait au pluriel *allez-vous-en*. Il faut donc écrire *va-t'en* et non *va-t-en*.

Le trait d'union ne se place entre le verbe et le pronom sujet ou régime, que lorsque le pronom suit le verbe. Ainsi l'on écrit sans trait d'union : *il aime, il m'aime, il se repent*. On écrira donc sans trait d'union : *j'ai cru le voir, veuillez me répondre*, parce que dans ces phrases *le* est régime de *voir* et non de *croire; me* est régime de *répondre* et non de *vouloir*. On écrira avec un trait d'union : *envoyez-la chercher de l'eau*, parce que *la* est régime du premier verbe; et sans trait d'union : *envoyez la chercher*, parce que *la* est régime de *chercher* et non d'*envoyer*.

VI. — DES SIGNES DE PONCTUATION.

La ponctuation est l'art d'indiquer dans l'écriture les repos réclamés par le sens des phrases ou par les besoins de la respiration.

Les *signes de ponctuation* sont au nombre de six : le *point*, le *point et virgule*, les *deux points*, la *virgule*, le *point d'interrogation*, le *point d'exclamation*. Il faut y ajouter la *parenthèse*, les *guillemets*, le *tiret*, les *points de suspension*, etc.

DU POINT.

Le *point* indique que la phrase et le sens sont terminés. Exemple : *L'amitié la plus solide est celle qui est fondée sur la vertu. La véritable amitié ne peut exister qu'entre les gens de bien.*

DU POINT ET VIRGULE.

Le point et virgule indique les grandes divisions d'une phrase, c'est-à-dire qu'il sépare les membres de quelque étendue. Exemple : *La douceur est, à la vérité, une vertu ; mais elle ne doit pas dégénérer en faiblesse.*

Pour la ponctuation, on considère souvent comme membres d'une même phrase, de petites phrases distinctes, mais liées par le sens. Exemple : *Le soleil s'était levé dans un ciel sans nuages ; une légère brise balançait les cimes des arbres ; les oiseaux chantaient sous le feuillage,* etc.

DES DEUX POINTS.

Les *deux points* indiquent comme le point et virgule les grandes divisions d'une phrase. On les emploie surtout devant un membre de phrase qui résume les précédents. Exemple : *Deux grandes batailles gagnées, trois villes fortes emportées après un siége rapide, une province entière conquise : tels étaient les résultats de cette brillante campagne.*

On les emploie aussi pour annoncer une énumération. Exemple : *Les anciens admettaient quatre éléments : la terre, l'eau, l'air et le feu.*

On les emploie aussi pour annoncer une preuve, un exemple, une explication, comme dans cette phrase : *L'âme est immortelle ; en voici la preuve : c'est que*, etc.

On les emploie enfin devant les paroles que l'on cite. Exemple : *Télémaque dit à Mentor : Mon ami*, etc.

DE LA VIRGULE.

La *virgule* indique les petites divisions de la phrase, qui sont en général composées de peu de mots et qu'on appelle *incises*. Exemples : *La cigale, ayant chanté tout l'été, se trouva fort dépourvue*, etc.

On place ordinairement entre deux virgules les membres de phrase purement *explicatifs*, c'est-à-dire qui ajoutent quelque chose à la pensée, sans être nécessaires pour la compléter. Exemple : *Les peuples barbares, dont la langue n'est pas encore formée, ne sauraient avoir de grammaire.*

Mais on supprime la virgule devant les membres de phrase *déterminatifs*, c'est-à-dire qui sont nécessaires pour compléter la pensée, comme dans l'exemple précédent si l'on ôtait le mot *barbares* et que l'on dît : *Les peuples dont la langue n'est pas encore formée*, etc.

On met la virgule entre plusieurs parties d'une phrase qui forment énumération, par exemple plusieurs sujets ou plusieurs régimes qui se suivent, plusieurs adjectifs qui se rapportent au même nom, plusieurs verbes qui ont le même sujet ; mais on la supprime entre les parties qui sont liées par les adverbes conjonctifs *et, ou, ni*, surtout quand elles ont peu d'étendue. Exemples : *La guerre, la peste, la famine et tous les maux désolaient le pays. Il allait, venait, montait, descendait.*

On met une virgule après le nom de la personne à laquelle on adresse la parole, si ce nom se trouve au commencement de la phrase, et s'il se trouve dans le corps de la phrase, on le place entre deux virgules. Exemples :

Prêtres, voilà le roi que je vous ai promis. Venez, mon fils, recevoir mes embrassements.

La virgule indique quelquefois la suppression d'un verbe exprimé dans une proposition et sous-entendu dans les propositions suivantes. Exemples : *L'un disait qu'il était aimé de tout le monde ; l'autre, qu'il était généralement admiré.* La virgule indique la suppression du verbe *disait* dans la deuxième proposition.

Enfin, quand un verbe est séparé de son sujet par une longue suite de mots qui dépendent de ce sujet, on met ordinairement une virgule avant le verbe. Exemple : *Un des plus beaux artifices des Égyptiens pour conserver leurs anciennes maximes, était de les revêtir de certaines cérémonies qui les imprimaient dans les esprits.*

DU POINT D'INTERROGATION.

Le *point d'interrogation* s'emploie à la fin des phrases interrogatives. Exemples : *Quel est cet homme? Où est située cette ville?*

Mais on n'en fait pas usage après les interrogations indirectes, c'est-à-dire qui dépendent d'un mot précédent. Exemples : *Il lui demanda quel était cet homme. Je voudrais savoir où est cette ville.*

Il se place après le second membre de phrase quand le premier membre, contenant l'interrogation, doit être terminé par deux points. Exemple : *Qui oserait dire : Je ne retomberai jamais dans la faute que j'ai commise?*

DU POINT D'EXCLAMATION.

Le *point d'exclamation* s'emploie à la fin des phrases qui renferment un cri d'étonnement ou d'admiration. Exemples : *Que les œuvres de Dieu sont grandes! que sa bonté est admirable !*

Il s'emploie quelquefois dans les phrases ironiques. Exemples : *C'est là votre amitié ! voilà le secours que vous m'aviez promis!*

Il s'emploie généralement après les interjections. Exemples : *Ah ciel ! hélas ! malheur à moi !* Excepté après *ô* et après *voici, voilà,* quand ils ne renferment pas d'exclamation. Exemple : *O mon Dieu, me voici seul en ta présence.*

DES SIGNES ACCESSOIRES DE PONCTUATION.

La *parenthèse* s'emploie pour indiquer une proposition enfermée dans la phrase sans qu'elle s'y rattache à aucun titre. Exemple : *Je sentis alors (j'en tremble encore d'horreur) la terre se dérober sous mes pieds.*

La parenthèse, quand la proposition est très-courte ou d'un emploi fréquent, est ordinairement remplacée par deux virgules. Exemples : *Ce n'est pas là, croyez-m'en, le moyen de réussir. J'ignore, dit-il, quelle sera la fin de tout ceci.* Dans ces phrases, *croyez-m'en* et *dit-il* sont de véritables parenthèses.

Les *guillemets* sont de petits signes qui se placent au commencement et à la fin d'une citation, et souvent en marge de chaque ligne, pour indiquer que les paroles que l'on cite sont rendues dans leurs propres termes. Exemple : *Voici les paroles mêmes de l'Écriture : « Au commencement Dieu créa le ciel et la terre. »*

Le *tiret* indique le passage d'une suite d'idées à une autre. Il s'emploie surtout dans les dialogues pour indiquer le changement d'interlocuteur. Exemple :

Est-ce assez? dites-moi; n'y suis-je pas encore?
—Nenni.—M'y voici donc?—Point du tout.—M'y voilà.

Les *points de suspension* indiquent que la parole est interrompue. Exemple : *Je devrais....* On s'arrête à ces mots et l'on interrompt la phrase pour ne point faire de menace.

DE L'EMPLOI DES MAJUSCULES.

On doit commencer par une *majuscule,* ou *grande lettre,* ou *capitale* :

1° Le premier mot d'un discours, d'une citation, d'un vers. Exemples : *Celui qui règne dans les cieux*, etc. *L'impie a dit : « La vertu n'est qu'un nom. »*

> *Dans ces prés fleuris*
> *Qu'arrose la Seine,*
> *Cherchez qui vous mène,*
> *Mes chères brebis.*

2° Le premier mot d'une proposition précédée d'un point simple, d'un point d'interrogation ou d'un point d'exclamation. Exemples : *Dieu est le meilleur des pères. Qui pourrait ne pas l'aimer? Que ses œuvres sont belles! Tout l'univers est plein de sa magnificence.*

3° Les noms propres d'homme, d'animal, de peuple, de pays, de ville, de rivière, de montagne, etc. Exemples : *Alexandre, César, Bucéphale, les Romains, les Français, l'Italie, les Alpes, Paris, la Seine, le Louvre*, etc.

Mais les adjectifs formés des noms propres s'écrivent avec une petite lettre. Exemples : *Le peuple français, la langue italienne, les habitudes parisiennes*, etc.

4° Les noms d'objets personnifiés. Exemples : *Les Grâces, l'Envie*, etc.

5° Le mot *Dieu*, et tous les noms employés pour désigner Dieu : *Le Créateur, la Providence, le Ciel*, etc.

Mais le mot *Dieu*, appliqué aux fausses divinités, s'écrit sans lettre majuscule. Exemples : *Les dieux du paganisme; le dieu des beaux-arts.*

6° Les adjectifs qui entrent dans la composition d'un nom propre ou qui sont employés comme un surnom. Exemples : *La Saint-Jean, Notre-Dame, la mer Rouge, les Pays-Bas, Louis le Grand.*

7° Les titres honorifiques : *Sa Majesté, Votre Excellence, Son Éminence, Sa Grandeur*, même quand ces titres sont en abrégé : *S. M., S. Exc.*, pour *Sa Majesté, Son Excellence.* —Il en est de même des abréviations dont on se sert pour remplacer les mots *monsieur, madame*, etc., qu'on écrit *M., Mme*, etc.

8° Le titre d'un livre, d'une comédie, d'une fable, etc. Exemples : *Traité d'Arithmétique; la comédie du Misanthrope ; la fable des Deux Amis*.

9° Enfin le mot *État*, quand il signifie royaume, empire, le mot *Église*, quand il signifie l'assemblée des fidèles ou le pouvoir spirituel, et quelques autres noms communs, quand ils sont employés pour désigner et distinguer une personne ou une chose entre toutes.

FIN.

TABLE DES MATIÈRES.

FIN DE LA TABLE.

Imprimerie générale de Ch. Lahure, rue de Fleurus, 9, à Paris.

NOUVELLES PUBLICATIONS

RÉDIGÉES CONFORMÉMENT AUX PROGRAMMES OFFICIELS DE L

POUR L'ENSEIGNEMENT SECONDAIRE SPÉCIAL

(Tous les volumes ci-après sont imprimés dans le format in-18 jésus et cartonné

LANGUE FRANÇAISE.

Grammaire de l'enseignement secondaire spécial, par M. Sommer. 1 vol. 1 fr. 50.

Lectures ou dictées, par M. Lellon-Damiens, économe du collège Rollin (année préparatoire et 1re année). 3 vol. :
Tome I, contrées agricoles, 1 fr. 50.
Tome II, contrées commerciales. 1 fr. 50.
Tome III, contrées industrielles.

Premiers principes de style et de composition, par M. Pellissier, professeur au collège Chaptal (2e année). 1 vol. 1 fr. 50 c.

Morceaux choisis des classiques français (prose et vers), adaptés au précédent ouvrage. 1 vol. 1 fr. 50 c.

Principes de rhétorique française, par M. Pellissier. (3e année) 1 vol. 3 fr.

Morceaux choisis des classiques français (prose et vers), adaptés au précédent ouvrage. 1 vol. 2 fr. 50 c.

Textes classiques de la littérature française, extraits des grands écrivains français, avec notices biographiques et bibliographiques, appréciations littéraires et notes explicatives, par M. Demogeot, agrégé, à la faculté des lettres de Paris (3e année). 2 vol. 6 fr.

GÉOGRAPHIE ET HISTOIRE.

Géographie de la France, par M. Richard Cortambert (année préparatoire). 1 vol. 1 fr.

Atlas correspondant. Grand in-8°.

Géographie des cinq parties du monde, par M. E. Cortambert (1re année). 1 vol. 1 fr. 50 c.

Atlas correspondant. Grand in-8°.

Géographie agricole, industrielle, commerciale et administrative de la France et de ses colonies, par le même auteur (2e année). 1 vol.

Atlas correspondant. Grand in-8°.

Géographie commerciale des cinq parties du monde, par M. Richard Cortambert (3e année). 1 vol.

Atlas correspondant. Grand in-8°.

Simples récits d'histoire de France, par MM. Feillet et Ducoudray (année préparatoire). 1 vol. avec gravures.

Simples récits des histoires ancienne, grecque, romaine et du moyen âge, par les mêmes auteurs (1re année). 1 vol.

Histoire de la France depuis l'origine jusqu'à la Révolution française, et grands faits de l'histoire moderne de 1453 à 1789, par M. Ducoudray (2e année). 1 vol. 3 fr. 50 c.

Histoire de France et histoire générale depuis 1789 jusqu'à nos jours, par le même auteur (3e année) 1 vol. 3 fr. 50 c.

Histoire moderne et contemporaine depuis 1643 jusqu'à nos jours (4e année). 1 vol. 4 fr. 50 c.

ARITHMÉTIQUE ET COMPTABILITÉ.

Éléments d'arithmétique, par M. Pichot, professeur au lycée Louis-le-Grand (année préparatoire et 1re année). 1 vol. 2 fr. 50 c.

Cours d'arithmétique commerciale, par M. E. Jeanne professeur à l'École supérieure de Commerce (2e année). 1 vol. 3 fr.

Cours de comptabilité, par M. Courcelle-Seneuil (1re, 2e, 3e et 4e années). 4 vol. Chaque volume 1 fr. 50.

GÉOMÉTRIE, TRIGONOMÉTRIE, ALGÈBRE, GÉOMÉTRIE DESCRIPTIVE.

Géométrie plane, par M. Saint-Loup, professeur à la faculté des Sciences de Strasbourg (année préparatoire). 1 vol. 1 fr.

Géométrie plane, par le même auteur (1re année). 1 vol. 2 fr.

Géométrie dans l'espace, par le même auteur (2e année). 1 vol.

Principes d'algèbre, par MM. H. Sonnet et E. Jeanne (3e et 4e années). 1 vol. 1 fr. 50 c.

Cours élémentaire de géométrie descriptive, par M. Kies (3e et 4e années). 1 vol. 5 fr.

Notions élémentaires de trigonométrie rectiligne, par M. Dexodis (4e année). 1 vol. 1 fr. 50 c.

Notions élémentaires sur les courbes usuelles, par le même (4e année). 1 vol. 1 fr.

HISTOIRE NATURELLE, PHYSIQUE, CHIMIE, MÉCANIQUE, COSMOGRAPHIE.

Éléments de zoologie, par M. Gervais, professeur à la faculté des sciences de Paris (les cinq années). 3 vol.

Éléments de botanique (année préparatoire, 1re et 2e années). 2 vol.

Éléments de botanique : classification et usage des plantes (3e et 4e années). 1 vol. 2 fr.

Éléments de géologie, par M. Raulin (année préparatoire, 1re, 2e, 3e et 4e années).

Notions préliminaires de physique, par M. Marié Davy (1re année). 1 vol. 1 fr.

Cours élémentaire de physique, par M. Gossin, professeur au prytanée de La Flèche (2e année). 1 vol. 3 fr.

Cours élémentaire de physique, par le même auteur (3e année). 1 vol. 3 fr.

Cours élémentaire de physique, par le même auteur (4e année). 1 vol.

Notions préliminaires de chimie, par MM. Déhérain et Tissandier (1re année). 1 vol. 1 fr. 50 c.

Cours de chimie, par les mêmes (2e, 3e et 4e années). 3 vol.

Éléments de mécanique, par M. Marié Davy (3e année). 1 vol. 3 fr.

Cours de mécanique, par M. Ed. Collignon, répétiteur à l'École polytechnique (4e année). 1 vol.

Éléments de cosmographie, par M. Amédée Guillemin (3e année). 1 vol. 3 fr. 50.

LÉGISLATION, MORALE, INDUSTRIE, ÉCONOMIE POLITIQUE.

Éléments de législation usuelle, par M. Delacourtie, avocat, docteur en droit (3e année). 1 vol.

Éléments de législation commerciale et industrielle, par le même auteur (4e année). 1 vol. 3 fr.

Éléments de morale, par M. Franck, membre de l'institut (3e et 4e années). 1 vol.

Les grandes inventions scientifiques et industrielles, par M. L. Figuier (4e année). 1 vol. 1 fr. 50 c.

Cours d'économie rurale, agricole et commerciale, précédé de Notions d'économie politique, par M. Levasseur (4e année). 1 vol.

Imprimerie générale de Ch. Lahure, rue de Fleurus, 9, à Paris.

www.ingramcontent.com/pod-product-compliance
Lightning Source LLC
Chambersburg PA
CBHW050455270326
41927CB00009B/1761